完譯

천예록 天倪錄

任埅 編著

金東旭・崔相殷 共譯

明文堂

▲ 김유신(金庾信) 동상
(서울 남산 소재)

▲ 송시열(宋時烈) 초상 74세 때 그린 것임.

▲ 도산서원(陶山書院)

경상북도 안동군 도산면 토계리 소재. 퇴계(退溪) 이황(李滉)이 학문을 닦으며 후진들을 가르치던 곳으로 선조(宣祖)의 친필 현판인 '도산서원'이 붙어있다.

▲**서거정**(徐居正)**의 글씨**. 시고(詩稿). 성균관대학교 박물관 소장.

▲**이황**(李滉)**의 글씨** 현판. 도산서원(陶山書院) 옥진각 소장.

▲**정엽**(鄭曄)**의 글씨**
성균관대학교 박물관 소장.

▲**김상헌**(金尙憲)**의 글씨**
개인 소장.

◀**한유상**(韓愈像) 768~824년.
중당(中唐)의 시인·문장가.
자(字)는 퇴지(退之).

▼**관림**(關林)

삼국시대 촉(蜀)나라의 명장인 관우(關羽)의 목
을 장사지냈다고 전해지는 무덤을 제사지내기
위해 세운 사당이다.

▼**소식상**(蘇軾像) 1036~1101년.
북송(北宋)의 문인.
호는 동파(東坡).

머 리 글

《천예록》은 17세기 후반 무렵 임방(任埅, 1640~1724)이라는 분이 엮은 야담집이다. 자를 대중(大仲), 호를 수촌(水村) 혹은 우졸옹(愚拙翁)이라고 한 임방은 조선조에 문장과 학문으로 이름을 떨친 죽애(竹崖) 임열(任說)·소암(疏庵) 임숙영(任叔英)·만휴당(萬休堂) 임유후(任有後)·녹문(鹿門) 임성주(任聖周) 등을 배출한 풍천(豊川) 임씨 가문 출신이다.

이 야담집 표제의 '천예'는 《장자(莊子)》〈제물편(齊物篇)〉에 나오는 말로, 시비나 대립·차별을 초월한 경지를 말한다고 한다. 저자는 호조정랑으로 있다가 스승인 우암 송시열이 기사환국(己巳換局)으로 유배를 가게 되자 사직을 하고 이 책을 엮은 것이 아닌가 추정된다. 그 무렵은 남인과 서인의 권력 다툼이 심각하던 시기였다. 그는 시비가 끊임없이 일어나는 벼슬길을 벗어난 홀가분함으로 이 책을 엮지 않았던가 싶다.

이 책이 아직까지 학계에 널리 소개되지는 않았으나, 설화나 야담 그리고 한문 단편을 연구하는 데 상당히 소중한 자료라고 생각된다. 이미 널리 알려진 어우당(於于堂) 유몽인(柳夢寅)의 《어우야담(於于野談)》의 뒤를 이은 야담집으로, 조선 후기의 야담집 가운데에는 비교적 초기의 자료이기 때문이다. 뿐만 아니라, 비현실적이기는 하나 자못 흥미로운 이야기들이 이 책에는 상당수 수록

되어 있다. 전문적인 자료집으로서 뿐만 아니라, 우리 조상들의 생각을 엿볼 수 있는 일반 교양서적으로서도 손색이 없을 것으로 생각된다.

이 책은 일본 천리대(天理大) 소장본을 대본으로 국역하여 1995년에 초판이 나왔으나 더러 잘못된 글자와 주석이 발견되고, 또한 그 이후 《천예록》 소재 자료로 판단되는 5편의 이야기가 추가로 발굴되었으므로 이들을 증보하여 새로 옮겨내는 바이다. 이 지면을 빌어 '장도령'에 관한 소중한 자료를 제공해 주고 국역을 허락해준 김영복 선생께 감사의 뜻을 표한다. 아울러 짧은 식견으로 의욕만 앞세워 손을 댄 번역이므로 잘못 옮긴 곳이 많지 않을까 두렵다. 여러 독자들의 가르치심을 기대한다.

끝으로, 원고 정리와 교정을 거들어준 제자 이혜진·김세현·김지원의 노고를 치하하며, 어려운 출판 여건 속에서 기꺼이 이 책의 증보판 출간을 맡아주신 명문당 김동구 사장님을 비롯한 편집부 여러분께 진정으로 감사의 뜻을 표한다.

임오년 소만일 안서골에서
김동욱·최상은 씀

차 례

《천예록》에 대하여

1

《천예록》은 현재 일본 천리대 도서관에 소장되어 있는 구 이마니시 류(今西龍) 소장본과 김영복씨 소장본이 있다. 이 가운데 더 많은 이야기를 수록하고 있는 것이 천리대본이다. 천리대본은 총 61편의 이야기를 수록하고 있으며, 오오타니 모리시게(大谷森繁)가 1979년 《조선학보》 제91집에 최초로 소개하였다. 국내에는 1987년 정명기 편 《한국야담자료집성》 8(계명문화사)에 이어 1989년 박용식·소재영 편 《한국야담사화집성》 4(태동)에 영인판으로 소개되었다. 원교 이광사가 필사한 것으로 추정되는 김영복씨 소장본은 천리대본의 내용이 선별적으로 수록되었다. 본디 《천예록》에 제1화였을 것으로 보이는 〈지리산노미봉진〉을 포함하여 모두 44편의 이야기가 실려 있고, 본래 《천예록》에는 없었던 것으로 보이는 〈연랑전〉과 〈최척전〉이 덧붙여져 있다. 김영복씨 소장본은 아직까지 영인판으로 소개되지 않은 상태이다.

한편, 일본 동양문고본 《고금소총》에 《천예록》에서 전재한 이야기가 8편, 유재건(1793~1880)의 《이향견문록》에 4편, 저자 미상인 정명기 교수 소장본 《동패추록》에 8편, 서울대 도서관 소장본 《계압만록》에 17편이 수록되어 있다. 일본 동양문고본 《고금소총》에 전재된 8편 가운데 4편은 천리대본과 김영복씨 소장본에 없는 자료이다.

　이 책의 저자인 임방은 자를 대중, 호를 수촌 혹은 우졸옹이라 하였으며, 본관은 풍천이다. 인조 18년(1640)에 평안도 관찰사를 지낸 임의백과 상산 김씨 사이에서 둘째 아들로 태어났다. 우암 송시열과 동춘당 송준길의 문하에서 수학하였다. 현종 4년(1663) 사마시에 장원하였고, 현종 12년(1671) 재랑, 장악원 주부 등을 지내고 호조정랑으로 있다가 숙종 15년(1689) 기사환국으로 우암 송시열이 유배를 가게 되자 사직하였다. 숙종 20년(1694) 인현왕후가 복위된 뒤에 의금부도사, 군자감정, 단양군수, 사옹원첨정 등을 역임하였다. 숙종 28년(1702) 63세로 알성 문과에 병과로 급제하여 장령·승지를 역임하고, 숙종 45년(1719)에 공조판서, 경종 1년(1721)에 좌참찬이 되었다. 이 무렵 경종의 아우인 연잉군(뒤의 영조)의 세제 책봉에 앞장서다가 신임사화(1721~1722)로 평안도 함종에 유배되었다. 그 뒤 금천으로 이배되어 경종 4년(1724) 그곳에서 타계하였다. 영조 즉위 후에 신원되었다. 시호는 문희.

　만년에는 《주역》·《논어》를 손수 베껴 써가면서 그 뜻을 깊이 연구하였고, 당나라의 시를 좋아하여 《가행육선》·《당율집선》·《당아》·《당절회최》 등의 시 선집을 엮었다. 그밖에 《논어취분》·《사가할영》·《선문》·《수촌만록》·《수촌집》·《천예록》·《철영시》 등의 편저서를 남겼다. 모두 13권 6책으로 구성된 《수촌집》에는 9백 편이 넘는 시와 여러 갈래의 문장이 수록되어 있다. 《수촌만록》은 홍만종(1643~1725)의 《시화총림》과 임경(1667~1718)의 《양파담원》, 그리고 편저자를 알 수 없는 《청운잡총》에 필사본으로 전하는바, 총 56편의 시화가 실려 있다. 택당 이식·동명 정두경·백곡 김득신·호곡 남용익·서포 김만중·현묵자 홍만종·양곡

소세양 등 저자와 같은 시대이거나 바로 앞 세대 인물들의 시와 그 주변에 관한 이야기가 대부분을 차지하고 있다. 이를 통해 보면, 임방은 우리 시에 대한 관심을 《수촌만록》에, 우리의 기담이설에 관한 흥미를 《천예록》에 각각 평술한 것이라고 할 수 있다.

2

《천예록》에 수록된 이야기는 다음과 같다. 각 제목 앞에 붙인 번호는 편의상 수록된 순서에 따라 부여한 것이다.

* 일본 천리대 소장본

1. 관동도조우등선	2. 정북창원견노면	3. 윤세평요곡매상
4. 속리산토굴좌화	5. 금강로병사몽감	6. 염라왕탁구신포
7. 보살불방관유옥	8. 토정어촌면해일	9. 초맹해산탈수재
10. 임장옥고해명보	11. 서산사노옹음우	12. 서평향족점만명
13. 임실사인영이졸	14. 일도어육와가중	15. 만기유린좌로상
16. 소설인규옥소선	17. 잠계중봉일타홍	18. 고성향수병화어
19. 승평족인노작저	20. 어사건곡등연상	21. 제독나정출궤중
22. 심진사행괴사화	23. 김수재모졸절옥	24. 성진사한처장각
25. 우병사투부할염	26. 태완손수심망착	27. 초후예교이진적
28. 생일임요구기장	29. 기신회수섭폐의	30. 출찬대끽활소아
31. 조문제고구일촌	32. 신학사요부강서	33. 맹도인휴유화시
34. 사인가노구작마	35. 일문연완동위려	36. 이수재차택견괴
37. 최첨사교사봉마	38. 고상제사혼작화	39. 무인가망요화자
40. 정공사권생전서	41. 원령견허상청간	42. 훼열영정종견보
43. 의출원향즉피화	44. 사인봉호남사사	45. 무쉬견안가망부
46. 배부요호석견방	47. 수집괴리한개악	48. 광한루령무혹쉬

49. 용산강신사감자 50. 태인로적사영승 51. 노량진등타세노
52. 요택리득만금보 53. 헤도중습이곡주 54. 관북쉬검격취생
55. 별해진권축삼귀 56. 송사어재신정묘기 57. 견몽사인제요적
58. 도대주선위정실 59. 액협부육득완절 60. 독수공재탁상제
61. 망입내원폐현관

* 김영복씨 소장본

1. 지리산노미봉진   2. 관동도조우등선   3. 정북창원견노면
4. 윤세평요곡매상   5. 속리산토굴좌화   6. 금강로병사몽감
7. 염라왕탁구신포   8. 보살불방관유옥   9. 토정어촌면해일
10. 초맹해산탈수재 11. 임장옥고해명보 12. 서산사노용음우
13. 서평향족점만명 14. 임실사인령이졸 15. 일도어육와가중
16. 만기유린좌로상 17. 소설인규옥소선 18. 잠계중봉일타홍
19. 고성향수병화어 20. 승평족인노작저 21. 어사건곡등연상
22. 제독나정출궤중 23. 심진사행괴사화 24. 김수재모졸절옥
25. 생일임요구기장 26. 기신회수섭폐의 27. 출찬대긕활소아
28. 조문제고구일촌 29. 사인가노구작마 30. 일문연완동위려
31. 이수재차택견괴 32. 최첨사교사봉마 33. 정공사권생전서
34. 원령견허상청간 35. 사인봉호남사사 36. 무쉬견안가망부
37. 배부요호석견방 38. 수집괴리한개악 39. 광한루령무혹쉬
40. 용산강신사감자 41. 요택리득만금보 42. 해도중습이곡주
43. 도대주선위정실 44. 액협부육득완절

　《천예록》 소재 이야기로 다른 문헌에 전재된 자료는 다음과 같
다. 해당 문헌에 수록된 순서에 따라 제시하였으며 머리의 숫자는
천리대본 《천예록》의 해당 번호이다.

* 저자 미상, 《동패추록》(정명기 소장본) – 총 8편. 동일한 제목 부여

17. 잠계중봉일타홍   10. 임장옥고해명보   59. (액)협부육득완절
3. 정북창원견노면   61. 망입내원폐현관   57. 견몽사인제요적
56. 송사재신정묘기   44. 사인봉호남사사

* 저자 미상, 《계압만록》(서울대 도서관 소장본) – 총 17편. 별도의 제목이 없음

권건(卷乾)

29. 기신회수섭폐의

권곤(卷坤)

22. 심진사행괴사화   23. 김수재모졸절옥   20. 어사건곡등연상
21. 제독나정출궤중   26. 태완손수심망착   25. 우병사투부할염
19. 승평족인노작저   18. 고성향수병화어   15. 만기유린좌로상
14. 일도어육와가중   3. 정북창원견노면   7. 보살불방관유옥
8. 토정어촌면해일   9. 초맹해산탈수재   11. 서산사노옹음우
12. 서평향족점만명

* 저자 미상, 《고금소총》(동양문고 소장본) – 총 8편. 제목을 다시 부여

22. 심진사행괴사화 → 집요사화   23. 김수재모졸절옥 → 모졸절옥
20. 어사건곡등연상 → 건곡어사   21. 제독나정출궤중 → 궤중제독
? → 부담천자   ? → 망발장인   ? → 음부간교   ? → 준부치애

* 유재건(1793~1880), 《이향견문록》, 권10. – 총 4편. 제목을 다시 부여

? 지리산노미봉진 → 장도령   8. 토정어촌면해일 → 동해거사
4. 속리산토굴좌화 → 희언   5. 금강로병사몽감 → 수일

서대석은 천리대본 《천예록》의 개요를 정리하면서 각 이야기마다 특징적인 내용을 한두 개의 낱말로 제시한 바가 있다. 그 결과를 다시 서로 관련이 있는 항목별로 정리를 해보면 다음과 같다. 각 항목 뒤에 열거하는 숫자는 앞에 제시하였던 천리대본 소재 자료의 번호이고, 괄호 속의 낱말은 세부 항목에 해당된다. (가)-(마)의 표제는 필자가 편의상 붙인 것이다.

(가) 예사롭지 않은 인물
　이인 : 2, 3·14-방사, 4-고승, 5-이승, 8, 12-귀물, 13, 15-피화
　명무 : 48-초혼, 49-혼령
　지략 : 59-피화·암군
　현군 : 60·61-치사

(나) 부정적인 인물
　우인 : 22, 23
　한인 : 24, 25-용력
　악한 : 50·51-징치
　기롱 : 20, 21-음외

(다) 혼인에 성공한 인물
　성혼 : 1-선계, 58-현부
　연애 : 16-치사·부자 이합, 17- 현부·예지

(라) 신비스러운 사건
　명부 : 6, 7-환생
　혼령 : 10-급제, 26-몽조, 27-효자, 28, 29, 40, 41-명부, 43-보수, 44, 45, 57-토적
　몽조 : 11-피화·득죄
　신인 : 9-이승, 42-보수, 56
　치부 : 52-기보, 53

(마) 괴기스러운 사건
  역신 : 30-구인, 31
  귀물 : 32, 33, 34, 35, 36, 37, 55-담대
  괴물 : 54-퇴치
  변신 : 18 · 19-(사람이 짐승으로), 39 · 46 · 47-(짐승이 사람으로)
  동물 : 38-보수

　위의 분류에서 (가)와 (나)는 이름이 드러난 인물이든 익명의
인물이든 역사적으로 실재하였던 인물에 관한 이야기이다. (가)에
는 재주나 능력이 예사롭지 않았던 인물을 주인공으로 내세웠다
면, (나)에는 어리석거나 지나치게 사납거나 못된 인물 등 부정적
인 인간상을 중심으로 한 이야기라는 특색이 있다.

　(다)는 남녀가 혼인을 하는 데 이르는 이야기라는 공통점이 있
다. 이름 없는 선비가 우연히 선계에 들어가 선녀를 아내로 맞이
한다는 이야기가 제1화이고, 세력가의 위압에 의해 첩으로 들어가
게 된 좌수의 딸이 기지를 발휘하여 정실이 되는 이야기가 제58화
이다. 제16화와 제17화는 기생과 젊은 선비 사이의 사랑이 마침내
혼인에 이른 이야기이다.

　(라)의 이야기들은 비현실적인 요소가 강하다는 공통점이 있다.
저승세계에 관련된 이야기, 혹은 죽은 혼령들이 인간 세상에 생시
와 다름없이 나타나거나 신비한 능력을 발휘하여 인간을 도와주기
도 하고 징계하기도 하는 내용의 자료들이다. (마)도 비현실적인
이야기들이나, 역신이나 귀물 등 부정적인 모습의 혼령들이 등장
하여 해괴한 사건이 벌어지는 내용의 자료들이다.

　이상과 같이, 《천예록》에는 신비담이나 괴기담 혹은 이인들의
행적을 소재로 한 이야기가 대다수를 차지하고 있음을 알 수 있
다. 곧 전기적(傳奇的)인 특성을 지닌 야담집이라고 하겠다. 이

문헌에 실려 있는 전기류의 야담은 이보다 앞선 문헌인 《백운소설》·《동인시화》·《소문쇄록》·《오산설림》·《어우야담》 등을 제외하고는 선대 문헌에서 거의 유사한 이야기를 찾아 볼 수 없을 만큼 독특한 것으로 구성되어 있다. 따라서 이 문헌에 실려 있는 자료와 유사한 이야기가 발견되는 것은 대개 이보다 후대에 이루어진 문헌들에서이다.

3

《천예록》에 수록된 이야기가 어떠한 범위 내에서 이루어졌는가를 살펴보는 일은 이 야담집의 성격을 규정하는 데 긴요하다. 우선 《천예록》에 수록된 자료를 훑어보면, 신화나 민담으로 보이는 이야기는 전무하다는 사실이 눈에 띈다. 모든 이야기가 인물을 중심으로 한 인물 전설임을 볼 수 있다. 그 가운데는 역사적으로 실재하였던 실명의 인물이 있는가 하면 익명의 인물도 있다. 그 대체적인 양상을 정리하여 보면 다음과 같다. 각각 제시한 번호는 천리대본에 자료가 수록된 차례에 따른 것이다. 번호 뒤에는 실명이든 익명이든 주인공을 포함하여 자료에 등장하는 주요 인물을 제시하였다.

[실명 인물] 2-정염, 3-윤세평·전우치, 4-희언, 5-수일, 6-박우·박점, 7-홍내범, 8-이지함, 11-선세휘, 12-한준겸, 16-자란, 17-심희수·일타홍, 19-김유, 24-성하길, 25-우상중, 26-김상헌, 28-박내현, 29-서성, 32-최문발·신해익, 33-성완, 36-이창, 37-최원서, 38-하연, 40-정원석, 41-허적·원만석, 42-권필, 45-박회장, 46-이회, 47-김수익, 48-송상인, 49-최원, 50-전진경, 51-황쇠, 55-이만기, 56-이항복, 58-세조, 한명회, 59-연산군, 60-세종, 61-세종 ─38편.

[익명 인물] 1-가평 교생, 6-연안 거사, 9-관동 시골 백성, 10-고려 때 과거보러 가는 선비, 13-임실 선비, 14-강화 무인, 15-소나무 밑의 선비, 16-관서백의 아들, 18-고성 고을의 노인, 20-두룽다리 쓴 어사, 21-경주 제독관, 22-서울 심 진사, 23-정읍 김 수재, 27-영남 선비, 30-서울 선비, 31-서울 선비, 34-늙은 할미, 35-고집스런 아이, 39-서울 무인, 43-경주 선비, 44-서울 선비, 52-어느 역관, 53-어느 역관, 54-관북 고을 수령, 57-한 선비, 59-소년 명사의 아내, 60-성균관 재생, 61-영남인 우 아무개 —28편.

《천예록》이 인물 전설 위주로 수록되어 있다는 사실은 편저자가 사대부로서 근거가 있는 이야기만을 받아 들였음을 반증하는 것이다. 그가 생존하였던 조선 후기에는 이미 신화의 신성성이 퇴색된 지 오래였고, 사대부인 그에게 있어서 처음부터 진실성이 의심되는 민담은 허무맹랑한 이야기일 뿐이었을 것이다. 《천예록》에 수록된 자료가 하나같이 인물 전설이기는 하나 그 가운데에는 황당 무계한 이야기도 다수 포함되어 있다. 이러한 사실은 그가 지녔던 사상의 일면을 잘 보여주는 것이다.

《천예록》에 수록된 자료의 시간적 배경은 대체로 고려 시대에서부터 조선 후기에 걸쳐 나타나 있다. 편의상 몇 시기로 구분하여 보기로 한다. 여기서도 천리대본 해당 자료의 번호로 제시하기로 한다.

[고려조] 10 (1편)
[세종조-성종조] 16, 58, 60, 61 (4편)
[연산조-선조조] 2, 3, 6~9, 17, 42, 56, 57, 59 (11편)
[광해조-인조조] 1, 4, 5, 11, 12, 14, 15, 19, 24~26, 28, 29, 32, 37, 40, 41, 46~48, 50, 51 (22편)
[효종조-숙종조] 13, 18, 21, 45 (4편)

[미 상] 20, 22, 23, 27, 30, 31, 33, 34, 35, 36, 38, 39, 43, 44, 49,
52, 53, 54, 55 (19편)

시간적인 배경을 확인할 수 없는 자료를 제외하고 보면, 태반이
편저자의 생애 중의 일이거나 출생하기 바로 앞 시대의 이야기로
엮어져 있음을 알 수 있다. 이 시기는 편저자가 가까이 이야기로
접할 수 있었거나 직접 체험을 할 수 있었던 기간이라고 할 수 있
다. 또한 이 시기는 임진왜란 · 인조반정 · 병자호란 · 당쟁 등 내우
외환이 그칠 새 없이 이어졌던 기간이기도 하다. 이러한 난세를
당하여 진퇴와 부침을 거듭하였던 편저자가 세상일을 바라보는 자
신의 입장을 정리하기 위해《천예록》을 엮었다고 볼 수도 있다.

끝으로,《천예록》에 등장하는 주요 인물들의 계층적 성향이 어
떠한가를 살펴 볼 필요가 있다. 역시 편의상 몇 부류로 나누어 천
리대본의 해당 자료 번호를 제시하겠다. 주요 인물이 같은 이야기
속에 복수로 나타나는 경우는 같은 자료를 거듭 분류하였다. 관직
에 있던 인물은 문무의 구별 없이 '관인'으로, 벼슬에 오르지 않은
사인 · 진사 · 서생 · 교생 등은 '선비'로, 양반 계층이 아닌 것으로
판단되는 인물은 '서민'으로 분류하였다. 다만, 승려는 별도로 분류
하였다.

[관인] 2, 3, 7, 8, 11, 12, 14, 16, 17, 19~21, 25, 26, 28, 29, 35,
37~42, 45~50, 52~56, 58, 61 (36편)
[선비] 1, 10, 13, 15, 18, 22~24, 27, 30~34, 36, 43, 44, 51, 57, 59,
60 (21편)
[승려] 4, 5 (2편)
[서민] 6 · 8(거사), 9(촌맹), 16 · 17(기생) (5편)

위의 분류 결과를 보면, 벼슬아치에 관한 이야기가 압도적으로

많이 수록되어 있음을 알 수 있다. 선비를 포함하여 양반계층이 거의 대부분을 차지하고 있는 셈이다. 이것은 《천예록》이 인물 전설을 위주로 수록하고 있는 데서 연유하는 결과라고 할 수 있다. 동시에 편저자 자신이 소속된 계층에 대한 관심을 크게 탈피하지 못하였음을 확인할 수 있다.

《천예록》은 인물 전설을 위주로 하여 수록하였다는 것 이외에 몇 가지 특징을 더 가지고 있다. 그 하나는, 이야기를 수집하게 된 경위를 상당수 밝혀 놓았다는 것이다. 거기에는 편저자 자신이 목격하거나 체험한 일도 있고, 몸소 체험한 사람들로부터 들은 이야기도 있다. 체험자를 실제로 만났던 사람에게 들은 이야기가 있는가 하면 항간에 떠돌아다니는 이야기를 누군가에게서 들은 경우도 있다. 그밖에, 기록을 보고 그대로 전재한 것도 있고, 기록을 보았던 기억을 살려 다시 기록을 한 것도 있다. 머리에 제시하는 숫자는 이 책에 수록된 순서이다.

40. 유군과 이군 등이 함께 그 편지를 가지고 와서 나의 선친을 뵙고 보여 드렸다.
4. 내가 속리산의 절에 가서 희언·수일·각성의 초상화를 보았다. …… 희언의 사적에 관해 물었다. 신현이라는 중은 길주 사람으로 희언과 동향이었고, 또 이 절에 있으면서 희언이 입적하는 모습을 보았다고 한다. 그래서 희언의 일생을 대략 이와 같이 보았다는 것이었다.
5. 지관인 김응두가 젊은 시절에 친히 보았다고 하며 내게 이 이야기를 해주었다.
32. 사예 이극성은 원주 이씨이다. 내가 평안도의 관아에서 아버님을 모시고 있을 때, 이극성은 중화라는 고을의 수령으로 있었다. 여러 차례 만나서 친하게 지냈다. 내게 최문발의 일을 자못 상세하게 말해 주었다.

37. 내가 병신년에 액운을 만나 의금부의 취조를 받게 되었었다. 무인
    인 최원서는 소강이라는 곳의 점절제사로 있으면서 또한 그 일에
    연좌되어 취조를 받으며 옥에 갇혀 있었다. 나는 그와 자주 이야
    기를 나누며 소일을 하고 있었다. 하루는 이야기가 귀신과 도깨비
    에 이르렀다. 최원서가 스스로, "일찍이 소년 시절에 몸소 마귀를
    만나서 거의 죽을 뻔하다가 겨우 살아난 적이 있소. 참으로 이상
    한 일이었다오."라고 하기에, 내가 자세히 듣고자 하니, 그가 자세
    히 이야기를 해주었다.
50. 충청 감영의 심약으로 있던 전진경이 내게 이야기해 주었다.
51. 황쇠가 말하였다.

위에 제시한 제40화의 경우는 편저자가 직접 경험하였던 일이
다. 제4화는 희언과 동향이고, 곁에서 함께 지냈던 신현으로부터
들은 이야기이다. 제5화는 김응두라는 지관이 어려서 경험하였던
일을 편저자에게 해준 것이다. 제32화는 이극성이 운곡서원에서
최문발과 함께 공부할 때 겪은 일을 편저자에게 들려준 이야기이
다. 제37화는 최원서가 소년 시절에 겪었던 일을 말해 준 것이다.
제50화와 제51화 역시 전진경과 황쇠가 직접 체험한 일을 들려준
것이다. 제40화를 제외하고, 위에 제시한 이야기들은 모두 '체험
(혹은 목격)자 → 편저자'의 경로로 수집된 자료이다.

 1. 가평 사람들은 늙은이 젊은이 할 것 없이 다 이 이야기를 하였다.
    어떤 객이 교생의 친구로부터 직접 들었다면서 내게 이와 같이 이
    야기해 주었다.
45. 황간의 선비인 박회장은 우암의 문인이다. 스승인 우암의 원통함
    을 풀어 주려다가 벽동군으로 유배를 가게 되었다. 경신대출척 후
    에 사면을 받고 돌아왔다. 그는 나와 친하였는데 내게 이 이야기
    를 해주었다.
36. 서울에 이창이라는 선비가 있었는데, 일찍이 남들에게 이 이야기

를 해주었다.

12. 서평의 자손들이 서평에게 친히 듣고 남들에게 이야기해 주었다.

위의 경우는 처음에 제시한 자료들보다 한 단계 이상 더 거친 뒤에 편저자에게 이르게 된 이야기들이다. 제1화는 가평 교생을 옆에서 지켜보았던 그의 친구가 어느 객에게 그 이야기를 해주었고, 그 객이 다시 편저자에게 들려 준 것이다. 제45화 역시 체험자인 벽동 군수로부터 이야기를 들은 박회장이 편저자에게 다시 전한 것이다. 제36화는 체험자인 이창이 남들에게 해준 이야기가 편저자에게까지 전해진 경우이다. 제12화는 체험자인 한준겸이 그 자손들에게 해준 이야기를 다시 남들에게 전하였고, 그것이 편저자에게 전해진 경우이다.

위의 자료들은 '체험자(목격자) → 중개자 → 편저자'의 경로를 거쳐 수집된 것들이다. 제1화의 중개자는 '객'으로, 제45화는 '박회장'으로, 제36화는 익명의 인물로, 제12화는 서평의 자손과 익명의 인물로 각각 나타나 있다. 제36화와 제12화의 경우는 중개자가 둘 이상의 복수일 가능성도 배제할 수 없다. 이렇듯 중개자가 복수로 추정되는 경우는 그밖에도 상당수가 있다. 다음에 제시하는 자료가 그것이다.

6. 내가 수양에 있을 때, 그 고을의 진사 최유첨이 내게 말해 주었다.
23. 내가 일찍이 친구 서넛과 더불어 이야기를 하다가 심생과 김생의 일에 이르게 되었다.
2. 괴이한 일이 한 가지 전하는데 믿을 만하므로 여기에 기록한다.
21. 지금까지도 경주부에서는 '궤 속에서 나온 제독'이라고 하면서 웃음거리로 삼고 있다.
22. 이 이야기가 서울에 퍼져 사람들이 모두 남몰래 웃곤 하였다.
30 · 31. 이 두 편의 이야기는 모두 믿을 만하므로 기록한다.

38. 지금까지도 흉가 터로 전해 오고 있다.
60 · 61. 세종대왕의 지극한 다스림과 어진 덕을 지금까지도 칭송해 오
    고 있다.
10. 세상에 전하기를
26. 세상에 전하기를
35. 세상에서 그 동자를 '두억시니'라고 부른다.

제6화는 중개자가 최유첨으로 밝혀져 있는 예이다. 제23화에는
중개자가 구체적으로 밝혀져 있지는 않으나, 편저자의 친구 서너
사람 가운데 한 사람일 가능성이 있다. 그 나머지 자료에는 중개
자에 대한 언급이 분명치 않으나, 익명의 어느 인물임을 미루어
짐작할 수 있다. 전체 61편의 이야기 가운데 수집 경위를 밝히지
않은 경우가 3, 7~9, 11, 13~15, 18~20, 24, 25, 27~29, 34,
39, 44, 46~49, 52~59 등 31편인데, 이들도 역시 익명의 중개자
로부터 들었을 가능성이 있다.

 2. 이 이야기는 본집 서문에 자세히 실려 있다.
16 · 17. 두 여인의 일이 이처럼 많은 것은 예로부터 다들 갖추어 기록
    해 놓아서이다.
33. 성완으로 하여금 대신 기록하게 하여 여러 사람들에게 전하도록
    하였다.
41. 이 편지가 매우 기이하였던 까닭에 베껴서 전한 사람들이 있었다.

위에 제시한 자료들은 편저자가 다른 문헌을 보고 기록하였을
가능성이 있는 것들이다. 제2화의 경우, 정염이 어려서 부친을 따
라 중국에 갔을 때 조공을 하러 들어온 외국의 사신들과 막힘 없
이 그 나라 말로 대화를 나누었다는 이야기를 가리키는 것이다.
여기서 말한 '본집'은 아마도 정염의 시집인 《북창시집》을 가리키

는 것이 아닐까 한다.

자란과 일타홍에 관한 이야기인 제16화와 제17화는 위의 진술로 보아 《천예록》 이전에 이미 문자로 정착되어 유포되었던 듯하다. 제33화는 맹 도인의 혼령이 성완에게 자신에 관한 일을 기록하도록 한 것을 편저자가 보았을 가능성이 있다. 제41화에서 허적이 꿈에 만난 원만석으로부터 받은 부탁을 동생에게 편지로 써 보냈고, 그 편지를 본 사람들이 기이하게 여겨 베껴 두었던 것을 편저자가 보게 된 것이 아닌가 싶다.

32. 이 이야기는 택당이 기록한 것으로 제목을 '최생우귀록'이라고 하였다.
42. 이 이야기는 내가 어렸을 적에 이웃 노인에게서 들었던 것이다.
43. 내가 일찍이 경주에 유람을 갔다가 서악서원 아래로 지나가게 되었다. 서원 문 밖에서 말을 먹이는데, 서원에 딸린 종 하나가 서원에 얽힌 옛일을 이와 같이 이야기해 주었다.

위에 제시한 자료는 편저자 자신이 기록하지 않은 경우이다. 제32화의 경우는 택당이 기록해 놓은 것을 전재한 뒤, 다시 이극성으로부터 들은 이야기를 잇달아 기록해 놓았다. 여기서 말한 택당은 시기로 보아 이식(1584~1647)으로 생각된다. 제42화와 제43화는 편저자의 동갑 친구인 김진규가 기록해 준 것을 그대로 전재한 것이다. 따라서 여기서 말한 '나'는 편저자가 아니라 김진규인 것이다. 제43화의 끝에는 김진규가 한 말을 평문으로 대신하면서 그 전재한 사실을 분명히 밝혀 두었다. 이런 점으로 미루어 보면, 《천예록》의 편저자는 자신이 기록하는 자료의 출처를 분명히 밝히고자 하였음을 알 수 있다.

《천예록》 편술상의 또 하나의 특색으로 '평왈'이라는 평문을 일정한 규칙에 따라 붙였다는 점을 들 수 있다. 대개 성격상 서로 관련이 있는 비슷한 이야기를 둘씩 모아 그 끝에 평문을 다는 것으로 규칙을 삼았다. 따라서 지금까지 알려진 《천예록》 자료 전체에는 33개의 평문이 붙어 있는 셈이다.

참고 문헌

유몽인, 《어우야담》
유재건, 《이향견문록》
임　방, 《수촌집》·《천예록》
미　상, 《계압만록》(서울대 도서관 소장)
미　상, 《고금소총》(동양문고 소장)
미　상, 《동패추록》(정명기 소장)

김동욱, 〈천예록연구〉, 《반교어문연구》 5, 반교어문학회, 1994.
김동욱, 〈천예록의 '평왈'을 통해 본 임방의 사상〉, 《어문학연구》 3, 상명여대 어문학연구소, 1995.
김동욱, 〈조선후기 야담집의 유변양상과 유형〉, 《반교어문연구》 6, 반교어문학회, 1995.
박현숙, 〈천예록연구〉, 인하대 대학원 석사논문, 2000. 2.
서대석, 《조선조문헌설화집요》 2, 집문당, 1992.
이신성, 《천예록연구》, 보고사, 1994.
정명기 편, 《한국야담자료집성》 8, 계명문화사, 1987.
정용수, 《고금소총·명엽지해》, 국학자료원, 1998.
진재교, 〈천예록의 작가와 저작연대〉, 《서지학보》 17, 한국서지학회, 1996.
大谷森繁, 〈천예록해제〉, 《조선학보》 91, 천리대 조선학회, 1979. 4.

* 일러두기

1. 이 책의 국역 대본은 정명기 편 《한국야담자료집성》 8(계명문화사, 1987) 소재 천리대본의 영인본이다. 다만, 제1화로 추정되는 〈지리산노미봉진〉은 김영복씨 소장본을 대본으로 하여 기웠고, 제63화부터 제66화까지 4편의 자료는 일본 동양문고본 《고금소총》에 수록된 《천예록》 자료를 대본으로 하여 기웠다.
2. 번역은 직역을 위주로 하되, 이해하기 어려운 곳은 의역하였다.
3. 원문의 제목은 직역하지 않고 간략하게 다시 붙였다.
4. 번역문은 가능한 한 평이하게 풀어쓰고, 그 뒤에 원문과 주를 붙였다.
5. 번역문은 한글로만 쓰되, 부득이한 경우에는 ( ) 속에 한자(漢字)를 병기하였다.
6. 원문 가운데 필사상의 오기임이 뚜렷한 글자는 〔 〕 속에 바로잡았으며, 빠진 글자는 ( ) 속에 보충하였다.
7. 대화는 " "로 묶고, 생각이나 강조 부분은 ' '로 묶었다.
8. 문맥의 이해를 돕기 위해 필요한 곳에는 〔필자주〕를 달아 풀이하였다.

제1화 신선이 된 거지 장도령

중종 때 서울에 한 거지가 있었다. 용모가 추악하고 보잘것없었다. 나이는 마흔 살쯤 되었는데, 아직도 더벅머리로 어깨에 자루 하나를 걸친 채 저잣거리에서 구걸을 하였다. 낮에는 성안을 두루 다녀 이르지 않는 곳이 없었다. 밤에는 남의 집 대문 옆에 기대어 자곤 하였다. 그는 종각 근처 길거리에 있을 때가 많았다. 더부살이하는 종이나 무뢰배들과 날마다 만나다 보니 친숙해져서, 그들과 함께 놀았다.

그는 스스로 성이 장가(蔣哥)라고 하였는데, 사람들은 모두 그를 '장도령'이라고 불렀다. '도령'이라는 것은 우리나라 풍속에 아직 장가가지 않은 양반을 일컫는 말이다.

그 당시 방사인 전우치가 기이한 재주를 지니고 세상에서 적잖이 교만하게 굴었다. 그런데 그가 길거리에서 장도령을 만나면 그때마다 끓는 물이 튄 듯 깜짝 놀라 말에서 내려 달려가 인사를 하고는 감히 쳐다보지도 못하였다. 장도령은 인사를 받지도 않고 물었다.

"자네 요새 재미가 좋은가?"

전우치는 공손히 두 손을 맞잡고 대답하였다.

"예, 예."

그의 얼굴빛이 몹시 두려워하는 모습이었다. 어떤 때는 전우치가 인사를 하면, 장도령은 경멸하듯이 쳐다보고는 뒤도 돌아보지 않고 지나가 버렸다. 그 광경을 본 사람들이 괴이한 생각이 들어 전우치에게 그 까닭을 물으니, 그가 말하였다.

"오늘날 우리나라에는 신선이 세 분 계시다네. 장도령이 제일 높은 신선이시지. 그 다음은 정염이라는 분이시고, 또 그 다음은 윤세평이라는 분이시지. 세상 사람들이 아무도 그걸 모르는데, 나만 알고 있다네. 그러니 어찌 그분을 공경하고 두려워하지 않을 수가 있겠는가?"

사람들은 더러 의아하게 여겼으나, 전우치가 하는 짓이 워낙 요망스럽고 허무맹랑한지라 그 말도 믿지 않았다.

서울 도성 안에 조상 덕에 벼슬을 한 관리 한 사람이 살고 있었다. 그의 집 대문이 큰길가에 나 있어서, 장도령이 길에서 구걸하는 모습을 여러 차례 보았었다.

어느 날, 그 관리가 장도령을 불러 물어보았다. 그러자 장도령이 자신은 본래 전라도에 살던 양반이었는데, 부모가 모두 전염병에 걸려 돌아가셨고 다른 형제도 없다고 하였다. 또한 일가 친척도 없어, 자기 한 몸을 의지할 데가 없었다는 것이었다. 그래서 이리저리 구걸을 하며 물에 뜬 마름처럼, 바람에 날리는 쑥대처럼 떠돌아다니다가 서울에 이르렀으나 한 가지도 할 줄 아는 게 없고, 낫 놓고 기역자도 모른다고 하였다.

그 관리는 장도령이 양반 출신이라는 말을 듣고 몹시 가엾게 여기며 술과 음식을 먹이고, 양식을 마련해 주었다. 그 뒤부터는 자기 집에 음식이 생길 때마다 반드시 사람을 보내어 장도령을 불러다가 먹이곤 하였다. 날이 갈수록 더욱더 장도령을 위로하고 구제해 주었다.

어느 날, 그 관리가 외출하였다가 이리저리 넘겨져서 흥인문 쪽으로 끌려가는 시체 한 구를 보았다. 말 위에서 미처 부채로 얼굴을 가리기 전에 힐끗 보니, 바로 장도령의 주검이었다. 그는 마음속으로 몹시 측은해하며 집에 돌아와 탄식조로 중얼거렸다.

"세상에 명이 짧은 사람이 한둘이겠느냐마는 어쩌면 장도령처럼 명이 짧은 사람이 있을꼬?"

그가 손을 꼽아 헤아려 보니, 장도령이 종각으로 구걸하러 온 지가 15년이 되었다.

그로부터 수십 년이 지난 뒤에, 그 관리는 일이 있어서 전라도 땅에 내려갔다. 지리산 기슭을 지나가다가 갑자기 길을 잃어 산속으로 들어가게 되었다. 날은 곧 저물려 하는데, 나아갈 수도 물러설 수도 없었다. 주변을 살피다 보니, 나무꾼들이 다니는 듯한 좁은 길이 있었다. 그 길을 따라가면 틀림없이 인가가 있으리라 생각하고 굽이진 길을 따라갔다.

처음에는 그저 숲속으로 깊숙이 들어갈 뿐이더니, 점차 산수의 경치가 빼어나고 초목이 아름답다는 것을 느끼게 되었다. 들어가면 들어갈수록 점점 더 기이하였다. 몇십 리를 들어가 보니, 그야말로 별천지가 전개되는 것이었다. 더 이상 인간들이 사는 티끌세상이 아니었다.

멀리 바라보니 푸른 옷을 입은 사람 하나가 나귀를 타고, 일산을 펴 든 종 몇 사람이 그 뒤를 따라오고 있었는데, 나는 듯이 빨랐다.

그 관리는 높은 벼슬아치가 행차하나 보다 하고 생각하였으나, 깊은 산속에 무슨 벼슬아치의 행차가 있을까 싶어 마음속으로 매우 의심이 들었다. 그는 말을 끌고 덤불 속으로 들어가 피하려고 하였다. 그런데 그가 미처 피하여 숨기도 전에 그들은 이미 그곳에 이르렀다. 푸른 옷을 입은 사람이 나귀를 탄 채 손을 맞잡아 인사를 하며 물었다.

"공께서는 헤어진 뒤로 평안하셨는지요?"

관리가 당황하여 머뭇거리며 대답을 하지 못하자, 푸른 옷을 입은 사람이 웃으며 말하였다.

"저는 여기 살고 있습니다. 공께서는 은혜를 베푸셔서 지나시는 길에 들러 주십시오."

하고는 즉시 나귀를 돌려 앞장을 서는 것이었다. 그 가는 속도가 또한 나는 듯하여 눈 깜짝할 사이에 벌써 보이지 않았다.

관리가 그 뒤를 따라가다가 문득 한 곳에 이르니, 큰 궁전이 몇 리에 걸쳐 꽉 들어차 있는 것이 보였다. 멀리 우뚝하게 서 있는 누각에는 아름다운 색채가 비치고 있었다.

궁전 문 앞에 의관을 갖춘 사람 하나가 기다리고 있었다. 관리가 도착하는 것을 보고는 인사를 하며 맞이하여 건물 안으로 안내하는 것이었다. 서너 채의 전각을 지나 한 전각에 이르더니, 그를 안내하여 올라갔다.

그 위에서 잘생긴 미장부 한 사람을 보았는데, 의관이 매우 훌륭하였다. 좌우로 늘어선 수십 명의 시녀들은 하나같이 절세가인들이었다. 푸른 옷을 입고 시중드는 동자들도 또한 10여명이나 되었다. 가까이 있으면서 심부름하는 사람과 곁에서 시중드는 관리들도 있어 마치 임금과 같았다.

그 관리는 두려운 생각이 들어 앞으로 나아가 절을 올리며 감히 쳐다보지도 못하였다. 미장부가 답례를 하고 나서 웃으며 말하였다.

"그대는 나를 모르겠소? 모름지기 나를 자세히 보시오."

그 말을 듣고 관리가 감히 쳐다보니, 미장부는 바로 나귀를 타고 일산을 펴 든 채 길에서 자신을 맞았던 사람이었다. 그러나 평소에 알던 사람은 아니었다. 그가 엎드려서 대답하였다.

"지난번에 인사를 드릴 때도 뉘신지를 알아보지 못했습니다. 이제 또 물으시니 뭐라고 말씀을 드려야 할지 모르겠습니다."

미장부가 말하였다.

"내가 바로 장도령이라오. 그대가 어찌 나를 모르시겠소?"

그제서야 관리가 고개를 쳐들고 자세히 보니, 생김새가 과연 장도령이었다. 풍채가 빼어나게 맑고, 환한 빛이 넘쳐 나오는 듯하였다. 더 이상 예전의 추악하고 보잘것없던 모습이 아니었다. 그 관리는 깜짝 놀랐으며 어찌된 영문인지를 알 수가 없었다.

장도령은 즉시 잔치를 베풀라고 명하여 그를 대접하였다. 안주와 음식은 풍성하고 기이하였으며, 노리개는 진기하여 하나같이 인간 세상의 것이 아니었다.

10여명의 아리따운 소녀들이 늘어서서 음악을 연주하는데, 관현악기와 노래와 춤이 또한 인간 세상에서는 듣지도 보지도 못한 것이었다. 여러 소녀들의 아름다움은 참으로 선녀와 같았다.

장도령이 관리에게 말하였다.

"우리나라에는 크고 이름난 산이 넷이 있는데, 그 산마다 선관을 두어 지키고 있소. 나는 바로 이 지리산을 지키고 있지요. 지난날 약간의 허물이 있어 잠시 인간 세상에 귀양을 갔었던 것이오. 인간 세상에서 귀양살이를 하고 있는 동안, 그대가 나를 후대해 준 것을 나는 잊을 수가 없소. 그대가 내 주검을 보고 측은해하며 마음속으로 슬퍼하던 것을 내 또한 알고 있소. 나는 죽은 것이 아니라 귀양살이의 기한이 차서 육신을 버리고 신선으로 돌아간 것이었소. 이번에 그대가 이 산을 지나간 다는 것을 알고 지난날의 은혜를 갚고자 한번 만나고 싶었소. 그대도 또한 사소하게 묵은 인연이 있어서 여기에 올 수 있었 던 것이오."

마침내 함께 잔치가 무르익도록 즐거움을 다하고 마쳤다. 밤에 는 그로 하여금 따로 떨어져 있는 전각에서 자도록 해주었는데, 창과 문지방과 처마와 난간이 모두 산호와 수정 등 진기한 보배로 만들어져 영롱하고 맑고 투명하여 대낮처럼 밝았다. 육신이 서늘 하고 정신이 맑아져서 잠을 이룰 수가 없었다.

이튿날 다시 한 차례의 잔치를 베풀어 전송해 주었다. 술이 거 나해졌을 때 장도령이 관리에게 말하였다.

"이곳은 그대가 오래 머물 곳이 아니니 이제 돌아가시는 게 좋 겠소. 신선과 범인은 길이 달라서 나중에 다시 만나기를 기약하 기 어려우니, 그대는 스스로 잘 보중하기를 바라오."

하고는 즉시 시중드는 사람 하나에게 명하여 그가 돌아가는 길을 안내하게 하였다.

그 관리는 하직 인사를 하고 나왔는데 얼마 가지 않아서 곧 큰 길에 이르렀다. 그러나 그 길은 처음에 와서 산으로 들어가던 길 은 아니었다. 그 관리는 대나무를 꽂아 표시를 해두었다. 길을 안 내하던 사람은 거기 이르자 하직을 고하고는 돌아갔다.

이듬해 그 관리가 다시 가서 찾았으나 벼랑과 산봉우리가 첩첩 인 데다가 풀과 나무가 빽빽이 뒤얽혀 끝내 그 좁은 길을 찾을 수 가 없었다.

그 관리는 얼굴 모습이 젊어지고 수염과 머리칼이 희어지지 않 더니 나이가 90여세에 이르러 병을 앓지도 않고 죽었다. 그가 일 찍이 이렇게 말하였다.

"장도령이 세상에 있을 때의 일을 돌이켜 보니 달리 이상한 일
은 없었으나, 다만 용모가 조금도 늙지 않았지요. 남루하고 때
묻은 더러운 옷 한 벌을 입고 15년 동안을 하루같이 갈아입는
일이 없었소. 이걸로 그가 예사 사람이 아니라는 것을 알 수 있
었지요. 허나 육안으로는 살필 수가 없었소."

제2화 **신선이 된 가평 선비**

인조 때에 가평군에 사는 한 선비가 나이가 어려서 아직 장가를
들지 않았는데, 문장과 역사를 조금 알았다.

일이 있어서 관동 지방에 가게 되었는데, 망아지를 타고 어린
종을 하나 거느리고 갔다. 가다가 어떤 산기슭에 이르러 비를 만
나 한나절 동안 젖었다. 어린 종이 갑자기 말 앞에서 죽으니, 선비
는 놀라움을 이기지 못하고 몸소 시신을 끌어다 길가 산자락에 두
었다.

그는 혼자 얼굴을 가리고 울다가 말을 타고 갔다. 몇 리쯤 갔
는데, 탄 말이 또 땅에 쓰러져 죽는 것이었다. 어린 종도 잃고 타
던 말도 잃어 갈 길이 아득하였다. 비도 또한 그치지 않으매, 혼
자 걸어서 가기가 어려워 눈물을 흘리다 못해 마침내 통곡을 하
였다.

갑자기 한 노인이 지팡이를 짚고 나타났는데, 눈썹이 길고 머리
가 희었으며 생김새가 매우 이상하였다. 그가 통곡하며 가는 것을
보고 그 까닭을 물었다.

"종과 말이 모두 죽어 비를 무릅쓰고 혼자 걸어가는 길입니다."

어디 묵어 갈 데도 없는 형편인 듯하여 노인은 한동안 가엾게
여기다가 지팡이로 한 곳을 가리키며 말하였다.

"저 소나무와 대나무 숲을 지나면 골짜기가 있을 것이오. 거기서 몸을 씻고 가면 그 위로 묵을 만한 인가가 있을 것이외다."

그가 노인이 가리키는 곳을 바라보니, 한 마장쯤 떨어진 곳에 과연 소나무와 대나무가 울창하게 숲을 이루고 있었다. 그는 고맙다고 절을 하고 몇 걸음 가지 않아 돌아보니, 노인은 이미 보이지 않는지라 몹시 의아하였다.

노인이 가리켜 준 곳에 이르니, 높이 자란 소나무와 대나무가 안팎으로 무성한 숲을 이루고 있는데, 그 밖으로 과연 골짜기가 있었다. 물이 흐르는 바닥에는 흰 바위가 평평하게 깔려 있는데, 자세히 보니 가까운 곳에서부터 멀리까지 모두 한덩어리였다. 물빛이 옥과 같아 마치 흰 깁을 펼쳐 놓은 듯하였다.

마침내 물길을 따라 올라가니 깊고 얕은 데가 없이 겨우 발에 찰 정도였다. 한 마장쯤 가니 단청을 한 집이 세 칸 보이는데, 우뚝히 시냇가에 서 있었다. 단청이 시냇물에 비치고, 난간이 높고 멀어 보였다. 그는 젖은 옷을 끌고 가시나무 막대를 짚은 채 잠시 누각 아래에서 쉬었다. 누각 안을 둘러보니 두어 자가량의 흰 바위가 그 가운데 깔려 있는데, 맑고 매끄럽기가 옥과 같고, 평평하기가 숫돌 같았다. 자세히 보니 조금도 금간 틈이 없었다. 세 칸 누각의 내부도 하나의 바위로 되어 있었다.

누각에는 돌로 된 상만 하나 있었는데, 그 위에는 《주역》 한 권이 놓여 있었다. 책상 앞에는 돌화로 하나가 있어서, 한 줄기 향의 연기가 바람에 푸른빛으로 간들거리고 있었다. 그밖에 다른 것은 없었다. 여기에 이르니 하늘이 맑고 햇빛이 밝아, 일찍이 비바람이 치지 않은 듯하였다. 그곳은 맑고 깨끗하여 속세의 근심이 저절로 사라졌다.

그가 의아해하고 있을 때, 홀연 발소리가 누각 뒤로부터 들려

왔다. 그가 놀라 돌아다보니, 어떤 한 노인이 신선 같은 모습으로
서 있는데 깎아 만든 듯이 맑고 고상하였다. 푸른 비단 도포를 입
고 아홉 마디의 푸른 옥으로 된 지팡이를 짚고 있었다. 풍채와 도
량이 기이하여 멀리 속세를 벗어난 듯하였다.

그는 마음속으로 그 노인이 주인이라 생각하고 앞으로 나아가
절을 하였다. 노인이 반가이 맞이하며 말하였다.

"내가 주인일세. 자네를 기다린 지 오래되었네."

말을 마친 노인이 앞서서 걸어갔다.

산천의 경치가 들어가면 들어갈수록 더욱 기이하였다. 하늘이
맑게 개어 바람이 시원하고 햇빛은 환하였다. 두리번거리는 사이
에 또다시 노인이 있는 곳을 잃었다.

잠깐 사이에 한 곳에 이르니, 화려한 궁궐이 날아갈 듯이 구름
사이에 솟아 몇 마장에 걸쳐 있었다. 그가 일찍이 서울에 과거를
보러 가서 궁궐을 본 적이 있었는데, 여기 와서 궁궐의 장려함을
보니, 예전에 보았던 서울의 궁궐은 보잘것없는 것이었다.

궁궐 문 밖에 이르니, 의관을 갖춘 사람이 또 나타나 안내를 하
였다. 건물 서너 채를 지나서 큰 궁전에 이르더니 그를 데리고 올
라갔다. 궁전 위를 보니 어떤 노인 하나가 안석에 기대어 앉아 있
으므로, 그가 올라가 배알하였다. 그는 본래 시골의 미천한 사람
이어서 일찍이 귀인을 본 적이 없었으므로 황공하여 감히 쳐다볼
수 없었다. 노인이 흔연히 앉으라고 하며 말하였다.

"이곳은 인간 세상이 아니라 신선이 사는 곳일세. 자네가 올 것
을 이미 알았기에 맞이한 것이라네."

그가 슬며시 보니 곧 누각 뒤에서 나타났던 노인이었다. 노인이
좌우를 돌아보며 말하였다.

"이 사람이 필시 시장할 테니 먹을 것을 주어라. 갑자기 신선들

이 먹는 음식은 먹을 수 없을 테니 인간 세상의 음식을 주는 것
이 좋겠다.”

문득 보니 청의 동자가 한 접시의 음식을 받들고 오는데, 과연
모두 인간 세상에 있는 것들이나 다만 아주 진귀한 것들로 풍성하
게 차려 놓았다. 또 보니, 청의 동자가 돌로 된 그릇 하나를 받들어
노인에게 바쳤다. 그릇에 담긴 것은 그 빛이 푸르고 걸쭉하여 비록
그것이 무엇인지 알 수 없었으나 아마도 신선들이 먹는 음식이 아
닌가 싶었다. 선옹은 그 그릇을 받아 단번에 다 마셨다. 선비는 춥
고 굶주리던 차에 진수성찬을 대하여 훌훌 마셔 자못 배가 불렀다.
선옹이 동자에게 명하여 치우게 하고 곧 선비에게 말하였다.

“내게 딸이 있는데 이미 성인이 되는 예를 치렀으나 배필을 얻
지 못하였더니, 자네가 여기에 왔으니 이것은 묵은 인연일세. 자
네는 마땅히 이곳에 머물면서 내 사위가 되어야 하네.”

선비는 그 까닭을 알 수 없어, 엎드린 채 감히 선옹에게 대답하
지 못하였다.

선옹이 좌우를 둘러보고 말하였다.

“아이들을 불러오너라.”

곧 두 동자가 안에서 나와 선옹 옆에 앉았다. 나이는 12, 3세가
량으로, 흰 얼굴이 발그레하고 맑고 수려하게 생겼으니 참으로 한
쌍의 옥동자라 할 만했다. 선옹이 두 동자를 가리키며 선비에게
말하였다.

“이 아이들은 내 아들일세.”

이어 두 동자에게 말하였다.

“내가 이 선비를 사위로 삼고 싶다. 사윗감이 여기 있으니 언제
혼례를 올릴까? 너희들이 날을 잡아서 아뢰거라.”

두 동자가 명을 받고 즉시 손가락을 꼽아 날을 잡더니 함께 대

답하였다.

"모레가 가장 길합니다."

선옹이 선비에게 말하였다.

"길일을 이미 정하였으니 자네는 잠시 객관에 머물며 기다리게."
하고 곧 주위 사람들로 하여금 어떤 사람을 불러오게 하였다. 잠시 후에 어떤 선관 하나가 밖에서 들어와 선옹 앞에 나가 명을 받들었다. 그 사람을 보니 가뿐한 도포에 띠를 늘였는데, 풍채가 깨끗하고 헌칠한 미장부였다. 선옹이 그에게 명하였다.

"너는 이 선비를 안내하여 나가서 접대하고 혼인날까지 기다리게 하라."

그 사람은 명을 받들어 선비를 인도하여 갔다. 선비는 하직 인사를 올리고 그를 따라 문에 이르니, 붉은 칠을 한 가마가 문 밖에 대기하고 있는 것이 보였다. 그가 선비더러 타라고 하더니, 여덟 사람이 가마를 메고 갔다.

두어 마장을 가서 한 곳에 이르니, 전각 하나가 시냇가에 서 있었다. 경개가 맑고 빼어나 한 점 티끌도 이르지 않았고, 꽃과 대나무가 깨끗하였으며, 누대는 영롱하였다.

그 선관이 선비를 안내하여 그곳에 있도록 하고, 옥함에 옷 한 벌을 넣어 주며 선비로 하여금 목욕을 한 뒤 옷을 갈아입게 하였다. 선비가 비로소 비에 젖은 남루한 옷을 벗고 새 옷으로 갈아입으니, 그 진기하고 아름다운 것은 형언할 수 없었다. 깔아놓은 자리의 화려함과 음식의 훌륭함도 또한 이루 다 말하기 어려웠다.

그 선관과 함께 이틀을 지내고 나니 혼인날이 되었다. 선관이 다시 옥함에 옷을 담아 와서 선비더러 목욕을 하고 옷을 갈아입으라고 하니, 그 갓과 의복이 전보다 더 사치스러웠다. 옷을 갈아입은 뒤 다시 붉은 칠을 한 가마를 타고 선옹이 있는 곳으로 향하니,

선관 수십 명이 앞뒤에서 호위하여 갔다.

문에 이르러 가마에서 내리니, 집례자가 선비를 인도하여 전각에 올라 자리에 나아갔다. 선비는 기러기를 바치고 절을 하였다. 절을 하고 나자 그는 선비를 인도하여 들어갔다. 멀리 옥이 부딪치는 소리가 들리고, 향기로운 바람이 간간이 불어왔다. 그 안에 들어가 보니 수십 명의 미희가 좌우로 나누어 서 있는데, 얼굴이 아름답고 입은 옷이 기이하여 참으로 선녀들 같았다.

선비는 '이 가운데 한 처녀가 필시 선옹의 딸일 것이다'라고 생각하였다. 문득 보니 한 어린 처녀가 안에서 나오는데, 옥 같은 모습이 온 전각을 환하게 비추었다. 선비와 마주서서 얼굴을 부채로 가렸는데, 그 곱고 아름다움이 남들의 안목을 빼앗았다. 좌우에 선 선녀들과 견주어 보니 까마귀 가운데 봉황과 같았다. 선비는 눈앞이 어질어질하여 감히 쳐다볼 수 없었다.

집례자가 선비를 인도하여 혼례를 행하니, 그 맞절하고 술잔을 나누는 것이 인간 세상과 같았다. 혼례가 끝나고 선비를 인도하여 신방에 드니, 수놓은 휘장과 병풍, 비단 이불과 자리가 모두 인간 세상의 물건이 아니었다.

혼인한 이튿날, 선비의 장모가 그를 맞아 인사를 나누었다. 장모는 30세쯤으로 물위에 핀 연꽃처럼 희어 속세를 벗어난 모습이었다. 선옹이 사위를 위해 잔치를 베푸니, 안팎에서 모두 모여들었다. 술자리의 화려함과 풍류의 성대함이 인간 세상에서는 볼 수 없는 것이었다.

주흥이 한창 무르익었을 때 한 떼의 흰 옷 입은 선녀들이 신과 옷자락을 끌고 넓은 소매를 떨치며 잔칫자리 앞에서 춤을 추니, 서로 조화를 이루어 노래 소리가 흐르는 구름을 멈추게 하는 듯하였다. 이것을 이름하여 '예상우의곡'이라 하였다. 날이 저물자 모두 취하여 잔치를 끝냈다.

선비는 가난한 집안 출신으로 소견이 고루하여 마치 우물 안 개구리 같았다. 갑자기 선옹을 만나 졸지에 혼인을 하고 거처하는 곳과 먹는 음식이 왕이 된 듯하여, 황홀하면서도 믿어지지 않아 취한 듯 바보가 된 듯 어찌할 바를 몰랐다. 밤마다 신부가 들어 왔으나 두려워 감히 가까이하지 못하고 옷을 입은 채 잠자리에 엎드려 두 주먹 위에 이마를 대고 잤다. 이렇게 하기를 10여일 뒤에 두려운 마음이 점점 사라져 슬그머니 부부 생활을 시작하였다. 1 년 남짓 동안 재미있게 놀고 즐기는 것이 비할 데가 없었다.

하루는 그의 아내가 선비에게 말하였다.

"당신은 우리 신선들이 노니는 곳을 보고 싶으시지요?"

선비가 한번 보자고 하니, 그의 아내가 그를 이끌고 후원으로 갔다. 붉은 벼랑 푸른 절벽, 맑은 샘 은빛 폭포가 보였는데, 들어 가면 갈수록 경치가 더욱 빼어났다. 굽이굽이 기이하고 기화요초 가 곳곳에 피어 있었다. 진기한 새와 짐승들이 때때로 날아다니고 모여들었다. 선비는 한번 그곳에 들어가자 즐거워 돌아갈 줄을 몰 랐다.

둘러보기를 마치니, 또다시 선비를 이끌고 뜰 뒤의 한 봉우리에 올랐다. 그 봉우리는 그다지 높지 않았다. 비스듬히 그 꼭대기에 오르니 저절로 두어 층의 계단이 이루어져 있었다. 눈앞에 펼쳐진 바다를 바라보니, 섬 셋이 물결 위로 들락날락하는 것이 보였고, 신선이 산다는 10주(十洲)가 눈앞에 벌여 있었다. 그의 아내가 선 비에게 한 곳을 가리키며 말하였다.

"저것이 봉래산입니다. 저건 방장산입니다. 또 저건 영주산입 니다."

현포(玄圃) · 창주(滄洲) · 광상(廣桑) · 낭원(閬苑) · 곤구(崑邱)… 등등 선경이 하나하나 멀리 바라보였다. 금빛 궁궐과 은빛 누각이 하늘가에 아득하고, 상서로운 구름과 안개가 하늘 저편에 부드럽게 끼어 있었다.

봉황을 탄 사람, 난새를 탄 사람, 학을 탄 사람, 용을 탄 사람, 인(獜)을 탄 사람, 구름을 타고 오르는 사람, 바람을 몰아 나는 사람, 허공을 걷는 사람 , 파도를 타는 사람들이 혹은 위에서 아래로 내려오고, 혹은 아래에서 올라가며, 혹은 동쪽에서 서쪽으로 가고, 혹은 남쪽에서 북쪽으로 가며 삼삼오오 떼를 지어 날아다니고, 신선들이 부는 피리 소리가 은은하게 귀에 들렸다. 선비는 미처 다 구경하지 못하고 날이 저물어 돌아왔다.

선비가 그곳에 머문 지 반 년이 되었을 때, 하루는 선옹이 선비에게 말하였다.

"딸아이가 혼인한 지 이미 오래되었는데, 태기가 있다는 말을 듣지 못하였네. 내 생각에 자네의 속기가 덜 가셔서 그런 듯하네."

그리고는 곧 호리병에서 환약 두어 알을 꺼내어 선비에게 주었다.

"이 약을 먹으면 속기를 벗을 수 있을 것일세."

선비가 그 약을 받아먹은 뒤로 몸이 가볍고 튼튼해졌으며, 마음이 맑아지더니, 그의 아내가 과연 임신을 하여 마침내 연달아 아들 둘을 낳았다. 그곳에 머물러 살면서 어느덧 3년이 지났다.

하루는 선비가 아내와 함께 한가로이 앉아 있다가 홀연 눈물을 흘리니, 그의 아내가 이상히 여겨 그 까닭을 물었다.

"내가 시골의 가난한 선비로 이곳에 와서 선옹의 사위가 되니,

그 즐거움이 더할 나위 없소. 다만 집에 늙은 어머님이 계시는
데 뵙지 못한 지 이제 3년이나 되었으니 그립고 보고 싶소. 그
래서 울고 있는 것이오."

그의 아내가 웃으며 말하였다.

"당신은 부모님을 뵙고 싶군요. 가시고 싶으면 가시면 되는데,
어찌 눈물을 흘리십니까?"

하고는 그 일을 선옹에게 고하였다.

"애비가 부모님을 뵙고 싶어합니다."

선옹이 선비를 불러, 다녀오라고 하였다.

선비의 생각에 '마차와 따르는 행렬이 너무 성대하면, 고향 마
을 사람들이 반드시 놀랄 것이다' 하며 보니, 그의 아내가 다만 옷
보따리 하나만을 싸서 줄 따름이오, 달리 싸서 주는 것이 없었다.

선비가 그의 장인과 장모에게 하직하니, 선옹이 그에게 말하였다.

"잘 가서 어머님을 뵙게. 오래지 않아 내가 또 자네를 부를 것
이네."

하더니 곧 피부빛이 검은 곤륜노에게 배웅하도록 명하였다.

선비가 하직을 하고 문에 이르니, 문 밖에는 여윈 말과 낡은 고
삐와 안장이 있고, 어린 종이 고삐를 쥔 채 기다리고 있었다. 그것
을 살펴보니, 곧 선비를 따라왔던 종과 오는 길에 죽었던 말이었
다. 선비가 크게 놀라 그 종에게 물었다.

"네가 어찌하여 여기에 있느냐?"

"주인님을 모시고 가던 중에 문득 어떤 한 사람에게 이끌려 왔
으나, 저도 그 연유를 모르겠습니다. 여기에 와서 하는 일 없이
머문 것이 벌써 3년이 되었습니다."

선비는 놀라움을 이길 수가 없었다.

드디어 옷 보따리를 안장에 걸고 말을 타고 길을 떠나니, 곤륜

노가 뒤따라왔다. 선비가 처음 이곳에 올 때에는 산수의 경치가 빼어난 곳을 수십 리나 지나, 비로소 선옹이 있는 곳에 이르렀으나 이제 돌아가는 길에는 문을 나선 지 몇 걸음에 벌써 산수의 경치가 사라지고, 다만 보이는 것은 끝이 없이 이어진 황폐한 들판뿐이었다. 선계를 돌아보니 완연히 꿈속과 같았다.

선비가 자기도 모르는 사이에 감상에 젖어 눈물을 흘리며 슬피 우니, 곤륜노가 말하였다.

"낭군께서는 신선이 되신 지 3년이 되었으나, 마음이 아직도 맑아지지 않았습니다. 속세의 감정을 잊었다면 슬픔이 어디서 생겨나겠습니까?"

그의 말을 들은 선비는 눈물을 거두고 사과하였다.

미처 한 마장을 못 갔는데 이미 큰길에서 멀어지니, 곤륜노가 하직하고 돌아가며 말하였다.

"낭군께서는 이미 귀로에 올랐으니 제 말을 잊지 마십시오."

선비가 마침내 집에 이르러 집안을 살펴보니, 무당을 불러 신을 맞이하느라 북소리가 요란하였다. 집안 사람이 선비를 보고, 모두 깜짝 놀라 귀신이 아닌가 하다가 한참 뒤에 선비를 알아보았다. 그의 어머니가 돌아오지 못했던 까닭을 물었다. 그러나 평소 그의 어머니의 성격이 엄하였으므로, 선비의 말이 황당하다고 노하여 믿지 않을 것을 두려워하여 사실을 숨기고 다른 이유를 들어 대답하였다.

선비의 집에서는 그가 죽었을 것이라 여겨서 혼을 불러 장례를 치르고 벌써 3년상도 지냈다. 그날은 마침 무당을 불러 제사를 지내고 있었다고 하였다.

선비가 집에 온 뒤에 옷 보따리를 풀어 보니, 철 따라 입을 옷이 각기 한 벌씩 있었다.

선비가 돌아온 지 1년 뒤에, 그의 어머니가 홀아비 신세인 아들을 민망히 여겨 시골 선비 집 딸 하나를 며느리로 들였다. 선비는 평소 졸장부인데다 엄한 어머니가 두려워 감히 거절하지 못하였다. 드디어 아내를 얻었으나 금실이 좋지 못하였고, 마침내는 의가 어긋나게 되었다.

선비에게 친구 하나가 있으니, 어려서부터 정이 두터워 형제보다도 더 가까웠다. 선비가 집에 돌아온 뒤에 그 친구와 함께 자며 이야기하다가 3년 동안 돌아오지 못한 연유를 물으니, 선비가 비로소 선계에서 아내를 얻은 일을 말하였다. 그 일의 자초지종을 말하자, 그 친구는 크게 놀라 선비를 보았으나 전과 별반 달라진 것이 없었다.

그러나 선비의 옷을 보니 비단도 아니고, 무명도 아니었으나 이상하게도 가볍고 따뜻하였다. 다시 선비를 보니, 봄이 되면 봄옷 한 벌로 봄을 나고, 여름이 되면 또 여름옷 한 벌로 여름을 지내며, 가을 겨울에도 마찬가지였다. 그러나 한번도 빨지 않는데도 때 묻은 것을 볼 수가 없고, 또한 꿰맨 실이 한 올도 타지지 않아 늘 새옷 같으니, 그 친구가 더욱 기이하게 여겼다.

선비가 집에 돌아온 지 다시 3년 뒤의 어느 날, 홀연 선옹의 사자가 그의 두 아들을 데리고 찾아왔다. 선옹과 아내의 편지를 받았는데, 그 사연의 대략은 다음과 같았다.

인간 세상에 큰 난리가 일어날 것이 분명하고, 장차 그곳 사람들이 죽음을 당하게 되므로 사자를 보내니, 자네는 식구들을 데리고 이 사람을 따라 들어오게.

선비가 편지의 내용을 그의 친구에게 알리고, 두 아들을 그에게 보여주었다. 친구가 그 아이들을 보니 맑고 깨끗하여 마치 환한 구슬같이 아름다웠다. 이에 선비가 어머니에게 아뢰고 함께 갈 것을 청하니, 그의 어머니도 기꺼이 응했다.

드디어 집과 밭을 모두 팔고, 친척과 이웃 사람들을 모두 모아 종일토록 잔치를 벌여 이별한 뒤에 떠났다. 이때가 을해년이었다.

그 뒤로 소식이 없더니, 그 다음해에 과연 병자호란이 일어나서, 선비가 살던 마을 사람들이 거의 다 죽었다.

가평에 사는 사람들은 늙은이나 젊은이나 모두 이 일을 말하였다. 어떤 이가 선비의 친구에게 직접 듣고 나에게 이와 같이 전해주었다.

평하건대, 우리나라 산수의 아름다움은 천하제일이다. 내 생각에 여기에는 반드시 신선이 사는 곳이 있을 것이다. 이제 장도령의 일로써 그것을 증명할 수 있으니 어찌 믿지 않겠는가. 조상 덕에 벼슬을 한 관리가 신선이 된 장도령을 만난 것은 대개 말하면 작으나마 묵은 인연이 있어서이나, 가평 교생이 아내를 얻고 신선이 된 일과 같은 것은 참으로 세상에 드물게 기이한 만남이다. 어찌 그를 죄짓고 인간 세상에 귀양 온 신선이라고 할 수 있겠는가. 기이하도다!

제3화 **먼 곳의 일을 훤히 알아본 정염**

북창 정염 선생은 동방의 신인이다. 태어나면서부터 영이하여 무슨 책이든 한번 보면 모두 외웠다. 천문·지리·의약·복서·율려·산수·방기 등 여러 재주를 모두 배우지 않고 스스로 알아서 각각 오묘한 데에 이르렀다. 유교·도교·불교 등 세 종교의 교리를 훤히 알아서 그 논한 것에 다른 사람들이 미치지 못하는 것이 많았다. 새나 짐승의 소리도 능히 알아들었다.

어려서 그 아버지를 따라 중국에 들어갔을 때 오랑캐 나라 사람들을 만나, 서너 나라가 함께 조공을 하게 되었다. 북창이 그들을 옥하관에서 만났는데, 그 나라 말을 한번 들으면 능히 그 말을 할 수 있어서, 그 나라 사람들과 말을 주고받는 것이 마치 오래된 것 같았다. 옆에서 보는 사람들 가운데 중국 사람이나 우리나라 사람들 할 것 없이 크게 놀랐고, 말을 주고받는 그 사람들도 놀라지 않는 이가 없었다. 이 이야기는 《북창시집》 서문에 자세히 실려 있다.

평생 동안의 행적에 기이한 일이 많았으나 우리나라에 호사가들이 없는 까닭에 오늘날에는 세상에 전하는 것이 극히 드물다. 한 가지 괴이한 일이 있어 믿을 만하므로 여기에 기록한다.

북창이 하루는 다른 곳에 사는 그의 고모를 찾아갔다. 고모가 자리를 권하며 조용히 이야기를 나누다가 북창에게 말하였다.

"내가 토지세를 거두려고 종 하나를 영남에 보냈는데, 돌아올 때가 지났는데도 오지 않았네. 아마 도적이나 뜻밖의 재난을 만난 듯하여 우려를 금할 수가 없네."

북창이 즉시 말하였다.

"제가 고모님을 위하여 그 종이 어디쯤 왔는가를 보고 알려 드리겠습니다."

고모가 웃으며 말하였다.

"자네가 내게 농담을 하는가? 이게 무슨 말인가?"

북창이 곧 앉은자리에서 영남 쪽을 향하여 바라보다가 한참만에 고모에게 말하였다.

"그 종이 새재를 넘었으니 걱정하지 마십시오. 다만 이 종이 지금 어느 양반에게 얻어맞고 있으나, 이는 제 탓이니 가엾게 여길 게 없습니다."

고모가 웃으며 그 까닭을 물었다.

"어떤 선비 하나가 고개 위의 길가에서 막 점심을 먹는데, 이 종이 말을 탄 채 내리지 않고 곧바로 그 앞을 지나가니, 그 선비가 화가 나서 그 종자로 하여금 말에서 끌어내려 짚신으로 두 뺨을 네댓 차례 때렸습니다."

고모는 북창이 농담을 하는가 하였으나, 이때 보니 정색을 하고 하는 말이 장난기가 없었다.

고모가 자못 의아하게 여겨서 북창이 돌아간 뒤에 곧 그 날짜와 시간을 벽에 써놓았다. 나중에 그 종이 돌아오자 고모는 고개를 넘은 날짜와 시간을 묻고 벽에 쓴 것과 맞추어 보니 조금도 틀림이 없었다.

이어서 그 종에게 고개를 넘을 때에 양반에게 무슨 일을 당한

적이 있느냐고 물었다. 종이 괴이하게 여기고 놀라면서 매를 맞게
된 곡절을 말하니, 북창이 한 말과 다름이 없었다.

제4화 멀리서 누이 집의 초상을 안 윤세평

윤세평이라는 사람은 무인으로 고을 수령을 지냈던 사람이었다.

세상에 전하기를, 일찍이 중국에 가는 길에 이인을 만나 그 재주를 배워, 몸을 숨겨 남에게 보이지 않았다.

늘 한 방에 혼자 있었는데 비록 처자들이라 할지라도 무서워 감히 볼 수 없었다. 사람들은 그가 하는 일을 헤아리지 못하였다. 그러나 다만 겨울밤에 늘 차가운 쇳조각을 양 겨드랑이에 끼고 있는 것을 보았다. 한참 뒤에 그 쇠를 바꾸는데, 처자가 겨드랑이에 끼었던 쇠를 보니 뜨겁기가 불에 달군 것 같았다.

그때에 방사인 전우치가 요술을 부리다가 서울에서 붙잡혔다. 몰래 남의 집에 들어가 아름다운 부인을 보면 본남편으로 변하여 겁탈하니, 사람들이 분함을 이기지 못하였다. 윤세평이 듣고 그것을 제지하고자 하니 전우치가 그것을 알고 번번이 숨어서 나타나지 않았다.

전우치는 항상 남들에게 이렇게 말하곤 하였다.

"내 재주는 남의 눈을 속이는 것에 지나지 않으나, 저 사람은 신선입니다."

하루는 전우치가 그 아내에게 말하였다.

"오늘 윤세평이 우리집에 올텐데, 이는 나를 죽이려는 것이오. 내가 지금 변신하여 피할 테니, 만약 나를 찾아오는 사람이 있으면 나갔다고 태연히 말하시오. 지금 한 말을 제발 어기지 마시오."

그리고는 즉시 뜰에 내려가 빈 항아리 하나를 엎어놓고, 몸을 한 번 꿈틀하더니 작은 벌레로 변하여 항아리 밑에 들어가 숨었다.

해가 질 무렵에 문득 한 여인이 찾아왔는데, 자태가 매우 아름다웠다. 그녀는 전진사가 있느냐고 물었다. 집안 사람이 마침 나가서 아직 돌아오지 않았다고 대답하였다.

그 여인이 웃으며 말하였다.

"전진사와 나는 정든 지 오래되었습니다. 내가 지금은 약속이 있어서 가니 전해 주시면 다행이겠습니다."

전우치의 아내가 안에서 이를 엿보고 몹시 화가 나서 말하였다.

"이 사내가 밖에서 만나는 여자가 있으면서 나에게는 말하지 않았구나. 조금 전에 한 말도 나를 속이려는 것이로구나."

그리고는 즉시 절구공이로 항아리를 때려부수니, 항아리 밑에서 작은 벌레가 드러났다. 그 여인이 곧 큰 벌로 변하여 벌레를 마구 쏘니, 곧 전우치의 본 모습으로 바뀌면서 죽었다. 그러자 벌은 공중으로 날아가 버렸다.

하루는 윤세평이 갑자기 통곡을 하매, 온 집안 사람들이 놀라서 그 까닭을 물었다.

"호남 아무 고을에 살고 있는 내 누이가 상을 당하여 우노라." 하고는 곧 집안 사람들에게 명하여 급히 초상에 쓸 여러 물품을 마련케 하면서 말하였다.

"시골의 가난한 상가라 내가 갖추어 보내지 않으면 마련할 수가 없다."

보낼 물건이 마련되자 편지를 써서 하인에게 명하였다.

"대문 바깥에 패랭이를 쓴 사람이 있거든 즉시 불러들여라."

한 사내가 들어오는데 보니 과연 검은 피부의 건장한 종이었다. 뜰 앞에 엎드려 절을 올리니, 윤세평이 분부하였다.

"내 누이의 집에 초상이 났는데 호남의 어느 고을이다. 내가 편지를 부치려고 하니, 너는 즉시 전하여라. 오늘 저녁에 회답을 받아야 하니 일이 매우 급하다. 만약 때를 넘기면 내가 너를 중한 벌로써 다스릴 것이다."

그 사내가 대답하였다.

"어찌 감히 조금이라도 지체하겠습니까? 마땅히 명하신 대로 편지와 물품을 전하겠습니다."

그 사내는 문을 나가자마자 문득 보이지 않았다.

그날 저물기 전에 그 사내가 다시 돌아와서 답장을 바치며 말하였다.

"오늘 아무 때에 과연 출상하는데, 소용되는 물품이 하나도 없어서 장례를 치를 수 없었습니다. 그때에 편지를 전하고 또 장례에 필요한 물품을 가지고 가니, 마치 바라보고 하는 듯하여 귀신같다고들 했습니다."

그 사내가 답장을 드린 뒤 하직하고 문 밖에 나가자 또한 문득 사라졌다.

대개 그 상갓집에서 서울까지는 10여일이 걸리는데, 낮에 편지를 써서 저물기 전에 회답이 왔으니, 그 사이가 몇 시간에 지나지 않았다.

평하건대, 정염과 윤세평 두 분의 일은 믿을 만하다. 신술이 아니라면 어찌 능히 천 리를 지척과 같이 볼 수 있겠는가.

옛날에 난파(欒巴)는 술을 뿜어서 촉(蜀) 지방에서 일어난 불을 껐고, 옥자(玉子)는 눈을 들어서 천 리를 바라보았다고 하는데, 지금 생각하면 그것만이 기이할 것이 없다.

중국에 가서 여러 나라의 언어에 통하고, 벌로 변해서 벌레로 변한 사람을 쏜 것은 옛날에도 들어보지 못하였다. 누가 우리나라에 신인이 없다고 할 것인가? 기이하고도 기이하도다.

제5화 앉은 채로 왕생한 희언선사

희언이라는 사람은 명천의 양민이다. 12세에 집을 나와서 칠보산의 운주사에 들어가 있다가, 이듬해에 중이 되어 운주사에 머물었다.

성품이 매우 부지런하여 20년 가까이 손수 짚신 삼기를 밤낮으로 쉬지 않았다. 먹고 나면 짚신을 삼아서 잠시도 쉬지 않았다.

31세 때에 처음으로 짚신 삼은 것을 가는 베 56필과 바꾸었다. 세 번이나 서울과 평안도 지방으로 팔러가서 가는 베 한 동을 마련하였다. 그것을 짊어지고 돌아오다가 안변·원산 땅에 이르러 짐을 풀어놓고 길에서 쉬다가 갑자기 짐을 버리고 곧장 개골산으로 가서 곡기를 끊었다. 깨달음을 얻었던 것이다.

깨달음을 얻은 뒤에 여러 사람들과 뒤섞여 깨달음을 얻은 내색을 하지 않으니, 사람들이 그를 알아보지 못했다. 모두 예사 사람 가운데 곡기를 끊은 이로 여겼다.

각성이라는 중이 그를 한 번 보고 기이하게 여기며 말하였다.

"천하의 고승이로다!"

각성은 마침내 그와 더불어 벗이 되었다. 이로 인하여 이름이 알려졌다.

희언은 고고하게 수도를 하여 고생 끝에 깨달음을 얻었다. 참선에 들어간 뒤에는 밤낮으로 가부좌를 하고 오뚝하게 앉아 눕지도 자지도 않았다.

승복 한 벌로 겨울이든 여름이든 바꿔 입지 않고, 죽을 때에는 바지도 없이 한 조각의 베로 아래를 가렸을 뿐이었다.

평생 동안 별로 말을 하지 않았는데 중이든 속세 사람이든 찾아오면 다만 합장하고 한 마디 말뿐이었다.

"성불하십시오."

그 뜻은 대개 사람들에게 불도를 배워 부처가 되기를 권하는 것이었다.

처음에는 글자를 알지 못하였는데 깨달음을 얻은 뒤에 각성이 가르쳐 주어 불경에 있는 말을 많이 알게 되었다고 한다.

광해군 때에 산속에서 수륙재를 올리다가, 그의 도가 높다는 말을 듣고 금으로 수를 놓은 가사를 만들어서 내려주었다. 사신이 가사를 그의 앞에 놓으니, 그는 눈을 감고 보지 않다가 한참 뒤에 손으로 밀어 놓고 훌쩍 가버렸다.

일찍이 지리산의 절에 이르러 몇십 년 동안 참선하였다. 그 절의 중이 그가 굶는 것을 걱정하여 밥을 지어 올렸으나 끝내 먹지 않았다. 중들이 몰래 누룽지를 조금 물에 말아서 희언 옆에 놓아두었다. 중들이 걱정함을 알고 비로소 먹기 시작하여 밤에 그 그릇을 돌려주고는 떠나 버렸다. 밥을 갖다준 바로 그 중의 방 앞에 빈 그릇을 갖다 놓은 것을 보고, 사람들은 그가 남의 마음을 읽는 신통한 재주가 있다고들 하였다.

만년에는 속리산 법주사에 가서 토굴을 만들고 그곳에 살았다. 밤낮으로 참선하다가 30여년이 지난 뒤에 죽었다. 죽을 때도 앉은 채로 왕생하였다. 그때의 나이가 80여세였다. 다비하는 날 저녁, 거센 바람이 산을 울렸다고 이른다.

내가 속리산 법주사에 가서 희언·수일·각성의 초상화를 보고 물었다.

"세 분 스님 가운데 누가 제일 낫습니까?"

그 절의 중 하나가 말하였다.

"희언스님이 가장 훌륭하셨습니다."

그에 관한 사적을 신현이라는 중에게 물었다. 신현은 길주 사람으로 희언과 동향이었다. 그도 또한 이 절에 있으면서 희언이 입적하는 것을 보았다고 하므로 그 이야기의 대강을 여기에 기록한다.

제6화 병사의 꿈에 현몽한 수일선사

수일선사는 영남의 중이다. 울산의 어느 절에 있을 때 도술로 기이한 일이 많았다. 그 절의 중들이 그를 매우 공경하면서도 두려워하였다. 수일은 제자도 두지 않았고, 매우 가난하였다.

같은 절에 있는 수백 명의 중들이 서로 그의 끼니를 공양하였다. 끼니 때가 될 때마다 문득 먹을 것을 공양하는 중을 찾아가니, 마치 남들이 서로 알려주어서 그런 것 같았다. 일찍이 한번도 틀린 적이 없어서, 그가 남의 마음을 헤아리는 신통한 능력이 있음을 알 수 있었다.

낮에는 주로 눈을 감은 채 명상을 하고, 밤에는 절 뒤의 작은 산기슭에 올라 고요히 앉아서 잠을 자지 않았다. 초저녁에는 중들이 찾아와 이야기를 하다가 돌아갔다.

어느 날 저녁에 수일선사가 중들에게 말하였다.

"너희들, 오늘밤에는 나를 찾아오지 마라."

내가(지관인 김응두 : 역자주) 한밤중이 지나서 그 절의 도리승(闍梨僧) 네댓 명과 함께 수일선사가 있는 곳에 가 멀리서 선사를 바라보니, 어떤 중 하나와 마주 앉아 있었다. 두 사람의 말소리가 희미하여 잘 들리지 않았다.

여럿이 다투어 달려가니, 마주 앉았던 중이 곧 큰 호랑이로 변

하여 도리승들을 보고 크게 부르짖으며 쫓아왔다. 소리가 산악을
울리니 도리승들이 크게 놀라서 도망쳐 돌아왔다. 더러 엎어져 넘
어지고 똥을 싸는 사람도 있었다.

수일선사가 웃으며 그 호랑이를 멈추게 하고 말하였다.

"너는 그러지 말아라."

그러자 호랑이는 곧 선사 앞으로 돌아갔다.

우리들이 다시 몰래 가서 보니, 마주 앉은 것은 호랑이가 아니
라 중이었다. 사람들은 그 까닭을 알 수 없었다.

또 하루는 선사가 금강산에 가려고 어느 곳을 지나다가 길가 돌
위에 앉아 있었다. 그 때, 어느 상공의 종이 한 고을에 있었는데,
고집이 세서 말을 듣지 않았다. 상공이 그 도의 병사(병마절도사)
에게 편지를 보냈는데 그 고을에 분부하여 그 종의 처자와 친척을
모조리 잡아 가두었다가 서울로 압송하도록 하였다. 병사가 진무
(鎭撫) 한 사람으로 하여금 비밀 문서를 가지고 그 고을에 가서,
그 일을 상공이 명한 대로 처리하게 하였다.

진무가 그 고을에 이르니 마침 날이 저물었다. 태수는 벌써
일을 끝내고 잠이 들어 있었다. 그 고을의 아전이 진무에게 말
하였다.

"우리 태수께서는 잠이 이미 깊이 드셨습니다. 내일 아침에 문
서를 전달하여도 늦지 않을 것입니다."

그리고는 여러 사람이 곧 진무를 맞이하여 풍악을 울리며 잔치
를 벌였다. 진무가 술에 흠뻑 취하자, 몰래 그 비밀 문서의 내용을
보니, 상공의 종이 아전들의 친척이 아니면 가까운 이웃이었다.

일이 마침내 크게 누설되어 새벽이 되기 전에 상공의 종은 모두
달아났다.

이튿날 태수가 그 공문서를 보고 잡아들이게 하였으나, 집집마다 잡아들일 종들이 하나도 남아 있지 않았다.

그 상황을 알리니, 병사는 문서가 누설되었음을 헤아려 알고 크게 노하여, 급히 한 역졸로 하여금 그 진무를 잡아오게 하였다.

진무를 붙잡아 오는 길에, 마침 어느 한 선사가 앉아 있는 돌 아래에 이르러 말을 매고 점심을 먹게 되었다. 진무가 중을 보고 굶주렸을 것이라고 여겨, 먼저 밥을 물에 말아 한 그릇 주니, 선사는 사양하지 않고 받아먹었다.

진무가 길게 탄식하며 말하였다.

"내가 이제 죽게 되었구나! 저 중이 만약 부처라면 나를 살릴 수 있을 텐데……"

그러자 선사가 그 까닭을 물었다. 진무가 자세하게 말하니 선사는 말없이 한동안 있다가 입을 열었다.

"그대는 언제 병사를 만날 것이오?"

"오늘 해 안으로 뵐 것이오."

"오늘은 불길하니 내일 정오에 가 뵙는 게 좋겠소."

진무가 다시 물으니 선사는 더 이상 말을 하지 않았다. 그리고는 서로 헤어졌다. 진무가 선사의 말대로 일부러 가는 길을 지체하였다.

이튿날 한낮에 들어가 고하니, 병사는 비장과 함께 한가로이 앉아 있다가 그 진무를 보고 노하여 죄상을 물었다.

장차 곤장을 치려다가 병사가 갑자기 자기 혼자 묻고 대답하였다.

"이 놈에게 곤장을 치는 것이 옳은가, 그른가?"

그러면서 한동안 결정을 내리지 못하는 것이었다.

비장 가운데 병사와 친한 사람이 말하였다.

"사또께서 이 놈의 죄를 결정하매 어찌 이처럼 머뭇거리십니까?"

"내게 한 가지 일이 있어 이러는 것일세."

비장은 그게 무슨 일이냐고 물었다.

"내가 지난밤에 꿈을 꾸었는데, 우리 선친께서 이상한 중 하나와 함께 오셔서 내게 이렇게 이르시더군. '진무로 갔던 아무개를 너는 삼가 때리지 마라.' 내가 '감히 말씀대로 하지 않겠습니까?' 하고는 꿈에서 깼네. 새벽에 또 꿈을 꾸었는데, 선친과 중이 다시 이르러 말씀하시더군. '네가 혹시라도 꿈속의 일이니 허무맹랑하다고 잘못 그 사람을 때릴까봐 다시 올 수밖에 없었다. 너는 삼가 그를 때리지 마라.' 하며 거듭 다짐을 하고 가셨네. 꿈을 깨고 나니, 꿈속의 일이 분명해져서 이렇게 머뭇거리는 것일세."

꿈 이야기를 마친 병사는 진무에게 물었다.

"네가 불공을 드린 일이 있었느냐?"

"없습니다."

"네가 혹시 중에게 시주한 일이 있었느냐?"

"평생 시주한 일이 없으나, 어제 오는 길에 행각승 하나를 만나서 밥 한 그릇을 주었을 뿐입니다."

병사가 그 중의 생김새를 물어보니, 과연 꿈속에서 그의 선친과 함께 왔던 중이었다.

병사가 밥을 줄 때의 일을 자세히 물으니, 진무는 서로 주고받은 말을 아뢰었다. 병사가 더욱 크게 놀라면서 마침내 그를 풀어주었다고 이른다.

수일선사는 몸집이 크고 헌걸스러워 한눈에 예사 사람이 아님을

알 수 있었다. 지관인 김응두가 어렸을 적에 직접 만났다며 내게
이 이야기를 해주었다.

평하건대, 내 기억에 병자년 중양절에 속리산 법주사에 놀러갔
다가 희언·수일·각성 세 선사의 초상화가 있다고 해서 그 절 중
에게 청하여 보았다.

희언선사는 기이하고 홀로 남달라서, 마치 절벽 위에 있는 고목
이 서리를 머금고 우뚝 서있는 것 같았는데 참으로 눈썹이 숱이
많고 길었다. 그는 머물러 집착함이 없는 사람이었다.

각성선사는 총명하고 빼어났으며 단아하여, 모습이 마치 물위에
핀 연꽃이 곧게 자라 더럽혀지지 않은 것과 같았다.

수일선사는 인품이 고매하고 쾌활하여, 마치 준마가 굴레를 벗
거나, 빨리 나는 매가 하늘을 찌르는 듯하고, 눈빛이 형형하여 남
을 쏘는 듯하였다.

신통함이 아직도 이렇게 전하는데, 하물며 그 참모습은 어떠하
였겠는가! 불자들의 모임에 그들과 함께하여 승속 사이의 벗이 되
어 마니주로 하여금 물이 마른 곳을 비추는 데 이르지 못한 것이
한스럽다.

제7화 염라국에 다녀온 연안거사

황해도 연안부에 어떤 한 거사가 있었으나, 그 이름은 알 수 없다. 하루는 병이 나서 엎드려 신음하였다. 대낮에 갑자기 귀졸 몇 명이 앞에 나타났다.

"지옥에서 너를 잡으러 왔다."

하고는 곧 쇠사슬로 그의 목을 매어서 끌고 나갔다.

몇십 리를 가다가 문득 한 곳에 이르렀는데, 성이 우뚝 솟아 있었다. 귀졸이 그를 끌고 성문으로 들어가 다시 몇 마장쯤 가니, 커다란 궁전이 보이는데 둥그스름하고 높이 공중에 솟아 있었다.

궁문에 이르러 귀졸이 그를 끌고 들어가 뜰 아래에 엎드리게 하였다. 궁전 위를 바라보니 왕이 탁상에 앉아 있었다. 궁전에는 여러 관리들이 양쪽으로 줄지어 서 있었고, 귀졸 백여명이 그 앞에 서서 명을 받아 뛰어다니고 있었다. 위엄 있는 거동이 가지런하고, 호령이 엄숙하였다. 흐르는 땀이 등을 적시어, 거사는 감히 우러러 볼 수가 없었다.

잠시 후에 어떤 귀졸 하나가 궁전 앞에 서서 명령을 전하였다.

"너는 어디에 살며, 이름은 무엇이고, 나이는 몇 살이며, 하는 일은 무엇이냐? 이런 것들을 세세히 고하되, 숨기는 것이 있어서는 안 된다."

거사가 벌벌 떨면서 대답하였다.

"이름은 아무개이고, 나이는 몇 살이며, 황해도 연안부에 살고 있습니다. 하오나 타고난 성품이 어리석어서 다른 일은 하지 못하옵니다. 평소에 자비를 베풀고 염불을 하면 지옥에 가는 것을 면할 수 있다는 말을 듣고 늘 염불과 보시만을 일삼았을 뿐입니다."

귀졸이 그 말을 듣고 즉시 전상에 아뢰었다. 잠시 후에 귀졸이 다시 명을 전하여 그로 하여금 섬돌 아래 가서 아뢰도록 하였다. 귀졸이 말하였다.

"너는 잡혀올 사람이 아닌데, 이름이 같아서 잘못 오게 되었으니 마땅히 다시 나가게 될 것이다."

거사가 두 손을 모으고 일어나 절을 올리니, 탁상으로부터 다시 명이 내렸다.

"나의 집이 서울 어느 동네에 있는데, 세상에서는 아무개의 집이라고 한다. 지금 네가 돌아가는 길에 한 마디 말을 부치노라. 내가 여기에 온 뒤 세월이 많이 흘러, 입고 있던 도포가 거의 낡고 해졌다. 집사람에게 전하여 새 도포 한 벌을 지어 보내주면 참으로 다행이겠다. 네가 세상으로 간 뒤에 즉시 찾아가서 상세히 전하는 것을 소홀히 하지 말라."

거사가 대답하였다.

"이제 말씀을 들었으니 감히 마음에 새겨 전하지 않겠습니까? 다만 저승과 이승이 달라서 지옥에 관한 말을 세상 사람들은 모두 허무맹랑하다고 할 것이니, 소인이 비록 이 말씀을 전하더라도 만약 믿지 않으면 어찌합니까? 모름지기 신표가 있으면 증명해 보일 수 있을 것입니다."

귀졸이 다시 명을 전하였다.

"네 말이 매우 옳다. 내가 세상에서 당상관으로 있을 때 사용하던 옥관자 하나가 한 쪽에 약간 홈이 있는데, 책 상자 속에 《시전》 제3권과 함께 두었다. 나만이 알고 집안 사람들은 알지 못한다. 네가 이를 전하여 증명하면 반드시 믿을 것이다."

"그러면 되겠습니다. 하오나 비록 새 도포를 지은들 어떻게 보내겠습니까?"

귀졸이 다시 명을 전하였다.

"제사를 지내고 태우면 된다."

거사가 이에 하직하고 돌아가려 하매, 두 귀졸에게 명하여 데리고 가게 하였다. 거사가 귀졸에게 물었다.

"전상에 앉아 계신 분이 누구십니까?"

그러자 귀졸은 그분이 염라왕으로 이름은 박우라고 하였다.

가다가 큰 강 하나를 만나매 귀졸이 그를 강에 떠밀어 넣었다. 깜짝 놀라 깨어나 보니 죽은 지 벌써 사흘이 되었다.

병이 나은 뒤에 곧 서울에 가서 그 집을 찾아가 물어보니, 과연 박우의 집이었다. 그의 두 아들이 바야흐로 과거에 급제하여 이름난 벼슬아치가 되어 있었다.

문에 이르러 뵙기를 청하니, 문지기가 들여보내 주지 않았다. 붉은 대문이 아득하고, 종적이 드물어 홀로 담밖에 서 있는데, 해는 이미 기울었다.

홀연 한 늙은 종을 만나서 집주인 뵙기를 간절히 청하니, 그가 곧 들어가서 고하였다. 잠시 후에 그 종이 나와서 그를 데리고 갔다.

들어가 보니 귀인 두 사람이 마루 위에 앉아서 그를 섬돌 아래에 앉히고 물었다.

"너는 누구이며, 무슨 할 말이 있다는 게냐?"

"저는 황해도 연안에 사는 거사이옵니다. 어느 달 어느 날에 죽어서 지옥에 들어가 친히 돌아가신 대감을 뵙고 이러이러한 일이 있어서 감히 와서 아뢰옵니다."

그 귀인이 반도 채 듣기 전에 크게 노하여 꾸짖었다.

"어떤 늙은 괴물이 감히 우리집에 와서 이처럼 요망한 일을 지껄이느냐? 당장 끌어내라!"

이에 거사가 큰 소리로 말하였다.

"그 사이에 한 가지 증명할 만한 일이 있으니, 만약 부합되지 않으면 그때 끌어내더라도 아직 늦지 않을 것입니다."

그 자리에 있던 한 사람이 말하였다.

"증명할 만한 일이 무엇이냐?"

이에 옥관자에 관한 일을 아뢰니, 너무나 명백하였다.

두 사람이 처음에는 의아해하다가 책 상자를 꺼내서 보고, 과연 《시전》 제3권에서 옥관자 하나를 발견하였으니, 조금도 틀림이 없었다. 대개 그 집의 사람들이 박우가 죽은 뒤 잃었다가 찾지 못하던 것이었다.

비로소 그의 말이 망령되지 않음을 알고, 온 집안이 흐느껴 우니 마치 초상이 난 것 같았다. 부인들까지 모두 불러서 자세히 그 일을 묻고, 그 집에서 새 도포를 지었다.

날을 가려 영전에 제사를 지내고 도포를 태웠다. 제사 지낸 지 사흘만에 그 집의 자녀들과 거사의 꿈에 박우가 나타나서 도포를 보내준 데 대하여 사례하였다.

그 집에서 거사를 오래도록 머물게 하면서 대접을 극진히 하고, 그 뒤로도 계속 왕래하였다.

박우는 곧 상공 박점의 증조부이다. 조정에 나가서는 깨끗하고 곧아서 세상 사람들이 귀히 여겼다. 일찍이 해주 목사로 있을 때, 감사와 서로 다투어 또한 강직한 일이 있었다.

내가 해주에 있을 때, 그 고을의 진사 최유첨이 나에게 이 이야기를 해주었다.

<hr />

제8화 **지옥 구경을 하고 온 홍내범**

홍내범은 평양의 문관이다. 만력 계묘년(1603)에 과거에 급제하여 정축년(1637)에 당상관에 올랐다. 인조 계미년(1643)에 이르러서 그때 나이가 82세였는데, 그의 아들인 생원 홍준이 상소문을 올려 정3품 이상의 벼슬에 임명할 것을 청하였으나, 도승지 한형길이 물리쳤다.

갑신년(1644) 봄에 소현세자가 심양으로부터 돌아와 평양에 있었다. 이에 홍준이 글을 올리니, 세자가 받아 가지고 와서 인조에게 바치니 드디어 가선대부에 오르게 되었다.

하루는 내범이 이렇게 말하였다.

"내 올해에 죽을 것이다."

하더니 과연 얼마 지나지 않아서 죽었다.

지난 갑오년(1594) 무렵에 내범이 염병에 걸려 10여일 동안 위독하다가 죽었다. 시신을 관 위에 두었는데, 사람들이 모두 피하여 나가고 그의 처만 홀로 그 곁에 남아서 곡을 하였다. 시신이 갑자기 저절로 굴러떨어지니 그의 처가 놀라서 기절하였다. 집안 사람들이 멀리서 보고 달려가 구하면서 시체가 움직인 것을 알게 되어 풀어헤치고 보니 곧 살아 있었다. 그가 다음과 같은 이야기를 하였다.

꿈에 한 곳에 이르니, 관청이 매우 엄하고 아전과 졸개들이 줄지어 앉아 있었다. 쇠머리에 짐승 얼굴을 한 야차와 나찰들이 뜰 아래 삼엄하게 서 있다가 뛰쳐나와서 그를 앞으로 붙잡아갔다.

검은 옷을 입은 아전이 마루 위에서 명령하였다.

"세상에 3교가 있으니, 불교는 그 가운데 하나이다. 지옥과 천당은 곧 사람의 선악을 증명하는 곳이다. 네가 늘 유교를 비방하고 또한 천당과 지옥을 믿지 않으며 자기 생각만을 고집하여 큰소리를 쳤으니, 더 볼 필요도 없이 지옥에 가서 만겁이 지나도 나갈 수 없다."

말을 마치자, 귀졸 몇 명이 손에 삼지창을 들고 갑자기 다가와 데려가려고 하였다.

내범이 큰 소리로 외쳤다.

"사정이 애매합니다."

그의 외침을 듣고 금빛 보살이 웃으며 말하였다.

"잘못되었다. 이 사람은 마땅히 83세까지 살고, 벼슬이 동지부사를 지난 뒤에 죽을 것인데 어떻게 오게 되었느냐? 내가 불러오라고 한 자는 전주에 사는 홍 아무개다. 그러나 기왕 이곳에 왔으니 한번 둘러보고 인간 세상에 전하도록 하라."

귀졸이 명을 받들어 손을 잡고 처음 한 곳에 이르니, 그곳에써 붙이기를, '화목하지 못한 자의 죄를 다스리는 감옥'이라고 하였다.

섬돌로 긴 통을 만들어 숯불을 가득 피워놓으니, 그 위로 불꽃이 이글이글하였다. 죄인을 불러 통 가에 꿇어앉히고 불 속에서 쇠꼬챙이를 꺼내어 죄인의 눈을 연달아 10여번 찌른 뒤에 마치 생선 말리듯 매달았다.

귀졸이 설명하여 주었다.

"이들은 세상에 있을 때 형제간에 우애가 없어서 서로 원수같이 보아, 친륜을 가볍게 여기고 다만 재물만 중히 여겨 이러한 대가를 받는 것이오."

또 한 곳에 이르니, '말을 꾸며하는 자의 죄를 다스리는 감옥' 이라고 써 붙였다.

길이가 두어 길쯤 되는 쇠기둥이 있는데, 그 아래 큰돌이 있었다. 죄인을 불러 기둥 아래 꿇어앉히고, 날카로운 칼로 그 혀를 찌르고 철사로 꿰어, 기둥 위에 땅에서 한 자쯤 떨어지게 매달았다. 또 큰 돌을 그 발에 매다니 혀가 한 자 남짓 빠져나오고 눈알이 모두 튀어나와 그 아픔을 견디지 못하는 것 같았다.

귀졸이 설명하여 주었다.

"이들은 세상에서 혀를 교묘하게 놀려 공허한 이야기를 만들어 내어 부모 형제나 친구 사이를 이간하여 이러한 대가를 받는 것이오."

또 한 곳에 이르니, '세상을 속인 자의 죄를 다스리는 감옥'이라고 써 붙였다.

수십 명의 사람이 땅에 늘어서 있고 생김새가 사납고 흉악한 야차 몇 명이 철사로 8, 9명의 아귀를 묶어 놓고, 발가벗긴 사람들의 가슴살을 베어 솥에 구워서 아귀에게 먹였다. 다 먹으면 다시 베어 뼈에 붙은 살이 거의 남지 않게 되었다.

이러다가 업보의 바람이 한 차례 불면 지체가 본래 상태로 돌아가는데 또 쇠로 된 뱀과 구리로 된 개가 물어뜯어 피가 흐르니, 지르는 비명 소리가 땅을 울렸다.

귀졸이 설명하여 주었다.

"이들은 세상에서 겉으로는 청렴결백한 듯이 살면서 남모르게 뇌물을 받거나, 수령이 되어 백성들의 피를 빨고 윗사람을 잘

섬겨 명예를 구하거나, 혹은 선비가 되어 입으로는 주공과 공자를 말하며 세상을 속이고 이름을 훔쳐 이러한 대가를 받는 것이오."

그리고는 사기들끼리 서로 말하였다.

"두루 다 돌아볼 것 없이 곧바로 고향으로 데리고 가세."

지옥 구경을 마치고 동남쪽으로 수백 보를 가니 '회진관'이라는 건물이 있었다. 상서로운 구름은 짙게 덮여 있고, 안개는 가볍게 날리고 있었다. 가사를 입은 중 수백 명이 혹은 백옥으로 된 먼지 떨이를 가지고, 혹은 푸른 연꽃을 바치고, 혹은 가부좌를 하고 앉아 있고, 혹은 《금강경》·《열반경》을 외우고 있었는데 모두 보살이나 대사로 일컬었다.

귀졸이 설명하여 주었다.

"이들은 모두 세상에서 계율을 잘 지키고 한 마음으로 불법에 귀의한 까닭으로 능히 인간 세상의 고뇌를 벗어나 극락 세계에 오를 수 있었소. 이른바 천당이라는 것이 이것이오."

보기를 마친 뒤 돌아가니, 금빛 보살이 말하였다.

"세상 사람 가운데는 부처를 믿지 않는 사람들도 많고, 또한 천당과 지옥이 있는 것을 알지 못하는 사람들도 많소. 지금 심경이 어떠하오?"

내범이 머리를 조아리고 감사하였다.

검은 옷을 입은 아전이 앞에서 말하였다.

"이제 이 사람을 내보내도 좋다."

하고 귀졸로 하여금 보내게 하였다.

문득 놀라 부르르 떨며 깨어나니, 벌써 죽은 지 사흘이 지나 있었다. 내범이 마음속으로 늘 자부하여 항상 남들에게 저승에 갔다 온 이야기를 과시하였다. 그 뒤에 누린 나이와 벼슬의 오름이 보살의 말과 똑같았다.

아아, 내범의 일은 혹세무민하는 말인 듯하다. 군자는 진실로 괴이한 것을 말해서는 안 된다.

당나라의 이주가 또한 말하였다.

"천당이 없으면 그만이나, 있다면 군자가 갈 것이요, 지옥이 없으면 그만이나, 있다면 소인이 갈 것이다."

이로써 보면, 내범이 말한 바는 비록 세상을 속이는 것에 가까우나 또한 세상을 경계할 수도 있다. 그런 까닭에 내가 그의 말을 기록함으로써 세상을 속이는 첫째 뜻은 물리치고 세상에 경계가 되는 두 번째 뜻을 책하지는 않는다.

평하건대, 세상에 전하기를 인조 때의 경상감사 김치가 죽어 염라대왕이 되었다고 한다. 이제 들으니 연안거사의 말도 이와 같다. 그러나 어찌 김치가 박우로 바뀔 것인가? 염라대왕은 어찌 그리 자주 바뀌는가?

불교에서 말하기를, 천당은 하늘 위에 있고 지옥은 땅속에 있다고 하는데, 홍내범이 지옥을 구경하고 천당으로 가는데 겨우 수백 보였다고 하니 어찌 그리 가까운가? 이 두 편의 이야기는 내가 종합해서 판단컨대 황당하다.

_____제9화 **어촌에서 해일을 면한 이지함**

토정 이선생이 일찍이 장사를 하다가 동해에 이르렀다. 밤이 되
어 바닷가에 있는 어느 어촌에서 묵게 되었다. 또 어떤 나그네 하
나가 와서 자게 되었다. 그 모습이 거사인 듯하였다. 주인과 더불
어 세 사람이 앉아서 잠을 자지 않고 이야기를 나누고 있었다. 그
날 밤은 하늘빛이 맑고 명랑하였다. 바다의 물결도 고요하고 바람
한 점 없었다. 거사가 바다 위의 하늘을 살펴보더니 한참만에 갑
자기 크게 놀라 말하였다.

"큰 변이 장차 이를 것입니다!"

토정과 주인이 괴이하게 여겨 그 까닭을 물으니, 거사가 말하
였다.

"이제 몇 시간이 지나지 않아서 해일이 일어날 것입니다."

토정이 이 말을 듣고, 그도 천문을 살펴보았으나 끝내 알 수 없
었다. 주인을 바라보니 그도 미덥지 않아서 피하러 나갈 생각이
없어 보였다.

거사가 말하였다.

"주인께선 비록 제 말이 망령되다 하시나, 바라건대 잠시 뒷산
꼭대기에 피하시면 다행이겠습니다. 몇 시간이 지난 뒤에 조짐
이 없으면 집으로 돌아오더라도 무엇이 해롭겠습니까? 그래도

제 말이 의심되시면 재산은 옮기지 말고 다만 주인댁의 사람들만 모두 높은 데 올라서 피하면 거의 물에 빠지는 것은 면할 수 있을 것입니다."

토정이 비록 그 이치는 알 수 없었지만 거사의 말을 기이하게 여겼다. 주인도 또한 서둘러 거사의 말을 따랐다. 늙은이와 어린 아이들의 손을 잡고 가벼운 차림으로 거사를 따라 집 뒷산으로 올랐다.

거사는 그들에게 반드시 산꼭대기까지 오르라고 하였으나, 토정만 홀로 꼭대기까지 오르지 않고 산허리에 앉아 거사에게 물었다.

"여기서도 피할 수 있겠지요?"

"다른 사람은 안되지만, 당신이면 잠시 놀랄 뿐 피할 수 있을 것입니다."

닭이 울 무렵이 되자, 과연 해일이 일어났다. 바다의 물결이 하늘에 닿을 듯이 밀려왔다. 바닷물은 가부좌한 토정의 두 다리 아래까지 밀려왔다. 바닷가의 여러 마을이 모두 잠기고, 날이 샐 무렵이 되어서야 그쳤다.

토정은 마침내 거사에게 절하며, 거사가 되어 그에게 배우기를 원하였다. 거사가 굳이 거절하면서 말하였다.

"우연히 이것을 알았을 뿐, 다른 것은 아는 것이 없습니다."

하고 끝내 그가 배운 것을 말하지 않았다.

토정이 거사가 사는 곳을 물으니, 멀지 않은 곳에 있다고 가리켜 주며 떠났다. 토정이 이튿날 그 집을 찾아가 보니 이미 비어 있었다.

제10화 수재에서 벗어난 나무꾼

만력 33년(1605) 을사년 7월에 큰물이 졌다. 이는 조선왕조 이래로 큰 재해였다.

그 전에 관동 지방에 사는 어떤 촌사람이 산중에서 나무를 하다가, 갑자기 금빛 갑옷을 입은 한 신장이 백마를 타고 창을 비껴들고 허공을 타고 오는 것을 보았다. 행동거지와 겉모습이 빛나서 그가 천인임을 알 수 있었다. 또 승려 한 사람이 석장을 짚고 그 뒤를 따라오는데, 모습이 또한 매우 기이하였다. 신장이 말을 멈추고 그 승려와 더불어 이야기를 하였다.

나무꾼은 몰래 수풀에 숨어서 그들의 말을 들었다. 신장이 발끈 노하여 창으로 사방을 가리키며 말하였다.

"내가 여기서부터 저기까지 산을 무너뜨리고 땅을 꺼지게 하여 모조리 깊은 연못으로 만들려고 한다. 이 땅에 있는 것은 한 점도 남기지 않겠다."

그러자 승려가 뒤에서 애걸하였다.

"이렇게 하신다면 장차 사람들이 큰 화를 만날 것이니, 저를 보아서도 노기를 거두십시오."

하며 한동안 간절히 빌었다.

신장이 다시 창으로 가리키며 말하였다.

"그러면 여기서부터 저기까지 무너뜨리고 꺼지게 하겠다. 네 뜻에는 어떠하냐?"

승려가 계속 애걸하기를 마지않으니, 신장이 다시 말하였다.

"너를 보아서 태반이나 줄인 것이다. 여기서부터 저기까지는 내가 꼭 연못을 만들고야 말겠다. 이밖에는 결코 줄여 줄 수가 없다."

승려가 다시 애걸하였으나, 신장은 끝내 거절하고 들어주지 않으니, 승려는 할 수 없이 받아들였다. 말을 마치더니 함께 허공을 타고 사라졌다.

그들이 주고받은 말은 자못 많았으나 거리가 약간 멀어 자세히 들을 수가 없었는데, 대략 이와 같았다. 나무꾼이 크게 놀라 집으로 달려와 그의 아내와 함께 멀리 달아나 버렸다.

이날부터 장마가 시작되어 오대산이 무너지고, 그 땅이 과연 꺼져 연못이 되었다. 수십 리에 걸친 모든 마을이 다 잠겼으나 나무꾼만은 거기서 벗어날 수 있었다.

평하건대, 일찍이 듣자니 우리나라에는 이인이 많은데, 저잣거리에 자취를 감추고 있다고 한다.

토정이 만난 거사는 천문을 보는데 능하여 미리 해일이 일어날 것을 알았으니 참으로 이인이 아닌가! 그가 쌓은 지식과 학문을 물어서 그 재주를 전할 수 없는 것이 한스럽다.

을사년의 홍수와 같은 것은 수백 년 사이에 처음 일어난 큰 재앙이었다. 신장의 노여움을 사서 일어난 일이나, 무슨 일로 노여움을 산 것인지 알 수 없지 않은가. 나무꾼이 우연히 신장을 만나서 재앙으로부터 벗어날 수 있었던 것도 기이하다고 이르겠다.

제11화 죽은 사람의 보답으로 급제한 선비

세상에 이런 이야기가 전하고 있다. 옛날 고려 시대에 알성과를 보이니, 어떤 선비가 과거를 보러 멀리서부터 올라왔다. 날이 저물어 들판을 지나가는데 갑자기 칡덩굴 아래서 재채기하는 소리가 나는 것이었다. 의아하게 여긴 그가 말에서 내려 칡덩굴 아래로 들어가 귀를 기울이고 살펴보았다. 재채기 소리는 칡뿌리 아래에서 나고 있었다.

종을 시켜 파 보니, 죽은 사람의 해골이 있었다. 해골의 구멍에 끼어 있는 흙과 먼지를 털어 내고 보니, 칡뿌리가 그 해골의 콧구멍에서 나 있었다. 재채기는 대개 그 혼백이 그것을 견디지 못한 까닭으로 말미암은 것이었다. 그는 그것이 측은하여, 그 해골을 꺼내어 깨끗이 씻고 종이로 여러 겹 잘 싸서 높고 마른 땅에 묻어 주었다.

그날 밤 꿈에 어떤 머리가 흰 선비 하나가 그에게 와서 절하며 사례하였다.

"나는 전생에 죄를 지어 비명에 죽었는데, 자손마저 영락하여 유골이 따로 떨어져 흙이 되었으나, 다만 해골만이 남아 황야의 풀덤불에 던져져서 칡뿌리가 코에 꿰었다오. 혼백은 아직 사라지지 않아 밤낮으로 견딜 수가 없었지요. 다행히 하늘이 낸 어진 군자를 만나, 말 못하는 나를 가련히 여겨 깨끗한 곳에 묻어 주고 또 향을 피워 명복을 빌어 주니, 그 은혜가 산과 같이 무겁고 마치 다시 태어난 듯하오. 비록 죽은 혼령이 우매하여 큰 덕을 갚을 길이 없으나, 혼백이 남아 있으니 스스로 할 수 있는 모든 것을 어찌 감히 생각하지 않겠소?"

그리고 나서 말을 이었다.

"이번 과거에 오언율시를 짓는 문제가 나올 것이오. 제목은 '하운다기봉(夏雲多奇峰)'으로 봉(峰)자에 압운을 하는 것이지요. 내가 당신을 위해서 미리 지어 놓은 것이 있소이다. 당신이 만약 이것을 써서 내면, 혹 장원급제를 할 수 있을 것이오."

하고 다음과 같은 시를 써서 주었다.

白日到天中　浮雲自作峰　백일도천중 부운자작봉
僧看疑有寺　鶴見恨無松　승간의유사 학견한무송
電影樵童斧　雷聲隱士鍾　전영초동부 뇌성은사종
誰云山不動　飛去夕陽風　수운산부동 비거석양풍

밝은 해는 중천에 이르고, 떠다니는 구름은 절로 봉우리를 이루었네.

중을 보며 절이 있지 않을까 싶었는데, 학을 보니 소나무가 없는 것이 아쉽구나.

번갯불은 나무꾼의 도끼처럼 번쩍이고, 우렛소리는 은사의 종소리와 같구나.

누가 산이 그대로 있다고 일렀던가? 저녁 바람에 날려가고 말았다.

그는 이 시를 적어 주고 나서 머리를 조아려 사례하고 갔다.

선비가 꿈을 깨고 기이하게 여기다가 서울에 이르러 과거에 응시하니, 출제된 문제와 운자가 꿈속에서와 똑같았다. 귀신이 지은 시를 써서 과연 장원급제를 하였다.

제12화 귀신의 도움을 받은 선세휘

선세휘는 영남 지방 어느 고을의 사람이다. 어린 시절에 《전등
신화》를 산사에서 읽다가, 밤이 깊었고 피곤해서 책상에 기대어
설핏 잠이 들었다. 꿈에 수염과 눈썹이 흰 노인 하나가 나타났는
데, 차림새가 매우 기이하였다. 급히 세휘를 깨우며 말하였다.

"너는 여기 있지 말고 빨리 피하라!"

세휘가 놀라 일어나 비록 의아스럽기는 하였으나, 꿈이 하도 생
생해서 즉시 다른 방으로 갔다. 잠시 후에 바위와 돌이 무너져 내
려 쌓여 그가 있던 방을 덮쳤다. 중들이 많이 죽었으나, 세휘만이
죽음을 면하였다.

다음날 밤 꿈에 노인이 다시 나타나서 다음과 같은 시 두 구절
을 써 주었다.

楚客遠投三峽口　초객원투삼협구
蜀禽啼到五更時　촉금제도오경시

멀리 삼협구에 들어간 초나라의 나그네,
날이 새도록 울어대는 두견새 울음소리.

세휘는 그 뜻을 알 수 없었으나, 마음속으로 기이하게 여겼다.

세휘는 오로지 구우(瞿佑)의 글만을 읽어 그 묘한 법을 터득하였다. 광해군 시절에 자못 문장으로 이름이 있었다.

그는 권력자들에게 아부하여 과거 시험에 이재영과 함께 급제하였다. 고을 수령이 되어서는 탐관오리의 자취를 많이 남겼다.

인조반정이 끝난 후에 전의 행적이 추적되어 붙잡혀 옥에 갇히게 되었다. 다음날 판결을 받게 되었는데, 거의 사형이 틀림없었다.

새벽녘에 옥 앞의 나무에서 우는 두견새 소리를 듣고, 세휘는 문득 노인이 써 준 시가 생각이 났다.

그가 함께 붙잡힌 죄수들에게 말하였다.

"나는 아마도 살 수 있을 것이오."

하고 장담한 뒤 산사에서 꾼 꿈 이야기를 해주었다. 사람들이 모두 감탄하고 기이하게 여겼다.

세휘가 이에 아래 구절을 지어서 읊었다.

乃知禍福皆前定　내지화복개전정
憶得當年夢裡詩　억득당년몽리시

이제사 화와 복이 모두 미리 정해진 걸 알겠군,
그 당시 꿈속의 시를 떠올려 보니.

다음날 판결을 받으니, 사형은 면하고 삼수(三水)로 유배를 가게 되었다. 노인이 써 준 시에서 삼협이라는 말도 또한 들어맞았던 것이다.

평하건대, 내가 일찍이 서거정의 《동인시화》를 보니 '승간의유사(僧看疑有寺) 학견한무송(鶴見恨無松)'이라는 일련이 전중문(錢仲文)의 〈상령고슬시(湘靈鼓瑟詩)〉 아래에 기록되어 있었다.

서거정이 그 시를 평해 다음과 같이 말하였다.

"비록 시어가 유치하기는 하나 또한 경구라고 이를 수 있다. 그 뜻은 대개 신의 도움이 있을 것으로 여기는 것이다."

그러나 내가 보기에 그 시어는 시골 아이들이 서로 부르는 말에 지나지 않아 보였다. 어찌 이것을 경구라 할 수 있겠는가. 또한 중(中)과 풍(風) 두 운은 은사종(隱士鍾)과 조화를 이루지 못하였고, 더욱이 전거가 없다.

혹은 전하기를, 사(寺)자는 찰(刹)자이고 은사종(隱士鍾)은 악사(岳寺)라고 이른다. 그렇게 되면, '찰'자와 '사'자는 말이 중복될 뿐만 아니라, 시는 더욱 좋지 못하고 야비하여 가소롭다. 어찌 문장의 기운이 왕성하게 일어나기 시작할 무렵의 시가 이 정도에 그쳤겠는가.

또한 죽은 사람의 해골이 저승에서 보답하였다는 것은, 해골을 다시 잘 묻어 준 데 대한 보답이다. 꿈속의 노인이 도와준 것은 무슨 일을 보답한 것인가. 아니면 선세휘가 노인에게 은덕을 베풀었으나 세상 사람들이 그것을 몰랐다는 것인가.

비록 그러하나, '초객촉금(楚客蜀禽)'이라는 시어는 '승간학견(僧看鶴見)'이라는 시어에 비하여 제법 낫다.

제13화 귀신들을 불러 점호한 한준겸의 친척

서평부원군 한준겸공에게 먼 친척 하나가 있었는데, 호남 지방
에 살고 있었다. 그는 배운 것이 없고, 집안이 매우 가난하였다.
때때로 찾아오면, 한공은 그가 가난해서 굶주리는 것을 불쌍히 여
겨 옷과 음식을 주었다. 또한 그가 오면 붙들어 두고 달포가량 지
난 뒤에 비로소 돌아가는 것을 허락하였다. 한공은 그가 어리석다
고 해서 책망하지 않았다.

하루는 그가 한공을 찾아왔다가 갑자기 가겠다고 하였다. 설이
며칠 남지 않은 때라, 한공이 만류하였다.

"자네는 돌아가는 길에 설을 맞을 것이니, 차라리 우리집에 있
으면서 음식을 배불리 먹고 편안히 누워 설을 맞이하는 것이 좋
겠네."

그는 재삼 돌아가려고 하였으나, 한공은 굳이 그를 머물게 하였
다. 그는 자기가 천한 까닭에 감히 사양할 수 없어서 섣달 그믐날
까지 머물다가 한공에게 아뢰었다.

"제게는 기이한 재주가 있어서 늘 수만의 귀신을 부립니다. 설
날 아침만 되면 귀신을 점호하는데, 만약 점호를 하지 않으면
귀신들이 얽매이는 데가 없어서 인가에 많은 화를 끼칩니다. 이
것은 작은 일이 아닙니다. 제가 돌아가려고 하는 까닭이 이것입

니다. 공께서 이미 저를 머물게 하셨으니, 저는 장차 이 댁에서 귀신을 점호하고자 합니다. 공께서는 놀라지 마십시오."

한공이 그 말을 듣고 크게 놀랐으나, 그렇게 하라고 하였다.

그 사람이 다시 말하였다.

"이것은 큰 일이오니 대청 마루에서 행할까 합니다."

하매 한공이 그것도 허락하였다.

그날 밤 마루를 깨끗이 치우고, 그는 남쪽을 향하여 단정히 앉아 있었다. 한공은 그것을 밖에서 들여다보았다.

잠시 후에 귀신들이 무수히 떼를 지어 들어오는 것이 보였다. 기괴한 형상은 형용할 수가 없었다. 그의 앞에 죽 늘어서서 절을 하니, 뜰에 가득하였다.

그가 책을 하나 꺼내어 친히 명부를 살피며 이름을 점검하였다. 귀졸 몇이 섬돌 앞에 서서 이름을 불러 검열하는 것이 관청에서 검열하는 모습과 같았다. 2경쯤에 시작하여 5경이 되어서야 끝났다.

수만 명이나 되는 귀신들이 대부분 속이지 않았으나, 끝에 있는 귀신 하나가 점호에 빠졌다가 나중에 이르렀다. 또 다른 귀신 하나는 담을 넘어 들어왔다.

그가 명하여 잡아들여 물으니, 늦게 온 귀신이 아뢰었다.

"저는 먹고사는 일이 어려워서 근래에 영남 지방의 어느 선비 집에 마마를 옮기던 중 멀리서 점호를 받으러 오다 보니 이렇게 늦었습니다. 그 죄를 피할 길이 없습니다."

이어서 담을 넘어온 귀신이 말하였다.

"저는 오래도록 굶주려서 경기 지방의 어떤 사람 집에 전염병을 옮기던 중 점호가 있는 것을 알고 황급히 왔으나, 점호에 이르지 못할 것 같아서 담을 넘는 죄를 범하게 되었습니다."

한공의 친척이 성난 소리로 말하였다.

"이놈들은 금령을 어기고 전염병을 많이 퍼뜨렸으니, 그 죄가 이미 무겁다. 하물며 이곳은 귀한 재상댁인데 저놈이 감히 담을 넘어 들이왔으니, 그 죄가 더욱 무겁다. 늦게 온 녀석은 곤장 백 대를 치고 담을 넘은 녀석은 곤장 수백 대를 쳐서 모두 칼과 족쇄를 채워 옥에 가두어라."

이어서 귀신들을 모아 인간 세상에 재앙을 주지 말라고 명하고 거듭 다짐하였다. 그리고 나서 점호를 마치니 귀신들이 열 지어 서서 하직 인사를 올리고 다투어 떼를 지어 몰려 나갔다. 떼를 지어 나가는 소리가 한참만에야 그쳤다.

한공이 그를 보니 빈 마루에 오뚝하게 앉아 있을 따름이요, 고요한 가운데 아무도 없었다. 닭이 이미 울고 하늘이 밝아 오고 있었다.

한공이 어리둥절해 있다가, 그가 재주를 배우게 된 경위를 물으니, 이렇게 대답하였다.

그는 어렸을 때 산사에서 책을 읽었는데, 그 절에 있는 한 노승이 용모가 몹시 이상하였다. 목숨이 다해 곧 죽을 것 같았다. 모든 사람들이 그 노승을 천하게 여기고 욕하였으나 그만이 불쌍히 여겨 때때로 남은 음식을 주면서 자못 후대를 하였다.

하루는 달 밝은 밤에 노승이 그를 거짓말로 꾀었다.

"절 뒤에 골짜기가 하나 있는데 경치가 아주 빼어나다네. 나와 함께 가보지 않겠는가?"

그가 믿고 따라 나왔다. 절을 나서서 산기슭을 넘으니 사람이 없는 곳에 이르게 되었다. 그러자 노승은 품속에서 책 한 권을 꺼내어 그에게 주며 말하였다.

"내게 이러한 재주가 있으나 늙어서 곧 죽게 되어, 다른 이에게 전하려고 한 지 오래되었네. 우리나라를 두루 돌아다녔으나 그럴 만한 사람을 만나지 못하였더니, 이제 자네를 보니 그 사람을 만난 것 같네. 이것을 자네에게 전하겠네. 그 책을 펴 보면 귀신을 다루는 부적과 귀신의 명부가 있고, 귀신을 부리는 법도 또한 있다네."

노승이 부적 하나를 써서 태우니, 수만의 귀신이 잠깐 사이에 모였다. 그 귀신들을 보니 놀랍고 두려웠다. 노승과 그가 나란히 앉아 귀신 하나하나를 점호하였다. 그리고는 노승이 귀신들에게 명하였다.

"내가 이미 늙어서 너희들을 이 소년에게 부탁하였으니, 지금부터는 이 사람 말을 듣는 것이 좋겠다."

그가 즉시 그 책을 전하여 받고 귀신들을 호령하여 자신의 말을 따를 것을 당부한 다음 흩어 보냈다. 노승과 함께 절에 돌아와 자고 새벽에 일어나 노승을 찾아가니, 노승은 이미 죽어 있었다.

그가 그때부터 그 재주를 행하여 수십 년이 되었으나 세상에서 아는 사람이 없었는데, 이제 처음으로 한공에게 알려주었다고 하였다.

한공이 매우 기이하게 여기며 물었다.

"나도 이런 재주를 배울 수 있겠는가?"

"공의 정력으로 보아 충분히 할 수 있으나, 다만 이런 재주는 시골의 가난한 총각들이나 하는 일입니다. 공께서는 재상이시니 행할 수가 없습니다."

이튿날 마침내 작별 인사를 하고 가더니 다시는 오지 않았다. 한공이 사람을 보내어 가 보게 하였더니, 첩첩산중에 게딱지만한 암자를 짓고 있었다. 주변에 사는 사람도 없고, 혼자 살면서 불러도 끝내 오지 않았다. 그 뒤에 다시 사람을 보내어 찾아가 보니 이미 집을 옮겼고, 그 뒤의 일은 알 수 없었다.

한공의 자손이 한공으로부터 그 이야기를 친히 듣고 남들에게 전하였다.

제14화 두 귀졸을 거느린 임실 선비

효종 갑오·을미년 사이에 임실의 어떤 선비가 스스로 능히 귀신을 부릴 수 있다고 하면서, 그가 늘 부리는 것은 두 귀졸이라고 하였다.

하루는 어떤 사람과 마주앉아 장기를 두며 약속하기를, 지는 사람은 볼기를 맞기로 했다. 상대방이 이기지 못하였는데도 약속을 어기고 볼기를 맞지 않았다.

선비가 말하였다.

"만약에 순순히 벌을 받지 않으면 나중에 더욱 해로울 것이오."

그래도 그 사람이 끝내 받아들이지 않자, 그 선비는 공중을 향하여 마치 누구를 불러 분부하듯 하였다.

그 사람이 즉시 제 발로 뜰에 내려가 볼기를 드러내니, 공중에서 채찍으로 때리는 소리가 들렸다. 대여섯 차례 때리자, 그의 볼기 곳곳에 시퍼런 멍이 들었다. 그가 아픔을 이기지 못하여 애걸하니, 선비가 그때서야 웃으며 그를 풀어 주었다.

또 일찍이 어떤 사람과 함께 임실 관아에 앉아 있었는데, 그 뒷동산에 대숲이 있었다. 대숲 밖에 있는 마을에서 마침 굿을 하느라고 북소리가 둥둥 울렸다.

선비가 홀연 뛰어 내려가더니 동산에 이르러 대숲을 향해 버럭 성을 내며 큰 소리로 꾸짖는가 하면 눈을 부릅뜨고 팔을 휘두르는 것이 마치 무엇을 쫓아내는 모습 같았다. 한참만에 돌아오자 사람들이 괴이하게 여겨 물었다.

선비가 대답하였다.

"한 떼의 잡귀가 굿하는 곳으로부터 이 대숲에 모여들었소. 꾸짖어 쫓지 않으면 수풀에 깃들여 인가에 해를 끼칠 것이므로, 내가 화가 나서 쫓았을 뿐이오."

또 하루는 어떤 선비와 함께 길을 가다가, 문득 길가에서 공중을 향해 꾸짖는 것이었다.

"너는 어찌 감히 이 죄 없는 사람을 붙잡아 가느냐? 네가 만약 놓아주지 않으면 내가 너에게 벌을 줄 것이다."

말투가 매우 성나 보여서, 함께 가던 사람이 그 까닭을 물었으나 자세히 알려주지 않았다.

저녁에 어느 촌가에 묵으려고 하니, 질병이 있다고 하면서 받아들이지 않았다. 선비가 종을 시켜서 꾸짖고 억지로 들어갔다.

주인의 아내와 딸이 자주 창 틈으로 그를 내다보고 무어라고 지껄이며 놀라 감탄하는 소리가 들렸다.

어두워진 뒤에 주인 늙은이가 주안상을 차려 가지고 와서 사례하며 말하였다.

"저에게 딸이 있는데, 갑자기 중병이 들어 오늘 죽었습니다. 한참 뒤에 소생하여 이렇게 말하는 것이었습니다. '어떤 귀신 하나가 나를 데려가더니 길에서 한 사람을 만났습니다. 그 사람이 귀신을 꾸짖으며 놓아주라고 하자, 그 귀신이 매우 두려워하며 곧 저를 놓아주어서 살아나게 되었습니다.' 그 아이가 문

틈으로 선비님의 모습을 보더니 이렇게 말하였습니다. '이분이 귀신을 꾸짖던 사람입니다.' 딸년의 말을 듣고 깜짝 놀랐습니다. 존귀하신 분을 알아보지 못했습니다만, 선비님은 신선이십니까, 부처이십니까? 이는 다시 살려주신 은혜이므로 감히 하찮은 음식으로나마 사례를 올립니다."

선비가 웃으며 음식을 받고 말하였다.

"당신의 말이 망령되오. 내가 어찌 그런 일을 할 수 있겠소."

그 선비는 그로부터 7, 8년이 지난 후에 병들어 죽었다고 한다.

평하건대, 귀신을 부린다는 이야기를 예전에는 듣지 못했다. 말세에 이르러 비로소 생겨났으니 어찌 괴이하지 않겠는가!

한공의 친척은 수만의 귀신을 거느리면서 능히 준엄하게 다스려 인간 세상에 재앙이 생기지 않도록 하였다. 임실의 선비는 다만 두 귀졸을 데리고 또한 요사스러운 재앙을 금하게 하였다.

이들이 비록 이름 없는 선비이나 은혜를 베풀지언정 해를 끼치지 않았으니, 전우치보다 어질다고 하겠다.

제15화 전란 속에서 화를 면한 무인

강화에 한 무인이 본부의 장교로 있었는데, 사람이 평범하여 별다른 일이 없이 지냈다.

하루는 그의 아내가 질투로 인해 화가 난 채 방안에서 옷을 꿰매고 있었다. 그때는 한겨울이었다.

무인이 아내의 노한 마음을 풀어 주려고 농담을 하였다.

"내가 나비를 만들어 낼 것이니, 당신이 한번 보겠소?"

그의 아내가 더욱 노하여 무슨 미친 소리냐고 꾸짖으며 염두에 두지도 않았다.

무인이 곧 다가와, 그의 아내가 바느질하는 반짇고리에서 여러 빛깔의 비단 조각과 무명 베 조각을 손에 쥐고 입 속으로 주문을 외운 뒤 공중에 흩어 던지니, 나비가 방 가득히 날아다녔다. 나비의 빛깔이 오색으로 빛났는데, 그 색깔은 각각 헝겊 조각 본래의 색깔이었다. 나비가 되어 훨훨 날아다니니, 눈이 어지러워 셀 수가 없었다.

그의 아내가 깜짝 놀라더니, 곧 웃으며 화를 풀었다.

한참 뒤에 무인이 공중을 향해 손을 펼치니, 나비가 무인의 손으로 모여들었다. 무인이 손을 쥐었다가 다시 펼치니, 나비는 다시 헝겊 조각이 되었다.

이 일은 그의 아내만이 보았을 뿐, 다른 사람은 알지 못하였다. 지금까지 듣지 못한 기이한 재주였다.

정축년에 이르러 강화도가 함락되매, 사람들이 울부짖으며 달아났다. 무인은 홀로 태연하게 집안에 편안히 누워, 처자들과 함께 평소와 다름없이 밥을 해먹으며, 이웃마을 사람들이 피하여 달아나는 것을 보고 웃으며 말하였다.

"오랑캐가 어찌 이 마을에까지야 오겠소?"

과연 섬 전체가 불타고 노략질을 당해 거기서 벗어난 사람이 없었는데, 무인이 사는 마을만이 화를 면하였다.

제16화 기마대가 짓밟는 길가에 태연히 앉아 구경한 선비

병자·정축년에 걸친 난리에 어떤 서울 백성 하나가 사람들을 따라 피난을 가고 있었다.

하루는 갑자기 뒤로부터 쫓아오는 한 떼의 오랑캐 부대를 만났다. 갑자기 무장한 만여 기의 기마대가 산과 들을 덮으며 몰려왔다. 피할 만한 곳이 없어서 어찌할 바를 모르다가 길가에 서 있는 소나무 아래를 바라보니, 어떤 선비 하나가 말에서 내려 쉬고 있었다. 그의 종 하나가 고삐를 쥐고 그 앞에 서 있었다.

두어 폭 되는 흰 보자기를 길 쪽으로 걸어 놓았는데, 마치 먼지를 가리기 위한 것인 듯하였다.

그 백성이 선비가 앉아 있는 나무 아래로 달려가 급히 부르짖었다.

"사람 죽겠소. 어찌하면 살 수 있겠습니까?"

선비가 태연히 웃으며 말하였다.

"사람이 어찌 꼭 다 죽겠느냐. 그런데 너는 어찌 그리 황급히 구느냐? 잠시 내 곁에 앉아서 구경이나 하는 것이 좋겠다."

그 백성이 선비를 보니, 아주 태연하여 조금도 두려운 빛이 없었다. 그 백성의 생각에는 달리 살 방도가 없어서 드디어 선비의 말대로 앉아서 구경하였다.

오랑캐의 기마대가 사람을 만나면 죽이기도 하고 포로로 잡기도 하여, 한 사람도 벗어나지 못하였다. 그런데 선비가 앉아 있는 곳에 이르러서는 그들을 보지 못하는 듯하였다. 오랑캐의 기마대가 끊어지지 않고 모두 앞선 기마대를 따라 달려갔다.

저녁 무렵이 되어서야 비로소 기마대의 질주가 그쳤다. 그 선비와 백성이 온종일 오랑캐의 진중에 앉아 있었으나 아무 일도 없었다.

그 백성은 비로소 선비가 기이한 재주를 가지고 있음을 알고 절하며, 그 선비의 이름과 사는 곳을 물었다. 선비는 끝내 말해 주지 않은 채 말을 달려 가버렸다. 말이 훌륭하고 속도가 빨라 따라갈 수가 없었다.

그 백성이 뒷날 우연히 포로로 잡혔다가 돌아온 사람과 이야기를 하게 되었다. 그 사람이 말하기를, 오랑캐 부대를 따라 어느 날 어느 곳을 지나갔다고 하였다. 그곳은 곧 그 백성과 선비가 앉아 있던 곳이었다.

그 백성이 자기가 홀로 화를 면할 수 있었던 까닭을 자세히 물으니, 그는 이렇게 말하는 것이었다.

"오랑캐의 부대가 그곳에 이르러 올려다보니, 성 위에 담이 우뚝하고 험준한 천연 요새가 있었는데, 사람의 힘으로 쌓을 수 있는 것이 아니었소. 그래서 다만 그 아래로 지나갔을 뿐이오."

천연 요새라는 것은 곧 선비가 걸어 놓았던 흰 보자기였다.

평하건대, 세상에서 말하기를 오늘날에는 이인이 없고, 여러 가지 잡술이 모두 막혀 없어졌다고 하나 이 말은 잘못된 것이다. 병자년과 정축년이 오늘날이 아니란 말인가?

집에 누워 난리를 피하고, 길가에 앉아 오랑캐 군대를 피하는 것이 잡술이 아니란 말인가?

이 두 사람은 재주를 안으로 숨겨 보이지 않다가 마침내 난리를 만나 능히 스스로를 지켰으니 그 또한 현명하다고 할 수 있다.

제17화 눈을 쓸며 옥소선을 다시 만난 서생

성종 때에 어느 이름난 재상이 평안감사로 있었다.

평안도는 예로부터 아름다운 곳으로 이름을 떨쳤고, 자연이나 누대의 빼어남과 풍류의 성함이 천하 제일이었다. 풍류 호사와 벼슬아치들이 가끔 그곳의 명성을 일소에 부치다가, 한번 가보고는 3년이나 머무는 곳이었다.

평안감영의 기생 명부에 나이 어린 기생이 하나 있었으니, 이름은 자란이요, 호를 옥소선이라 하였다. 나이가 겨우 12세로 타고난 아름다움이 비길 데 없었다. 노래하고 춤추고 악기를 연주하는 것이 하나같이 절묘하였다. 더구나 재주와 식견이 있고 똑똑하여 능히 한시와 문장을 지을 줄 알아서 으뜸이라는 향기로운 이름이 이미 평안도 지방에 자자하였다.

당시의 감사에게 아들이 하나 있었으니, 그의 나이도 12세로 용모가 그림 같고, 어려서부터 경전과 사서에 능통하였으며, 글을 짓는 것이 민첩하여 붓을 쥐면 글이 되었다. 세상 사람들이 그를 신동이라 하였다. 감사에게는 다른 자녀가 없고 다만 아들 하나뿐이었는데, 재주 또한 빼어나서 특히 사랑을 받았다.

감사가 마침 생일날을 맞아 아래 사람들과 더불어 추향당에서 잔치를 벌였다. 기녀들과 악공들을 불러 크게 잔치를 벌였는데, 술

에 취하여 즐거움이 무르익자 아들에게 춤을 추게 하였다. 행수기
생을 불러 나이 어린 기생 가운데 한 사람을 뽑아 그의 아들과 마
주 춤추게 하여 분위기를 돋우었다.

여러 기생들과 감영에 있는 사람들이 꽃다운 자태와 절묘한 재
주를 지닌 자란이라면 좋은 상대가 될 것이라고 하였다. 또한 자
란의 나이가 감사의 아들와 동갑이었다.

드디어 그 둘로 하여금 명을 받게 하니, 한 쌍의 절묘한 춤이
간드러지기가 연한 버들가지와 같고 나풀나풀 하는 것이 제비처럼
가벼웠다. 좌상에 앉아 구경하는 사람들이 모두 찬탄을 금치 못하
며 그 기이하고 절묘함을 칭찬하였다. 감사가 매우 기뻐하며 자란
을 불러 상머리에 앉게 하고 음식을 주었다. 또 비단을 상으로 내
려 주었다. 그리고 자란을 도령 모시는 기생으로 정하여, 차를 끓
여 올리고 먹 가는 일을 하도록 하였다. 이로부터 잠시도 떨어지
지 아니하고 둘이 함께 놀았다.

몇 년이 지난 뒤에는 두 남녀가 모두 자라 드디어 남녀관계를
맺게 되니, 두 사람의 정이 모두 깊이 얽히게 되었다. 〈이왜전〉에
나오는 정생과 이왜의 사이와 같았을 뿐만 아니라, 〈앵앵전〉에 등
장하는 장랑과 앵앵의 관계와도 같았다.

감사의 임기가 벌써 끝났으나, 조정에서 그가 선정을 베풀었다
고 하여 다시 유임시키니 부임한 지 6년이 되어서야 비로소 감사
의 임기를 마치게 되었다.

떠날 날짜가 임박하매, 감사와 부인이 그들의 아들과 자란을 떼
어놓을 일로 깊이 우려하였다. 자란을 버리고 가고자 하니 그의
아들이 상사병에 걸릴까 염려되었고, 그녀를 데리고 가자니 그의
아들이 아직 미혼이라 그의 장래에 누가 될 것이 두려웠다.

이러지도 저러지도 못하다가 부인에게 말하였다.

"이 문제는 마땅히 그 아이에게 물어서 결정합시다."

하고는 아들을 불러서 말하였다.

"사나이가 좋아하는 일은 아비도 말릴 수가 없다. 나는 네가 하는 일을 말릴 생각이 없다. 너는 자란과 정이 이미 깊어서 장차 헤어지기 어려울 듯하다. 네가 아직 장가를 들지 않았는데, 이제 만약 첩을 둔다면 네 혼인에 방해될까 걱정스럽다. 한편 생각하면, 사내가 첩을 하나 두는 것은 세상에 얼마든지 있는 일이다. 네가 만약 자란을 잊지 못하겠으면 비록 사소한 해가 된다고 할지라도 개의할 게 없다. 마땅히 네 생각대로 결정하여 숨기지 말고 말해 보아라."

"아버님께서는 어찌하여 제가 한낱 어린 기생과 헤어지기 어려울 것이라고 하시고, 혹시 상사병에 걸릴지도 모른다고 하십니까? 제가 비록 한때 눈이 어두워 가까이하였으나 이제 헌신짝 버리듯 버리고 가는 마당에 어찌 미련을 두고 잊지 못할 리가 있겠습니까? 아버님께서는 행여 다시는 그런 걱정을 마십시오."

감사와 부인이 기뻐하며 말하였다.

"우리 아들이 참으로 대장부로다."

이별을 하게 되매, 자란이 흐느껴 울어 차마 볼 수 없었으나, 감사의 아들은 이별을 아쉬워하는 빛이 없었다. 감영에 있는 사람들이 보고 그의 사나이다움을 감탄하지 않는 이가 없었다.

감사의 아들은 자란과 함께 5, 6년을 지내면서 일찍이 하루도 떨어져 있지 않았던 까닭으로 세상에서의 이별이라는 것을 알지 못하였다. 그래서 쾌활하게 말을 하며 그 이별을 가볍게 여겼던 것이다.

 감사가 감사직을 마치고 대사헌 임명을 받고 조정에 들어가매, 그도 부모를 따라 서울로 가니, 점차로 자란을 그리워하는 마음이 생겼으나 감히 말이나 표정으로 나타내지 못하였다.

 그 때에 성균관에서 치르는 소과(小科)가 열리게 되자, 그의 아버지는 그에게 친구 몇 사람과 함께 산사에 가서 과거 공부를 하라고 하였다.

 어느 날 밤, 친구들은 모두 잠들었으나 그는 잠을 이룰 수가 없어서 홀로 일어나 뜰에서 배회하고 있었다. 그때는 추운 겨울이어서 눈과 달이 하얗고, 깊은 산 고요한 밤에 모든 것이 적막하였다. 그가 달을 보며 자란을 생각하니, 마음이 처량하고 슬펐다. 마음속으로 그녀의 얼굴을 한번 보고자 하니, 스스로 억제할 수 없어서 마치 실성하여 미친 사람과 같았다.

 그날 밤 한밤중에 드디어 절을 떠나 곧바로 평양으로 향하였다. 머리에는 털모자를 쓰고 푸른 옷을 입고 가죽신을 신고는 줄곧 걸어서 갔다. 10여리도 못 가서 발이 부르터 갈 수가 없었다. 촌가에 이르러 가죽신을 짚신으로 바꾸어 신고, 털모자를 버리고 테두리가 떨어진 낡은 전립을 구하여 머리에 썼다. 가는 길에 걸식을 하였으나 굶주릴 때가 많았다. 주막집에 자면서 밤새도록 얼기도 하였다.

 그는 부귀한 집의 자제로, 기름진 음식을 먹으며 비단옷을 입고 자라서 일찍이 문 밖에는 몇 걸음도 나가 보지 않았는데 갑자기 천 리 길을 걸어오게 되니, 절름거리다가 기다가 하여 앞으로 나아갈 수가 없었다. 더구나 굶주리고 얼며 갖은 고생을 다하다 보니, 옷은 해져 누더기가 되고, 얼굴 모습이 검고 파리해져서 거의 귀신의 형상 같았다.

조금씩 걸어서 한 달 남짓만에 비로소 평양에 이를 수 있었다. 곧바로 자란의 집으로 갔으나, 그녀는 없고 그녀의 어머니만 있을 뿐이었다. 자란의 어머니는 그를 보고도 알아보지 못하였다.

"나는 전 사또의 아들이라네. 자네 딸을 잊을 수가 없어서 천 리 길을 걸어왔네. 자네 딸은 어디 갔길래 없는가?"

자란의 어머니가 그의 말을 듣고 달갑지 않은 표정으로 말하였다.

"제 딸은 새로 온 사또 자제의 총애를 입어, 밤낮으로 산정에서 함께 지내고 있소. 신임 사또 자제가 잠시도 외출을 허락해 주지 않으니, 집에 오지 못한 지 벌써 몇 달이 되었소. 도련님이 비록 멀리서 왔으나 서로 만날 길이 없으니 참으로 안 되었소."

하며, 전혀 맞아들일 뜻이 없었다.

그는 스스로 생각하였다.

'자란을 보러 왔으나 그녀를 만나 볼 수가 없고, 그녀의 어머니는 박대를 하는구나. 어디 갈 만한 데가 없으니, 오도 가도 못하게 되었다.'

주저하고 있을 즈음에 문득 떠오르는 생각이 있었다. 그의 아버지가 감사로 있을 때에 본부의 아전 아무개가 일찍이 중죄를 지어 장차 죽게 되었으나 용서를 받지 못했었다. 그가 불쌍히 여겨서 부모를 모시는 여가에 구할 방도를 주선하니, 감사가 그의 말을 따라 살려준 일이 있었다.

그의 생각에,

'이 아전이라면 내가 저를 구해 준 은혜가 있으니, 그를 찾아가면 며칠 동안이야 환대하지 않겠는가.'

하고 마침내 자란의 집을 떠나 아전의 집을 찾아가니, 그 아전도 처음에는 알아보지 못하다가 그가 이름을 대며 말하니 그제야 매

우 놀라서 맞아들였다. 사랑채를 깨끗이 치워서 머물게 하고 반찬
을 잘 차려 대접을 하였다.

며칠 머물면서 그는 아전과 함께 자란을 만날 계책을 의논하였
다. 아전이 한참만에 말하였다.

"조용히 만날 수 있는 길은 참으로 없습니다. 만약 그 얼굴만이
라도 한번 보고자 하시면, 제가 한 가지 방법을 말씀드리겠습니
다. 도련님께서 과연 기꺼이 따르실는지요?"

이에 그가 그 방법을 물었다.

"이번에 눈이 온 뒤에 감영의 눈을 치우는 일은 전례에 따라 성
내의 백성들을 나누어 차출해서 하는데, 제가 마침 그 일을 맡
고 있습니다. 도련님께서 만약 이번에 일꾼들 속에 섞여 산정에
서 눈을 치우시면, 자란이 지금 정자에 있으니 그의 얼굴은 볼
수 있을 것입니다. 그밖에는 다른 도리가 없습니다."

그가 아전의 계책에 따라 이른 아침에 여러 일꾼들과 함께 산
정에 들어가 빗자루를 들고 앞뜰의 눈을 치웠다. 새로 온 감사의
아들이 마침 창을 열고 기대앉아 있었고, 자란은 방에 있는지 볼
수 없었다. 다른 일꾼들은 모두 장정이라 눈을 쓰는 것이 매우
힘찼으나, 그가 하는 비질만이 서툴어서 다른 사람에 미치지 못
하였다.

감사의 아들이 그것을 보고 웃으며 자란더러 나와 보게 하였다.
자란이 명을 듣고 방에서 나와 앞마루에 서니, 그가 전립을 말아
올리고 그녀 앞으로 지나가면서 쳐다보았다. 자란이 한동안 뚫어
지게 그를 보다가 곧 방으로 돌아가서는 방문을 닫고 다시는 나오
지 않았다. 그는 낙심하여 아전의 집으로 돌아왔다.

자란은 본래 총명하고 슬기로워서 단번에 그를 알아보았다. 말
없이 앉아서 눈물을 흘리니, 감사의 아들이 괴이하게 여기어 그

까닭을 물었다. 자란이 처음에는 말을 하지 않다가 거듭 물으니 비로소 입을 떼었다.

"저는 천한 것입니다. 도련님께서 천한 저를 총애하시어 밤에는 비단 이불을 함께 덮고 낮에는 진기한 음식을 함께 먹으며, 제가 잠시 집에 가는 것도 허락치 않으신 지 벌써 몇 달이 되었습니다. 제게는 영화롭고 다행함이 그지없습니다. 제게 어찌 털끝만큼이라도 원망하는 마음이 있겠습니까? 다만 저의 집이 가난한지라, 아버지 돌아가신 날이 돌아올 때마다 제가 집에 있을 때는 감영에서 비용을 빌어다 제수를 갖추어 제사를 지내곤 하였습니다. 그러나 지금은 여기서 꼼짝할 수가 없군요. 내일이 마침 아버지의 제삿날인데 노모가 홀로 있으니 밥 한 그릇 떠놓는 것도 못할 듯합니다. 그래서 문득 그것을 생각하고 혼자 슬퍼서 우는 것입니다. 어찌 다른 까닭이 있겠습니까?"

감사의 아들은 자란에게 빠진 지 오래인지라 그녀의 말만 믿고 의심하지 않았다. 측은히 여기며 말하였다.

"그러면 왜 일찍 말하지 않았느냐?"

하고, 곧 제수를 성대히 차려 자란에게 주며 집에 가서 제사를 지내고 오도록 하였다.

자란이 급히 집으로 돌아가 어머니에게 말하였다.

"제가 전 사또의 도련님이 오신 것을 알고 있습니다. 생각에 여기 계시리라 했는데 지금 계시지 않으니 어디로 가셨는지 모르겠네요."

"도련님이 과연 너를 보려고 걸어서 어느 날 우리집에 왔으나, 네가 감영에 있어서 서로 만날 길이 없다고 말씀드렸더니 곧 제 발로 가 버렸을 따름이다. 나야 그분이 어디로 갔는지 알 수 없지."

그러자 자란이 울부짖으며 어머니를 책망하였다.

"이건 사람의 도리로서 차마 할 수 없는 일인데, 어머니는 어찌 차마 하셨습니까? 나와 도련님은 동갑이고, 열두 살 때 사또 생신 잔치에서 춤을 추던 날 감영의 모든 사람들이 저를 천거하여 짝이 되게 하였습니다. 비록 남들로 말미암아 맺어졌다고 하나, 이는 하늘이 짝지어 주신 것입니다. 이것이 제가 도련님을 배신할 수 없는 첫번째 이유입니다.

그때로부터 일찍이 하루도 그 분의 곁을 떠나지 않았고, 자라서는 곧 정을 나누었으니 서로 사랑하는 마음과 짝이 된 즐거움을 다른 데서 찾으려 해도 고금에 비길 데가 없습니다. 도련님이 비록 나를 잊으시더라도 저는 죽어도 잊을 수가 없습니다. 이것이 제가 도련님을 배신할 수 없는 두번째 이유입니다.

전임 사또께선 저를 사랑하는 아드님의 배필로 여기시고, 미천하다 하여 차별을 두지 않으셨습니다. 깊이 어루만져 주시고 후하게 상을 내려 주셔서 그 은덕이 하늘과 같으니 세상에 드문 일입니다. 이것이 제가 도련님을 배신할 수 없는 세번째 이유입니다.

평양 땅은 큰 길이 나 있고, 높은 벼슬을 하고 있는 고귀한 사람들의 왕래가 잦아서 제가 많은 사람을 보았습니다. 도련님은 기품이 아름답고 빼어나며, 재주가 많고 똑똑하십니다. 저는 아직까지 이런 분을 보지 못하였습니다. 저는 평소에 그 분에게 의지하며 살 생각이었습니다. 이것이 제가 도련님을 배신할 수 없는 네번째 이유입니다.

도련님은 비록 저를 버리시더라도 제가 도련님을 저버릴 수는 없는 것인데도, 저는 못나게도 죽음으로써 스스로를 지키지 못하고 위세에 억눌려 이제 다시 새 도련님에게 정을 주었습니다. 어떻게 이렇듯 행실이 없는 천한 것을 천 리가 멀다 하지 않고 걸어서 찾아오실 수 있겠습니까? 이것이 제가 도련님을 배신할 수 없는 다섯번째 이유입니다.

다만 이것만이 아닙니다. 도련님이 얼마나 귀하신 분인데도 한낱 천한 기생 때문에 갖은 고초를 겪으며 여기에 오셨으니 저의 도리로 차마 괄시할 수 있겠습니까? 제가 비록 집에 없었으나, 어머니가 일방적으로 전날 보살펴 주시던 정과 끼쳐 주신 은혜를 생각지 않고 밥 한 그릇을 차려 드려 머무시도록 하지 않았단 말입니까? 이는 사람의 도리로 차마 할 수 없는 일인데, 우리 어머니는 그것을 차마 하였으니 제가 어찌 스스로 통탄하지 않을 수 있겠습니까?"

자란이 한참 울부짖다가 곧 진정을 하고 생각하기를,

'이 성 안에는 도련님이 계실 만한 곳이 없으니 필경 그 아전의 집에 가셨을 것이다.'

하고 곧 일어나서 그 아전의 집으로 달려가 보니, 그는 과연 거기에 있었다.

두 사람은 마주 잡고 흐느낄 뿐 서로 한 마디의 말도 할 수가 없었다. 그러다가 자란이 자기의 집으로 돌아가자고 하여, 술과 안주를 푸짐히 차려 내왔다.

밤이 되자 자란이 그에게 말하였다.

"내일이면 다시는 서로 만나기 어려우니 이를 장차 어찌합니까?"

하더니, 두 사람은 마침내 몰래 의논하여 달아날 계획을 세웠다.

자란이 그녀의 옷장에서 무명옷은 다 버려 두고 비단 수를 놓은 옷가지를 꺼내고, 또 약간의 가벼운 패물을 꺼내서 보자기 두 개로 쌌다. 밤이 깊어 그녀의 어머니가 깊이 잠든 틈을 타, 두 사람이 짐을 꾸려 몰래 달아났다. 양덕 맹산의 깊은 골짜기로 들어가 촌가에 의탁하였다.

처음에는 거기서 품팔이를 하였으나, 그가 막일을 하지 못하는 지라, 자란이 베를 짜고 바느질을 하여 입에 풀칠을 하였다.

점차로 세월이 지나매 마을에다 몇 칸의 초가집을 지어 살았다. 자란이 길쌈과 바느질을 부지런히 하여 밤낮으로 게을리하지 않았다. 또 때로는 상으로 받은 옷가지와 패물을 팔아 음식을 장만하여 능히 끼니를 거르지 않도록 하였다.

또한 자란은 이웃 사람들과 잘 사귀어 그들로부터 환심을 얻으니, 사방의 이웃 사람들이 신접살림이 빈궁함을 보고 가련히 여겨 도와주지 않는 이가 없었다. 그리하여 마침내 편안한 보금자리를 이루었다.

처음에 그와 함께 산사에 들어갔던 여러 친구들이 아침에 일어나 보니, 그가 보이지 않자 크게 놀라서 즉시 중들과 사방의 산을 뒤졌으나 끝내 찾지 못하였다.

드디어 그의 집에 알리니, 그의 집에서는 놀라서 많은 종들을 풀어 절 근처 수십 리를 두루 찾아보았다. 며칠이 되어도 흔적을 발견하지 못하자, 모두 여우에게 홀려서 죽지 않았으면 반드시 사나운 호랑이에게 물려 갔을 것이라고 하였다. 이에 발상을 하고 혼을 불러 시신 없이 장례를 치렀다.

신임 감사의 아들은 자란을 잃자, 서윤으로 하여금 자란의 어머니와 친척들을 가두고 그녀를 찾았으나 한 달이 지나도 찾지 못하자 그만두었다.

그와 자란이 거처를 정한 뒤에, 자란이 그에게 말하였다.

"당신이 재상가의 외아들로 한낱 기생에게 빠져 부모를 버리고 궁벽한 산골짜기 속으로 도망하여, 그 생사 여부조차 집안에 알리지 않았으니 불효가 막심합니다. 행실을 떳떳이 하여 이제 이곳에서 늙도록 살아갈 수도 없고, 또한 뻔뻔한 얼굴을 하고 집으로 돌아갈 수도 없으니, 당신은 장차 어찌하시렵니까?"

그는 눈물을 흘리며 말하였다.

"나도 또한 그 점을 걱정하였으나 어찌할 바를 알 수 없을 뿐이오."

"다만 한 가지 방법이 있습니다. 썩 좋은 방법은 아니지만, 족히 지난 잘못을 덮고 새 출발을 할 수 있을 것입니다. 위로는 가히 부모님을 섬길 수 있고, 아래로는 세상에 스스로 설 수 있습니다. 당신은 제 말씀대로 하실 수 있는지요?"

하니, 그가 어떤 방법인가를 물었다.

"다만 과거에 급제하여 이름을 날리는 길뿐입니다. 여러 말을 하지 않아도 당신은 아실 수 있을 것입니다."

하니, 그가 매우 기뻐하며 말하였다.

"나를 위해 당신이 세운 계획이 참으로 좋소. 그런데 어떻게 책을 구하여 공부를 하겠소?"

"그 점은 걱정하지 마십시오. 제가 마땅히 당신을 위해 마련하겠습니다."

이때부터 자란은 이웃 사람들에게 값을 따지지 않고 책을 사겠다고 말하여 두었으나, 깊은 산골의 벽촌이라 오래도록 책을 구할 수가 없었다.

하루는 문득 행상이 하나 지나가는데, 책 한 권을 가지고 팔려고 하니, 마을 사람 하나가 벽을 바르기 위해 그 책을 사려고 하였다. 자란이 그 책을 가져다가 그에게 보여주니, 그 책은 근래 우리나라의 과거 시험 준비용 책으로, 작은 글씨로 썼는데도 매우 두꺼워서 거의 수천 편의 글이 실려 있었다.

그가 그 책을 보고 기뻐하며 말하였다.

"이 책 한 권이면 충분하오."

자란이 즉시 그 책을 사서 그에게 주니, 그는 이 책을 얻고 나서부터 쉴 사이 없이 읽었다. 밤이면 등불을 하나 밝혀 놓고, 그는 한편에서 책을 읽고, 자란은 다른 한편에서 누에 실을 삼았다. 그가 어쩌다가 조금이라도 나태해지면, 자란이 문득 화를 내어 질책하며 격려하였다.

이렇게 하며 3년이 지났다. 그는 평소 글재주가 많아서 문장력이 크게 늘었고, 문장에 대한 구상이 풍부하여 붓만 대면 글이 이루어졌다. 그의 글은 뛰어나 풍부하고 아름다웠으니, 과거 시험에 합격하는 것은 식은 죽 먹기나 마찬가지였다.

때마침 나라에서 알성과를 보인다고 하자, 자란이 행장을 갖추어 주며 그를 보고 과거에 응시하라고 하였다. 그는 걸어서 서울에 올라가 성균관에 마련된 시험장에 들어갔다. 임금이 친히 자리하자, 시험문제가 내걸렸다. 그는 단번에 생각이 샘솟듯하여 즉시 답안을 써서 제출하고 나왔다.

방을 내걸 즈음에 이르러, 임금이 어전에서 봉투를 열게 하여 보니 그가 장원이었다. 그때 그의 아버지는 이조판서로 마침 임금을 모시고 있었다.

임금이 이조판서를 불러 말하였다.

"이게 무슨 까닭이오?"

하고 곧 명하여 답안지를 가져다 보여주었다.

그의 아버지가 그것을 보고, 임금 앞에서 조금 물러나 흐느끼며 대답하였다.

"이는 곧 신의 아들이옵니다. 3년 전 친구들과 산사에서 글공부를 하다가 어느 날 밤 홀연히 없어졌습니다. 끝내 찾을 수가 없어, 아마도 필경 맹수에게 물려 죽었을 것이라고 여겼습니다. 그래서 장례를 치렀고, 얼마 전에 탈상을 했습니다.

신에게는 다른 자식이 없고 다만 그 아이 하나뿐입니다. 그 아이의 재주와 성품이 자못 빼어났었는데 뜻밖에 잃고 보니 애처로운 심정이 지금도 다름이 없습니다. 이제 답안지를 보니, 과연 그 아이의 글씨체입니다. 그리고 아이를 잃을 당시에 신의 직책이 외람스럽게도 대사헌이었습니다. 그래서 이렇게 쓴 듯합니다.

그러나 그 아이가 지난 3년 간 어디에 있다가 이번에 과거를 보러 왔는지는 알 수가 없습니다."

임금이 그 말을 듣고 기이하게 여겨, 즉시 그를 불러 보도록 명하였다. 그는 방이 붙기 전이라 선비의 복장으로 들어가 뵈었다. 그날 임금을 모시고 있던 신하들이 보고 놀라지 않는 이가 없었다.

임금이 친히, 그가 산사로부터 무엇 때문에 3년 동안 떠나서 어디에 있었는지 등을 물었다.

그가 조금 물러나 머리를 조아리고 아뢰었다.

"신은 드릴 말씀이 없습니다. 부모를 버리고 달아나서 인륜에 어긋나는 죄를 지었으니 원컨대 죽여 주소서."

"임금과 아비 앞에서 숨김이 있어서는 안 된다. 비록 잘못이 있어도 내가 너를 벌하지 않을 것이니, 너는 낱낱이 아뢰어라."

그가 즉시 처음부터 끝까지의 일을 상세히 갖추어 아뢰니, 주변

에서 듣고 있던 여러 신하들이 모두 귀기울여 들었고, 임금은 한
층 놀라며 기이하게 여겼다.

임금이 그의 아버지에게 말하였다.

"경의 아들이 이제는 잘못을 뉘우치고 부지런히 공부하여 조정
에 들게 되었소. 젊은 사내가 잠시 여색에 빠졌다고 해서 그다
지 탓할 것은 못 되니, 지난 잘못을 모두 용서하고 앞일이나 잘
하도록 하시오. 그리고 자란은 능히 경의 아들과 산중으로 도망
하였으니, 그 일이 벌써 기이하고, 또한 꾀를 내어 책을 사주고
그 뜻을 격려하였으니, 칭찬을 할 일이지 관기라고 해서 천하게
여길 것은 못되오. 경의 아들로 하여금 다른 데 혼인하게 하지
말고, 자란의 신분을 올려 정실로 삼게 하고, 거기서 태어난 자
식들도 높은 관직에 오르는 데 구애됨이 없게 하는 것이 옳을
것이오."

곧 이어 방을 써 붙였다.

그의 아버지가 어전에서 아들을 만나고, 그는 머리에 어사화를
꽂고 풍악을 울리면서 집으로 가니, 온 집안이 모두 놀라 희비가
엇갈렸다. 그의 부모들이 임금의 명에 따라 가마를 준비하여 자란
을 맞아 돌아왔다. 크게 잔치를 열고 자란을 본부인으로 삼았다.

그 뒤에 그는 벼슬이 재상에 이르렀고, 부부가 해로하여 아들
둘을 두었는데, 모두 과거에 급제하여 높은 벼슬을 하였다.

그의 집에서 맹산에 있는 자란을 맞아오던 날, 그가 장원을 해
서 6품직을 받고 병조좌랑이 되었으니, 자란은 좌랑의 아내로서
가마를 타고 상경하였다. 그 일로 해서 지금까지도 맹산 사람들은
그들이 살던 마을을 좌랑촌이라고 부르고 있다.

제18화 급제하여 일타홍을 다시 만난 심희수

일송 심상공은 생김새가 백옥같이 희고 풍채가 맑고 빼어났으며, 여덟 살에 능히 글을 알았고 재주가 뛰어나면서도 얽매이는 데가 없었다. 아녀자들이 모두 그를 지목하여 신선 같은 동자라고 하였다.

젊은 나이에 과거에 급제하여 맑고 높은 관직에 올랐다. 마침내는 재상이 되었다. 회갑이 지났을 때에는 세상 사람들이 명재상이라고 일컬었다.

그가 나이 70여세로 재상 자리에 있을 때였다. 하루는 비변사에 나가서 일을 마치고 여러 재상들에게 말하였다.

"내가 여기에 나오는 것은 오늘로 끝이오. 바라건대 제공들은 각기 보중하시오."

여러 재상들이 의아해하며 말하였다.

"상공께서는 건강하셔서 아무 질병도 없는데 어찌 이런 말씀을 하십니까?"

심상공이 웃으며 말하였다.

"생사는 정해져 있는 것이니 내가 어찌 스스로 죽을 때를 모르겠소. 내가 죽을 때가 멀지 않았소이다. 다시 무슨 한이 있겠소. 다만 바라는 것은 제공들이 힘써 전하를 보좌하여 성은에 보답하기를 바랄 뿐이오."

심상공은 서로 부지런히 힘쓰자고 격려하고는 돌아갔다.

심상공이 집으로 돌아간 이튿날 곧 가벼운 병에 걸렸다. 병조좌
랑 한 사람이 있었는데, 그는 심상공의 아랫사람으로 평소 아끼던
사람이었다. 그가 찾아가 문안을 올리니, 심상공이 자리에서 맞아
보고 매우 조용히 그에게 말하였다.

"내가 이제 죽네. 자네는 앞으로 크게 될 것이니, 스스로 잘 보
중하게."

병조좌랑이 심상공을 보니, 약간의 눈물자국이 보였다.

"상공께서는 기력이 매우 좋으시니 비록 가벼운 병환이 있더라
도 근심하실 게 못됩니다. 그런데 지금 돌아가신다는 말씀을 하
시고, 또 상공을 뵈오니 잠깐 눈물자국이 보였으나 저로서는 그
이유를 알 수 없어 감히 여쭙겠습니다."

심상공이 웃으며 말하였다.

"내가 남들에게는 일찍이 말한 적이 없으나 자네가 이제 물으니
감출 필요가 뭐 있겠는가. 내가 마땅히 자세히 말해 줌세. 나의
어린 시절 일이니 자네는 웃지 말게나.

내 나이 열다섯 살 때 얼굴이 잘났었네. 서울 어느 동네에
대갓집이 있었는데 광대와 기생, 악공들을 불러 칠순 잔치를
성대히 베푼다는 말을 듣고, 나와 10여명의 아이들이 가서 보
았다네.

기라성 같은 사람 중에 어떤 소녀 하나가 보였는데, 나이는
16세쯤 돼 보이고 용모와 자질이 남들보다 빼어나서, 바라보니
마치 선녀 같았다네. 옆의 사람에게 물어보니, 그 소녀의 이름은
일타홍이라고 하더군. 구경을 마치고 돌아갈 때 마음속으로 남
몰래 사모하여 잊을 수가 없었다네.

그로부터 10여일이 지난 뒤에 선생님 댁에서 글공부를 마치고 책을 낀 채 돌아오다가 큰길에서 문득 한 미인을 만났네. 곱게 화장한 얼굴로 고운 옷을 입고 화려하게 꾸민 준마를 타고 내 앞에 와서는 말에서 내려 내 손을 잡으며 말하더군.

'당신은 심희수씨가 아닙니까?'

내가 놀라서 보니 바로 일타홍이었네.

'그렇소. 어떻게 나를 아시오?'

그 당시 내 나이가 어려서 아직 관례를 치르지 않았었는데, 길거리에 보는 사람이 많으므로 마음속으로 매우 부끄러웠다네.

일타홍은 나를 만나 얼굴에 기쁜 빛이 감돌더니 말고삐를 잡고 온 하인을 돌아보고 말하였네.

'내가 지금 마침 일이 생겨서 내일 모임에 갈 것이니, 너는 먼저 말을 끌고 돌아가서 내 말을 전하는 것이 좋겠다.'

그리고는 곧 내 손을 잡고 길가의 어느 집으로 들어가 앉았다네.

'당신은 아무 날 잔칫집에 구경을 갔었죠?'

'그랬소.'

'제가 그날 당신 얼굴을 보니 마치 신선과 같아서 옆 사람에게 물었죠. 당신을 아는 사람이 심씨 집 도령으로 이름을 희수라 하는데 재주와 명성이 세상에 자자하다고 하더군요. 제가 그때부터 한번 만나 보기를 원했으나 길이 없더군요. 나날이 그리운 마음이 깊어졌는데 이제 당신을 만났으니 실로 천행입니다.'

내가 웃으며 대답하였지.

'내 마음 또한 당신과 같소.'

'이곳은 이야기를 나눌 만한 곳이 아니군요. 저의 이모 집이

어느 동네에 있는데, 거기 가면 조용할 것입니다.'

그리고는 곧 나와 함께 걸어서 그 집으로 갔다네.

그 집은 외따로 떨어져 매우 조용하고 깨끗하였네. 그녀의 이모는 일타홍을 지극히 사랑하여 자기 딸과 다름없이 대하더군.

이로부터 두 사람의 정이 깊이 들어 밤낮으로 문을 닫고 나가지 않았다네. 일타홍은 일찍이 다른 남자를 겪지 않고 처음으로 나를 만난 것이었네.

이렇게 10여일이 지난 뒤에 일타홍이 홀연 내게 말하였네.

'이처럼 지내는 것은 오래도록 할 일이 아닙니다. 마땅히 잠시 당신과 서로 떨어져 뒷날 다시 만나기로 하지요.'

내가 그 이유를 물었지.

'제가 종신토록 당신을 섬길 뜻은 이미 결정하였습니다. 다만 당신께는 위로 부모님이 계시고 아직 부인을 맞이하지 않았는데 지금 어찌 당신께 먼저 첩을 두도록 허락하시겠습니까? 제가 당신을 보니 기량과 재주가 반드시 일찍 과거에 급제하여 재상이 될 분입니다. 저는 오늘부터 당신과 헤어져 가서 당신을 위해 깨끗하게 절개를 지키며, 당신이 과거에 급제하기를 기다리겠습니다. 삼일유가(三日遊街) 하는 기간 안에 다시 당신과 만나는 것으로 굳은 약속을 하기로 해요. 당신께서는 과거에 급제하기 전까지 저를 생각하지 마시고, 제가 몸을 버리고 다른 사람을 따라가지 않을까 하는 걱정도 하지 마십시오. 제게는 스스로 몸을 숨길 방도가 있습니다. 당신께서 과거에 급제하는 날이 저와 다시 만나는 날이 될 것입니다.'

그리고 서로 손을 잡은 뒤 헤어져 표연히 가 버리더군. 조금도 이별을 아쉬워하는 빛이 없었네. 어디로 가느냐고 물어도 끝내 말하지 않았지. 나는 마치 무엇을 잃은 듯이 허탈한 마음으로 집으로 돌아갔다네.

부모님께서 나를 잃고, 온 집안이 며칠이나 근심하던 끝에 내가 돌아가니, 부모님이 놀라면서도 기뻐하시면서 어디에 갔었느냐고 물으셨으나 나는 사실대로 아뢰지 않고 다른 일로 둘러댔다네.

일타홍을 그리워하는 마음을 처음에는 잊을 수 없어서 침식을 폐하기에 이르렀으나, 한참 지난 뒤에는 점차 스스로 진정이 되더군.

그래서 과거 공부에 온 힘을 쏟게 되었지. 밤낮으로 부지런히 공부를 한 것은 그저 일타홍을 만나려는 생각에서였네.

몇 년 뒤에 부모님이 아내를 맞이하도록 명하셨다네. 비록 감히 거절하지는 못하였으나, 끝내 금실이 좋지 못하였지.

내가 본래 글재주가 있는 터에 다시 남보다 몇 갑절 부지런히 공부를 하였으므로, 일타홍과 헤어진 지 5년만에 과연 과거에 급제하였네. 어린 나이에 과거에 급제하였으니 누군들 기뻐하지 않았을까마는, 내게는 남들과 다른 기쁨이 있었지. 일타홍과 다시 만날 약속을 이룰 수 있게 되었기 때문이었네.

삼일유가의 첫날에 그녀를 만나리라 생각하였으나 만나지 못하였네. 둘째 날에도 역시 만날 수 없었네. 셋째 날에 이르러서 거리를 도는 일도 다 끝났으나 끝내 아무런 소식이 없어서 내 마음은 몹시 허전하였다네. 과거에 합격한 영예조차도 흥겹지 않았었네.

날이 저물 무렵에 아버님께서 나를 부르시더군.

'내 어릴 적부터의 옛 친구 아무개가 창의동에 사니, 유가가 끝나기 전에 다녀왔으면 좋겠다.'

나는 내키지 않았으나 할 수 없이 갔다네.

그 댁에 다녀 돌아올 때쯤에는 해가 이미 저물었었지. 오는 길에 어느 대갓집 앞을 지나가는데 안으로부터 새로 과거에 급제한 사람을 부르는 소리가 들렸다네. 그 집은 곧 어느 재상댁이었지.

그 재상은 내가 일찍이 알지 못하는 분이었으나, 연로한 분이므로 나는 곧 말에서 내려 들어갔었네. 노(老)재상은 정중히 인사를 나눈 뒤에 나를 올라앉게 하시더군. 함께 이야기를 나누는데 자못 은근하였었네.

곧 주안상이 나오자 노재상은 술잔을 잡고 이렇게 말하시더군.

'자네는 옛 친구를 보려는가?'

내가 무슨 말인지를 몰라 우물거리다가 되물었지.

'옛 친구라니요?'

노재상이 웃으며 이렇게 말하였네.

'자네의 옛 친구가 우리집에 있다네.'

그리고는 곧 하녀에게 명하여 데려오게 하므로 보니, 옛 친구란 다름아닌 일타홍이었네. 내가 그녀를 보고 한편으로는 놀라고 한편으로는 기뻐서 물었네.

'당신이 어떻게 여기 있소?'

일타홍이 웃으며 대답하였네.

'오늘이 바로 당신이 유가하는 셋째 날인데, 제가 어찌 헤어질 때의 약속을 모르겠습니까?'

노재상이 말하였네.

'일타홍은 참으로 천하에 보기 드문 아가씨일세. 그 지조가 훌륭하고, 그 자취가 매우 기이하다네. 내가 자네를 위해 모

두 말하지. 내 나이 80줄에 들어 부부가 해로하였으나 본래
자식이 없었네. 그린데 어느 날 이 아이가 홀연히 찾아왔더군.
'댁에 몸을 의탁하여 종들 밑에서 일을 하고자 원합니다.'
내가 괴이하게 여겨 그 연유를 물으니, 이 아이가 이렇게 말
하였네.
'주인을 피해 도망온 사람은 아니니 염려하지 마십시오.'
내가 거절을 하였더니, 이 아이는 죽기로 굳이 간청을 하며
가지 않고 머물러 있었네. 내가 시험 삼아 머물게 하면서 그 행
동을 보니 종으로 자처하여 낮에는 차와 음식을 올리고 밤에는
이부자리를 깔고 청소를 하는 등 부지런히 그 정성을 다하였네.
우리 부부가 모두 늙어 병든 사람이라 주위를 떠나지 않고 돌
보며 등을 긁어 주고 다리도 주물러 주는데 그런 방법을 잘 알
아 편안하게 해주더군.
또한 바느질 솜씨가 뛰어나 스스로 옷을 만들겠다고 하더니
계절마다 반드시 옷을 지어 주었네.
이 아이에 대한 우리 부부의 사랑이 더욱 깊어 갔는데, 나보
다도 부인이 더하여 마치 친딸과 같이 대하였네. 낮에는 안방에
있다가 밤에는 곁방에서 자곤 했지.
내가 조용히 이 아이의 출신과 살아온 일을 물으니 이르기를,
원래는 양가집 딸로 부모를 일찍 잃고 어려서 의지할 데가 없었
다더군. 한 마을에 있던 할미가 데려다가 키워서 기생을 만들었
다네.
나이가 어려서 아직 남에게 몸을 버리지 않았을 때에 다행히
한 도령을 만나 백년가약을 맺었다더군. 그런데 그 도령은 나이
가 어려 아직 미혼이었으므로 과거에 급제한 뒤에 다시 만나 첩
을 삼기로 기약하였다네.

기생 어미의 집에 있으면, 이 아이가 자유롭지 못하고 절개를
지키기가 어려울 듯하여 이에 감히 대갓집에 와서 의탁하여 몇
년 동안 자취를 숨길 계획을 세웠다더군. 자네가 급제하기를 기
다렸다가 급세만 하면 즉시 하직을 고하고 가겠다는 거였네.

내가 물었지.

'낭군이라는 사람이 누군데?'

그러자 자네 이름을 대더군.

나는 이미 늙어 죽을 때가 가까우므로 여색을 가까이할 생각
이 없는데, 저 아이는 스스로 나를 모시는 첩이라고 하면서 절
개를 지킨 지 벌써 4, 5년이 되었다네.

매번 급제자의 방이 붙을 때마다 자네의 이름이 보이지 않으
면 문득 이렇게 말하더군.

'도련님은 몇 년 안에 급제할 것입니다. 지금은 비록 떨어졌
으나 아직 한할 것은 없습니다.'

일찍이 이별을 슬퍼하거나 원망하는 기색을 볼 수 없었네. 자
네가 과거에 급제하여, 내가 방을 보고 곧바로 말해 주니, 이 아
이는 놀라거나 기뻐하는 빛도 없이 이런 말을 하였네.

'제가 이렇게 될 줄 알았습니다. 이게 어찌 기이한 일입니까?
제가 도련님과 헤어질 때에 유가삼일 하는 동안 다시 만나기
로 기약을 하였으니 어길 수가 없습니다.'

그러더니 곧바로 누대에 올라가 바라보았으나, 동네가 깊고
외따로 떨어져 이틀 동안 지나가는 것을 보지 못하였다가 오늘
또다시 올라가 바라보며 말하였네.

'오늘은 반드시 지나갈 것입니다.'

그랬는데 자네가 과연 우리집 앞을 지나가니, 저 아이가 바로
내게 달려와 아뢰므로 불러들인 것일세.

내가 고금의 전기에서 이름난 여인들을 많이 보았으나, 정감이 합치하는 기이한 일로 이처럼 절묘한 일은 보지 못하였네. 하늘이 지성에 감동하여 오랜 약속을 이루게 한 것일세. 오늘의 만남을 그냥 저버릴 수 없은즉 내가 마땅히 자네들을 위해 한 가지 좋은 일을 하려고 하니, 자네는 집에 돌아가지 말고 여기서 하룻밤 묵게나.

내가 일타홍을 만나게 되어 벌써 놀라고 기뻐하다가 노재상의 말을 듣고 마음속으로 매우 감탄하였으나, 일부러 잠시 사양을 해보았다네.

'이 사람에게 비록 제가 전에 마음을 주었었으나 이미 대감을 모시는 여자가 되었으니 이제 어찌 다시 가까이하겠습니까?'

노 재상이 웃으며 말하더군.

'나는 늙었네. 여색을 가까이할 수 없게 된 지 오래되었지. 저 아이가 잠자리를 모신다고 한 것은, 어리석은 아이들이 넘보는 길을 끊으려고 한 것일 뿐일세. 저 아이가 자네를 위해 절개를 지키는 모습은 늠름하기가 서릿발 같았으니, 누가 능히 그 뜻을 뺏을 수 있었겠는가? 자네는 다시 의심을 하지 말게.'

그러고는 곧 내가 타고 온 말과 따라온 광대와 종들을 돌려보내시더군.

그러고는 사람을 불러 우리 아버님께 말을 전하였는데, 그 내용은 '댁의 자제를 하룻밤 재워 보내려고 붙들어 두었습니다.'라는 것이었네.

종에게 분부하여 방 하나를 깨끗이 치워서 채색 병풍을 치고 화문석과 이부자리 등을 깔았는데 몹시 화려하고 아름다웠네. 향을 피우고 촛불을 밝히니 마치 혼인하는 집의 신방과 같았지. 그리고 나와 일타홍으로 하여금 함께 자도록 하였네.

다음날 아침, 노재상에게 감사드리며 하직하고 집으로 돌아와서 비로소 일타홍과 만난 자초지종을 부모님께 아뢰었네. 부모님께서 즉시 일타홍을 데려오게 하여 첩으로 삼아 집에 머물게 하셨네.

그녀의 올바른 행실과 재주가 모두 남보다 뛰어났었지. 위로는 효로써 시부모를 섬기고 아래로는 인자함으로써 아랫사람들을 대함에 온갖 정성과 예의를 다하니, 누구도 기뻐하고 애모하지 않는 이가 없었네. 길쌈과 바느질 등의 모든 일에 절묘하였고, 가야금을 타거나 바둑을 두는 등의 재주에도 모두 뛰어나서 남들이 미칠 수 없었지.

나는 그녀를 총애하여 그 방에만 있으니, 그녀는 항상 본부인에게 아들이 없음을 걱정하여 나더러 안방에 가서 자도록 권함으로써 사이가 멀어지지 않도록 하였네.

내가 금산의 원으로 나가게 되자, 일타홍도 따라갔었지. 그곳에서 있는 몇 해 동안 일타홍은 평소에 늘 저녁이 되면 내가 안방에 들어가는 것을 거절하였네.

'여자를 자주 가까이하는 것은 곧 남자가 상하게 되고야 마는 길입니다.'

하며, 나더러 혼자 자라고 하는 때가 잦았네.

하루는 갑자기 스스로 잠자리를 모시겠다고 해서, 내가 그 까닭을 물으니 이렇게 말하더군.

'제가 죽을 날이 다가옵니다. 인간 세상에서 더 이상의 소원이 없이 남은 즐거움을 다하여 제게는 유감이 없습니다.'

나는 괴이하게 생각되고 믿어지지 않았지.

'어떻게 죽을 날을 미리 안단 말인가?'

'제가 능히 스스로 알 수 있습니다.'

그리고 나서 5, 6일을 지내더니 과연 대단치 않은 병에 걸려서 별반 고통도 없이 며칠만에 죽었다네.

임종시에 내게 이렇게 말하더군.

'생사는 명에 달려 있으니, 일찍 죽고 오래 사는 것이 마찬가지입니다. 그리고 제가 이 세상에 태어나 당신과 같은 군자에게 몸을 의탁할 수 있었던 것은 지극한 은총입니다. 이제 죽은들 무슨 한이 있겠습니까? 다만 바라는 것은 뒷날 대감의 묘소 옆에 묻어 주소서. 지하에서도 모실 수 있게 해 주시는 것이 제 소원의 모두입니다.'

말을 마치고는 문득 죽고 말았네.

얼굴 모습이 생시와 같아, 나는 너무 슬퍼서 손수 염습을 하였네. 국법에는 죽은 첩의 장례에 가는 예가 없어서 다른 핑계를 대고 감사에게 말미를 얻어 몸소 상여를 이끌고 고향에 있는 선산에 장사를 지냈지. 이것은 모두 그녀의 임종시의 말을 따른 것이었네.

내가 가다가 금강에 이르러 이런 시를 지었네.

一朵名花載柳車　　일타명화재류거
香魂何處去躊躇　　향혼하처거주저
錦江秋雨銘旌濕　　금강추우명정습
知是佳人別淚餘　　지시가인별루여

한 송이 이름난 꽃이 상여에 실려,
향기로운 혼백은 어디로 가기에 주저하는고.
금강에 가을비 내려 명정이 젖으니,

아름다운 여인이 헤어지며 흘리는 눈물이런가.

나의 생각을 이 시에 담은 것이라네.

그녀가 죽은 뒤로 집안에 크고 작은 길흉이 있으면 반드시 먼저 꿈에 나타나 미리 알려주는데, 하나도 어긋나지 않은 것이 이제 벌써 몇 년째 되었네.

며칠 전에 또 꿈에 나타나 이렇게 알려주더군.

'대감의 수명이 이미 다하였습니다. 머지않아 제가 맞이할 날이 올 것입니다. 저는 이제 깨끗이 치우고 기다리고 있겠습니다.'

내가 그날 비국에 나가서 여러 재상들에게 고별을 한 것이 이 때문이라네.

지난 밤 꿈에 또 나타나더니 내게 말하더군.

'내일이면 돌아가실 것입니다.'

그러고 나서 주고받은 말이 자못 처절하여 꿈속에서 서로 울었는데, 아침에 일어나 보니 아직도 그 흔적이 남아 있더군. 내가 어찌 일찍이 죽는다고 슬퍼서 울었겠는가?

자네와의 정이 한집안 식구와 같고, 마침 이렇게 와서 물으므로 자네를 위해 모두 다 이야기를 한 것이네. 행여 다른 사람에게 번거롭지 않게 해주게."

심상공은 과연 다음날 세상을 버렸다.

평하건대, 부인의 절개와 지조라는 것은 대개 신분의 귀천과는 관계없으니 창기라고 해서 다를 것도 없다.

그런데 옥소선만은 비록 한번 몸을 버리는 것은 면치 못하였으나, 나중의 절개는 괴이하고 기이하여 견국부인과 동류라 할 만하다.

일티홍은 처음부터 끝까지 몸을 버리지 않았고, 일을 헤아림이 마치 신과 같아 구래공의 첩인 천도보다 나았다.

두 여인에 관한 일이 이처럼 많은 것은 예로부터 지금까지 두루 갖추어 기록해 두었기 때문이다.

제19화 병들어 홍어가 된 고성의 늙은이

근년에 어느 이름난 관리가 고성의 사또가 되어 가게 되었다. 하루는 어느 벼슬아치가 찾아와서 뵈었는데 마침 식사 때였다. 사또가 홍어탕 한 그릇을 주며 먹으라고 하자, 그 벼슬아치는 얼굴을 찡그리며 말하였다.

"오늘은 마침 식사를 했습니다. 비록 음식을 차려 주셔도 먹을 수가 없습니다."

그런데 자못 근심스러운 얼굴로 눈물을 흘렸다.

사또가 괴이하게 여겨 거듭 물으니, 그 벼슬아치는 감히 숨기지 못하고 곧 자세히 말하였다.

"제게 망극한 일이 있으나 세상에 없는 일이라 일찍이 남에게 말하지 못하였습니다. 이제 사또께서 물으시니 어찌 감히 숨기겠습니까? 저의 아버님은 수를 누리셔서 거의 백 살 가까이 되셨습니다.

어느 날 열병에 걸리셔서 온몸이 불덩이 같고, 숨이 넘어갈 듯 위독하여 자손들이 둘러서서 울며, '돌아가실 때가 되었나 보다'고 생각하였습니다.

며칠 뒤, 병든 아버님이 자식들에게 말씀하셨습니다.

'내 병으로 열이 몹시 나는지라 그 답답함을 견딜 수 없으니,

집 앞에 있는 냇가에 앉아 물이 흘러가는 것을 바라보면 좀 나을 듯하구나. 너희들은 내 뜻을 막지 말고 나를 빨리 물가로 데려다 다오.'

저희들이 끝내 안 된다고 말씀을 드리자, 병든 아버님은 진노하심을 그치지 않으셨습니다.

'너희들이 내 말을 따르지 않으면, 이는 아비를 죽이는 것과 같다.'

저희들은 어쩔 수 없이 모시고 나가 냇가에 앉혀 드렸습니다. 병든 아버님은 흐르는 물을 보시고 매우 기뻐하셨습니다.

'이 맑은 물을 보니 열이 내리는 것 같다.'

잠깐 앉아 계시더니, 다시 저희들에게 이렇게 말씀하시는 것이었습니다.

'나는 혼자 앉아 물을 바라보고 싶은데, 옆에 사람이 있어서 싫구나. 너희들은 잠깐 숲 속에 가 있다가 내가 부르거든 오너라.'

모두 극력 만류하였으나 화를 내시면서 듣지 않으셨습니다.

병중에 화를 내시다가 상하실까 염려되고, 또 아버님의 말을 따르지 않을 수 없어 잠시 다른 곳으로 피하여 있다가 문득 바라보니, 아버님이 자리에 계시지 않는 것이었습니다.

달려가 보니 아버님이 옷을 벗고 물에 들어가서는, 몸이 이미 홍어로 변하고 있었습니다. 반은 홍어가 되고 반은 아직 바뀌지 않은 상태였습니다. 모두 놀라고 괴이하게 여겨 감히 가까이 가지 못하다가 한동안 지난 뒤에 보니 벌써 홍어로 바뀐 뒤였습니다. 큰 홍어가 냇물 속에서 힘차게 꼬리를 흔들며 헤엄을 치는데, 매우 즐거운 듯하였습니다.

저희들을 돌아보며, 미련을 두고 차마 버리지 못하는 기색이 있는 듯하더니 조금 뒤에는 물결을 따라 내려갔습니다. 모두가 따라가 보니, 큰 바다에 들어가서는 다시 보이지 않았습니다. 아버님이 홍어로 변한 냇가에는 다만 두발과 손톱, 치아만이 남아 있었습니다.

이때부터 저희 집안 사람들은 누구도 홍어를 먹지 않는답니다. 저희들은 홍어를 끓이거나 굽는 것을 볼 때마다 마음속으로 놀랍고 의아하고 불안해서 저희도 모르게 눈물을 흘린답니다."

라고 하였다.

제20화 늙어서 돼지가 된 김유의 친척

　승평부원군 김상공의 친척 한 사람이 먼 시골에 살았는데, 나이가 거의 백 살에 가까웠다.

　하루는 그 친척의 아들이 김상공의 집에 와서 만나기를 청하였다. 들어오게 하여 찾아온 연유를 물으니, 그 아들이 말하였다.

　"말씀드리려고 하는 것이 매우 은밀한 것인데, 마침 손님들이 계셔서 어수선하니 저녁에 틈을 보아 아뢰겠습니다."

　저녁때가 되어 손님들이 흩어진 뒤 좌우를 물리치고 조용히 물으니, 이런 이야기를 하는 것이었다.

　그의 아버지가 나이는 비록 많았지만 평소에 병이 없더니, 하루는 아들들에게 이렇게 말하였다는 것이다.

　"내가 낮잠을 자고 싶으니, 너희들은 문을 닫고 밖에 나가서 함부로 들어오지 말고 있다가, 내가 부르기를 기다려 문을 열어라."

　아들들이 그 말을 따랐다. 해가 저물 무렵이 되어도 고요할 뿐 부르는 소리가 없는지라, 여러 사람들이 비로소 의아하게 여겨 몰래 들어가 보니, 그들의 아버지가 이미 큰 돼지로 변해 있었다. 모두 크게 놀라 문을 열고 보니, 꿀꿀거리는 소리가 낭자한 가운데 이리저리 부딪치며 나가려 하므로 즉시 도로 문을 닫고 친척들을 모아 의논하였다.

어떤 사람은 마땅히 집안에 두고 길러야 한다고 하고, 또 어떤 사람은 당연히 장례를 치러야 한다고 하더라는 것이었다.

"시골이라 알 만한 사람이 없어서, 이에 감히 달려와 상공께 아뢰는 것입니다. 변고를 깊이 생각하시어 예법에 맞게 일러주시면 다행이겠습니다."

김상공이 그의 말을 듣고 놀라서 한동안 깊이 생각하다가 말하였다.

"이것은 만고에 없는 변이라 나도 아주 마땅한 도리를 알 수 없네만, 내 억지 생각에는 비록 자네 아버님이 이물로 화하였다고 하나, 아직 돌아가시지 않았으니 결코 장례를 치를 수는 없는 것이네. 그렇다고 이제 사람이 아닌데 집에 두고 기르는 것도 옳다고 할 수 없네. 하물며 번번이 내빼려고 한다는 바에야. 산속의 숲은 곧 짐승이 사는 곳이니, 인적이 잘 닿지 않는 깊은 산속에 풀어놓는 것이 이치에 맞을 듯하네."

그 아들이 듣고 옳게 여겨 드디어 김상공이 일러준 대로 깊은 산속에 풀어 주고 곧 발상을 하여 아버지의 의관으로 장례를 치렀다. 그리고 그의 아버지가 돼지로 화한 날을 기일로 삼았다고 한다.

평하건대, 내가 일찍이 전기(傳奇)를 보니 설주부가 잉어가 되고, 이생이 호랑이가 되었다는 이야기가 있었으나, 허무맹랑하다고 여겼었다.

이제 고성의 늙은이와 김상공 친척의 일을 가지고 깊이 생각해 보니, 만물은 어느 것 하나 변하지 않는 것이 없다.

참새가 대합이 되고, 꿩이 조개로 화하며, 쥐가 메추라기가 되고, 개구리가 게가 되니, 사람 또한 사물 가운데 하나인데, 어찌 사람만이 변하지 않겠는가?

비록 그러하나 그런 일이 항상 일어나는 것은 아니다. 요컨대, 세상의 이변으로 돌리는 것이 좋겠다.

제21화 두룽다리를 쓰고 잔칫자리에 오른 어사

옛날에 이름난 벼슬아치 한 사람이 어사가 되어 돌아다니며 살피다가 전주에 이르렀다. 스스로 자기의 명성과 지위를 믿고 교만한 태도를 바꾸지 않았다. 수청드는 기생을 물리치고 항상 혼자서 잤다.

감사와 부윤이 몰래 그를 속여서 곤경에 빠뜨릴 의논을 하였다. 이에 여러 기생 가운데 재주와 용모가 빼어난 사람을 골라 엷은 화장을 시키고 소복을 입혀 시골 아낙네 모습으로 분장을 시켜, 그녀로 하여금 자주 드나들면서 어사가 머무는 곳에 언뜻언뜻 보이게 하였다. 그리고 시중드는 아이를 통인으로 미리 넣어 미끼를 던져두었다.

어사가 과연 그녀를 보고 황홀해하며 통인에게 물었다.

"저게 누구냐?"

"소인의 누이입니다. 소인을 보려고 이곳에 드나드는 것입니다. 그런데 시골의 아낙이라 관가의 일을 알지 못하여, 어사또가 계시는 곳에서 능히 몸을 숨기지 못하였으니 황공함을 이길 수 없습니다."

"피하지 않는다고 뭐 안 될 게 있겠느냐? 그런데 왜 소복을 입었는고?"

"남편을 잃고 아직 탈상을 못하였습니다."

어사가 정을 억제하지 못하여 어느 날 밤에 슬며시 통인에게 말하였다.

"내가 너의 누이를 한번 보고자 하는데 불러올 수 있겠느냐?"

통인이 거짓 놀라고 두려운 체하며 대답하였다.

"사또께서는 위엄이 하늘과 같고, 제 누이는 천한 것인데 어찌 감히 와서 뵙겠습니까?"

이 말을 들은 어사는 부드러운 말로 꾀었다.

"내가 실로 용모를 따지지 않고 첩을 두고자 하는데, 네 누이가 만약 개가할 뜻이 있으면 나의 첩이 되는 것이 좋지 않겠느냐? 너는 꼭 내 뜻을 네 누이에게 말하고 몰래 데려오너라."

통인은 짐짓 감히 그럴 수 없다고 하고, 어사가 거듭거듭 권유한 뒤에야 비로소 허락하였다.

그러고는 다음날 한밤중에 남모르게 그녀를 끌어들였다. 기생이란 본디 요물이라 갖은 아양을 떨며 어사를 유혹하니, 어사는 드디어 그녀에게 폭 빠져서 매일 저녁이면 만났다가 새벽에서야 헤어졌다. 첩을 삼아 서울로 데려 가마 하고 정녕 굳은 약속을 하였다.

어느 날 밤에 기생이 어사에게 말하였다.

"공께서는 스스로 정이 깊다고 하시나 한갓 빈말일 뿐입니다."

"어찌 그렇게 말하느냐?"

"저의 집은 관청에서 지척인 곳에 있는데 공께서는 한번 찾아오실 생각도 없으시니, 정이 깊다는 것이 참으로 이런 것입니까?"

"한번 찾아가려고 하지 않은 것은 아니다. 남들의 이목이 있는데 어찌하겠느냐?"

"만약 밤에 변장을 하고 몰래 오시면 누가 알겠습니까?"

어사가 그녀의 말을 따라 드디어 그녀와 함께 걸어서 몰래 그녀의 집에 이르러 옷을 벗고 잠자리에 들었다.

통인이 은밀하게 감사에게 알리니, 감사는 즉시 도사·부윤과 함께 별당에 잔치를 벌였다. 그날 밤은 별빛이 낮과 깉이 밝았다. 기생과 악공들을 대거 불러들이고, 곧 뜰에서 광대들이 잡희를 벌였다.

백성들로 하여금 마음대로 구경하도록 허락하고, 문을 열고 막지 않으니 마을 사람들이 과연 구경을 하러 몰려갔다.

기생이 어사에게 말하였다.

"어째서 가보시지 않습니까?"

"너는 갈 수 있으나 나는 갈 수 없다."

"저 혼자 가야 아무 재미도 없으니 차라리 안 가는 게 좋겠어요. 공과 더불어 함께 가고 싶어요."

어사가 어쩔 수 없어 그 말을 따랐다. 함께 가려고 의관을 찾았으나 없었다. 의관은 그 기생이 자리에 누울 때에 이미 감추어 버렸던 것이다.

"여기에 우리 어머님의 두룽다리와 검은 장옷이 있으니, 공께서 만약 이것을 입고 가시면 변장을 하고 자취를 숨기는 방법으로 묘하지 않습니까?"

어사가 또한 그 말을 따랐다.

늙은 여인의 모습으로 분장을 한 뒤 기생과 함께 손을 잡고 여러 사람이 있는 곳으로 들어가, 뜰 가에 있는 대숲에 몰래 숨어 구경을 하였다.

어사가 문에 들어설 때에, 관인이 벌써 몰래 살피다가 감사에게 은밀하게 알렸다. 감사가 즉시 명하였다.

"구경 온 사람이 너무 많으니 이제부터 문을 닫고 엄히 금하라.

이미 들어온 사람들은 나가지 못하게 하고, 아직 들어오지 못한 사람은 들이지 말라."

그리고 곧 도사와 부윤에게 말하였다.

"오늘 밤 잔치에 어사또를 청하지 않았으니 큰 실례를 하였소."

감사의 말을 듣고, 그 자리에 있던 사람들이 모두 그렇다고 하였다. 이에 하인을 시켜 부르러 보냈다. 하인이 가더니 곧 되돌아와서 아뢰었다.

"어사또는 안 계십니다. 집안을 샅샅이 뒤졌으나 찾을 수 없었습니다."

감사가 거짓 놀라는 체하며 말하였다.

"어사또가 구경하는 사람들 무리 가운데 숨어 있는 것이 아닙니까?"

그 자리에 있던 사람들이 모두 놀라며 말하였다.

"어찌 그럴 리가 있습니까?"

부윤이 다시 말하였다.

"아직 알 수 없는 일입니다."

감사가 곧 문지기에게 명하여, 문을 반쯤 열어 뜰에 있는 사람들을 내보내고 군관으로 하여금 그 문을 지키게 하였다. 한참 뒤에는 뜰에 아무도 없게 되었다.

감사가 또 명하여 대나무 숲속을 다시 수색하게 하자, 많은 사람들이 명을 받들어 달려가더니 일제히 소리쳤다.

"여기 두 사람이 숨어 엎드려 있습니다."

숨어 있는 사람을 끌어내 보고는 또 환호성을 쳤다.

"한 사람은 여자의 장옷을 입고 두룽다리를 썼는데 수염이 몹시 났으니, 이게 누굽니까?"

사람들이 모두 말하였다.

"이 사람 생김새가 어사또를 닮았습니다."

감사가 거짓 놀라는 체하며 말하였다.

"어찌 어사또가 이린 모양을 하였으리요."

감사는 그 사람을 올려 보내라고 명한 뒤 잔칫자리의 상석에 앉혔다. 촛불 아래에서 그가 머리에 썼던 두룽다리를 벗으니 과연 어사였다. 잔칫자리에 앉아 있던 사람과 기녀·악공 그리고 뜰에 가득한 이졸 등 구경하는 사람들이 입을 가리고 배꼽을 쥐지 않는 사람이 없었다.

감사가 어사에게 물었다.

"어떻게 이런 모양을 하였소?"

어사는 기가 죽어 고개를 떨어뜨리고 말이 없었다. 감사가 어사로 하여금 입은 옷을 갈아입지 못하게 하고 그대로 상좌에 있게 하였다. 그리고는 어사가 사랑한 촌 아낙네를 불러 어사 옆에 모시고 앉게 하니, 곧 한 기생이었다. 이에 풍악을 울리고 술자리를 벌여 밤새도록 즐겁게 놀다가 마쳤다.

이튿날 어사는 아무 말 없이 떠나 버렸는데, 이때부터 마침내 버림을 받았다.

제22화 벌거벗고 궤에서 나온 제독관

근년에 어떤 한 문관이 경주의 제독관이 되었다. 매번 본부에 와서 기생을 보면 꼭 담뱃대로 기생의 머리를 톡톡 건드리며,

"사악한 것!"

혹은,

"요망한 것!"

하였다. 그리고 또 말하기를,

"사람이 어찌 이런 물건을 가까이하겠는가?"

하니, 모든 기생들이 하나같이 분하게 여기고, 부윤도 또한 그를 싫어하였다. 그래서 여러 기생들에게 명하였다.

"능히 기이한 꾀로 이 제독을 속일 수 있는 사람은 장차 많은 상을 주겠다."

어떤 나이 어린 기생 하나가 부윤의 말에 응하여 나왔다.

이때 제독은 향교의 재실에 거처하였는데, 혼자서 나이 어린 통인과 함께 지내고 있었다.

그 기생이 곧 촌 아낙네의 모습으로 분장하고 향교로 가더니 문간에 기대서 통인을 부르는데, 때로는 얼굴을 반쯤 숨기다가 때로는 전신을 드러내서 보여주기도 하였다. 통인이 나가 맞으면 가버렸다. 어떤 때는 하루에 한 번 오기도 하고, 또 어떤 때는 두 번

오기도 하면서 며칠이 지났다.

제독이 통인에게 물었다.

"그 여자가 누군데 매번 와서 너를 부르느냐?"

"소인의 누이입니다. 매형이 행상을 하러 나긴 지 1년이나 되었으나 돌아오지 않아 집안에 사람이 없으므로, 매번 저를 불러 교대로 집을 좀 봐 달라고 하는 것입니다."

어느 날 저녁 무렵에 통인이 상을 물리느라고 나가고, 제독이 혼자 빈 재실에 있었다.

그 기생이 또 와서 문간에 기대어 통인을 부르매, 제독이 드디어 그녀를 불러 가까이 오라고 하였다. 그녀가 거짓 부끄러워서 머뭇거리는 듯하면서 제독 앞에 다가왔다.

"얘가 마침 없는데 내가 담배를 피우고 싶다네. 자네가 불을 좀 가져다 줄 수 있는가?"

그녀가 불을 붙여 주었다.

"자네도 올라와서 한 대 피우지그래."

"쇤네가 어찌 감히 그리하겠습니까?"

"마침 보는 사람도 없는데 뭐 안 될 게 있겠느냐?"

그녀는 끝내 끌려 올라가 억지로 담배 한 대를 피웠다.

제독이 마침내 속마음을 털어놓았다.

"내가 미녀들을 많이 보았지만 일찍이 자네만한 사람을 보지 못하였네. 한번 자네를 본 뒤로 나는 침식을 모두 잊었다네. 자네, 밤에 몰래 올 수는 없는가? 내가 빈 재실에 혼자 자니, 누가 알 사람이 있겠는가?"

그녀는 거짓 놀라는 체하였다.

"나리께서는 귀하신 분이시고, 저는 천한 아랫것으로 용모도 추하온데, 나리께서는 어찌 이 천한 것을 보고 그런 생각을 하셨습니까? 저를 희롱하시려는 것이 아니신기요?"

"내가 사실을 너에게 말하는 것인데 어찌 희롱이라고 할 수 있 겠느냐?"

하고 곧 약속을 하고 말았다.

"나리의 뜻이 진실로 그러하시다면 저는 실로 감격스럽습니다. 어찌 감히 나리의 명을 따르지 않겠사옵니까?"

제독이 기뻐하며 말하였다.

"내가 너를 만난 것은 기이하다고 이를 만하구나."

"다만 한 가지 문제가 있사옵니다. 제가 일찍이 듣기로, 향교의 재실은 지극히 경건한 곳이라고 하였사옵니다. 여기서 여자를 끼고 자는 것은 법으로 금한다고 들었사온데, 이 말이 맞는지요?"

제독이 무릎을 치며 말하였다.

"네가 비록 촌 아낙이라 하나 어찌 그리 똑똑한고? 네 말이 참으로 옳다. 그러니 장차 어찌하면 좋을꼬?"

"나리께서 과연 저에게 뜻이 있으시다면, 제가 마땅히 한 가지 방법을 말씀드리지요. 저의 집이 향교 밖으로 몇 걸음 되는 곳에 있사온데, 저 혼자 살 뿐 아무도 없사옵니다. 나리께서 깊은 밤에 몰래 찾아오시면 조용히 만날 수 있사옵니다. 제가 내일 저녁에 남동생을 시켜 나리께 전립 하나를 보낼 테니, 이것을 쓰고 오시면 남들이 필시 알아보지 못할 것이옵니다."

제독이 크게 기뻐하며 말하였다.

"네가 나를 위해 세우는 계획은 하나같이 어찌 그리 기묘한고? 내가 앞으로 너의 말을 따를 테니, 행여 약속을 어기지 말아라."

제독은 그녀에게 재삼 다짐을 받고 보냈다.

기생이 마침내 향교 밖에 빈 초가집 한 채를 얻어 살게 되었다. 다음날 저녁에 통인을 시켜 전립 하나를 보내니, 제독이 약속대로

밤에 찾아왔다. 기생이 그를 맞아 들여 촛불을 밝히고 주안상을
간단히 차려 왔다. 몇 잔의 술을 주고받으며 서로 희롱하여 즐기
다가, 제독이 옷을 벗은 뒤 이불을 덮고 먼저 누워서는 그녀에게
도 옷을 벗으라고 하였다.

기생이 일부러 시간을 끌면서 아직 자리에 들지 않았을 때, 사
립문 밖에서 더듬더듬 크게 부르는 소리가 들렸다. 기생이 귀를
기울이고 그 소리를 듣더니 크게 놀라서 말하였다.

"저것은 저의 전남편이었던 관노 철호의 목소리입니다. 제가 불
행히도 일찍이 저 사내로 남편을 삼았는데, 세상에 못된 놈이
옵니다. 살인을 하고 불을 지른 것이 몇 번이나 되는지 알 수도
없답니다. 3년 전에 간신히 헤어지고 다른 남편을 얻어서 그와
는 인연을 끊었는데, 지금 또 무엇 때문에 왔는지 모르겠사옵니
다. 목소리를 들어보니 술에 취한 듯하옵니다. 나리께서 필시 큰
봉변을 당하실 듯하니 어찌하면 좋겠사옵니까?"

하더니, 기생이 곧 나가며 대답하였다.

"당신이 누구인데 깊은 밤에 불러댑니까?"

하니, 문 밖에서 크게 노한 소리로 부르짖었다.

"네가 어찌 내 목소리를 모르느냐? 왜 문을 열지 않느냐?"

"당신은 철호인가요? 내가 당신과 인연을 끊은 지 오래되었는
데, 이제 무슨 까닭으로 여기에 왔소?"

다시 문 밖에서 화난 소리가 들렸다.

"네가 나를 버리고 새로 시집가서 내 마음이 항상 아팠다. 이제
네게 할 말이 있어서 찾아왔을 뿐이다."

하더니, 그 사내가 곧 문을 밀치고 들어왔다.

기생이 곧 황망히 뛰어 들어와 다급하게 말하였다.

"나리께서는 어쩔 수 없이 피하셔야 되겠습니다. 그런데 좁은

집이라 숨을 만한 데가 없습니다. 방안에 빈 궤가 하나 있으니,
나리께서는 잠시 그 속에 들어가 피하십시오.”

하고는 손수 그 덮개를 열고 재촉하였다.

제독이 이에 벌거벗은 몸으로 궤 속에 들어가니, 기생이 즉시
그 덮개를 닫고 자물쇠를 채웠다.

그 사내가 술 취해 들어와서 기생과 한바탕 크게 싸웠다.

“3년 동안이나 버려 둔 채 있다가 무슨 일로 다시 왔소?”

기생이 힐난하였다.

“네가 나를 배반하고 새로 시집을 갔지? 전에 내가 사준 옷가지
와 그릇들을 모두 찾아내리라.”

그 기생이 즉시 옷가지를 던져 주며 말하였다.

“당신 물건이 예 있소.”

하자, 그 사내는 궤를 가리키며 말하였다.

“이것도 내 것이니 오늘 가져가야 되겠다.”

“이게 어찌 당신 물건이요? 내가 상목 두 필을 주고 산 것
인데.”

“그 상목 가운데 한 필은 내가 준 것이니 이제 여기 놔둘 수
없지.”

“당신이 비록 나를 버렸으나 어찌 상목 한 필로 이 궤를 빼앗아
간단 말이오? 나는 결코 돌려줄 수 없소.”

하며, 두 사람이 이 때문에 다투었다.

“네가 내 궤를 돌려주지 않겠다면 마땅히 관가에 가서 재판을
받자.”

곧 날이 밝자, 그 사내가 즉시 그 궤를 지고 관가로 달려가고,
기생도 그를 따라갔다. 함께 관가에 들어가니 부윤이 벌써 자리하
고 있었다.

두 남녀가 궤를 두고 다투게 된 사정을 아뢰니, 부윤이 다음과 같이 판결하였다.

"궤를 사는 값으로 남녀가 각각 상목 한 필씩 썼으니, 법적으로 마땅히 반씩 똑같이 나누어야 된다."

하고는 즉시 명하여 큰 톱으로 그 반을 나누어 주라고 하자, 나졸이 명을 받들어 톱을 가져다가 궤 위에 올려놓고 두 사람이 톱질을 하였다.

톱질하는 소리가 나자마자, 궤 안에서 크게 부르짖는 소리가 들렸다.

"사람 살려, 사람 살려!"

부윤이 거짓 놀라는 체하며 말하였다.

"궤 속에서 어찌 사람 소리가 나느냐? 빨리 열어 보라."

나졸이 자물쇠를 따고 궤를 여니, 어떤 사람이 벌거벗은 몸으로 뛰쳐나와 뜰 가운데 섰다.

부내의 모든 사람들이 모두 몹시 놀라서 입을 가리고 그를 살펴보다가 외쳤다.

"이분은 제독관이신데 어찌되어 궤 속에 계십니까?"

부윤이 명하여 제독을 올라오게 하니, 제독이 두 손으로 자기 아랫도리를 가리고 섬돌을 지나서 올라와 자리에 웅크리고 앉아서는 고개를 떨구고 기가 죽어 있었다.

부윤이 한동안 크게 웃다가 옷을 주라고 명하자, 기생들이 일부러 여자들이 입는 장옷을 주었다.

제독이 다만 장옷만을 입고 이마를 드러내고 맨발로 뛰어 향교로 돌아갔다. 제독은 그날로 달아나서 사라졌다.

지금까지 경주부에서는 '궤제독'이라 하여 웃음거리로 삼고 있다.

평하건대, 예나 지금이나 남자들이 기생에게 속아 몸을 그르친 사람들이 많다.

어사는 높은 벼슬아치인데 두룽다리를 쓰고 잔칫자리에 나갔고, 제독은 문신인데 벌거벗은 몸으로 궤에서 나와 한때의 웃음거리가 되고 세상 사람들에게 버림을 받았으니, 참으로 오랑캐가 아니라면 어찌 이 지경에 이를 수가 있겠는가?

무릇 아름다우면서 요사스러운 여인을 만나는 사람들은 어찌 이 이야기를 거울로 삼아 그르치지 않게 하지 않을 수가 있겠는가.

<u>제23화</u> 괴벽스럽게 미인을 거절한 심진사

서울에 심진사라는 사람이 있었는데, 그 이름은 알 수 없다. 성품과 행실이 괴벽하여 스스로는 고결하다고 하나, 남들은 모두 비웃었다.

그가 일이 있어서 호남 지방에 갔다가 저녁에 촌마을에 이르러 그 동쪽을 바라보니, 대갓집이 물가에 서 있는데 회나무와 버드나무에 가려져 있었다. 물어 보니 그 집은 시골 마름들의 주인집으로, 호남에서는 으뜸가는 부자라고 하였다.

문득 하인 하나가 와서 자기 주인의 명을 전하였다.

"종들이 사는 황량하고 누추한 곳에 어찌 묵으시겠습니까? 원컨대, 한 번 왕림해 주시면 누추한 저의 집에 영광이겠습니다."

심진사는 곧 그 말에 따라 그 집으로 들어갔다.

서너 채의 집을 지났는데, 장려하지 않은 집이 없었다. 높다랗게 지은 한 건물에 이르니, 붉게 굽이진 난간이 수많은 대나무 사이로 아득하게 보였다. 대나무 숲 속으로 건물 아래에 큰 연못이 하나 있는데, 연꽃이 바야흐로 만개하여 맑은 향기가 집에 가득하고, 돌 틈 사이로 샘물이 졸졸 흐르고 있었다.

대숲으로부터 굽이져 흐르는 곳에 붉은 잉어와 은빛 붕어를 기르고 있었는데, 때때로 푸른 마름 사이로 뛰어 올랐다. 연못 가운데 섬이 있고 그 위에 봉미초를 심어 놓았는데, 가지와 줄기가 사방으로 퍼지고 **빽빽**한 잎새가 햇빛을 가려 완연히 햇빛가리개를 펼쳐 놓은 듯하였다. 뜰 모퉁이에는 금빛 동백 두 그루와 벽오동 두 그루가 마주 서 있었고, 건물 앞에 또 한 그루의 나무가 있었다. 괴이하게 생긴 돌 모양이 매우 기이하고 아름다웠다.

건물에 올라 벽 위를 바라보니, 글씨와 그림이 많이 붙어 있었는데 모두 명필이었다. 그 건물의 굉장함과 대나무와 바위의 맑고 기이함과 깔아 놓은 자리의 화려함이 일찍이 보지 못한 것이어서 마치 선경에 들어온 듯하였다.

주인 영감이 심진사를 보고 흔연히 맞이하였다.

"모든 사람들이 다 형제이지요. 옛사람이 이르기를, '잠시 만나도 구면과 같다'라고 하였으니 어찌 꼭 전부터 알아야만 하겠소?"
하더니, 이름과 사는 곳, 가문 등을 대략 물어본 뒤에 옆사람을 돌아보고 주안상을 올리라고 명하였다.

즉시 곱게 화장하고 아름다운 옷을 입은 시비 몇 명이 보이더니 상을 들고 들어왔다. 물과 뭍에서 나는 진귀한 음식들이 떡 벌어지게 차려져 있었다. 녹옥잔에 자하주를 따라 서로 권하였다.

또 화장을 하고 비단치마를 끌면서 악기를 안고 자리에 오르는 사람이 많았는데, 네댓 쌍이 하나같이 아름다웠다. 술자리의 흥을 돋구는 노래를 잠깐 부르니 관현악기가 반주를 하였다.

술잔이 몇 순배 돌았을 때, 주인 영감이 잔을 잡고 말하였다.

"나와 당신은 평소에 친한 사이도 아닌데, 받들어 모시고 온 까닭은 내게 절박한 일이 있어서 진정으로 당신에게 부탁을 드리려는 것이오. 이 또한 당신에게 나쁜 일은 아니오. 내 말을 들어주겠소?"
심생이 그 말을 듣고 사례하였다.

"저와 공은 일찍이 연분도 없고 만난 적도 없는데, 이처럼 잘 대접해 주시는군요. 공께서 부탁하고자 하는 일이 무엇인지 알 수 없으나, 제 힘이 미치는 한 어찌 감히 받들어 주선하지 않겠습니까?"

"이 늙은이의 집이 넉넉하기는 하나 오복을 다 갖추지는 못하였소. 처나 첩이나 모두 아이를 낳지 못하다가, 늦게서야 천첩을 얻어 비로소 딸 하나를 얻었다오. 그 아이가 이제 열여섯 살이 되었지요. 이 늙은이가 그 아이를 매우 사랑하고 있는데, 그 어미는 서울 어느 집의 종이라오. 내가 천금을 들여 그 모녀를 속량시키고자 하였으나, 그 선비가 집요하게 허락하지 않는구려. 이제 듣자니 내 딸을 그의 시비로 삼아 앞에 두고 부리려고 한다오. 그 선비가 보낸 심부름꾼이 이제 곧 이를 것이오. 내가 몹시 분하고 원망스러웠으나 참으로 거절하려 해도 할 말이 없소.

내가 이 아이를 보호하자면 오직 한 길이 있을 뿐이오. 만약 양반의 첩으로 들어가게 되면, 그 주인이 비록 괴이하고 망령되나 어찌 감히 거기까지 손을 쓰겠소? 일이 실로 급하게 되었소.

우리 딸이 비록 천하게 태어났으나 재주와 용모가 그다지 범용하지는 않소. 나는 자질이 정숙한 저 아이를 차마 시골의 무지렁이에게 맡길 수는 없소이다. 이제 당신을 보니, 서울 사는 양반으로 젊은 나이에 재주가 많은 듯하오. 만약 우리 못난 딸이 당신을 섬길 수 있게 된다면, 나는 죽어도 한이 없겠소. 당신은 이를 응낙하시겠소?"

심생이 그 말을 듣고 표정이 굳어져 한참 있다가 말하였다.

"지금 공의 말씀을 들으니 좋은 말씀입니다. 만약 첩을 얻고자 하는 사람이 이 말을 들었다면, 이는 실로 얻기 어려운 기회였

을 것입니다. 그러나 제게 있어서는 평생 동안 첩을 얻고자 하
지 않기에 감히 명을 따르지 못하겠습니다."

"당신의 뜻은 알 만하오. 필시 내가 못생긴 딸을 가지고 목전에
닥친 근심을 덜고자 하여 억지로 첩으로 삼으라고 권한다고 생
각해서 가벼이 허락하지 않는 것일 게요. 내 딸이 추하지 않은
데, 나와 보게 하는 것이 뭐 아깝겠소."

곧 좌우에 명하여 딸을 불러, 나와 보게 하였다.

먼저 한 줄기 향기가 바람 따라 느껴지더니, 곧 어린 계집종 둘
이 앞서고 한 소녀가 뒤따라 들어왔다. 그 차림새가 기이하여 형
언키 어려웠다. 아름다운 얼굴과 빼어난 자질이 수면에 핀 연꽃처
럼 아름답고 노을에 떠 있는 해처럼 빛났다. 비록 서시와 같은 미
인도 이보다 낫지는 않을 것 같았다.

"천한 내 딸이 그다지 못나지는 않았는데, 당신의 뜻에는 어떠
하오?"

"제가 일찍이 세상에 일색이 있다는 말은 들었으나, 아직 보지
는 못하였습니다. 이제 댁의 따님을 보고 비로소 천하에 정말
일색이 있다는 것을 알았습니다. '경국지색'이라든가 '경성지
색'이라는 말이 참으로 헛된 말이 아니군요. 저는 저도 모르게
정신과 혼백이 놀라고 감동하였습니다."

"그러면 당신은 내 말을 받아들이는 것이오?"

"댁의 따님은 참으로 아름답습니다. 다만 저의 생각을 공께서
이미 아실 테니 이제 감히 다시 말씀드릴 수가 없습니다."

"당신의 속마음을 내가 능히 알 수 있소. 내 생각에 당신의 어
진 부인과 금실이 좋은데 첩을 하나 얻으면 혹시나 집안이 시끄
러울까 염려하고 또한 질투를 한다든지 하는 기이한 일이 있을
까 해서가 아니오?"

"저의 집사람은 인물도 잘나지 못하였고 성품도 순박해서 그런 걱정은 없습니다."

"그러면 또 한편 생각건대, 당신은 가난하지만 깨끗하게 살기로 해서 첩을 들일 수 없는 듯하오. 그것 때문에 걱정하는 건가요? 집과 노비와 그리고 옷가지와 음식 등의 필요한 물건들을 내가 충분히 대줄 수 있소. 비록 하루에 백금이 든다 하여도 좋소. 그런 문제라면 당신은 염려하지 마시오. 만약 서울 집에 데려다 놓기가 어려우면 잠시 우리집에 두고, 당신이 남쪽으로 올 일이 있을 때 더러 와서 보면 또한 안 될 게 뭐가 있겠소? 내가 이제 나이도 많고 자식이라고는 이 딸 하나뿐이라 잠시 내 곁에 두는 것도 내가 바라는 바이오. 데리고 가든 여기에 놓아두든 당신 뜻에 맡기겠소. 아직도 결단을 내리지 못하셨소?"

"지금 공의 말씀을 들으니, 하나하나 모두 좋은 말씀이나 다만 제 뜻은 다른 것으로 결정되었으므로 비록 애써 여러 가지를 말씀해 주셨으나 받들어 모실 수 없습니다."

"내게는 다만 한 점 혈육이 이 아이뿐이므로 장차 모든 가업을 이 아이에게 물려주려 하오. 우리집 앞에 있는 기름진 들은 모두 내 땅으로 몇백 석 이상의 수확이 있는 곳이오. 이 마을의 즐비한 집들은 모두 우리집 종들이 사는데 거의 수백 가구라오. 다른 곳에 사는 종들은 제외하고도 그렇소. 창고에 쌓여 있는 곡식이 현재 몇천 석이나 되고, 금붙이와 비단 등의 재물도 이루 헤아릴 수가 없소. 만약 이 아이를 첩으로 얻게 되면, 이 재산도 모두 그 아이의 것이 될 것이니 또한 일거양득이 아니겠소."

"공의 말씀은 듣는 사람으로 하여금 군침이 돌게 하는 것이나 저는 따를 수 없습니다. 그것이 저도 한스럽습니다."

주인 영감이 탄식하며 말하였다.

"당신이 이처럼 아둔하게 고집을 피우니, 그러면 장차 내 딸로 하여금 하룻밤 잠자리를 모시게 하여 다만 심 아무개의 첩으로 불리도록 해주시오. 차후로 당신이 비록 다시는 돌아보지 않을지라도 이 또한 그 아이의 운명이오. 나도 원망하지 않겠소. 그래도 따르지 않겠소?"

"따르지 못하겠습니다."

"사람이 목석이 아니라면 누구나 여색을 좋아하는 마음이 있을 텐데, 당신은 객지에서 이런 미인을 만났고, 나는 오직 당신이 돌아보지 않을까 걱정하는 데도 굳이 뿌리치니 천하에 답답한 사람이구려. 당신이 끝내 마음을 돌리지 않는다면 어찌 이것을 인정이라 할 수 있겠소?"

"이는 실로 인정이 아닙니다만 명을 따를 수는 없습니다. 이게 무슨 마음인지 저도 알지 못하겠습니다."

"그러면 당신은 학문에 뜻을 두고 도리를 지키느라고 여색을 가까이하지 않기로 한 것은 아니오?"

"그런 것은 없습니다."

"그러면 당신은 어떤 주견을 가지고 있고, 어떤 뜻이 있어서 그러는 것이오?"

"별다른 주견이 있는 것도 아니고, 별다른 뜻이 있는 것도 아닙니다."

이야기가 여기에 이르자, 주인 영감은 발끈 성을 내며 성난 목소리로 건장한 종 몇 사람을 불렀다. 그 소리에 응하여 종들이 나와서 심생의 머리를 잡고 문 밖으로 끌어내었다.

"내가 저 놈을 사람으로 생각해서 얘기를 해보았는데, 이제 보니 짐승만도 못한 놈이로다. 참으로 통탄할 일이로다."

하더니, 곧 명하여 앞마을 사람들에게 전하였다.

"우리집의 종들은 저놈을 재워 주지 말아라."

심생이 끌려나가서 미처 저녁도 먹지 못한 채 밤을 무릅쓰고 이리저리 다니다가 어느 마을에 이르러 재워 달라고 하니, 주인의 명이라고 하면서 거절하였다.

주위는 칠흑같이 어둡고 하늘에선 큰비가 내려 사람과 말이 굶주리고 파리해졌다. 엎어지며 가다가 새벽녘에야 비로소 다 찌그러진 집에 투숙하였다.

이 이야기가 서울에 퍼지자, 사람들이 모두 웃음을 참으며 말하였다.

"괴물이라 세상에 용납되지 않았구나."

심생은 마침내 시골에 묻혀 세상에 나오지 못하였다.

제24화 졸렬하여 미인을 죽게 한 김선비

옛날 정읍의 사또로 김씨 성을 가진 사람이 있었다. 그의 나이 어린 아들은 성품이 졸렬하였다. 정읍에서 서울로 가던 도중에 어느 촌에서 묵게 되었는데, 그곳은 교생의 집이었다.

그가 묵는 방의 건너편 창에 불빛이 비치고 있었다. 김생이 몰래 손가락에 침을 묻혀 창에 구멍을 뚫고 들여다보았다. 한 소녀가 빈방에 앉아 등불 아래서 옷을 꿰매고 있는 것이 보였다. 자태와 용모가 빼어나 마치 선녀를 보는 듯하였다. 그녀는 교생의 딸이었다.

김생은 그녀를 한번 보고 방탕한 생각이 일어 스스로 억제할 수 없었다. 마침내 창문을 열고 달려들어가 억지로 욕을 보이려 하였다. 그녀는 죽기로 항거하면서 밤이 새도록 버텼다.

그녀가 김생에게 말하였다.

"내가 비록 가난하고 천하지만 예절은 조금 압니다. 지금 예에 어긋나게 범하고자 하면 내게는 죽음이 있을 뿐이오, 끝내 상종치 않을 것입니다. 그러나 댁과 이미 밀고 당기면서 피부가 서로 닿아서 사실상 정을 통한 것이나 다름이 없으니, 나는 다른 곳으로 시집갈 수 없습니다. 나는 교생의 딸이니 양반의 첩이 될 수도 있습니다. 댁은 어째서 우리 아버님에게 청하여 나를 첩으로 삼지 않으십니까? 우리 아버님이 허락하시리라 생각됩니다. 설혹 허락하지 않으시더라도 내게는 스스로 주선할 방법이 있습니다. 우리 부모님이 허락한 뒤에 예법대로 시집을 가게 되면, 나는 마땅히 죽을 때까지 당신을 섬길 것입니다. 댁은 어째서 그렇게 하지 않고 이처럼 패륜적인 망동을 하십니까?"

"당신의 말도 옳으나 먼저 내 말을 들은 뒤에 당신의 아버님께 청하는 것도 좋지 않겠소?"

"우리 부모님이 허락하기 전에 몰래 상종하는 것은 제가 차마 할 수 없습니다. 댁이 예법에 따라 저를 데려가지 않고 억지로 겁탈하려고 한다면 저는 장차 목을 찔러 피를 댁의 앞에 뿌릴 것이오."

김생은 그녀의 마음을 돌리기가 어려움을 알고 말하였다.

"내가 마땅히 내일 당신의 아버님께 청하겠소."

말을 마친 뒤 김생은 밖에 나가서 잤다.

날이 샐 때까지 잠을 이루지 못하다가 아침에 그녀의 아버지를 보고 한 마디 청을 하려고 하였으나, 얼굴과 목이 먼저 붉어져 끝내 입을 열 수 없었다. 그리고는 그 길로 나서 서울에 이르렀다.

김생은 이때부터 낙심하여 안절부절못하고 미칠 것 같았다. 며칠 지난 뒤에 다시 서울을 떠나 정읍으로 가다가 교생의 집에 이르렀다. 해가 아직 일렀으나 투숙하였다.

밤에 또다시 그녀의 방에 몰래 들어가 범하려고 하니, 그녀는 전과 다름없이 항거하며 말하였다.

"댁은 어째서 우리 아버님께 청하지도 않고 또 이런 예의 없는 행동을 하십니까?"

"지난번에는 말씀을 드리려고 하였으나 갑자기 부끄러워서 입을 열지 못하였소. 내일은 기필코 청하려 하오. 당신은 어째서 먼저 내 말을 듣지 않소?"

그녀는 다시 정색을 하며 거절하였다. 밤새도록 서로 밀고 당기다가 김생은 다시 밖으로 나갔다.

다음날 아침에 그녀의 아버지를 보았으나 또다시 부끄러워 얼굴이 달아올라서 감히 입을 열지 못하고 정읍에 이르렀다.

며칠 뒤에 핑계를 대고 자기 아버지에게 청하여 또 서울로 가다가 교생의 집에 이르러, 밤에 몰래 그녀의 방으로 들어갔다.

그녀가 김생에게 말하였다.

"우리 아버님은 우리가 이렇게 만나는 것을 모릅니다. 이제는 이미 어떤 사람에게 정혼을 하였습니다. 댁이 만약 제가 지금 말씀드린 대로 못하시면 저는 장차 제 나름대로 저의 뜻을 밝히겠습니다."

이 말을 듣고 김생이 놀라서 말하였다.

"그래요? 그렇다면 내일은 내가 꼭 말씀드리겠소."

그러더니 한참 있다가 다시 말하였다.

"당신은 아직 당신 아버님께 말씀드리지 못했단 말이오?"

그녀는 한숨을 쉬더니 말하였다.

"댁이 지금까지 감히 저를 첩으로 데려간다는 말을 하지 못하였으면서, 감히 억지로 겁탈하려는 생각을 할 수 있었던 것은 어째서입니까? 댁은 남자이면서도 감히 말을 못하는데, 저는 여자로서 어찌 차마 아버님께 이런 말씀을 드리겠습니까? 슬프도다! 나는 죽을 수밖에 없구나!"

김생은 이번만은 꼭 말씀을 드리겠다고 굳게 약속을 하고 나갔다.

다음날 아침에 그녀의 아버지를 보니, 또다시 부끄러워서 얼굴이 붉어지매 끝내 감히 말을 하지 못하고 서울로 가버렸다.

며칠 뒤에 다시 정읍으로 가다가 교생의 집에 이르러 밤에 그녀를 찾아가니, 그녀는 또 다시 거절하며 말하였다.

"일이 이미 급하게 되었습니다. 나는 곧 죽게 되었어요. 지금 이 시기를 놓치고 계획을 세우지 않으면 돌이킬 수 없게 됩니다."

다음날 김생은 여전히 말을 하지 못하고 정읍으로 가버렸다.

며칠 뒤에 다시 서울로 가고자 하니, 김생의 아버지가 노하여 꾸짖는 것이었다.

"이 아이가 관아에도 있지 않고 서울 집에도 있지 않으면서 천 리 먼 길에 늘 길에서 살려고 하니 미쳐버린 것이 아니냐?"

하더니 서울 가는 것을 금하였다. 붙들어 둔 지 10여일만에 김생은 침식을 전폐하더니, 말을 횡설수설하고 문을 들락날락하며 어디론가 떠나고 싶은 생각을 스스로 억제하지 못하였다. 김생의 아버지가 그 모습을 보며 막을 수가 없음을 알고 마침내 서울로 보내었다.

김생이 다시 교생의 집에 이르러 보니, 교생이 상복을 입고 나왔다. 놀라서 그 까닭을 물으니, 교생이 비통해하며 말하였다.

"내게 딸이 하나 있었는데 시집갈 나이가 되었지요. 정혼한 날이 며칠 남지 않았는데 갑자기 자결을 하였습니다. 슬퍼서 무슨 말을 할지 모르겠습니다."

김생이 그 말을 듣고서는 교생의 팔을 잡고 자기도 모르게 목을 놓아 통곡을 하였다.

교생이 괴이하게 여겨 물었다.

"내 딸이 죽었는데 당신이 어째서 곡을 하오?"

김생이 한동안 크게 통곡을 하더니 눈물을 거두고, 그 일의 자초지종을 말하였다. 교생이 그 말을 듣고 노하여 말하였다.

"그렇다면 내 딸을 죽인 것은 당신이오! 당신이 만약 한 마디만

했어도 내 딸은 죽지 않았을 것이오. 어째서 그 말을 우리 딸이
죽기 전에 말하지 않고 죽은 뒤에야 한단 말이오? 당신은 나의
원수요. 어쩔 수 없이 나의 분함을 씻겠소."
 교생이 흥분하여 팔을 휘둘러 김생을 때리니, 김생이 낭패하여
그 집을 나와 말을 타고 급히 달려서 겨우 면할 수 있었다.

 평하건대, 내가 일찍이 서너 친구들과 더불어 이야기를 하다가
심생과 김생의 일에 이르러 그 우열을 논하게 되었다. 여러 사람
들이 모두 심생이 낫다고 하였다.
 그 자리에 있던 한 친구가 홀로 팔을 걷어부치고 큰 소리로 말
하였다.
 "김생이 비록 게으르고 못났으나 오히려 여색을 좋아할 줄 알았
으니, 이것은 사람이면 누구나 가진 생각일세. 심생이란 자는 괴
상한 놈이라 거의 사람이라고 할 수 없다네. 그 낫고 못함을 어
찌 같은 차원에서 말할 수 있겠는가?"
 그 말을 듣고 모두 크게 웃어 마침내 집안이 웃음바다가 되
었다.

제25화 사나운 아내에게 종아리 맞은 성진사

광해군 때에 성하창이라는 진사가 있었는데, 번성한 양반가문 출신으로 어려서부터 재주와 명성이 있었으나, 성품이 본래 게으르고 못났다. 그의 아내도 역시 번성한 가문 출신으로 재주와 용모가 빼어났다. 또한 집안을 잘 다스려 남편에게 옷을 지어주고 음식을 만들어 주는 것을 매우 잘하였다. 그러나 다만 그 성질이 사납고 포악하여, 남편이 조금이라도 뜻에 맞지 않으면 문득 꾸짖다가 때리기까지 하니, 성생이 아내를 매우 두려워하여 감히 항거하지 못하고 드디어 아내에게 잡히고 말았다.

아내에게 장악되어, 서라면 서고 앉으라면 앉아서 모든 일에 자유가 없었다. 집안의 모든 종들도 성생 아내의 호령에 따랐다. 다만 그가 안에 있는 것을 알 뿐, 그가 밖에 있는 것은 알지 못하였다. 권위가 모두 아내에게 돌아가 있으니, 마치 당나라 고종에게 있어서 측천무후와 같았다.

성생은 다만 아내에게 거슬릴까 두려워 벌벌 떨며 항상 조심하였다. 털끝만큼이라도 뜻에 맞지 않으면 곧 큰 봉변을 당하였으니, 의관이 모두 찢어지고 꾸짖음을 듣고 매를 맞는 등 고통을 당한 뒤 다락방에 갇혔다. 문틈으로 음식을 받아먹으며 혹은 며칠씩 갇혀 있다가, 아내의 노여움이 풀리면 그때야 비로소 용서를 받고 나올 수 있었다. 이와 같은 일이 매우 잦았다. 성생은 아주 분하고 한스러웠으나 어찌할 도리가 없었다.

하루는 성생이 몰래 도망하여 성안에 사는 한 친척집에 숨으니 가쁜 숨이 차차 진정되었다. 다음날 문 밖에서 시끄럽게 부르는 소리가 들리더니, 그의 아내가 가마를 타고 쫓아왔다. 성생은 놀랍고 두려워서 어찌할 바를 몰랐다. 그의 아내가 그 집에 들어서서 종들을 시켜 그 집의 장독을 때려부수고, 그 집의 그릇을 깨뜨려 흩어 버리고는 말하였다.

"저 사내가 달아나 자네 집에 왔으면 어째서 즉시 내게 달려와 고하지 않는가?"

그 집의 사람들이 좋은 말로 간절히 빈 뒤에야 비로소 그녀는 행패를 그쳤다.

드디어 성생을 이끌고 집으로 돌아가서, 그의 죄가 무겁다 하며 특별히 종아리 30대를 때리도록 명하니, 마치 관가에서 매를 때리며 심문하는 것과 같았다. 그리고는 다락방에 며칠 동안 가두었다가 풀어 주었다. 이때부터 그의 친척집에서는 감히 그를 받아들여 주지 않았다.

하루는 성생이 문득 호남의 먼 고을에 노비가 있다는 사실에 생각이 미쳤다. '내가 만약 그곳으로 달아나 숨으면 아마도 틀림없이 무사할 것이다.' 하고 드디어 한 필의 말을 타고 몸을 빼서 달아났다.

천 리 길을 며칠에 걸쳐 가서 비로소 그 종이 사는 곳에 이르렀다. 여러 종들이 그를 맞아들여 받들어 모셨다. 성생은 마치 호랑이 굴에서 빠져 나온 듯 먹고 자는 것이 점차 안정되었다.

며칠 뒤에 문 밖에서 시끄럽게 떠드는 소리가 들리므로 물어보니, 그의 아내가 가마를 타고 이르렀다는 것이었다. 성생이 크게 놀라고 두려웠으나 피할 만한 곳이 없었다.

그의 아내가 종들을 모조리 잡아 들여 중형을 가하며 꾸짖었다.

"저 사내가 도망쳐 왔으면 너희들은 어째서 사람을 급히 보내어 나에게 알리지 않았느냐?"

성생에게는 죄인이니 갓을 벗으라고 하고는 말에 태워 서울 집에 이르렀다. 크게 벌을 주었다가 몇 달이 지난 뒤에야 풀어 주었다.

성생의 친척들과 친구들이 그를 위해 모여 의논하였다. 사람들이 말하였다.

"국법으로 이혼시키는 길밖에는 다른 방법이 없네."

"이런 사람은 국법도 받아들이지 않을 테니 이혼은 안 될 것이오, 내쳐 죽이지 않으면 다른 길이 없네. 그렇다고 죽일 수는 없지 않은가?"

"대책이 없네."

모두들 탄식하며 흩어졌다.

몇 년 뒤에 그의 아내가 갑자기 병들어 죽으니, 성생의 친구들이 모두 기뻐하며 말하였다.

"성 아무개가 이제는 살 수 있겠다."

드디어 모두 모여 축하하러 갔다. 성생이 아내를 잃고 아직 탈상을 하지 못했는지라, 여러 친구들이 몰려오는 것을 보고 '친구들이 조문을 하러 오는구나.'하며 친구들 앞에서 곡을 하였다.

그 친구들 가운데 하나가 손을 들어 성생의 뺨을 때리며 성난 소리로 꾸짖었다.

"우리들은 너에게 축하를 하러 왔지, 누가 조문을 하러 왔느냐? 곡은 다 무슨 곡이야."

그들은 성생을 두고 한바탕 웃고 말았다.

제26화 질투 많은 부인에게 수염 잘린 우병사

우상중이라는 사람은 공주의 무인이다. 용기와 힘이 빼어나 무과에 급제하였다. 인조 임금 초년에 서울에서 벼슬을 하였다.

갑자년 이괄의 난 때 임금의 수레를 모시고 노량진 나룻가에 이르렀다. 다만 배 한 척이 강 언덕에서 몇 마장 떨어진 곳에 있었다. 위사들이 급히 불렀으나 뱃사공이 흘깃 바라보더니 끝내 노를 저어 오지 않았다.

상중이 옷을 벗고 물에 들어가 자맥질하며 헤엄을 쳐서 그 배로 뛰어올라가 사공의 목을 베고, 돛을 세우고 배를 저어 왔다. 임금이 그를 장하게 여겨 그 자리에서 선전관을 삼았다.

이때부터 거듭 벼슬이 올라 전라도 수군절도사가 되었다. 도내에 있는 전선 수백 척을 거느리고 통영으로 조련하기 위하여 가는데, 기생을 태우고 풍악을 울리면서 갔다.

그의 종 가운데 수군 병영에 있다가 그의 집으로 돌아간 자가 있었다. 상중의 아내가 자기 남편이 어떻게 지내느냐고 종에게 묻자, 그 종은 기생을 태우고 풍악을 울리고 다닌다는 이야기를 해버렸다.

상중의 아내가 노하여 말하였다.

"그 사내가 나와 헤어진 지 얼마 되지 않았는데 이따위 행동을 하니 한번 따끔한 맛을 보여주지 않으면 다스릴 수가 없겠다."
하고는 즉시 주머니에 양식을 싸서 어깨에 메고, 짚신을 발에 꿰
어 신고는 혼자 걸어서 출발하였다.

하루에 수백 리를 걸어서 바닷가까지 따라갔다. 상중의 전선은
아직 통영의 부두에 닿기 전이었다. 상중의 아내가 멀리서 불렀다.

"그 배를 빨리 해안에 대시오."

상중은 그 소리를 듣자 놀랐다.

"이 소리는 우리 부인의 소리일세. 큰 변이 이르겠네."
하더니 허둥지둥 어찌할 바를 모르다가 즉시 명하여 배를 대게 하
였다.

상중의 아내가 배 위로 훌쩍 뛰어 올라와서 윗자리에 앉았다.
배에 있던 장졸들이 모두 피하여 달아나고, 상중은 그의 아내 앞
에 무릎을 꿇었다.

그의 아내가 말하였다.

"내가 일찍이 경계하였거늘 당신은 어째서 지금 기생을 태우고
풍악을 울리며 다니는 것이오?"

상중이 사죄하였다.

"내 죄는 죽어도 용서받지 못할 것이니, 오직 당신 명에 따르
겠소."

상중의 아내가 그에게 볼기를 까라하고 손수 매를 들고 30대를
때리니, 흐르는 피가 흥건하였다.

볼기를 치고 난 그의 아내가 말하였다.

"볼기를 치는 것만으로는 벌이 부족하오."
하더니 자기 남편의 수염을 거머쥐고 칼로 모두 베어 버렸다. 그
리고는 즉시 배에서 훌쩍 뛰어내려 올 때와 마찬가지로 걸어서 돌
아갔다.

상중은 평소에 수염이 아름답다고 알려졌었다. 그 길이가 배에 까지 이르렀으나 이때부터는 드디어 수염이 없는 사람이 되고 말았다.

상중이 통영에 이르렀을 때, 이완이 수군통제사로 있었는데 상중을 보고 놀라서 물었다.

"공의 수염이 평소에 보기 좋았는데 어째서 갑자기 없어졌소?"

"사또께서 물으시니 어찌 감히 숨기겠습니까? 이제부터는 면목 없이 행세를 하게 되었습니다."

마침내 그 사실을 말하고 말았다.

그런데 대개 그 아내의 용기와 힘이 상중보다 몇 배나 더하였다.

통제사가 노하여 말하였다.

"장수된 자가 능히 제 아내도 제압하지 못하면서 어찌 능히 적을 제압하겠소?"

상중을 꾸짖고 난 통제사는 즉시 장계를 올려 그를 쫓아내 버렸다.

평하건대, 속담에 '다루기 어려운 게 부인네'라 하였다.

옛날 당태종의 위엄으로도 능히 방현령 부인의 질투를 제압하지 못하였으니, 이제 성생과 같은 졸장부가 어찌 능히 그의 사나운 아내를 제압할 수 있겠는가? 그 죄를 들어 바른 법으로 다스리지 못한 것이 한스럽다.

다만 우공의 용기와 장함으로도 그 아내를 능히 제압하지 못한 채 매를 맞고 수염을 잘리게까지 되었으니 어찌된 일인가? 상중의 아내를 여장군으로 삼아 적을 막게 하지 못한 것이 한스럽다.

제27화 어리석은 후손을 바로잡은 안동 김씨 조상

안동 김씨는 우리나라의 대성으로, 고려시대 태사를 지낸 선평이 시조이다. 세상에 전하기를, 선평의 묘소가 안동에 있다 하나 세대가 멀어서 그 위치를 알 수 없었다.

청음 김상헌은 선평의 후예이다. 항상 시조의 묘를 찾지 못한 것을 매우 한스럽게 여겨 반드시 찾고자 하였다. 그가 안동에 유배를 갔을 때, 숙원을 이루는 듯하였다. 지성으로 깊은 산과 옛 무덤을 찾아보고 쓰러지고 토막난 비석을 거의 모두 살펴보았으나 비바람에 닳고 씻겨나가서 남아 있는 것이 없었다. 나이 많은 노인들을 찾아서 묻기도 하고, 천지신명에게 빌기도 하였으나 끝내 찾을 수 없었다.

하루는 안동부에서 벼슬을 하는 아무개가 청음에게 아뢰었다.

"어느 고을의 어느 산에 묘가 하나 있는데, 그 봉분이 매우 크고 그 모양이 매우 오래 되어 보입니다. 세속에 전하기를, 고려 때 재상의 묘라고 합니다. 제가 생각하기에, 이 묘가 혹시 태사를 모신 곳이 아닐까 싶습니다. 공께서는 어찌 그 지석을 파내어 보시지 않습니까?"

청음이 그렇겠다고 생각되어 즉시 제수를 준비하고 제문을 지은 뒤 조상의 묘소를 찾으려 한다고 고하였다.

지석을 파내 보려는 생각에서 묘 앞에 지석을 묻었을 만한 곳을
두루 파보았으나 끝내 찾지 못하였다. 청음은 즉시 도로 덮으라고
하고 돌아갔다.

그날 밤 안동부의 벼슬아치가 꿈을 꾸었다. 꿈에 그가 붙잡혀서
한 곳에 이르니, 어떤 한 사람이 있는데 의자에 높이 앉아 있었다.
거동과 모습이 웅위한 것이 높은 벼슬을 하는 귀인 같아 보였다.
위엄이 있어 감히 쳐다볼 수 없었다.

좌우에서 안동부의 벼슬아치를 끌어들이니, 그 귀인이 친히 심
문하였다.

"나는 곧 너의 선조이다. 자손이 비록 있으나 제사가 이미 끊어
졌다. 이는 연대가 오래되었으므로 족히 책할 것은 못된다. 그
런데 너는 이곳에서 태어나 이곳에서 자랐으면서도 내 무덤이
여기 있다는 것을 알지 못하니, 불초하기가 그지없구나. 그런데
다가 너는 또 못나게도 네 조상의 묘를 내팽개쳐 남의 조상의
묘라고 하여, 김상공으로 하여금 손수 지석을 구하게 하여 묘
앞에 파낸 흙이 어지럽도록 하였으니, 너의 불효한 죄는 실로
피할 데가 없다. 너같이 어리석은 후손을 두었다가 어디에 쓰겠
느냐?"

하더니 즉시 볼기를 치게 하였다. 한편 때리면서, 한편 꾸짖었다.

"내 지석이 어찌 묘 앞에 있겠느냐? 너는 어찌 지석을 묘 뒤의
어느 곳에 묻는다는 말도 듣지 못하였느냐?"

50대째에 이르니 아픔을 참을 수 없었다. 그의 조상이 즉시 그
를 끌어내라고 하였다.

꿈을 깨자, 꿈속의 일이 아주 생생하였다. 매맞은 통증이 심하여
기절하였다가 다시 깨어나 하루를 넘긴 뒤에야 비로소 차도가 있
었다.

그 묘소로 찾아가서 제문을 지어 고하고 지석을 파내어 보니, 꿈속에서 들은 바와 부합하였다. 그 지석을 읽어보니 과연 그의 선조였다.

그 벼슬아치가 청음을 찾아가 이와 같이 고하였다고 한다.

그 벼슬아치의 선조가 청음을 상공이라고 불렀는데, 그 뒤에 마침내 재상에 이르렀으니 죽은 사람의 영혼이 참으로 예견하였던 것이다.

제28화 후손에게 묘소를 알려준 조상

영남에 어떤 선비 하나가 있었는데, 경서 읽기를 매우 좋아하고 몸을 닦으며 옳은 일을 행하였다. 그 선조의 묘소가 어느 고을에 있다고 전하였으나, 그 위치를 잃은 지 이미 몇 대에 이르러서 찾을 수 없었다. 그 선비는 정성을 다하여 찾아다니며 여러 해 동안 게을리하지 않았다. 사방을 두루 돌아다니며 찾다가 사람을 만나면 문득 묻곤 하였다.

어느 날, 갑자기 80세쯤 되어 보이는 노인을 만났다. 그 노인이 그 묘에 대해서 좀 안다고 하면서 선비를 이끌고 가서 가리키며 말하였다.

"이것이 바로 그 무덤이오. 예전에는 비석이 있었으나, 마을 사람이 그 묘소 자리에 경작을 하면서 자손들이 농사를 짓지 못하게 할까봐 보이지 않는 곳에 버리고 말았소."

그 선비의 생각에, 노인의 말이 비록 그러하나 아무런 증거가 없는지라 덮어놓고 믿을 수도 없었다. 드디어 그 묘에 제사를 지내고 지석을 찾기 위해 묘 앞뒤를 두루 파 보았으나 끝내 찾을 수 없어서 흙을 도로 덮고 돌아왔다.

그날 밤 꿈에 그의 선조가 사람을 시켜 그를 불렀다. 찾아가서 뵈니 체격이 크고 훌륭하였다. 거처는 잘 정돈되고 조용하였다.

그의 선조가 말하였다.

"나는 곧 너의 선조이다. 네가 나의 묘를 찾는데 성의를 다하고 부지런하며 진지하니 효성스럽다고 이를 만하다. 요즘에 지석을 찾던 묘가 과연 내가 묻힌 곳이다. 그러나 내 지석은 묘 왼쪽으로 40보 되는 곳에 있는데, 묘 가까운 곳에서 찾으니 어찌 찾을 수 있겠느냐? 내가 너의 효성을 가상히 여겨 불러서 가르쳐 주는 것일 따름이다."

그 선비가 벌벌 떨면서 듣다가 깨어나 보니, 선조의 말이 아직도 생생하였다. 마음속에 매우 경이롭게 여겨 다시 그 묘에 제사를 지내고, 그의 선조가 일러준 대로 지석을 찾아보니 틀림없었고, 지석을 읽어보니 과연 그의 선조였다.

평하건대, 사람이 죽어서 귀신이 된다는 것은 사실이다. 그 귀신이 능히 몇백 년이 지나도 흩어지지 않고 자손과 만나 매를 때리기도 하고 가르침을 주기까지 하는 것이 완연히 산 사람이 하는 것과 같으니 어찌 기이하지 않겠는가.

안동부 벼슬아치의 죄는 불효하다고 꾸짖었고, 영남 선비의 조상은 효성스럽다고 칭찬하였으니, 남의 자손 된 사람으로서 가히 앞서 가신 조상을 추모함에 마음을 다하지 않을 수 있겠는가?

그리고 두 사람이 조상의 묘를 찾은 것은 모두 지석 때문이었다. 지석을 빠뜨릴 수 없는 것이 이와 같다.

제29화 생일날 나타나 요기를 청한 박내현의 선친

박내현의 아버지는 재상으로, 월사 이정구와 같은 시대의 사람
이었다. 박재상이 죽은 뒤, 내현의 형이 평안도 한 고을에 사또가
되었다.

하루는 그가 동헌에 앉아 있는데, 갑자기 아전 하나가 뛰어들어
오며 아뢰었다.

"대감께서 강림하셨습니다."

하는 즉시 대문을 열고 객사에 있는 장정들을 불러 급히 보장과
자리를 깔았다.

사또도 절로 마음이 흔들려 정신없이 섬돌 아래로 달려나가 맞
이하였다. 그의 아버지를 보니, 의관을 정제하고 대문으로 들어와
서 엄연히 동헌의 자리에 앉았다. 사또가 절하여 뵙고 허리를 구
부리고 꿇어앉은 채 마음속으로 놀란 나머지 자기 아버지가 산 사
람인지 죽은 사람인지도 가리지 않고 여쭈었다.

"아버님께서는 어디서 오시는 길입니까?"

"공적인 일로 나왔다가 마침 배가 고프더구나. 오늘은 다른 날
과 달라서 너희들이 반드시 나를 위해 음식을 마련하였을 것이
므로, 아쉬운 대로 이곳을 지나다가 들렀다."

사또가 즉시 명하여 속히 음식상을 성대히 차려 내오라고 하

였다.

그가 아버지를 보니 음식을 드시는 것이 평상시와 같았다. 사또가 다시 술잔을 올리라고 하여 연달아 서너 잔을 올렸다. 또다시 보니 그의 아비지는 술잔을 기울여 다 마시는 것이었다.

유독 사또와, 달려 들어왔던 아전 한 사람만이 그것을 보았을 뿐, 옆에서 모시고 있던 다른 이졸들은 모두 그것을 보지 못하고, 자리를 깔고 음식을 내오기만 하였다. 다만 사또의 명과 그 아전의 말을 따를 뿐이었다. 또한 누구도 뛰어다니면서 두려운 마음에 삼가지 않는 이가 없었다.

그 아전은 섬돌 아래에 엎드려 모든 일을 지휘하고, 통인은 술잔을 받들어 상 위에 올려놓았다. 사또는 그의 아버지가 술을 마시는 것을 보았으나, 통인이 잔을 거두어본즉 그 술은 그대로 있었다.

한동안 먹고 마신 뒤에 그의 아버지가 말하였다.

"내가 이제 배부르고 취했으니 상을 물리는 것이 좋겠다."

사또가 통인을 돌아보며 상을 물리라고 하였다. 통인이 상 위에 있는 음식이 담긴 그릇들을 보니, 모두 차 있고 준 것이 없었다.

그의 아버지가 작별을 하고 가니, 그 아전이 또 앞서 달려 나가며 소리쳤다.

"대감마님 납신다. 빨리 문 밖에 말을 대령하여라."

사또가 섬돌 아래 내려서서 전송하니, 아버지는 대문을 나가자마자 곧 보이지 않았다.

고을의 모든 사람들이 놀라고 의아해하지 않는 이가 없었다. 서로 돌아보았으나 그 까닭은 헤아릴 수가 없었다.

사또가 처음에는 취한 듯 몽롱하였다가 그의 아버지를 전송한 뒤에 이르러 비로소 정신을 차리고 보니, 그의 아버지는 산 사람이 아니었다.

그날은 바로 그의 아버지의 생신이었다. 그의 집에서는 평소에
생신날 차례를 지내는 것이 세상을 속이는 잘못된 제례라고 하여
일찍이 행하지 않았었다. 그날 사또는 크게 두렵고 걱정되어 즉시
제수를 갖추어 제사를 지냈다. 이때부터 생신날 차례를 지내는 것
을 집안의 규칙으로 정하여 반드시 행하였다고 한다.

제30화 제삿날 찾아온 서성과 그 친구들의 혼령

약봉 서공의 제삿날에는 그 집안에서 제수를 성대히 차려 제사를 지냈다. 그의 신주를 모신 뒤에 보니, 약봉이 의관을 정제하고 엄연히 의자 위에 앉아 있었다. 그의 맏아들을 불러, 아들이 달려와서 의자 아래 무릎을 꿇자, 약봉이 명하였다.

"아무개 대감이 밖에 와 계실 것이니, 네가 내 말씀을 전하고 모시고 들어오너라."

아들이 즉시 명을 받고 나갔다.

그 때에 새벽달이 비치고 있었다. 아무개 대감이 과연 달빛 아래 서 있는 것이 보여서 그 앞에 나가 절을 한 뒤 아버지의 말씀을 전하고 안내를 하였다. 아무개 대감이 뒤따라 들어와 그의 아버지와 함께 의자 위에 앉았다.

처음에 달빛 아래 선 모습을 보았을 때는 몽롱하여 마치 그림자와 같더니, 집으로 들어와서 촛불빛 아래 비껴 지나가는 모습을 보니 아주 또렷하였다.

약봉이 또 그 아들을 불러 명하였다.

"아무개 대감이 또 밖에 와 계실 것이니, 네가 다시 내 말씀을 전하고 모시고 들어오너라."

아들이 다시 나가 인사를 드린 뒤 아버지의 말씀을 전하고 모셔

들어 왔다. 자리에 오르는 것이 처음과 같았다.

약봉이 또 아들을 불러 명하였다.

"아무개 대감이 또 밖에 와 계실 것이니, 네가 모시고 들어오너라."

아들이 다시 나가 인사를 드렸다.

아까 두 대감을 보니, 모두 사모를 쓰고 비단 도포에 금빛 띠를 띠었는데, 세 번째 온 대감은 홀로 망가진 갓을 쓰고 떨어진 옷을 입고 있었다.

그 아들이 아버지의 말씀을 전하고 들어 가시자고 하니, 그 대감은 미안한 듯 머뭇거리다가 이렇게 말하는 것이었다.

"기제사는 곧 사람 사는 집의 큰 예인데, 내 의관이 떨어지고 더러우니 감히 들어가지 못하겠네. 이대로 돌아가는 게 좋겠네."

그 아들이 집에 들어가 그 말을 전하니, 약봉은 이렇게 말하였다.

"나와 그 대감은 정히 한 집안이나 같은데, 어찌 의관이 새 것이냐 헌 것이냐를 따지겠느냐? 서운한 말씀일랑 하지 마시라 하고, 곧 들어오시면 다행이라고 말씀드려라."

그 아들이 다시 아버지의 말씀을 전하니, 그 대감은 여전히 주저하며 들어가려 하지 않았다. 그 아들이 다시 굳이 청하니, 이에 마지못해 들어가서 또한 자리에 올랐다.

그 집에서 갑자기 다른 음식을 준비하지 못하였으므로 다만 각각 술 석 잔만을 올렸다.

제사를 마친 뒤에 촛불 아래 보니, 세 대감이 차례대로 떠나는데 모두 취한 모습이었다. 약봉이 그 뒤를 따라 나가는데 또한 취한 모습이었다.

세 사람은 모두 재상으로 약봉의 평생 친구였다. 그래서 약봉의

아들들이 그들의 면모를 익히 알고 있었다. 그들이 찾아와 만나는
것을 보니 완연히 생시와 다름이 없었다.

약봉의 아들과 세 번째 왔던 대감의 아들은 함께 과거에 급제하
여 조정에 벼슬을 하며 대물림으로 서로 친하였다.
하루는 약봉의 아들이 조용히 물었다.
"돌아가신 자네 아버님을 염할 때 어떤 의관을 썼는가?"
그 친구가 슬픈 모습으로 탄식하며 대답하였다.
"아버님의 초상에 관한 일을 차마 어찌 말하리요. 우리집이 평
소에 청빈하였고, 선친께서는 그때 마침 멀리 함경도에 유배를
가시다가 왜란을 만나 돌아가셨는데, 천 리 외딴 곳이라 부조를
할 만한 친지도 없었네. 다만 전쟁을 만나 어수선한 때인지라,
수의 등 염습에 필요한 것들을 마련할 길이 없었고, 집안에 다
만 평소에 쓰던 떨어진 갓과 때 끼고 낡은 도포뿐이라 부득이
그것으로 염을 하였네."
약봉의 아들이 제삿날 자기 아버님의 친구들이 모였던 이야기를
자세히 하자, 그 친구가 그 이야기를 듣고 비통해하였다. 마침내
그 친구는 의관을 새로 지어 묘소에서 제사를 지낸 뒤 태웠다. 그
다음날 꿈에 그의 아버지가 나타나 새 의관을 얻게 되었음을 알리
고 기뻐하시더라고 하는 것이었다.

평하건대, 제사의 의의는 지극한 것이다. 성인께서 예를 제정하
실 때 어찌 장난 삼아 만드셨겠는가. 그런데 어떤 사람들은 사람
이 죽어도 귀신이 없다고 하면서, 이른바 제사라는 것은 귀신이
와서 흠향하는 것이 아니라고 하고, 다만 그 부모가 돌아가신 것
을 차마 인정하지 않으려는 뜻이라고 한다. 어찌 이처럼 귀신의

일에 어둡단 말인가?

생일날 음식을 찾는 것은 당연하나, 대낮에 왔다 갔다는 것은 괴이하다. 제삿날 찾아와서 흠향하는 것은 당연하나, 친구를 모두 불러모았다는 것은 기이하다. 떨어진 의관을 입고 온 사람을 불러들여 제사 음식을 축낸 데 이르러서는 더욱 이상하다.

장례에 있어서는 살아 있는 사람이 유감이 없어야 죽은 사람도 편안할 수 있다는 것을 볼 수 있다. 가히 삼가고 또 삼가지 않을 수 있겠는가!

제31화 마마 걸린 어린아이를 살린 선비

서울의 어떤 선비 하나가 일을 보러 영남 지방에 갔다가 돌아오
는 길에 날이 저물어 어느 시골집에 투숙하였다. 그 집주인이 아
이가 마마에 걸려 위독하다며 거절하고 들이지 않으므로, 그 집
가게에서 묵게 되었다.

그날 밤 꿈에 머리가 희끗희끗한 노인이 와서 말하였다.

"내가 이 집에 손님으로 온 지 벌써 여러 날이 되었소."

선비도 이 집주인이 문전에서 거절하고 들이지 않아 사람을 낭
패하게 하더라고 하니, 노인이 말을 이었다.

"주인이 형편없이 나를 접대하고 또한 성의도 없는지라, 내가
지금 그 집 아이를 죽이려 하오."

선비가 성의가 없다는 것이 무슨 일이냐고 물었다.

"이 집에 산 꿩과 쇠고기와 곶감 등이 있는데 숨겨 놓고 끝내
내게 대접하지 않으니, 내가 그것을 미워하는 것이오."

선비는 그가 마마 귀신임을 알고 그에게 말하였다.

"그건 참으로 미워할 만하오. 그렇다고 아이를 죽이기까지 하는
것은 너무 지나친 일이 아니오? 내 생각에는 아마도 그 사람이
우연히 잊고 차려 내오지 못한 것으로 생각되오. 내가 내일 주
인에게 잘 말해서 내오게 하리다. 나와 당신이 마주 앉아 그것

을 먹으면 이 또한 객지에서 좋은 일이 아니겠소. 그 아이는 특별히 용서하는 것이 어떻겠소?"

"내 뜻은 이미 결정되었으니 당신 말을 따를 수 없소."

선비가 또 굳이 노인에게 부탁을 하니, 비로소 허락하고 갔다.

새벽에 선비가 주인을 불러 아이의 마마 증세를 물어보았다.

"죽기 직전입니다."

"내가 능히 댁의 아이를 살려줄 것이니, 당신은 내 말을 따를 수 있겠소?"

"명대로 하지요."

"댁에 산 꿩이 있지요?"

"있습니다."

"쇠고기가 있지요?"

"그렇습니다."

"곶감이 있지요?"

"그렇습니다."

주인의 기색을 보니, 몹시 놀라고 의아해하면서 귀신 같다고 여기는 것 같았다.

"당신 아이의 병이 위독한 까닭은 이런 좋은 음식 때문이오. 당신은 즉시 쇠고기 국을 끓이고 꿩을 구워 음식을 만들고 또 곶감을 내다가 두 개의 상을 차린 뒤에 내게 알리시오."

그의 말을 듣고 주인이 황망히 음식을 차리고, 또 떡도 쪄서 두 상에 나누어 차렸다. 정성을 다하여 차린 뒤 선비에게 알렸다.

선비가 곧 방에 들어가 주인에게 자리를 마련하라고 하고, 상 하나를 한쪽 벽에 신위 없이 차려 놓고, 또 한 상은 자기 앞에 차려 놓았다. 젓가락을 들어 들기를 청한 뒤 자기도 음식을 먹었다.

갑자기 병든 아이가 하는 말이 들렸다.

"왜 나는 꿩고기, 쇠고기, 곶감을 안 줘?"

그 소리를 듣고, 주인이 신위 없이 차린 상의 음식을 집어 주려고 하니, 무겁기가 태산 같아 조금도 움직일 수가 없었다. 사람들이 크게 놀라 즉시 남은 음식을 아이에게 주니, 평상시와 다름없이 음식을 먹었다.

선비가 연달아 10여잔을 신위 없는 상에 부어 올리고, 서로 술잔을 주고받는 것처럼 하였다.

한참 뒤에 선비가 배부르고 취하여 말하였다.

"상을 물릴까요?"

하고 신위 없는 상을 보니, 젓가락이 상 아래로 떨어지면서 '쨍그랑!' 소리가 났다.

이때부터 아이의 병이 갑자기 나아 편안해졌다. 주인이 놀라고 기뻐하는 한편 감격하고 또 신통하게 여겼다. 부부가 함께 나와 사례를 하며 선비에게 조금 더 머물 것을 청하므로, 선비는 부득이 그 집에 머물렀다.

그날 밤 꿈에 노인이 또 나타나 선비에게 말하였다.

"내가 이미 당신의 부탁을 들어주었으니, 당신도 내 부탁을 들어주겠소?"

선비가 들어보자고 하였다.

"나는 본래 영남 어느 고을의 사람이오. 죽어서 마마 귀신이 되어 지금 이곳에 마마를 퍼뜨리고 다니는 중이외다. 나의 대상을 치를 날이 임박하였소. 내 아들들이 장차 대상을 지내겠지만, 내가 하는 일이 바빠 집으로 돌아가기가 어렵소. 우리집이 길가에 있어서 당신이 이번 길에 지나가게 될 것이오. 우리집에 들러 내 말을 전해 주면 다행이겠소. 우리 아들에게 이번에 제

사를 지내지 말고 며칠 뒤 다시 날을 잡아 제사를 지내면, 내가
마땅히 가서 흠향할 것이라고 전해 주오. 나는 아들이 셋이 있
는데 그 이름이 각각 아무개 아무개요. 그 아이들이 비록 이번
에 내 제사를 지내더라도, 내가 가지 않으면 제사를 지내지 않
은 것이나 마찬가지외다. 당신이 이 말을 전해 준다면 매우 다
행이겠소."

"돌아가는 길에 알리는 것은 그다지 어렵지 않소. 다만 댁의 자
제들이 혹시라도 내 말을 믿지 않으면 어찌하겠소?"

"그렇구려. 내가 옛날에 밭 하나를 사 두었소. 내가 생시에 앉
아 있던 뒷벽에 기둥이 있는데, 그 기둥에는 작은 구멍이 있어
서 밭문서를 그 구멍에 넣은 뒤에 벽을 바르고 거기에 문서가
있다는 것을 잊었소. 그곳을 벽지로 바른 지 몇 년이 되오. 내
가 죽은 뒤에 우리 아이들이 그 문서를 찾으려 하였으나 찾지
못하였소이다. 원래 밭주인이 그 문서를 잃은 걸 알고 장차 소
송을 걸어 다시 빼앗을 계획을 꾸미고 있소. 우리 아이들이 이
때문에 걱정을 하고 있는데, 당신이 우리집에 가서 이 말을 전
하고 그 아이들로 하여금 찾지 못하던 문서를 기둥 구멍에서 찾
도록 하면, 그것이 증거가 되어 당신 말을 믿을 것이오."

하매, 선비가 그렇게 하겠다고 하였다. 노인이 재삼 당부를 하고
갔다.

선비가 길을 가다가 그 집에 이르러 들어보니, 과연 노인이 말
한 바와 같았다. 이에 그 집의 노비들이 거처하는 곳에 잠자리를
얻고, 그 노인의 아들을 만나 보려고 한즉, 내일이 대상이라 손님
을 만나 볼 수 없다는 것이었다. 선비가 다시 제사 전에 꼭 만나
야 한다고 하자, 그 노인의 아들이 비로소 들어오라고 하여 용건
을 물었다.

선비가 꿈속에 그의 아버지가 한 말을 자세히 이야기하니, 노인의 아들들이 처음에는 매우 놀라고 의아해하며 황당무계하게 여겼다. 선비가 그 노인의 모습을 말하고 또 세 아들의 이름을 대니 점차로 믿는 것 같기는 하였으나 여전히 의심을 떨쳐 버리지는 않았다. 선비가 다시 기둥 구멍에 문서를 숨겨 놓은 일을 말하자, 노인의 아들들이 즉시 발라 놓은 종이를 떼고 보니 과연 거기에 있었다. 비로소 선비의 말이 황당무계하지 않은 줄 알고 서로 붙잡고 울음을 터뜨렸다.

그 아들들이 선비를 맞아 후히 대접하고 가족 회의를 열었다. 대상날에 비록 아버지의 신위가 강림하여 흠향하지 않는다는 것을 이미 잘 알았으나 제사를 폐할 수는 없었으므로, 드디어 제사를 지내고 다시 몇 달 뒤에 날을 잡아 선비가 말한 대로 대상을 지냈다고 한다.

제32화 한 마을을 염병에서 구한 서울 선비

　서울의 선비인 김생에게 친한 벗이 하나 있었는데, 죽은 지 여러 해 되었다. 김생이 일을 보러 영남 지방에 갔다가 홀연히 그 죽은 친구를 새재로 가는 길에서 만났다. 그 친구는 준마를 타고 여러 종과 어린아이 수백 명을 거느리고 가고 있었다. 김생과 더불어 생시와 마찬가지로 인사를 나누었다.

　김생이 물었다.

　"자네는 죽었는데 어째서 인간 세상에 다시 돌아다니는가?"

　"내가 죽은 뒤에 마마 귀신이 되어 세상에 마마를 퍼뜨리고 다닌다네. 이제 겨우 경기 지방에 퍼뜨리고 장차 다시 영남 지방에 퍼뜨리려고 지금 이렇게 고개를 넘는 것일세. 그리고 거느리고 가는 아이들은 모두 경기 지방에서 마마에 걸려 죽은 아이들이라네."

　"자네는 본래 성품이 온화하고 어진 사람이었는데, 죽었다고 해서 심성이 또한 어찌 달라지겠는가? 이미 마마 귀신이 되었으면 마땅히 어진 마음으로 용서를 하여 모두 구제해야 할 것이거늘, 지금 마마에 걸려 죽은 사람이 어찌 그리 많은가? 이는 자네에게 바라는 바가 아니라네."

　그 친구가 민망해하며 말하였다.

"시세에 매이는 것과 시운, 그리고 그들의 운명은 내가 마음대로 할 수 있는 것이 아니라네."

"비록 그렇더라도 자네가 만약 마마를 퍼뜨리지 않고 사람들을 구제하여 함부로 그들을 죽이지 않으면 사람들이 큰 은혜를 입을 것일세."

"자네 말이 이와 같으니 어찌 감히 따르지 않겠는가."

라며 곧 작별을 하고 가더니, 몇 걸음 가지 않아서 문득 보이지 않았다.

김생도 또한 새재를 넘어 일을 보고 돌아가다가 안동 땅에 이르러 어느 촌에 들어가니, 마마가 바야흐로 크게 번지고 있어서 나그네를 받아들여 주질 않았다. 간절히 빌어 간신히 묵을 곳을 얻었다.

그 집 아이의 마마가 또한 한참 위독하여 거의 빈사 상태였다. 물어 보니 한 마을의 어린아이 가운데 죽은 아이가 벌써 태반이라고 하였다. 김생이 주인에게 말하였다.

"내가 댁의 아이를 살려 줄 것이니, 내 말을 능히 따를 수 있겠소?"

"분부대로 하겠습니다."

김생이 주인더러 두어 그릇의 음식과 석 잔의 술을 마련하게 하고 그 자리에서 제문을 지었다.

그 대강의 내용은, '자네가 이미 내 말을 받아들여 사람들을 함부로 죽이지 않고 목숨을 건져 주리라고 여겼는데, 지금 어찌 식언을 하여 약속을 저버리는가? 이 마을의 아이들 중에 죽은 아이가 이미 반을 넘었으니, 자네의 어질고 관대한 마음이 어디에 있단 말인가? 바라건대 자네는 나를 위해 생각을 바꾸어 관대하게 사람들을 살려줌으로써 전에 한 약속을 지켜 주게.' 라는 것이었다.

즉시 술과 안주를 차려 놓고, 신위 앞에서 제사를 시내고 그 제
문을 읽은 뒤 태웠다. 잠깐 사이에 죽어 가던 아이들이 갑자기 되
살아났다.

김생이 제사를 마치고 잠자리에 들어 꿈을 꾸니, 그 친구가 현
몽하여 말하였다.

"이 마을 사람들이 죄가 많아 용서할 수 없는 까닭으로 내가 그
아이들을 모두 죽이려고 하였는데, 자네가 지성으로 구제해 줄
것을 빌고, 내가 이미 자네와 한 약속을 저버릴 수 없는 까닭으
로 애써 자네의 뜻을 따랐다네."

김생이 고맙다는 인사를 여러 번 하다가 깨어났다. 거의 죽어
가던 그 마을의 사람들이 하룻밤 사이에 모두 회생하였다.

주인이 김생의 일을 그 이웃 사람들에게 말하니, 일시에 서로
전하여 다투어 찾아와 사례를 하며 신인이라고 여겼다. 굳이 붙들
고 머물기를 청하며 앞다투어 술과 안주를 내오므로, 김생은 거절
할 수 없어서 며칠 더 머물다가 작별을 하였다.

평하건대, 마마라는 병은 오래된 것이 아니다. 주나라 말엽에서
진나라 초기에 비로소 생겨났다. 전투가 살벌하고 사나운 기운이
허공에 가득 차서 이 때문에 이러한 병이 생겨났다.

마마 귀신이 있다고 이르는 것은 사람들이 무당의 말을 따른 것
이다. 마마에 걸린 집에서는 반드시 신위를 모셔 놓고 거기에 비는
데, 귀신이 있는가 없는가는 분명히 알 수 없다. 이제 두 선비가 마
마 귀신을 만난 것으로 보면, 마마 귀신이 있다는 것은 분명하다.

앞의 두 이야기는 모두 믿을 만하고, 허무맹랑하지 않기에 기록
한다.

제33화 신학사의 초청을 받아 갔다온 최생[*]

원주 운곡에 최문발이라는 사람이 있었다. 본래 세도가의 자제로 형제가 모두 문장에 능하여 과거 공부를 하고 있었다. 금년 7월에 그 형제와 친구 두 사람이 운곡서원에 가서 책을 읽게 되었다.

어느 날, 날이 샐 무렵에 최생이 소변을 보러 밖에 나갔다. 그의 친구가 뒤따라 나가 보니, 최생의 신발은 방문 아래 그대로 있었으나, 최생은 간 곳이 없었다. 대문 밖으로 나가 보니, 최생이 담장 밖에 벗어 놓은 겹옷이 보였다.

몹시 괴이하게 여겨져 마침내 최생의 형제들을 불러 서원 뒤쪽의 산기슭에서부터 약 1마장가량 찾아보니, 풀잎에 맺힌 이슬이 떨어져 있고, 끊어진 지 얼마 되지 않은 칡덩굴이 보였다. 누군가가 지나간 듯하였다.

그 흔적을 따라 다시 몇 걸음을 가보니, 최생이 소나무 아래에 묶여 있는 것이 보였다. 앞으로 다가가 보자, 두 손을 나무 뒤로 둘러 뒤에서 묶고 허리를 나무에 붙여서 묶어 놓은 것이 보였다.

---

[*] 이는 택당이 기록한 것인데, 그곳에는 제목을 〈최생우귀록(崔生遇鬼錄)〉이라 하였다.

묶은 것이 모두 칡덩굴이었는데, 아까 잘려진 것들이었다.

최생은 눈을 부릅뜨고 입을 벌린 체 말을 하지 못하였나. 그의 형이 민간 처방으로 오줌을 움켜다가 최생의 눈을 씻어 주니, 최생이 곧 소리내어 말하였다.

"큰형님께서 오셨습니까?"

하더니, 곧 다시는 말을 하지 않았다.

이때는 이미 해가 떴는지라 즉시 들쳐업고 집으로 돌아갔다. 정신을 잃고 사람을 알아보지 못하더니, 약을 먹이자 밤이 되어서야 비로소 말을 하기 시작했다.

다음날 갑자기 술 취한 사람이 깨어나듯이 정신을 차렸다. 아버지와 형이 그간의 일을 캐묻자, 최생이 바야흐로 그 경위를 설명하였다.

최생이 처음에 소변을 보러 밖으로 나가니, 어떤 생김새가 단정하고 잘생긴 소년 하나가 다가와 인사를 하더라는 것이었다.

"더불어 사귀고 싶소."

최생이 그의 이름을 물었다.

"나는 신해익이라 하오."

최생은 그가 장원으로 뽑혀 학사가 된 신생임을 알았다. 그러나 그가 이미 죽었다는 것은 깨닫지 못하였다.

신생이 말하였다.

"마침 여러 사람과 더불어 이 근처에 모였는데, 그대도 나와 함께 이야기를 나누었으면 좋겠소."

하고 곧 종에게 가마를 대령하라 하고는 신생도 스스로 다른 가마에 오르더니, 최생과 가마를 나란히 해서 갔다. 가마꾼과 따르는 무리들이 매우 많았다.

신생이 길을 재촉하며 말하였다.

"해뜨기 전에 이르지 못하겠다."

최생이 문득 자기의 생각을 신생에게 말하였다.

"내가 이렇게 가는 것을 부모님께 고하지 않으면 안 되겠소."

"갈 길이 바쁘오. 그건 편지로 알리면 될 것이오."

"어떻게 편지를 전할 하인을 구할 수 있겠소?"

"내게 방도가 있소."

하더니 드디어 붓과 편지지를 최생에게 주었다. 최생이 편지를 쓰려고 하니 무엇이라고 써야 할지 알 수가 없었다.

"내가 지금 정신이 아득하여 쓸 말이 생각나지 않소."

"내가 불러 줄 터이니 그대가 쓰시오."

하고는 절구 한 수를 불러 주어 종이에 썼다.

신생이 쓴 편지를 받아들더니 조그만 돌을 묶어 공중을 향해 던졌다. 마치 최생의 집을 향해 가는 듯하였다.

신생이 또다시 길을 재촉하더니, 한참 뒤에 가고자 한 곳에 이르렀다. 건물이 웅장하고 아름다워 마치 궁전과 같았다. 어떤 큰 벼슬아치가 누런 관을 쓰고 붉은 도포를 입고 그곳에 있었는데 위엄이 있었다.

신생이 그의 앞에 나아가 배알하매, 최생도 신생을 따라 절을 올렸다. 그 벼슬아치가 최생을 자세히 들여다보고는 말하였다.

"책을 읽고 풀이할 수 있겠구나."

하고는 책 한 권을 꺼내어 최생에게 주었다. 그 책을 펼쳐 보니 큰 글자와, 크고 작은 글자로 된 주가 있었는데, 마치 방금 찍어낸 것 같았다. 그 책의 내용이 모두 《통감강목》이었다.

그 벼슬아치가 손으로 본문 한 구절을 짚더니 명하였다.

"여기를 읽어라."

최생이 거기를 보니, '황아석생(黃芽石生)'이라는 네 글자가 있었다. 최생이 읽기를 마치자 그 벼슬아치가 다시 명하였다.

"그 뜻을 풀어 봐라."

"깨우치지 못하여 능히 풀이할 수가 없습니다."

"어째서 깨우치지 못하였다고 말하는고?"

최생이 크고 작은 주를 살펴보았으나 뜻을 풀이한 곳이 아무 데도 없어서 끝내 대답을 할 수가 없었다.

그 벼슬아치가 크게 노하여 하인들에게 끌어내어 묶으라고 소리를 질렀다. 신생은 풀이 죽어 감히 구하지 못하다가 중문에 이르러서야 사과를 하였다.

"나를 위해 왔다가 이런 봉변을 당하였으니 내가 매우 부끄럽소. 그러나 곧 풀려나게 될 것이니 걱정하지 마시오."

그 뒤로는 정신이 아득하여 살필 수 없더라고 하였다.

신생이 불러 주어 종이에 받아 적은 절구는 실제로 쓴 글씨가 최생의 옷자락에 있었다. 글자의 획이 반듯하고 먹물 흔적이 선명하고 짙은 것이 최생의 필체였다.

8월 어느 날, 내가 관찰사로 있던 최현과 함께 최생의 아버지인 기벽을 울산 석사에서 만났더니, 나를 위해 그 이야기를 이처럼 자세하게 해주었다. 기벽은 신의가 있는 선비라 허무맹랑한 말을 하지는 않았을 것이다. 최생의 친구 두 사람이 해준 이야기도 또한 같았다.

최생의 아버지가 또 내게 말하였다.

"이 아이가 타고난 기가 약한 것 같고 책을 읽느라고 적잖이 수척해졌었습니다. 또, 성품이 친구들 쫓아다니기를 좋아하여 혹 놀러가면 돌아오는 것을 잊기도 했답니다. 그 아이가 그래서 홀리게 된 것이 아닐까요? 내가 듣기로 신생의 출생이 자못 기이하였는데, 그의 죽음이 혹시 평범치 않았던 것이 아닐까요? 우리 아이가 만난 것이 신선일까요? 알 수가 없습니다."

"평범한 사람의 기혈이 허해지고 성품이 한 곳에 치우쳐 집착하면 더러 귀신에게 홀리는 수도 있습니다. 하지만 귀신은 모두 사람의 몸에 혹은 입에 붙어서 날도 니디내고 눈을 어지럽게 하여 헛것이 보이게 합니다. 이는 곧 귀신의 장난이거나 사물에서 일어나는 괴이함으로 바른 것이 될 수 없습니다. 바로 공자께서 말씀하시지 않은 바요. 한유가 말하였듯이, 사람을 동요시키는 것이고 족히 화나 복이 될 수는 없는 것입니다. 지금 최생이 만난 것은 비록 모두 헛것이지만 칡을 가지고 최생의 몸을 묶은 것이나 붓을 주어 시를 쓰게 한 데 이르러서는 모두 증명할 만한 뚜렷한 흔적이 있습니다.

그렇다면 귀신에게도 손이 있단 말입니까? 옷을 입는단 말입니까? 이것이 괴이합니다. 신생은 믿음이 분명한 군자로, 비록 불행히도 요절하였으나 운에 따라 죽었습니다. 죽은 혼백이 어찌 귀신이 되지 않고 인간 세상에서 헛것으로 바뀌게 되었을까요? 내가 일찍이 듣기로, 쫓겨난 귀신은 사람 속이는 것을 좋아하여 혹은 조상에게 붙어서 그 자손을 속여 제사상을 차려 달라고 하는 경우가 가끔 있습니다. 신생은 이름난 선비인지라, 이른바 쫓겨난 귀신이 신생의 이름을 빌림으로써 신생을 사모하는 최생을 홀린 것이 아닐까요?"

우선 그 이야기를 기록하여 널리 잘 아는 사람을 기다려 진의를 가리고자 한다.

그 시는 이러하다.

飇輪一片自天來　표륜일편자천래

霞佩朝元幾日廻　하패조원기일회

仙風倘拂靑鸞翼 선풍당불청난익
更向人間沃輿回 갱향인간옥여회

나부끼는 듯 조각달은 하늘에 떠오르고,
노을에 걸려 있는 아침 해는 얼마만에 돌아오는가.
신선의 바람이 푸른 난새의 날개를 부쳐서
다시 인간 세상의 옥토로 돌아가는구나.

                        * 택당의 기록은 여기에서 끝난다.

사예 벼슬을 한 이극성은 원주 사람이다. 내가 평안감영에 가서
아버지를 모시고 있을 때에, 이극성은 그 당시의 중화현령으로 있
었다. 여러 차례 만나서 서로 친숙해졌다. 그가 나를 위해 최문발
의 일을 자세히 말해 주었다.

이극성은 최생의 형제와 친구 몇 사람과 함께 운곡서원에 가서
공부를 하였다. 하루는 벽 위에 써 놓은 시를 보았다.

珠洞銀溪鎖一關 주동은계쇄일관
洞人無際鳥遲還 동인무제조지환

구슬 같은 고을과 은빛 시내는 굳게 잠겼고,
인적이 끊긴 가운데 새가 늦게 돌아오는구나.

그 시는 곧 최생의 글씨였다. 평소에 최생은 시를 지을 줄 모르
는 것으로 알았는데, 갑자기 이렇게 시를 써 놓으니 의아스러웠다.
그 시어가 이상하여 최생에게 물어 보았다.

"이 시는 비록 내가 지었으나 나도 그것이 무슨 뜻인지를 모르 겠네."

그 말을 듣고 모두들 이상하게 여겼다.

그 며칠 뒤 아짐에 일찍 일어나서 최생이 없어진 것을 모두들 모여 세수를 하다가 비로소 알게 되었다. 서원을 모조리 뒤졌으나 찾을 수 없었다. 최생의 형제와 여러 친구들 그리고 서원에 딸린 종들이 사방으로 흩어져서 찾아보았다.

서원 뒤로 가다가 보니 겹옷이 있었는데 곧 최생이 입었던 것이 었다. 옷깃에 시가 있었는데 '표륜일편자천래(飇輪一片自天來)' 라는 시 두 구였다. 그 필체를 보니 최생이 쓴 것이었는데, 먹의 빛깔이 검은 것도 아니고 푸른 것도 아니어서 세상에서 보지 못한 것이었다. 쓰여진 글자의 획이 아주 분명하였다.

겹옷을 들추어보니, 한 조각 돌이 뒷자락 안에 들어가 있었는데 그 꿰맨 곳이 뚜렷이 한 곳도 터진 데가 없었다.

또 뒷산 기슭을 넘어 산 속에 이르니, 최생이 소나무 한 그루를 쥐고 서 있는 것이 보였다. 칡덩굴로 두 손을 소나무에 둘러 등에 서 묶고 또 칡덩굴로 몸을 소나무에 붙여 묶어 놓았다. 그 옆을 보니 칡덩굴이 여러 개 있었는데 분명히 칼로 새로 자른 것이었다.

최생은 눈을 부릅뜬 채 말을 하지 않았다. 사람들이 칡덩굴을 풀어 주고 업어서 서원으로 데려가 치료를 하였으나 깨어나지 않 아서 마침내 집으로 데려가서 약을 먹이고 치료하였다.

밤을 지나고 나서야 비로소 깨어났는데 마치 술에 취했다가 깨 어난 것 같았다. 그리고서는 다음과 같은 이야기를 하는 것이었다.

"제가 처음에 오줌을 누러 밖에 나갔다가 어떤 소년 하나가 달 빛 아래 서 있는 것을 보았는데, 풍채가 깨끗하여 신선인 듯 황 홀하였습니다. 그 소년이 내게 인사를 하며 말하였습니다.

'당신과 사귀고 싶소.'

내가 그의 이름을 물었습니다.

'신해익이오.'

제가 일찍이 신생을 우러러 사모하였으나, 그가 이미 죽었다는 것을 알지 못하였습니다. 그래서 그를 만난 것을 매우 기쁘게 여겼습니다.

이처럼 신생은 몇 마디 이야기를 하다가 가면서 말하였습니다.

'내가 다시 찾아오리다.'

이때부터 정신과 생각이 맑아져서 속세의 근심이 모두 사라졌습니다. '주동(珠洞)'이라는 시 한 편이 생각지도 않았는데 떠올라서 입 밖으로 읊어져 나오매, 벽에 썼던 것입니다.

며칠 지난 뒤의 밤에 신생이 다시 왔습니다.

'내가 당신과 함께 가볼 데가 한 군데 있소.'

'어딘데요?'

'나는 사람이 아니라 신선이라오. 선녀 하나가 그곳에 있는데, 내가 당신을 위해 중매를 하려 하오. 내 말을 따르면 장가를 들 수 있을 것이오.'

'선녀라니? 어떤 사람이오?'

'그 선녀는 이기발의 누이로 이름을 옥영이라 하는데, 자태가 빼어나게 아름다워 신선 세계에도 드문 인물이라오. 그 선녀에게 장가를 들면 곧 신선이 될 수 있으니 어찌 좋은 일이 아니겠소?'

저는 위로 부모님이 계셨으므로 가볍게 허락한다는 말을 할 수가 없었습니다.

신생이 재삼 강권을 하며 또 말하였습니다.

'신선이 된 뒤에도 왔다 갔다 하며 부모님을 보살펴 드리는

것이 안될 게 뭐가 있소?'

그 말을 듣고 제가 비로소 허락하였습니다.

신생이 종들에게 명하여 작은 가마를 대령케 하고 제게 타라고 하더니 신생도 다른 가마에 타고 나란히 갔습니다. 따르는 사람이 자못 많았습니다.

얼마 가지 않아서 제가 말하였습니다.

'어디 간다고 집에 먼저 알리지 않은 것이 후회됩니다.'

'편지로 알리면 될 것이오.'

'심부름꾼을 어떻게 구하지요?'

'다만 편지를 쓰기만 하면 내가 전해 드리겠소.'

신생은 즉시 붓과 편지지를 제게 주었습니다. 저는 아득해져서 한 마디도 쓸 수 없었습니다.

'내가 당신에게 불러 줄 터이니 받아 적으시오.'

하고는 곧 시 한 편을 불러 주매, 제가 받아 적었습니다. 신생이 그 편지를 받아들더니 바람 부는 곳으로 던지자 허공으로 날아갔습니다.

신생이 갈 길을 재촉하며 매우 급하게 말하였습니다.

'해가 뜨기 전에 꼭 가야 되는데……'

문득 한 곳에 이르니, 건물이 웅장하여 마치 관청 같았습니다. 한 사람이 건물 한가운데 앉아 있고, 대여섯 사람이 좌우로 나누어 앉아 있었는데, 표정이 엄숙하고 조용하였으며 차림새가 기이하고, 호위하는 사람들이 매우 많아 세상에서 보지 못한 것이었습니다.

신생이 먼저 들어가 배알하고 무엇인가를 아뢰는 것 같더니 곧 나와서 제게 인사를 드리라고 하였습니다. 제가 그의 앞에 가서 절을 하니, 주인 자리에 앉은 사람이 말하였습니다.

'책을 읽을 수 있겠다.'

그러자 주변에서 책 한 권을 지에게 주었습니다.

즉시 읽으니 주인이 말하였습니다.

'그 뜻을 풀이하라.'

저는 정신이 아득하여 그것이 무슨 뜻인지를 몰라 끝내 대답할 수 없었습니다.

주인이 크게 노하여 끌어내 묶으라고 소리를 지르자, 하인들이 문 밖으로 끌어내어 소나무에 묶어버렸습니다.

신생은 두려워 감히 구출하지 못하고 제게 사과를 하였습니다.

'당신이 나 때문에 이런 일을 당하니 내가 매우 부끄럽소. 그러나 곧 풀릴 테니 걱정하지 마시오.'

그 말을 듣고 저는 곧 정신을 잃고 말았습니다."

그 뒤로 최생이 집에 있으면 신생이 달밤에 자주 찾아왔다. 이상한 일이 아주 많았으나 말할 수가 없었다. 도리어 최생의 집에서는 요사스럽게 여겨 여러 가지 잡술을 써보았으나 하나같이 효험이 없었다. 5, 6년 뒤에 신생이 찾아오는 것이 뜸해지더니 마침내 스스로 발길을 끊었다고 한다.

(내가 이극성의 이야기를 듣고 기록한 것이다. 택당이 기록한 것과 대동소이하나, 이극성이 말한 이야기에 약간 덧붙인 것이 있다. 이제 택당의 기록을 위주로 하여, 내가 쓴 것을 함께 기록하니 참고하기 바란다.)

_{제34화} 맹도인과 노닐며 시를 화답한 성완

성완이라는 사람은 훌륭한 의원으로 성후룡의 아들이다. 책을 많이 읽어 어려서부터 시를 짓는 데 능하였다. 그가 지은 시는 어느 것이고 운을 불러 주자마자 그 자리에서 짓지 않은 것이 없었다. 비록 장편의 시일지라도 남을 시켜서 붓을 잡고 쓰게 하고는 읊어 주는데 마치 물 흐르듯이 단숨에 이루었다. 스스로를 소동파에 비기는 데 이르렀다.

혹은 전하기를, 시마(詩魔)가 그에게 붙었다고 한다. 그의 시는 훌륭한 것과 하찮은 것이 뒤섞여 남들이 귀하게 여겨주지 않았다.

일찍이 맹도인을 만났는데, 그 일이 매우 기이하다. 그가 스스로 기록해 놓은 것이 있는데 자못 상세하다. 그 기록은 이러하다.

경술년 3월 초이렛날 저녁에 내가 가까운 이웃집에 가서 그 집 주인을 위해 술을 마시다가 지나치게 마셔 크게 취하였다. 어두워져서 아랫마을에 있는 친구의 집으로 가려고 사포서 뒤를 지나다가 허공에 떨어졌다. 문득 흑의의 노인을 만났는데, 길 오른쪽에서 나와 홀연히 내 왼손을 잡으며 말하였다.

"내가 자네와 함께 가볼 데가 있네."

나는 그가 사람이 아닐 것이라고 의심이 들어 멈칫멈칫 물러서

자 억지로 잡아끄는데 힘이 세서 빠져 나올 수가 없었다. 그 노인
이 손으로 내 눈을 문지르고 또한 세 차례 빙글빙글 돌리니 지척
을 구분하기가 어려웠다. 잠깐 사이에 내 몸은 벌써 서쪽 성 밖에
있는 소나무 숲으로 나가 있었다. 다시 내 손을 잡더니 길마재 동
쪽 기슭으로 올라갔다. 노인이 또 손으로 내 눈을 씻으니 눈이 비
로소 잠깐 밝아졌다.

고개를 들어 쳐다보니, 노인은 머리가 하얗고 키가 헌칠하게 컸
으며 눈초리가 매우 험악하였다. 몸에는 무늬가 있는 검은 옷을
입었는데, 허리에 띠는 두르지 않았다. 아래를 살펴보니, 발에는
누런 신을 신었는데 생긴 모양이 마치 대자리 같았고 발의 길이가
몇 자나 되었다. 그 노인과 함께 산허리에 있는 소나무 사이를 돌
아서 갔는데 잠시도 쉬지 않았다.

8일 새벽 무렵에 나를 붙잡고 동쪽 가장자리의 석봉으로 올라가
서 운을 불러 주며 시를 지으라고 재촉하였다. 내가 즉시 그 운을
밟아 읊었다.

徙倚西峯上上頭	사의서봉상상두
高天大地稟雙眸	고천대지품쌍모
俯臨渤海平看鏡	부림발해평간경
回指穹鰲少似鰍	회지궁오소사추
匹練中兮三邱路	필련중혜삼구로
浮雲低度五城樓	부운저도오성루
鄭公當日成功處	정공당일성공처
幸陪仙翁辦壯遊	행배선옹판장유

서쪽 봉우리 가장 높은 곳에 옮겨 기대어 보니,

높은 하늘 큰 땅이 두 눈동자를 타고났다.
발해를 굽어보니 평평한 거울 같고,
둥근 자라를 돌아보니 작기가 미꾸라지 같구나.
강줄기 가운데 삼신산으로 가는 길이 있고,
뜬구름 아래로 오성루가 있다.
정공이 그 당시 공업을 이룬 곳에
행여 신선을 모시고 질탕하게 놀 수 있었으면.

노인이 듣고 나서 칭찬하였다.
"비록 시켜서 지은 것이나, 또한 내가 보니 넋을 뺏기에 족하
구나."
그리고는 곧 그 시에 화답하여 읊었다.

卽來卽去檢人頭	즉래즉거검인두
見爾淸標刮兩眸	견이청표괄양모
氣似靑天驅玉馬	기사청천구옥마
文如蒼海抽金鰍	문여창해추금추
牢躔尽置蒼岩宅	뇌전진치창암댁
緩步霄登紫葛樓	완보소등자갈루
無日無風將歷覽	무일무풍장역람
定逢鳥瑟道淸流	정봉오슬도청류

왔다갔다 하며 사람들을 살펴보다가,
그대의 맑은 모습을 보니 두 눈을 비비게 되는구나.
기개는 푸른 하늘을 달리는 옥마와 같고,
문장은 푸른 바다에서 잡아낸 금빛 미꾸라지 같구나.

굳게 얽매인 것은 모두 창암댁에 두고,
느린 걸음으로 하늘의 자갈루에 오르세.
끊임없이 부는 바람 속에 두루 구경하다가
오슬도인을 만날 기약이로군.

나는 재삼 입속으로 외워 보았다.

노인은 읊기를 마치더니, 즉시 나를 석봉 아래로 데려가서 바위 사이에 숨겨 놓았다. 눈앞이 갑자기 보이지 않았다. 그가 없는 틈을 타서 탈출하려고 하니 마치 꽁꽁 묶어 놓은 것 같아 일어나 움직일 수가 없었고, 두 눈이 흐릿해져서 환하게 볼 수가 없었다. 비록 사람을 부르고자 하였으나 소리가 목구멍에 걸려서 또한 멀리 들리게 하기가 어려웠다.

하루 종일 있다가 저녁이 되자, 초저녁에 노인이 다시 와서 돌 틈에서 꺼내어 주며 말하였다.

"또 가볼 데가 있다."

길마재 동북쪽 기슭을 거쳐 정토사 뒤의 백련산을 지나 황야를 지나더니 나암 뒷산에 올랐다. 다시 창경릉 소나무 숲에 이르러 줄곧 산길로만 가고 계곡으로 들어가지 않았다. 이로 말미암아 닭 우는 소리나 개 짖는 소리가 들리지 않았다. 한밤중의 달빛이 소나무숲을 은은히 비추었다.

"이 경치를 두고 연구(聯句)를 지을 수 있겠네."

노인은 즉시 기(奇)자를 운으로 불렀다. 내가 응하여 지었다.

木老流霞濕 목로류하습
山深月色奇 산심월색기

고목 사이로 노을이 흘러 축축하고,

산이 깊으니 달빛이 기이하구나.

노인이 감탄하고 칭찬하여 마지않으며 말하였다.
"두 번째 구는 잇기가 어렵겠다."
9일날 새벽에 또다시 창경릉에 있는 두 그루 소나무 사이에 나를 놓아두었는데, 여전히 꽁꽁 묶인 것 같아 탈출할 수가 없었다.
초저녁에 노인이 다시 와서 내 손을 잡더니 진관사 서쪽 기슭으로 향하였다. 밤새도록 어지럽게 널려 있는 무덤 사이를 배회하여 때때로 돌아다보는 것이 멀리 갈 기색이 있는 듯하였다.
10일 새벽, 동녘이 아직 밝지 않았는데 갑자기 나무꾼들이 나무 찍는 소리가 멀리서부터 점점 가까워지니, 노인이 놀라 일어나며 내 손을 놓았는데 문득 보이지 않았다.
나는 곧 정신을 잃고 쓰러졌으나 다행히 다시 깨어났다. 눈을 뜨고 바라보니 해가 이미 저물었다. 일어나다가 다시 쓰러지기를 거듭하며 간신히 산기슭 하나를 넘으니 곧 진관사 입구였다.
나는 기어서 앞으로 나가며 중을 바라보고 나를 구해 달라고 급히 외쳤으나 굶주림으로 인해 소나무 사이에 쓰러지고 말았다. 다만 갓을 흔들다가 말았다.
다행히 중의 눈에 띄니, 중이 나를 보고 불쌍히 여겨 절로 업고 들어갔으나 놀란 혼이 안정되지 않아, 눈에는 혹의 노인이 곁에 있는 것처럼 보였다. 그래서 내가 중을 불러 귀신을 쫓아 달라고 몇 번이나 말하였다.
그곳의 중들은 전에 친했던 사람들이라, 내 팔다리를 주물러 주며 정성을 다해 구호해 주었다.
한참 후에야 비로소 사람의 모습을 분별하게 되었다. 내가 중들에게 부탁하였다.

"간장을 좀 먹여 주시오."

중들이 즉시 간장 두 사발을 가져와서 입 속에 부어 주었다. 이어서 흰죽을 쑤어 한 종지를 먹으니 정신이 조금 깨었다.

그 당시 공부하는 중이 곁에 있었는데, 한문을 꽤 알았다. 내가 그를 보고 말하였다.

"나를 위해 급히 우리집에 알려주시오. 틀림없이 내가 죽었다고 여길 것이오."

그리고는 낮에는 숨어 있다가 밤에만 다닌 상황을 말해 주었다. 그 중이 즉시 대략의 내용을 써서 동자 하나를 시켜 우리집에 가서 알리게 하였다.

집안에서는 비로소 내가 귀신에게 홀려 이 지경에 이른 것을 알게 되었다. 낮 동안은 정신이 다시 혼미해졌다. 우리집의 늙은 종이 중흥사에서 나를 보러 왔다.

몇 차례나 놀라 부르짖다가 한참 뒤에야 아버지 얼굴을 알아보았다. 아버지는 소식을 듣고 걸어서 고개를 넘어 오셨다. 곧 청소환 몇 알을 먹으니, 정신이 낮 동안보다는 나아졌다. 비로소 허리와 다리가 아픈 것을 느낄 수 있었다.

다음날 아침에 동생이 또한 동쪽 교외로부터 찾아왔다. 또 청심환과 주사 등을 먹으니, 사흘 밤 동안 산을 오르며 피로해진 나머지 아픈 곳은 비록 고통스러웠으나 다행히 마음은 편안해졌다.

흑의 노인과 주고받았던 시 두 편을 기억해 낼 수 있었다. 그 연구(聯句)도 동생에게 시켜 써놓았다.

그 뒤 11일 밤과 13일 밤에 다시 노인의 모습이 보여 아픔을 참고 억지로 일어나 칼을 잡고 그를 쫓자 문득 보이지 않았다.

14일에는 병을 치료하기 위하여 들것에 실려 집으로 돌아갔다.

15일에는 별다른 변고가 없었다.

16일 밤에 다시 자줏빛 옷을 입은 동자가 꿈에 나타났다.

"나는 본래 흑의 신이다. 지난번에는 늙고 추한 모습으로 찾아왔더니 자네가 나를 싫어하더군. 오늘은 내가 젊었을 때의 모습으로 찾아왔으니, 자네는 놀라지 말게. 나는 미진한 회포가 있었는데, 자네는 들어주겠는가?"

내가 문득 놀라서 깨어 보니 한바탕 꿈이었다.

내 생각에 '극도로 허약한 사람은 잠자리가 어지럽다더군.' 하고 그다지 걱정하지 않았다.

20일 밤에 푸른 도포를 입은 미장부 하나가 다시 꿈에 나타나서 말하였다.

"그대가 나를 피하는 것이 심하구려. 어째서 온 벽에 부적을 부쳐 마치 사귀를 쫓는 것처럼 하였소? 지난번 밤에 검은 옷을 입고 온 신과 자줏빛 옷을 입고 온 동자는 모두 나의 변신한 모습이지 본색이 아니오. 나는 원귀이지 귀신이나 도깨비가 아니오. 그대의 입을 빌어 세상에 나의 사정을 전하고자 하는 것이니, 그대는 나를 저버리지 마시오."

"내게 하고자 하는 말이 무엇입니까? 마땅히 공을 위해 세상에 전하겠습니다. 일의 전말을 듣고자 합니다."

푸른 도포를 입은 사람이 눈물을 흘리며 말하였다.

"나는 본래 신라 경순왕 때의 학사로, 집이 금오산 서쪽 기슭에 있었소. 평생에 매화와 학을 좋아하여 매화를 심고 학을 길렀다오. 간혹 조정의 일을 마치고 돌아오면 매화를 두고 시를 읊고 학이 춤추는 것을 보곤 하였지요. 스스로 호를 매학도인이라고 하였소.

몸은 비록 나라에 바쳤으나 한 가지 생각이 항상 산수 자연에 있었소이다. 다만 헛된 이름에 오래 매여 은둔하지 못하는 것을 한스럽게 여겼소.

하루는 왕이 후원에서 잔치를 베풀고, 여러 학사들에게 봄을 주제로 시를 짓도록 하였소. 여러 학사들이 시를 먼저 지어 올리니, 왕은 모두 잘 지었다고 하였소. 맨 나중에 내가 이렇게 지어 올렸소.

碧桃花上雨霏霏　벽도화상우비비
水滿龍池柳浴翠　수만용지류욕취
萋萋芳草西園路　처처방초서원로
羃地寒烟濕不起　먹지한연습불기

벽도화 위로 비는 부슬부슬 내리는데,
물이 불은 용못에 드리워진 버들이 푸르네.
서쪽 동산으로 난 길에는 무성한 풀내음,
땅에 깔린 찬 내에는 아지랑이도 피어오르지 않네.

왕은 한동안 감탄하며 감상하였고, 여러 학사들은 서로 쳐다보며 질린 표정이었소.

그 뒤 나흘째 되던 날 다시 채운루에서 잔치를 열었소.

왕에게는 취비라는 총애하는 여자가 있었는데, 곧 동해 용왕의 딸이었소. 아름다운 모습이 한 나라를 기울게 할 만하였소이다. 왕은 취비를 매우 총애하였소. 이 날 취비를 위해 크게 잔치를 베풀고 여러 신하들에게 시를 짓도록 하였던 거요.

나는 붓을 휘둘러 곧 시 한 편을 이루었소.

瓊瑤爲骨玉爲肌　경요위골옥위기

月態星眸絶世姿　월태성모절세자
戲向前階拾春色　희향전계습춘색
好風吹動瑞香枝　호풍취동서향지

구슬 같은 몸매, 옥 같은 살갗,
달 같은 모습, 별 같은 눈동자는 절세의 자태로다.
희롱하며 섬돌을 향하니, 봄빛을 줍는 듯하고,
맑은 바람 일어 향기로운 가지를 흔든다.

그 뒤에 일본의 승려인 의능이 사신으로 오매, 분황사에서 그를
맞았소. 의능은 학사들의 시를 얻어 자기 나라에 가서 뽐내고자
하였지요. 왕이 내게 시 짓기를 명하므로, 이런 시를 지었소.

中藏日域海無邊　중장일역해무변
一姓相承五寶傳　일성상승오보전
萬國山川難竝處　만국산천난병처
扶桑枝上掛靑天　부상지상괘청천

해를 머금은 곳, 바다는 가없는데,
한 가지 성이 서로 이어 다섯 가지 보물을 전하였네.
어느 나라 산천도 따를 수 없는 곳에,
해 뜨는 가지 위에 푸른 하늘이 걸려 있네.

의능이 크게 칭찬을 하며 검은 비단 네 필을 왕에게 바쳤는
데, 세상에서 보지 못한 것이었소. 왕이 그 비단에 대해 묻자,
의능이 이렇게 대답하였소.

'이 비단은 동해의 신선들이 사는 산에서 나는데, 그 실은 부상의 누에에서 뽑아낸 것이고, 빛깔은 먹물을 들인 것입니다.'

왕이 두 필은 취비에게 주고, 두 필은 내게 시를 지은 대가로 주었지요.

나는 그 비단으로 도포를 지어, 산수 속에서 소요할 때에 항상 입음으로써 임금의 은혜를 나타내었소. 그래서 사람들이 나를 가리켜 흑의학사라고 하였다오.

그 뒤에 포석정에서 노닐 때 여러 학사들과 더불어 시를 지었소이다. 왕이 특별히 옥피리를 가져다가 그 놀이를 빛나게 해주었소. 나는 이런 절구를 지었소.

鮑石亭前月　清波漾彩船　포석정전월　청파양채선
一聲白玉篴　吹罷老龍眠　일성백옥적　취파노룡면

석정에 뜬 달, 맑은 물결에 흔들리는 알록달록한 배,
한 가락 흰 옥피리 소리, 불기를 그치자 노룡이 잠드네.

이로써 왕의 총애가 날로 깊어지자, 종정경인 김인의 참소를 받게 되어 절영도에 4년간 유배를 가게 되었소. 나의 슬픔과 원통함이 어찌 자초와 자란에게 참소를 당한 굴원과 다르리요. 충성을 다하다가 버림을 받고 매양 〈회사부〉를 읊조렸다오.

고려 태조 왕건의 명에 따라 장차 통합할 조짐이 있자, 왕이 영토를 떼어 원병을 구하고자 하였소. 나를 석방하여 사신으로 삼았다오. 임무를 마치고 조정으로 돌아가는 길에 한산을 지나다가 그곳에서 객사를 하게 되었지요.

그때가 6월이라 천 리 길을 운구할 수가 없자, 함께 가던 사람들이 임시로 인왕산 동쪽 기슭에 묻어 주었소.

그 뒤에 내 자손들이 전염병으로 모두 죽고, 나라도 망하고 친족들도 죽어 이상해 갈 사람이 없으니, 마침내 타향에서 돌아갈 수 없는 혼이 된 것이라오.

그때 북사공인 여구공과 북부공인 채희와 더불어 친하였는데, 모두 신인 가운데 글을 아는 자로 북악산 뒤에 거처하고 있었소.

지난번에 그대와 함께 이 두 사람을 찾아가다가 도중에 갑자기 나무꾼들의 도끼질하는 소리를 듣고 놀라 흩어진 까닭에 처음의 계획을 이루지 못하였으니 한스러운 일이오."

"김인이라고 하는 사람은 누굽니까?"

"김인은 곧 김유신의 후손이오. 어찌 명신의 후손에 이 같은 소인이 있으리라고 생각할 수 있었겠소?"

"여구공이라는 사람은 누굽니까?"

"오슬산인을 말하는 것이오. 채희는 곧 단로를 말하는 것이오."

내가 이 말을 듣고, 그가 전에 말하였던 오슬과 단로가 헛된 말이 아님을 비로소 알게 되었다.

"학사의 성함을 여쭙고자 합니다."

"나의 성은 맹이오, 이름은 시이고 자를 국서라 하오. 그대는 아직도 기억이 나지 않소? 내가 병오년 겨울 꿈속에서 경상초의 출신을 알려준 사람이오. 그대는 잘 생각해 보시오.

나의 사적은 역사책에 나와 있지 않소. 나는 그것을 아직도 지하에서 한스럽게 여기고 있지요. 그대가 능히 잊지 않고 세상에 알려 준다면 다행이겠소.

나는 본래 그대를 해치려는 사람이 아니오. 이제 다시 온 것은 이 일을 전하고자 할 따름이오."

맹학사는 재삼 손을 잡으며 울기를 그치지 않았다. 나는, '예, 예.'하고 대답만 할 뿐이었다.

옆의 사람이 가위눌렸다고 하면서 급히 부르는 바람에 놀라 깨어났다. 시간이 얼마나 되었냐고 물으니, 그때 동쪽이 밝아 온다고 하였다.

나는 너무나 놀라 어떻게 말을 할 수가 없었다. 그러나 한편 괴기스러워, 즉시 동생에게 책 상자 속에 있는 《남화경》을 가져오게 하여 〈경상초편〉을 살펴보았다. 책머리에 과연 병오년 10월의 꿈을 기록해 놓은 것이 있었는데, 그 내용은 이러하였다.

내가 일찍이 〈경상초편〉을 읽고서 다만 경상초가 노자의 제자인 것만 알았지, 어디 출신인지는 알지 못하였다.

이 달 18일날 깎은 듯이 헌칠하게 생긴 신선 같은 사람이 꿈에 나타나 이런 말을 하였다.

"그대는 모르는구나. 내가 마땅히 알려주리라. 이른바 경상초의 출신은 부모 친척을 버리고 홀로 사는 쓸쓸한 마을이라네."

내가 곧 두 번 절하고 의심을 풀지 않으니, 그 사람은 스스로 맹도사라고 하면서 대지팡이로 내 다리를 후려쳤다. 내가 깜짝 놀라 일어나 보니 참으로 일장춘몽이었다. 아아, 참으로 기이하도다.

책을 열어보고 나도 모르게 모골이 송연하여, 비로소 신인이 앞서 알려주었음을 알았다.

슬프다! 세대가 7백여년이나 떨어진 과거의 시인이 무슨 답답하고 울적한 회포가 있어, 앞 시대 사람들에게는 전하지 않고, 후대의 나에게만 전한 것은 어째서일까? 이승과 저승이 서로 감응하는 것은 그럴 수도 있는 일이다. 아니면 혹은 때를 기다려서 말하고자 했던 것일까?

지난번에 사흘 밤을 함께 다닐 때에는 내게 끝내 일언반구도 없다가, 오늘밤에 이르러 마치 평소부터 친했던 사람처럼 다 털어놓는 것은 어째서일까?

병오년 어느 날 밤에는 맹도사라고 칭하고, 지금은 매학도인 맹시라고 말하였으니, 어찌 그리 전후가 귀신같이 부합되는가.

여구공과 채희, 두 신은 어디서 왔는지 알 수도 없이 북악산에 있단 말인가.

취비의 일은 알정에서 태어난 용녀와 같은데, 알정에 관한 일은 역사책에 나타나 있고, 취비에 관한 일만 후세에 알려지지 않은 것은 무엇 때문일까?

학사나 종정 등의 벼슬 이름이 신라시대에 과연 있었는가. 김인이라는 사람은 과연 유신의 몇 대 손인가? 아마도 이러한 일은 문정공 왕단의 후손에 왕륜과 같이 못난 후손이 있고, 충헌공 한기의 후손에 한탁주와 같은 망나니가 있는 것과 어찌 다르리요. 아주 근심스러운 일이다.

경순왕 재위 8년에 이르러 고려에 항복한 것은 우리 역사에 자세히 기록되어 있다. 그 당시 영토를 떼어 원병을 청하는 일은 나라의 큰일이다. 나라의 위기를 맞아 만약 맹공이 사신의 임무를 마치고 돌아오는 도중에 죽었다면, 마땅히 역사에 기록이 남아 있어야 할텐데 조금도 보이지 않으니 어찌된 것인가? 이로써 보면 지난날의 역사를 충분히 찾지 못한 것인가?

아아, 괴력난신은 공자께서 경계하신 바다. 그런데 원통함이 응결하여 꿈을 빌어 이야기를 전한 이상한 일이 또한 많이 있다. 간보의 《수신기》와 우승유의 《유괴록》도 대개 그러한 일에서 나온 것이리라.

이제 맹공의 말이 정녕 이와 같다면, 이승과 저승이 다르더라도 부탁을 저버릴 수가 없다. 남을 시켜 적게 해서라도 여러 사람에게 전해야 한다. 학식이 높은 군자들은 행여 비웃지 마시라.

평하건대, 신공이 과연 신이고 최생이 과연 신선이라면, 마땅히 스스로 헤아려 신선이 되어야 할텐데 어찌하여 선녀를 꾀어 아내로 맞이하려다가 마침내 허망하게 되었는가? 간악한 귀신이 도깨비가 되어 사람을 희롱하고 속인다는 택당의 견해는 옳은 것이다.

맹공이 성생을 끌고 두루 숲속으로 다니다가 낮에는 숨고 밤에 나타난 자취는 분명한 것인가? 귀신인가, 여우인가? 그가 지은 시에 창암댁이니 자갈루니 하는 것이 바위로 집을 삼고 누대를 삼은 것이니, 여우에게 홀린 것이 아니라면 무엇인가? 오슬이니 단로니 하는 것도 모두 이와 같은 것이다.

이는 분명 천년 묵은 여우가 신으로 화하여 신라시대 학사를 칭하면서 세상의 이야기를 전하려고 하는 것이니 더욱 기이하다. 참으로 그런 사람이 실제로 없었다면 이름과 모습을 빌어 이런 짓을 하였겠는가? 이는 모두 크게 요사스러운 마귀로 세상에서 만날 수 없는 것인데, 최생과 성생만이 그것을 만났으니 또한 괴이하도다.

제35화 마귀가 된 할미

죽전방에 어떤 선비의 집이 있었는데 선비는 나가 있고, 그의
아내만이 혼자 살고 있었다.

하루는 어떤 할미가 문 앞을 지나다가 찾아와 구걸을 하였다.
모습이 마치 늙은 비구니 같았다. 나이는 비록 많았으나 생김새는
그다지 쇠약해 보이지 않았다. 선비의 아내가 불러 물었다.

"바느질을 할 수 있소?"

"할 수 있다우."

"만약 여기 머물면서 일을 거들어 주면, 내가 마땅히 아침과 저
녁을 주어 구걸하지 않아도 될텐데, 그렇게 할 수 있겠소?"

"그러면 아주 다행입니다. 어찌 감히 명을 따르지 않겠습니까?"

선비의 아내가 기뻐하면서 그 할미를 머물게 하고, 그 할미더러
솜을 타고 실을 잣고 실을 감는 등 여러 가지 일을 하게 하였다.

그 할미가 하루 동안에 하는 일이 능히 7, 8명이 하는 일을 감
당하면서도 여유가 있어 보였다. 선비의 아내가 매우 기뻐하며 음
식을 풍성히 차려 주었다.

6, 7일이 지나자 대접이 점점 소홀해져서 처음과 같지 않게 되
자, 할미는 노한 표정을 지었다.

하루는 발끈해서 말하였다.

"나만 혼자 있을 수 없으니, 우리 영감을 데려오겠소."

그리고는 즉시 일어나 나갔다.

잠시 후에 영감과 함께 왔다. 영감의 거동과 모습은 이른바 거사와 같았다.

집 안에 들어와서는 곧 벽 위에 있는 감실을 비우게 하고, 두 영감과 할미가 문득 그 안으로 들어가 있더니 곧 모습을 감춘 채 꾸짖는 소리만이 들렸다.

"음식을 극히 풍성하게 차려 내라. 만약 조금이라도 거슬리면 집안에 어린아이들부터 차례로 갑자기 죽을 게다."

친척들이 그 이야기를 듣고 가보았다. 그 집에 들어간 사람은 모두 곧 병들어 죽으니 누구도 감히 엿보지 못하였다.

겨우 열흘이 지나자 종들이 모조리 죽고, 선비의 아내만 남아 있었다. 이웃에서 그 집을 바라보고 연기가 나는 것으로 그녀가 살아 있음을 알았다.

5, 6일이 지나자, 연기가 나지 않았다. 그녀가 죽었는데도 끝내 감히 들어가는 사람이 없었다.

제36화 잔칫자리에 나타난 두억시니

어느 양반집에 경사스러운 일이 있어서 크게 잔치를 벌였다. 한 집안이 모두 모이니 친척들의 수가 매우 많았다.

안방마루에 친 발 밖에 홀연히 더벅머리 아이 하나가 나타나 서 있는데, 그 모습이 매우 사나워 보였다. 나이는 열대여섯 살쯤 되어 보였다.

그 집주인과 손님들은 서로 다른 사람이 데려온 종이라고 여겨 묻지 않았다. 그 아이가 안으로 가까이 오자, 그 자리에 있던 여자 손님 하나가 계집종을 시켜 그 아이를 꾸짖어 내보내게 하였다. 그러나 그 아이는 조금도 움직이지 않았다. 계집종이 물었다.

"너는 뉘 집 종이기에 감히 안방마루 가까운 곳에 서 있으며, 안에서 즉시 나가라고 하는데도 어찌 감히 나가지 않느냐?"

그 아이는 묵묵히 아무 말이 없었다. 모두 괴이하게 여겨 비로소 서로 물어보았다.

"이게 뉘 집 종이오?"

그러나 주인이나 손님들이나 다같이 모른다고 하였다. 다시 사람을 시켜 물었으나 그 아이는 여전히 말을 하지 않았다.

여자 손님들이 모두 노하여 팔을 내저으며 나가게 하였다. 몇 사람이 처음에는 그 아이를 잡아끌었으나, 마치 왕개미가 돌을 미

는 것처럼 끄덕도 하지 않았다. 모두들 더욱 노하였다. 사랑채에
말하여 그 아이를 끌어내도록 하였다.

　사랑채에 있던 모든 손님들이 그 말을 듣고, 종 몇 사람을 시켜
잡아내게 하였으나 그 아이를 조금도 움직일 수가 없었다.

　사람들이 다투어 물었다.

　"너는 어떻게 생겨먹은 아이기에 끝내 말 한 마디도 하지 않
느냐?"

　모두들 더욱 놀라고 화가 나서 장정 수십 명을 시켜 그 아이를
굵은 밧줄로 묶어 끌어내었으나, 마치 태산을 움직이는 듯 털끝만
큼도 움직이지 않았다. 사람의 힘으로 움직일 수 있는 바가 아니
었다.

　어느 손님 하나가 말하였다.

　"저것도 사람일텐데 어찌 움직이지 않을 리가 있겠소?"

　다시 힘이 센 무인 5, 6명을 시켜 함께 큰 몽둥이로 때리게 하
였다. 힘을 다하여 내리치니, 그 세력은 마치 눌려 죽일 것 같았
고, 소리는 벽력과 같았으나 여전히 조금도 움직이지 않고 눈 하
나 꿈쩍하지 않았다.

　그제야 모두들 크게 놀라고 두려워하며 그 아이가 사람이 아님
을 알게 되었다. 다함께 뜰에 내려가 그 아이 앞에 무릎을 꿇고
절하며 손을 모아 비니, 그 애절하고 간절함이 지극하였다.

　한참 뒤에 그 아이는 갑자기 빙긋이 비웃음을 띄우고는 나갔다.
문을 나가자마자 보이지 않았다. 모두들 더욱 놀라고 두려워 떨면
서 잔치를 파하고 흩어져 돌아갔다.

　다음날부터 그 집과 잔치에 참가했던 사람들 집에 무서운 전염
병이 크게 번졌다. 그 아이를 꾸짖고 욕했던 사람, 끌어내라고 했
던 사람, 때리라고 했던 사람, 무사와 노복 등 하수인들은 며칠이

되지 않아 먼저 죽었는데, 그 머리가 온통 깨졌다. 잔치에 갔던 사람들도 모두 죽어 한 사람도 살아남지 못하였다.

세상에서 그 아이를 두억시니라고 부르나 어디에 근거하는 것인가를 알 수 없다.

평하건대, 이득을 보려다가 화가 되는 수가 많다. 선비의 아내가 바느질과 같은 조그마한 이익을 탐하지 않았다면, 어찌 모두 다 죽고 집안의 파멸을 자초하는 데 이르렀겠는가? 경전에 이르기를, '스스로 불러들인 재앙은 피할 수 없다.'고 하였으니, 선비의 아내가 그런 경우이다.

집안이 망하려면 반드시 재앙이 있는 법이다. 그래서 한 집안의 모임에 두억시니가 들었는데도 공경하는 체하면서 멀리하지 못하고, 도리어 꾸짖어 끌어내고 때리고 함으로써 화를 더욱 돋구었으니 비록 면하고자 하나 면할 수 있겠는가?

비록 그렇다 하더라도 사람과 귀신이 마구 섞인 것은 태평시대의 일이 아니다. 돌이켜 보건대, 어찌 남정중을 거기에 속하게 할 수 있겠는가?

제37화 흉가에서 귀신에게 혼이 난 이수재

서울에 이창이라는 선비가 살았다. 일찍이 사람들에게 이런 이야기를 하였다.

그는 가난하여 집이 없으므로 매번 집을 세로 얻고 더부살이하는 것으로 일을 삼았다. 만약 집을 얻지 못하여 급해지면 흉가라고 알려진 집이라도 들어가지 않을 수 없었다.

하루는 그가 집을 얻지 못하고 있었는데, 남산 아래 외딴 곳인 묵사동(먹절골)에 집이 한 채 있다는 말을 들었다. 사람들이 전하는 말에, 그 집이 흉가여서 사람이 살지 않고 폐가가 된 지 오래되었다고 하였다.

이창이 장차 그곳에 들어가 살려고 먼저 흉가인가 아닌가를 시험해 보고자 하였다. 그의 형인 이휴·이하와 이창이 친구와 친척 대여섯 사람과 함께 그 집에 가서 청소를 하고는 잤다.

그 집에는 다락이 한 칸 있었는데, 매우 단단하게 닫혀 있었다. 문틈으로 들여다보니, 그 안에 있는 의자 위에 신주와 관 하나를 모셔 놓았다. 또 줄이 없는 낡은 거문고 하나와 떨어진 신 한 짝이 있었다. 그리고 가늘게 깎은, 오래된 나무토막 몇 개가 삭은 채있었다. 그밖의 다른 물건은 없고, 먼지가 쌓여 몇 년이 되었는지알 수 없었다.

그날 밤 그들은 간단히 술과 안주를 차려놓고 모여 앉아 종정도 놀이를 하며 밤을 보낼 계획이었다.

한밤중에 갑자기 거문고 소리가 다락 위에서 들렸다. 또 여러 사람이 즐겁게 놀며 떠드는 소리가 들렸으나, 또렷하지 않아 귀를 기울여 들어도 알아들을 수가 없었다. 잔치를 벌이고 있는 것 같이 소리가 매우 시끌벅적하였다.

이창 등이 서로 의논하여 그 중 한 사람이 칼로 다락 창문을 뚫고 휘두르자 다락 안에서도 칼로 창문을 뚫고 밖을 향해 휘둘렀다. 그 칼날이 시퍼래서 사람들이 두려워 그만두었다. 다락에서 나는 거문고 소리와 즐겁게 떠드는 소리가 새벽이 되어서야 그쳤다. 이창 등은 날이 밝자 흩어져 돌아가서 다시는 그 집에 감히 들어가지 못하였다.

남부 부동에 또 다른 흉가가 하나 있다고 하였는데, 이창의 가세가 또 급박하게 되어 그곳에 들어갈 계획을 세웠다. 그의 형제들이 다시 친구들을 모아 먼저 그 집에 들어가 모여 잤다.

그 집에 들어가 보니, 붉고 검은 개 두 마리가 마루 위의 양 모퉁이에 마주 누워 있었다. 개의 눈이 모두 붉은 것이 미친개인 듯하였다. 꾸짖어도 움직이지 않고 쫓아도 일어나지 않았다. 사람을 보고도 짖지 않고 물지도 않았다.

밤이 깊어지자, 두 마리의 개가 마루에서 뜰로 내려와 공중을 향해 짖으면서 매우 흉측하게 이리저리 펄쩍펄쩍 뛰어다녔다. 홀연히 관복을 입은 장부 하나가 집 뒤에서 나왔다. 개 두 마리가 기뻐서 맞이하여 앞서거니 뒤서거니 하였다. 그 장부는 마루에 올라 마루턱에 걸터앉았다. 또 잡귀 대여섯이 마루 밑에서 나와 그의 앞에서 배알하였다.

그 장부는 잡귀와 괴상한 개들을 데리고 그 십을 두어 차례 둘러보았다. 혹은 마루에 앉았다가 혹은 뜰에 내려 거닐더니 한참 뒤에 가버렸다. 잡귀들은 도로 마루 밑으로 들어가고, 개들도 다시 마루에 올라 양 모퉁이에 마주 누웠다. 방안에 모여 자던 사람들이 모두 그 광경을 목격하였다.

다음날, 그들이 마루 위에서 마루 판자 틈으로 그 밑을 들여다보니, 깨진 키와 몽당비 두어 개가 있었다. 또 집 뒤로 가서 보니, 몽당비가 굴뚝 안에 또 하나 있었다. 종들에게 명하여 그것들을 모조리 꺼내 불태워 버렸다. 두 마리의 개는 온종일 누워 있는 곳에서 떠나지 않고 또한 아무것도 먹지 않았다. 모두들 개를 죽이려고 하였으나 그 흉측하고 사나운 모양을 보고는 감히 죽이지 못하였다.

그날 밤 다시 숨을 죽이고 살펴보니, 밤이 깊어지자 두 마리의 개가 전처럼 뜰에 내려가 공중을 향해 짖었다. 그 관복을 입은 사람도 집 뒤에서 나오고 잡귀들도 나와 그 집을 둘러보더니 한참 뒤에 흩어져 각기 자기의 자리로 돌아갔다. 전날과 털끝만큼도 다르지 않아, 모두들 크게 놀라며 괴이하게 여겼다. 다음날 드디어 그 집을 버리고 달아났다.

손님 가운데 이창의 이야기를 들은 사람들이 그의 형 이휴와 이하에게 확인해 보니, 두 사람 모두 정말 그런 일이 있었다고 하였다.

또 어떤 사람이 이런 이야기를 하였다.

어떤 선비 하나가 집이 없어서 묵사동에 있는 흉가에 들어가 살게 되었다. 다락 위에 있는 물건들이 변을 일으킨다고 하면서, 잠가 놓은 다락을 열고 창을 헐어 버렸다. 그리고는 신주와 관, 줄 없는 거문고, 떨어진 신, 깎은 나무토막 등을 꺼내서 뜰에다 모아 놓고 불을 붙였다. 불길이 오르자, 갑자기 계집종 하나가 땅에 쓰러져 아홉 구멍에서 피를 토하며 죽었다. 그 선비가 크게 놀라 급히 불을 끄고 도로 다락 위에 가져다 놓았다. 그리고는 그 길로 그집을 떠났다.

그 뒤에 또 어떤 집 없는 사람이 그 집에 들어가 살게 되었다.

밤에 푸른 치마를 입은 여자 귀신이 다락에서 내려와 방안에서 괴변을 일으켰다. 그 사람도 그집을 버리고 떠났다. 그 뒤로는 다시 그집에 들어가는 사람이 없었다.

그 후에 다시 전하기를, 남소문동에 사는 종들과 나무꾼 10여 명이 패거리가 되어 새벽에 길을 나서 묵사동 흉가에 들어갔더니, 머리가 하얀 노파 하나가 뒤뜰의 소나무 사이에 앉아 울고 있었다. 사람들은 그것이 요귀임을 알았다. 종 한 사람이 낫을 들고 다가가 갑자기 내려찍으니, 그 할미가 집 안으로 달아났다. 할미는 키가 겨우 한 자 정도였는데, 힘은 남보다 월등히 셌다.

제38화 흥가에 들어 마귀를 만난 최첨사

나는 병신년에 액운을 만나 의금부에서 취조를 받게 되었다. 무인인 최원서도 소강진의 첨절제사로서 그 일에 연좌되어 취조를 받고 갇혀 있는 중이었다. 자주 그와 함께 이야기를 나누며 소일하였다.

하루는 화제가 귀신과 도깨비 이야기에 미쳤다. 최원서가 스스로 말하기를, 일찍이 소년 시절에 마귀를 직접 만나서 거의 죽을 뻔하다가 겨우 살았는데 참으로 이상한 일이라고 하였다. 내가 자세히 물으니 최원서가 상세히 말해 주었다.

"내가 서울에 있을 때 본래 집이 없었소. 마침 부동에 빈 집 하나가 있다는 말을 듣고 빌려서 살게 되었소. 아버님은 식구들을 데리고 안채에 들어가 사시고 나는 혼자 사랑채에 거처하였다오.

하루는 밤이 깊었는데 자려고 해도 잠이 오지 않았소. 갑자기 어떤 여자 하나가 문을 열고 들어와 등잔불 앞에 서는 것이었소. 자세히 살펴보니 곧 양반집 종이었는데, 일찍이 그녀와 더불어 몇 차례 만난 적이 있었소. 그녀의 자태와 얼굴이 아름다워 한 번 정을 통하고 싶었으나 그럴 기회가 없어 항상 마음속에 잊혀지지 않던 사람이었소. 밤에 스스로 이르러 뜻밖에 나타나니 놀랍고 기쁜 마음을 이길 수 없었소.

그녀를 가까이 오라고 불렀으나 묵묵히 대답이 없어서 내가 일어나 손을 펼쳐 잡으려고 하니, 그녀는 곧 뒷걸음 쳐서 물러나 내 손이 자기에게 닿지 않도록 하였소. 내가 급히 다가갔으나 그녀의 뒷걸음질이 매우 빨라서 끝내 잡을 수 없었소. 문턱에 이르러 그녀가 뒷발로 문을 밀어 열고 나가므로 내가 뒤따라 나가보니 문득 보이지 않았소. 사방으로 찾아보았으나 간 곳이 없었소. 내 생각에 '이 여자가 피하여 숨으려 하는구나.'하고는 그다지 의심하지 않았지요.

다음날 밤이 되자, 그녀가 다시 와서 등잔 앞에 서니 아름답기가 여전하였소. 내가 또 일어나서 붙잡으려고 하니, 그녀는 즉시 뒷걸음쳐서 물러가더니 문을 나서서는 보이지 않았소. 찾아보았으나 찾을 수 없는 것이 전날과 마찬가지였소이다. 마음속으로 매우 탄식하며 의아하게 여겼으나 끝내 그녀가 귀신이 된 것을 알지 못했었소.

며칠 뒤에 다시 밤이 깊어 혼자 누워 있는데 문득 천장의 반자 안에서 벌떡벌떡하는 소리가 들렸소. 마치 자리가 떨리고 종이를 펄럭거리는 소리 같았으나 매우 사납게 우당탕거렸소.

조금 있더니 반자로부터 털로 된 휘장 하나가 내려왔는데, 그 빛이 푸르고 고왔소이다. 그것이 방 한 가운데를 가로막더군요. 그러더니 곧 숯불이 방에 가득 차서 불길이 활활 타오르니, 열기가 찌는 듯 지지는 듯 하였소. 다만 누워 있는 자리 외에는 온 방이 모두 불이어서 피하여 나갈 길이 없었소. 무서워서 타는 것을 피하려 했는데, 무섭고 떨려서 거의 죽을 것 같았소.

새벽닭이 처음 울자 반자 위에서 나던 벌떡거리는 소리가 비로소 멈추었소. 푸른 휘장이 도로 걷히고 방에 가득한 숯불이 일시에 저절로 꺼졌소. 마치 비로 쓸어간 듯이 털끝만큼도 흔적이 없었소.

다음날 밤에 또 방에 혼자 누워서 옷을 벗고 미처 잠자리에 들지 않았는데, 갑자기 험악하게 생긴 사내 하나가 문을 열고 들어 왔소. 머리에는 전립을 쓰고 몸에는 푸른빛이 나는 전복을 입은 모습이 마치 관가의 군졸 같았소. 뛰어 들어와 나를 잡더니 끌고 나가려고 하였소. 내가 그때만 해도 젊고 담이 있었으므로 끌려나가지 않으려고 그와 마주 잡고 싸웠소. 그러나 기운의 차이가 현격하여 대적할 수가 없어서 곧 뜰 앞으로 끌려나갔소. 그 사내는 나를 붙잡아 높이 쳐들고 몇 차례 빙빙 돌리더니 뜰 앞의 층계 위에 내던졌소. 나는 즉시 정신을 잃고 땅에 쓰러져 일어날 수가 없었소. 그 사내는 내 앞에서 지키고 서 있었소.

그 집에 정원이 있었는데, 그곳에 담이 있었소. 다시 담 안쪽을 보니 정원에는 10여명의 사내가 모여 서 있었소. 모두 전립을 쓰고 전복을 입고 있는 것이 한결같이 군졸의 모습이었소. 그 사내들이 멀찍이 서서 다 함께 말리더군요.

'그러지 마, 그러지 마.'

나를 끌고 나온 사내가 응답하였소.

'뭐 어때, 뭐 어때?'

그렇게 하지 말라고 말리는 소리가 끊이지 않고, 뭐 어떠냐고 응답하는 소리도 또한 그랬소. 담 안에 서 있는 사람들이 다시 말렸소.

'그는 마땅히 품계가 높은 무관이 될 사람이니 그러지 말게, 그러지 마.'

'그러면 무슨 상관이야?'

그리고는 곧 두 손으로 나를 잡고 공중을 향해 던지니, 허공으로 날아가 남쪽을 향해 갔소. 경기도와 충청도를 지나 호남지방의 한 변두리에 떨어졌소. 허공에 몸을 맡긴 채 날아갈 때에 시나가던 경기·충청·전라도의 여러 고을을 굽어보니 역력히 모두 알 수 있었소. 다시 호남에서 공중을 향해 던지니, 허공에 들어가 북쪽을 향해 날아가다가 처음에 쓰러졌던 그집의 층계 위에 떨어졌소.

다시 정원에 있는 10여명의 사내들이 말리는 소리가 들렸소.

'그러지 마, 그러지 말라니까.'

'뭐 어때, 뭐가 어때서?'

처음과 같은 대답을 하더니, 또 다시 나를 들어올려 허공에 던져 호남에 날아 떨어지고, 또 호남에서 허공에 던져 층계 위에 도로 떨어지는 것이 똑같았소.

비로소 정원 위에 모여 있던 사내 가운데 하나가 와서 나를 잡고 있던 사내를 데리고 가더니, 그곳에 있던 사람들과 함께 모여 서로 한바탕 떠들고 웃고는 흩어져서 다시는 보이지 않았소. 나는 층계 위에 쓰러져서 정신을 잃고 말았소."

다음날 아침에 그의 아버지가 나와 보고 놀라서 부축해 들어가 치료하여 그는 살아날 수 있었다. 그는 마침내 그 집을 버리고 다른 동네로 옮겨갔다. 나중에 들으니, 그 집은 본래 흉가로 불리었다고 한다.

평하건대, 흉가라고 하는 것은 여러 가지 많으나, 귀신이나 도깨비가 있다고 하는 것이 그 하나이다. 만약 행실이 올바른 군자로 하여금 거처하게 하면, 귀신이 반드시 그가 공경함을 보고 스스로 멀리하게 된다. 집에 어찌 흉하고 흉하지 않음이 있겠는가.

이창은 다만 괴이한 일을 당했을 뿐 그 해를 입지 않았는데, 최원서는 처음에 괴이한 일을 당하다가 끝내 피해를 입었으니, 이창은 잠시 거처하였고 최원서는 오래도록 거처한 데서 여기에 이른 것이 아닐까.

내가 듣기로 사람만이 귀신을 두려워하는 것이 아니라, 귀신도 사람을 두려워한다고 하니, 귀신이 두려워하는 사람이 되지 못한 것이 한스럽다. 그런데 최원서나 이창이 당한 경우는 도리어 두려워서 굴복한 모습을 보여주었으니 안타깝다.

제39화 앙갚음을 한 재상가 뱀의 혼령

금천에 상공 하연이 살던 옛 집터가 있다. 하공은 곧 우리나라가 태평하던 시절에 이름난 재상이었다. 금천에 그의 별장이 있어, 하공은 평소에 이 별장에 있을 때가 많았다. 적지않게 큰 집이었다. 하공이 별세한 뒤 그의 자손들이 대대로 살았다.

마을 사람들이 이런 이야기를 전하였다. 하공의 후손이 살 적에 안방 다락에 큰 항아리를 두고 거기에 보릿가루를 담아 놓았었다.

하루는 그집 계집종이 가루를 꺼내 쓰려고 항아리 뚜껑을 열고 보니, 큰 뱀이 항아리 속에 가득히 서려 있고 보릿가루는 보이지 않았다. 계집종이 크게 놀라 쓰러졌다가 급히 달려와 주인에게 알렸다.

그집 주인이 종을 시켜 항아리를 지고 뜰로 내려와서 항아리를 깨고 뱀을 꺼내 보니, 그 길이가 매우 길었고 생김새 또한 별나서 일찍이 보지 못한 것이었다. 두서너 명의 건장한 종들로 하여금 각각 큰 장대를 가지고 마구 두들겨 죽였다.

죽은 뱀 위에 장작을 쌓아놓고 불태우니 더러운 기운이 안개처럼 방에 가득 찼다. 그 기운이 사람에게 닿으면 그 자리에서 죽고 하여 그 집안의 모든 사람들이 늙은이 젊은이 할 것 없이 그 날로 모두 죽었다. 다른 집 사람도 그 집에 들어가면 또한 빈드시 죽었다. 그래서 감히 그집에 들어가는 사람이 없었다. 오래지 않아 그집에서는 절로 불이 나서 깡그리 타버리고 마침내 빈터만 남게 되었다. 지금까지도 흉가터로 전해져서 사람들이 살지 않는다.

제40화 무인의 아들로 태어난 요망한 구렁이

예전에 한 무인이 서울 동쪽 변두리 수구문 안에 살고 있었다. 그는 힘이 센 장사였다.

이른바 수구문이라고 하는 것은 성 밑으로 다섯 개의 출구를 만들어 도성 안의 광통교를 흐르는 큰 냇물을 흘러나가게 하는 것이었는데, 그 출구에 작은 쇠기둥을 줄지어 세워 사람이나 짐승의 출입을 막도록 해놓았다.

하루는 커다란 구렁이 한 마리가 도성 밖으로부터 수구문을 향해 들어오는 것을 그 무인이 보았다. 구렁이의 머리는 이미 쇠기둥 사이로 들어와 있었으나 그 몸뚱이가 커서 미처 뚫고 들어오지 못한 채 걸려 있는 상태였다. 이에 무인이 굵은 화살촉으로 구렁이의 머리통을 꿰뚫으니 곧 죽고 말았다. 무인은 죽은 구렁이를 끌어내어 몽둥이로 두들겨 짓뭉개서 내버렸다.

그 뒤에 오래지 않아 그의 아내가 임신을 하여 사내아이 하나를 낳았다. 그 아이는 어려서부터 제 아버지만 보면 성난 눈초리로 흘겨보며 울부짖곤 하였다. 자라서는 그런 일이 날로 더욱 심해지매, 무인은 마음속으로 괴이쩍고 의심이 들어 그도 아이를 미워하게 되었다.

어느 날, 방안에 다른 사람은 아무도 없고 그 아이만 있었다. 무인이 누워서 낮잠을 자려고 손으로 얼굴을 가리고 있다가 몰래 살펴보니, 아이가 눈을 부릅뜨고 노하여 흘겨보는 것이 분기가 치솟는 듯하였다. 아이는 무인이 이미 잠들었다고 여기고는 손에 칼을 쥐고 점점 가까이 다가와 찌르려고 하였다. 무인이 벌떡 일어나 칼을 빼앗고 그 자리에서 큰 몽둥이로 마구 두들겨 죽여 버렸다. 살이 터지고 뼈가 부서져 거의 묵사발이 되어 있었다. 그런 뒤에 무인은 버려 두고 나가 버렸다. 아이의 어미만이 슬피 울면서 이불로 시신을 덮어 주고 대충 염습을 하려고 하였다.

한참 뒤에 보니 이불이 절로 움직이므로 의아하여 들춰보니, 시체가 구렁이로 화하고 있었는데, 반은 이미 구렁이가 되었고 반은 아직 바뀌지 않은 상태였다. 어미는 크게 놀라 뛰어 나가서는 감히 다시 가까이 가지 못하였다. 무인이 저녁에 돌아와 아내가 놀라서 하는 말을 듣고 손수 이불을 들치고 보니, 아이는 이미 전신이 구렁이로 바뀌어 있었는데 머리 위에 화살촉 흔적이 뚜렷하게 남아 있었다. 이에 즉시 풀어놓아 주며 타이르듯이 말하였다.

"나와 너는 평소에 아무 원수진 일이 없었다. 그런데 내가 우연히 너를 쏘아 죽였으니, 이는 나의 잘못이다. 그러나 네가 복수를 하려고 내 아들로 태어났으니, 이는 참으로 엄청난 변괴였다. 내가 이런 변괴를 만났으니, 네가 원한을 갚는 것도 이미 충족되었을 것이다. 네가 또 내 아들이 되어 나를 죽이려 하였으니, 내가 어찌 다시 너를 죽이지 않을 수 있겠느냐. 네가 또 나를 해치려고 하면, 나는 다시 너를 죽이려고 할 것이다. 이처럼 멈추지 않으면, 그 원한은 그칠 날이 없을 것이다. 네가 이미 원한을 갚고 이제 다시 본래의 모습으로 돌아갔으니, 이제부터는 지난 일을 떨쳐 버리고 서로 잊는 것이 또한 옳지 않겠느냐."

이렇듯 세세히 타이르고 설득을 되풀이하자, 구렁이는 머리를 숙이고 고요히 엎드려서 마치 말을 듣는 듯한 모습이었다.

무인이 문을 열어 주며 말하였다.

"네가 가고 싶은 곳으로 가라."

그러자 구렁이는 문을 나서 뜰에 내려 수구문으로 가서 섬돌기둥 사이로 빠져나가더니 어디론가 사라져 버렸다.

평하건대, 사람은 천지만물 가운데 가장 신령스러운 존재이다. 뱀이나 구렁이는 비록 독충이라고 하나 미물에 지나지 않는다.

뱀과 구렁이는 죽음을 당하고 그 혼령이 능히 변괴를 일으켜 원수를 갚았으나, 사람은 원통하게 죽음을 당하고도 그 혼령이 능히 보복을 하였다는 것은 듣지 못하였다. 가장 영물이라는 사람이 도리어 미물만도 못한 것은 어째서인가?

내가 지금의 세상을 살펴보면, 죄 없이 남에게 죽음을 당하는 사람들이 많다. 그 혼령들은 적막하여 아무것도 갚는 것이 없다. 그래서 지금 하공의 옛집과 무인의 집에서 일어난 뱀과 구렁이의 일로 인하여 남몰래 느끼는 바가 있다.

사물의 이치에 통달한 군자와 더불어 사람의 삶과 죽음에 대하여 토론할 수 없는 것이 한스럽고 슬프도다!

제41화 권생을 시켜 편지를 전한 정원석의 혼령

정원석 공은 곧 수몽선생 정엽의 맏아들이다. 밝고 어진 분의
아들로 어린 나이에 과거에 급제하였다. 그가 만약 평범하게 행동
하고 말았으면 높고 좋은 지위에 올랐을 것이다. 재상의 지위에
앉힌다 하여도 안 될 게 없었다. 그러나 사람됨이 탁월하여 매인
데가 없고 같은 지위에 있는 사람들을 깔보아 뜻에 맞는 사람이
아무도 없었다. 마침내는 세상을 등지고 속세를 벗어났다. 지방 수
령으로 있던 중 벼슬을 버리고 양근 미원에 들어가 은둔하여 한가
롭게 살다가 일생을 마쳤다.

모년 모월에 별세하였는데, 하나밖에 없던 아들은 이미 앞서 죽
었고 하나뿐인 손자는 나이가 어렸다. 정공에게는 가까운 친족이
없었고, 다만 생질인 유방·이여·이 아무개 등 세 사람이 서울에
있다가 부음을 듣고 즉시 모두 미원으로 달려가 빈소를 차리고 돌
아갔다.

빈소를 지킬 사람이 없어서, 시골에 사는 친척인 권박이 홀로
남아 아침 저녁으로 제를 올렸다. 그 해 섣달 초사흗날 밤에 권박
이 꿈을 꾸니, 정공이 마루 위와 뜰 앞에서 서성이며 무엇인가를
읊조리는데 생시와 똑같았다. 무슨 슬픈 일이 있어 상심한 듯한
모습이었다. 정공이 권박을 부르더니 붓을 잡게 하고 부르는 대로

편지를 받아쓰게 하였다. 그리고는 권박으로 하여금 몇 차례나 읽게 하더니 잊지 말고 생질들에게 전해 달라고 하였다. 그 편지의 내용은 이러하다.

'나이는 비록 찼으나 기력이 쇠하지 않아 깅치 백 세이 수를 누리고자 하였노라. 또한 수명을 늘이려 하였으나 흉변이 일어나 급히 떠나게 되었노라. 비로소 세상사와 인간사가 믿기 어려운 것 가운데 하나임을 알았노라. 달이 뜬 뜰에서 학이 우는 소리를 그 누가 들을 수 있으며, 눈 내려 솔빛 푸른 고개에서 그 누가 머뭇거리며 떠나지 못하고 있는가. 용계 한 골짜기가 이미 천고를 이루었도다. 또한 다가올 일이 망극하도다. 손자 아이는 어리고 약하며 종들도 일을 아는 놈이 없구나. 묏자리처럼 중한 것이 없는데도 아직 정하지 못하였고, 매장하는 것만큼 큰 일이 없는데도 누구를 시켜 주선하게 할꼬. 적막한 산중에 참으로 신세가 가련하구나. 원컨대 권박은 모름지기 이 뜻을 전하여 내 생질들에게 알려다오.'

권박이 꿈에서 깨어보니, 꿈속의 일이 생생한지라 즉시 그 편지 내용을 베껴 하인더러 달려가 정공의 생질들에게 알리라고 하였다. 정공의 생질들이 그 편지를 가지고 함께 우리 선친을 찾아와 뵙고 보여주었다.

"권박은 겨우 글자를 알 뿐 한 줄의 글도 지을 줄 모른다는 것을 생각하니, 이 편지는 분명 저희들 외삼촌이 쓴 것입니다."

하고는 서로 크게 경이롭게 여기며 슬퍼 눈물이 흐르는 것을 이기지 못하였다. 정공으로 말하자면 우리 선친께 외종형이 되고, 절친함과 우애가 두터웠기 때문이다. 정공의 생질 세 사람은 모두 미원으로 가서 묏자리를 고르고 날을 받아 장례를 치렀다.

제42화 허적의 꿈에 나타나 편지를 써 달라고
한 원만석의 혼령

재상인 허적이 원주목사로 있는 그의 아우 허질에게 다음과 같
은 편지를 보냈다.

"밤새도록 잠을 자지 못한 것이 오래더니 오늘 새벽에 문득 꿈
을 꾸었네. 꿈에 하인이 원참의가 문밖에 와 있다고 전하더구나.
그를 맞아들여 인사를 나눈 뒤에 찾아온 까닭을 물으니 이런 말
을 하더구나.

'원주에서 선산으로 갔다가 상여를 따라 다시 원주로 왔사온
데, 절박하게 말씀 드릴 일이 있습니다.'

'말씀하고자 하는 것이 무슨 일이오?'

'묘막에 미비한 것이 있고 일꾼들도 모자라 원주목사에게 편
지를 좀 써 주십사 하고 왔습니다.'

'어째 원주목사에게 바로 말하지 않고 내게 와서 청합니까?'

'제 아우들은 본래 원주목사와는 잘 알지 못하는 사이입니다.
제가 일찍이 황해감사 시절에 서로 매우 친한 사이였는지라
직접 말하고자 하지 않은 것은 아니오나 병이 깊고 정신이 흐
려 기억하지 못할 듯합니다. 저는 이 세상 사람이 아닌지라
원주목사를 찾아가면 어찌 놀랄 일이 일어나지 않겠습니까.

대감께서는 비록 병환중에 계시나 반드시 놀라지 않으시리라
생각되옵고, 또한 저희 선친과는 함께 일을 하신 지가 오래이
므로 또한 반드시 주선해 주실 생각을 하시리라 여겨져 이렇
게 감히 찾아 뵙고 아뢰는 것입니다.'

그제야 나는 그가 세상을 버린 지 오래된 것을 깨닫게 되었
네. 내가 그의 손을 잡고 눈물을 흘리니 그가 말하더군.

'한 번 태어나서 한 번 죽는 것은 정해진 이치이옵니다. 무엇
을 슬퍼하겠습니까.'

'이장을 하려는 것은 무슨 까닭이오?'

'저는 뜻밖의 사고로 죽었습니다. 아우들이 놀랍고 괴이함을
이기지 못하며 장례를 치렀습니다. 그러나 일찍이 장사 지낸
자리는 본래 불길한 곳이었습니다. 선친의 혼령도 또한 불안
하게 여기시는 곳이었습니다. 이제 이장을 하게 되면 어찌
다행이 아니겠습니까.'

'사람이 죽고 사는 것은 처음 태어날 때에 타고 나는 것이지
어찌 묏자리의 길흉에 달렸겠소?'

'대감께서는 본래 풍수의 말을 믿지 않으시므로 이런 말씀을
하십니다. 제가 수명을 다하지 못하고 일찍 죽게 된 것은 묏
자리가 나빴기 때문입니다. 사람들은 묏자리를 삼가서 가리지
않을 수 없는 것입니다.'

'장례를 치르는 일꾼들이 아주 많았을 텐데 무슨 까닭으로 부
족하다고 하오?'

'먼 고을에서 굶주리던 백성들이라 차마 일을 독촉할 수가 없
었습니다. 그리고 오지 않은 자들이 많았던 까닭입니다. 대감
께서 일찍이 국가적인 공사를 감독하실 때에 대감께서는 일
을 마치셨으나 다른 사람이 맡은 일은 끝내지 못하였습니다.

그래서 낭청인 성공으로 하여금 세 곳의 집을 바꾸어 짓게 하여 예순다섯 칸에 이르렀습니다. 원주목사 또한 이러한 생각을 가지고 있을 것인 즉 다른 고을의 일은 또한 마땅히 대행을 시킬 것입니다.'

'그러면 지금 편지를 원공이 가지고 가겠소? 아니면 여기서 곧바로 전할까요?'

'제가 비록 편지를 받아도 감히 원주목사를 찾아뵐 수 없습니다. 앞서 말씀드린 대로 어떻게 전할 수 있겠습니까? 여기서 바로 보내주시면 다행이겠습니다.'

'그런데 어째서 소복을 입었소?'

'이장을 함에 예법대로 옷을 입은 것입니다.'

'당신의 아우들이야 마땅히 상복을 갖추어 입어야겠지만, 당신은 이미 산 사람과는 다른데 상복을 입은 것은 마땅치 않으리라 생각되오.'

'저 또한 그러한 예법을 모르는 바는 아닙니다만, 이미 선친의 혼령을 옮겨 모셨으므로 비록 구천지하에 있는 몸이오나 마음에 두렵고 근심스러운 바가 있어 어쩔 수 없이 상례(常禮)에 벗어나게 되었습니다.'

말을 마치고 원참의는 머뭇머뭇 일어나 물러가려고 하므로 내가 다시 그의 손을 잡고 말하였지.

'잠시 더 머물면서 담배라도 피우고 가는 게 어떻겠소?'

'제 힘으로는 담뱃대를 들 수가 없습니다.'

그 말을 듣고 내가 농담을 하였지.

'원공이 비록 덕이 높은 선비라고 해도 어찌 담뱃대 하나를 들 수 없단 말이오? 이는 이른바 새털 하나도 들 수 없다는 말이로군요.'

'사람의 혼백은 다만 기운을 빨아들일 뿐, 일을 할 수는 없습니다. 담뱃대를 잡고 담배를 피우는 것 또한 일을 하는 것이므로 할 수가 없는 것입니다.'

'원공의 말과 같다면 사람의 혼백이 능히 침범하여 어지럽히고 변을 일으키는 것은 무슨 까닭이오?'

'그것은 귀신이 하는 짓이지 사람의 신령이 하는 짓은 아닙니다.'

'저승이라는 곳이 과연 있는지요?'

'인간 세상과 다를 게 없습니다.'

'원공도 그곳에서 직위가 있는지요?'

'인간 세상에 있을 때 직위가 없던 사람이 저승에 와서 직위를 얻은 경우가 있습니다. 인간 세상에 있을 때에 벼슬이 낮았으나 저승에 와서 높은 벼슬을 하는 경우도 있지요. 인간 세상에서 직위가 있던 사람으로 그 직위를 얻지 못한 경우는 없습니다. 저만 예외일 수가 있겠습니까?'

'그렇다면 대감의 존귀함이 또한 인간 세상에 있을 때와 똑같겠군요.'

'다름이 없습니다.'

내가 인간과 귀신의 이치에 대해 자세히 물으려고 하니, 원참의가 웃으며 이렇게 말하더군.

'대감께서도 나중에 당연히 아시게 될 일을 물어 무엇하시겠습니까?'

내가 얼마나 살겠느냐고 물으려고 할 즈음에 문득 놀라 꿈에서 깨어났네. 그의 차림은 베옷과 베로 만든 띠, 그리고 검은 베로 된 갓을 썼더군. 얼굴 모습과 목소리가 내 눈과 귀에 장엄하게 남아 있다네. 내가 꾼 꿈의 조짐이 본래 허망하지는 않았으나 이번 꿈은 이렇듯 역력하였네. 혹 신이라고 하는 것이 과연 있는 것일까 없는 것일까? 꿈을 깨고 나서 놀랍고 의아함을 이길 수 없고, 또한 허망함도 이길 수 없었네. 장례를 치르는 모든 일에 반드시 미진한 폐단이 없어야 하는데, 오히려 이와 같은 일이 일어난 것은 무엇 때문일까. 이는 범상한 꿈이 아닐세.

그래서 이렇듯 꿈속에서 주고받은 말을 자세히 알리는 것일세. 자네는 모름지기 미비하였던 일이 무엇인가를 탐지하여 하나하나 시행하되 원참의가 찾아와서 말한 뜻을 저버리지 않도록 하는 게 어떤가? 원참의도 이미 말하였다시피 원주로부터 선산으로 갔다가 상여를 따라 왔다고 이르더군. 그렇다면 원참의의 장지가 어디란 말인가? 만약 원주에 장사를 지냈다고 한다면 더욱 기이한 일일세. 그를 장사 지낸 곳을 나중에 회답하는 편에 내게 알려주는 것이 어떻겠는가?"

이 편지가 매우 기이한 까닭에 베껴서 전하는 사람이 있었다. 원참의는 곧 원만석으로, 재상을 지낸 원두표의 아들이다. 장성해서 과거에 급제하여 참의 벼슬을 지냈다. 그의 아우가 곧 원만리와 원만춘이다. 원두표를 처음에는 아무 곳에 장례를 지냈다가 아무 해에 원주에 이장하였다. 그 당시는 만석이 죽은 지 오래되었을 때였고, 그의 장지는 이미 원주에 있었다고 한다.

평하건대, 정공과 원참의의 일은 믿을 만한 것이요, 망령된 일이 아니다.

사람이 죽으면 그 혼령이 모두 저승으로 돌아가 아득하여 다시 그 모습을 보거나 그 목소리를 들을 수 없다. 이것은 상리(常理)이다.

그런데 정공과 원참의만은 능히 남의 꿈에 나타나 편지를 쓰거
나 부탁하기도 한 것이 완연히 이승 사람과 같았으니 이는 상리가
아니다. 그것은 얼마나 기이한가!

예로써 장례를 치르는 것은 중요하다. 살아있는 사람에게 있어
서 그것은 참으로 중요한 것이다. 이제 신도(神道)가 중차대함을
또다시 이 이야기를 통해 알 수 있다. 아아, 가히 삼가지 않을 수
가 있겠는가!

제43화 정녀 부인에게 앙갚음을 당한 권필

석주 권필이 어렸을 때 일찍이 백악산에 놀러 간 일이 있었다. 산 정상에 사당이 하나 있었는데, 세상에서 이른바 정녀 부인 묘라고 하는 것이었다. 사당 안에 영정을 모셔놓고, 기도하는 사람들이 줄지어 찾아왔다. 석주가 그 광경을 보고 분연히 말하였다.

"저것이 어떤 여자이기에 이렇듯 괴이하고 황당무계한가. 천지의 귀신이 삼엄하게 늘어서 있는데, 어찌 너 같은 여자 귀신이 청명한 세상에서 제멋대로 위엄을 짓고 복을 준단 말이냐?"

석주는 곧 그 영정을 찢어 버리고 돌아왔다.

그날 저녁에 석주가 꿈을 꾸었는데, 흰 저고리에 푸른 치마를 입은 어떤 부인 하나가 화난 얼굴로 앞에 나타나서 말하였다.

"이 몸은 천제의 딸이다. 천제를 모시는 국사에게 시집을 가서 정녀 부인이라는 호를 내려 받았다. 고려의 운이 이미 다해서 하늘이 이씨를 돕게 되자 나의 영정을 한양으로 옮겨갔다. 천제께서는 국사로 하여금 목멱산에 강림하여 동쪽 땅을 지키게 하였다. 이 몸이 국사를 그리워하여 마지않으니, 천제께서 그 뜻을 가련히 여기사 백악산에 강림하여 목멱산과 마주 대하는 것을 허락하셨다. 이 몸이 이 땅에 산 지 3백 년이나 되었는데 마침내는 너같이 어린것에게 능멸을 당하였으니, 내 장차 천제께 고

하여 수십 년 뒤에 마땅히 네게 위태로움을 돌려주리라."

그 뒤에 석주는 끝내 시로 인한 화를 입어 붙잡혀 들어가 고문을 당하다가 마침내 북쪽 변방의 석차성 동쪽 객관으로 유배를 가게 되었다.

그날 부인이 석주의 베갯머리에 다시 나타났으니, 그때는 곧 예전에 부인이 나타났던 저녁 무렵이었다. 부인은 석주의 귀에 대고 이렇게 말하는 것이었다.

"그대는 나를 알겠는가? 나는 곧 정녀 부인이니라. 오늘 내가 한 번 앙갚음을 할 수 있겠구나."

그날 저녁 석주는 마침내 죽고 말았다.

이 이야기는 내가 어릴 때 이웃 노인들에게 들은 것이다. 노인들은 굳이 망령된 말이 아니라고 하였으니, 아아 기이하도다!

제44화 김유신의 신령에게 화를 입은 경주 서생

서악서원은 경주부 서악산 아래에 있었다. 신라의 홍유후인 설총, 개국공인 김유신, 문창후인 최치원을 제사지내는 곳이었다.

천계 연간에 경주부 유생들이 선비들을 불러 회의를 하였다. 이름이 전해지지 않은 어느 서생 하나가 서원 회의에서 말을 꺼내었다.

"동방에는 오래도록 경학이 없다가 홍유후가 우리말로 아홉 경전을 풀이하자 비로소 이곳 사람들이 성인의 경전이 있음을 알게 되었소. 홍유후는 실로 동방 경학의 비조인 셈이오.

문창후는 문장으로 중국에 크게 알려져, 후세에 우리나라 사람으로 글을 짓는 사람들은 누구나 문창후를 본으로 삼고 있소. 이로써 보면 우리 문단에 위대한 공을 세운 것이오.

전 왕조(고려) 때부터 문묘에 이들을 제향하여 그 덕을 높이고 그 은혜에 보답코자 하는 행사가 오래도록 이어져 왔소. 이제 이 두 분 선현만은 서원이나 향교에서 제사를 지내는 데 별다른 이의가 없소.

그러나 김유신에 이르면, 그는 곧 신라시대의 무장이오. 비록 그가 세운 공이 볼 만하다 할지라도 우리 선비들에게 남겨 준 것이 아무것도 없소. 그러니 두 분 선현과 함께 서원에서 제사를 지낸다는 것은 분명히 옳지 못하오. 이제 그의 제사를 폐한 뒤에 바야흐로 위에 알리는 것이 좋을 듯하오."

여러 사람들의 의견이 분분하여 결정을 짓지 못하였다.

그날 밤 그 서생이 시원의 재실에서 설핏 잠이 들었는데, 갑자기 꾸짖는 소리가 멀리서부터 가까워지므로 보니, 어떤 장군 한 사람이 갑옷을 입고 칼을 찬 채 서원 문으로 들어와 당상에 자리를 하는 것이었다. 창과 군기가 뜰 양쪽으로 삼엄하게 늘어서 있는데, 그 거동과 형상이 매우 엄숙하였다.

잠시 후에 당상으로부터 전하는 말소리가 들리는 듯하더니, 만 명 가까운 사람이 그 소리에 응답하는 것이었다. 문득 무사 둘이 몽둥이를 들고 재실에 이르러 서생의 머리칼을 쥐어잡고 뜰 가운데로 끌어다 놓았다. 장군이 그를 문초하였다.

"너는 이 고장에서 태어나 자랐으니, 개국공이 어떤 사람인가를 평소에 들었을 것이다. 네가 유생이라고 일컫는데, 유생들이 귀하게 여기는 바가 충과 효, 두 가지 일이 아니더냐?

내가 철이 들 무렵에 적들이 침략해 와서 나라가 어지러워지고 나라의 종묘와 사직이 장차 위태로워지매, 날아오는 화살과 돌을 몸소 무릅쓰고 죽음을 무릅쓴 것이 한두 번이 아니었다. 마침내 고구려와 백제를 평정하여 미약하던 신라의 군사력을 강하게 만들었다. 비록 당나라 천자가 위엄이 있다 하나 감히 우리에게 대적하지 못하게 하였다. 그러고도 나는 이것을 공으로 생각하지 않았으니, 이것은 충(忠)에 해당할 것이다.

우리 집안이 대대로 신라에 큰 공훈을 세웠고, 나도 선조님들의 가르침을 받들어 시종일관 어기지 않았다. 김씨의 이름이 세상에 크게 드러나게 하여, 그 영광이 부모님께 돌아가도록 하였다. 이는 효(孝)에 해당할 것이다.

그런데 너는 나를 무장이라고 지목하였다. 무릇 군사를 부리는 것은 공자님이라도 면할 수 없는 것이다. 난들 그 일이 즐거워서 했겠느냐? 그렇게 하지 않으면 임금과 어버이를 어려움 속에서 구할 수 없는 까닭이었다. 이는 바꾸어 말하면 그들이 침략해 온 것을 이용한 것이었다. 무릇 내가 성취한 바는 하나하나가 모두 충효로부터 시작된 것이니 세상의 풍속을 교화하는 데 도움이 될 것이다. 어찌 붓이나 놀리고 먹이나 희롱하며 진부한 말을 엮어대는 자들과 견줄 것인가!

한유도 말하지 않았던가, 옛날에는 시골 선생을 향사에서 제사지낼 수 있었다고. 나야말로 이 고을의 선생이요, 오늘날 서원이라고 하는 것은 곧 예전의 향사임에랴. 서원에서 나를 제향하는 것은 실로 이 경주 고을의 공론이었고, 퇴계와 같은 큰 선비도 끝내 이의를 말하지 않았었다. 너는 어찌 돼먹은 놈이기에 감히 미친 소리를 지껄여 신령을 모욕하고도 도무지 거리낌이 없으니 무도함이 심하구나. 내 장차 너를 목베어 너희들같이 세상의 어리석은 선비들을 응징하리라. 후회하지 말지어다."

서생이 두려워 엎드렸으나 감히 한 마디 말도 할 수가 없었다. 장군이 좌우를 돌아보며 말하였다.

"이 사람의 죄는 용서를 할 수가 없다. 즉시 도륙하는 것이 옳겠으나, 서원의 제삿날이 가까워졌으니 재실에서 형 집행을 할 수가 없구나. 내일 해 안으로 그의 집에서 집행을 하는 것이 좋겠다."

장군이 말을 마치자, 서생은 꿈에서 깨어났다. 두려워서 식은땀이 등을 적셨다. 어찌할 줄 모르다가 그날 밤에 감기에 걸려 집으로 들려져 갔다. 이튿날 해 안에 과연 피를 두어 말 토하더니 죽었다고 한다.

내가 일찍이 경주에 유람을 가서 서원 아래로 난 길을 지나가다가 서원 문밖에서 말을 먹이는데, 서원에 딸린 종 하나가 서원에 있었던 옛일을 이렇게 말해 주기에 참으로 기이하게 여겼었다.

하루는 우연히 신라사를 읽게 되었다. 혜공왕 15년에 문득 김유신의 묘로부터 질풍이 일어 신라 김씨의 시조왕인 미추왕의 묘에 이르렀는데, 먼지가 안개처럼 일어 사람을 알아볼 수 없을 정도로 어두워졌다. 그 가운데서 마치 슬프게 탄식하며 우는 듯한 소리가 들렸다.

왕이 그 말을 듣고 두려워 대신을 그 묘에 보내어 제사를 지내고 사과하였다. 김유신공의 영이함은 역사책에 이미 뚜렷하였다. 나는 비로소 서악서원의 이야기가 이 이야기에 근원을 두고 있음을 알 수 있었다.

평하건대, 백악과 서악에서 있었던 두 가지 이야기는 곧 내 동갑내기 친구인 김진규가 전해 준 것이다. 그는 내가 기이한 이야기를 수집하여 적어 놓은 것을 보고, 자신이 들은 이 두 가지 이야기를 스스로 써서 내 기록 속에 넣어 달라고 하였다. 여기에 적은 것은 글자 하나 말 한 마디도 그가 쓴 것에서 보태거나 줄이지 않았다. 그가 내게 말하였다.

"옛날 적인걸이 오와 초 땅에 있는 사당 1천7백 개를 헐어야 한다고 상주하여, 남은 것은 태백과 오자서의 사당뿐이었네. 만약 귀신이 영이롭고 능히 화나 복을 지을 수 있어서 이웃 노인의 말과 같다면, 어찌 정녀 부인이 석주에게만 영검이 있고, 1천7백이나 되는 귀신들이 적인걸에게는 하나같이 영검이 없었다는 말인가? 이는 알 수 없는 일일세.

또한 유주에 있는 나지묘는 이의가 제멋대로 모욕을 했다고

해서 즉사케 하였는데, 서악의 사당은 향사에서 빼자고 망언을
힌 자를 어째서 신의 징벌로부터 면할 수 있게 하였는가? 이의
에 관한 일은 혹 그것이 참으로 황당무계하다고 할 수 있으나,
지금 서악서생이 당한 일은 또한 모조리 황당한 것으로 돌릴 수
가 없지 않은가? 신도란 다양하면서도 서로 다르니 참으로 두려
운 것일세."

서로 한바탕 웃고는 이야기를 마쳤다. 그리고 김진규의 골계담
을 실어 나의 평을 대신한다.

제45화 죽은 스승을 만난 서울 선비

　　서울에 사는 한 선비가 호남에 사는 사람에게 다니며 글공부를
하였다. 그 스승과 헤어진 지 두어 달만에 다시 책 보따리를 둘러
메고 스승을 찾아가다가 어느 주막집에 이르렀다. 선비가 묵고 있
는 곳으로 그의 스승이 문득 찾아왔다. 선비가 스승을 맞아 절하
고 윗자리에 모셨다. 평소처럼 환담을 나누다가 스승이 글 하나를
써주었다.

　　　無人洞裡無人跡　　무인동리무인적
　　　板屋堅封擁原衾　　판옥견봉옹원금
　　　咫尺家鄉千里遠　　지척가향천리원
　　　滿山明月送淸陰　　만산명월송청음

　　인적도 없는 골짜기 속,
　　단단히 닫힌 판잣집에서 들판을 이불 삼네.
　　지척의 살던 집이 천 리나 멀고,
　　온 산에 달 밝은데 서늘한 바람 불어오네.

　　그리고는 표연히 가버렸다. 그때는 환한 대낮이었다. 선비는 그
시어가 예사롭지 않은 것을 의아하게 여겼는데, 가마를 재촉하여
스승 댁에 이르러 보니, 스승은 죽어 이미 땅에 묻힌 뒤였다.

제46화 친구의 죽은 아버지를 본 벽동군수

황간 출신의 선비 박회장은 곧 우암 송시열의 문인이었다. 그
는 스승인 우암의 옥사에 연루되어 벽동군으로 유배를 가게 되었
다. 경신년, 서인들이 다시 정권을 잡은 뒤에 사면을 받아 귀양에
서 풀려났다. 그는 나와 친하게 지냈는데, 내게 이런 이야기를 해
주었다.

그가 벽동군에 유배를 가 있을 때 벽동군수와 친하게 지냈다.
벽동군수는 아무개라고 하였는데, 내가 그의 이름을 잊었다.

하루는 박회장이 벽동군수와 마주 앉아 한담을 나누고 있는데,
아전이 들어와 아뢰었다.

"유배 온 안명로라는 분이 곧 여기에 도착할 것이라고 합니다."

그 말을 듣고 벽동군수가 박회장에게 말하였다.

"이 사람 집에는 세상에서 볼 수 없는 아주 괴이한 일이 있
었소."

박회장이 무슨 일이냐고 물었다.

"내가 안씨 집과 이웃해서 산 적이 있었소. 다만 안명로와 친하
게 지냈을 뿐만이 아니라 그의 부친도 잘 알았어요. 그런데 그
의 부친은 벌써 돌아가신 지 오래되었었지요. 나는 늘 명로와
서로 왕래를 하며 지냈어요. 하루는 명로에게 할 말이 있어 찾

아갔었소. 명로는 마침 일이 있어 안채에 들어가고, 나 혼자 명로의 방문 앞에 앉아 있었지요. 홀연히 밖으로부터 신 끄는 소리가 들리더니, 누가 방 앞에 이르러 손으로 창을 열고 얼굴을 들이밀며 말하는 것이었소.

'애야, 여기 있느냐?'

하고는 방 안을 둘러보더니, 명로가 없는 것을 알고는 곧 창을 도로 닫고 신을 끌면서 안채로 들어가는 것이었소. 내가 그 사람의 얼굴을 보니, 곧 명로의 부친이었소이다. 나는 그것을 확인하는 순간 모골이 송연해졌었소. 그리고는 혼자 생각에,

'마음과 정신이 피로해져 헛것이 보이는 게 아닐까? 어찌 환한 대낮에 이처럼 귀신을 볼 수 있단 말인가?'

하였소. 도무지 스스로 진정할 수가 없었다오. 곧 명로가 나와서 내 얼굴빛이 놀라고 당황해하는 것을 보더니 웃으며 말하였소.

'자네, 우리 아버님을 뵌 게 아닌가?'

내가 그렇다고 하며 무슨 까닭인가를 물었지요.

'자네는 놀라거나 괴이쩍게 여기지 말게. 우리집에서는 예사로운 일이라네. 아버님께서는 별세하신 뒤 자주 강림을 하신다네. 혹은 날마다 오시기도 하고, 혹은 달마다 오시기도 한다네. 그 뜸하고 잦음은 일정치 않다네. 그런데 밤에 오시지 않고 항상 낮에 오시지. 말씀하시는 거나 거동은 평소와 다름이 없다네. 집안 식구들은 이상하게 여기지 않는데, 남들이 갑자기 아버님을 보게 되면 의당 의아하게 여기지.'

박회장이 말하였다.

'이 이야기는 어찌 그리도 황당무계함에 가깝습니까?'

벽동군수는 정색을 하고 말하였다.

'그대는 무슨 까닭으로 안씨 집안에 대해 공연히 이런 망발을 하시오. 남을 설교하는 것이오? 내가 황당무계하지 않다고 하는 것을 그대는 어째서 의심하오?'"

박회장은 군수가 충실한 사람임을 알고, 이 이야기를 믿고 전한 것이니 망령된 것은 아니다.

평하건대, 사람이 죽은 귀신이 밤에 보이는 것도 안 될 텐데, 하물며 낮에 보이는 것이랴. 호남에 살던 스승이 죽어 제자의 숙소로 찾아온 것도 또한 괴이한데, 하물며 안씨 집의 아버지가 죽어 날마다 그 집에 찾아오는 것이랴. 슬프도다, 말세가 되어 풍속이 타락되매 인도(人道)가 매우 어지러워지니 신도(神道) 또한 어지럽지 않겠는가. 이는 상리(常理)가 아니다. 예전에는 듣지 못하던 것이니, 변란으로 돌리고자 한다.

제47화 요망한 여우를 놓친 이회

이회는 재상의 아들로 과거에 급제하여 벼슬 또한 높았다. 소년 시절, 그의 아버지가 평안감사로 있을 때, 그는 평양 감영에서 아버지를 모시고 있었다. 감사는 정실부인이 없이 다만 첩 하나를 안채에 두고 있었다.

때마침 감사가 순시를 나가게 되어, 감영이 텅 비게 되었다. 감영 관아의 뒷동산 담장 밖에 정자가 하나 있었는데, 산정이라고 불렀다. 그곳에는 작은 문이 하나 있어서 관아로 통하게 되어 있었다. 이회는 나이 어린 통인 하나를 거느리고 홀로 산정에 거처하며 글공부를 하고 있었다.

하루는 책을 읽다가 밤이 깊었는데, 통인 아이는 마침 밖에 나가서 돌아오지 않았다. 홀연히 문을 열고 들어서는 사람이 있기에 바라보니, 아리따운 소녀 하나가 고운 옷을 입고 아름다운 자태로 서 있었다. 얼굴 생김새를 자세히 보았으나 일찍이 본 일이 없었다. 기생 가운데에도 그런 사람이 없었다.

문득 의심이 들어 말없이 그녀가 하는 양을 보았다. 소녀는 방으로 들어와 한 모퉁이에 앉아 말이 없었다. 누구냐고 물어 보았으나 미소를 지을 뿐 대답이 없었다. 가까이 오라고 부르니 곧 일어나서 그의 앞에 와 앉았다. 이회는 그녀의 손을 잡고 등을 어루

만지며 어여쁘게 보았다는 뜻을 드러내 보여주니, 그녀도 기쁜지 웃었다.

그는 마음속으로 그녀가 요사스러운 마귀가 아니면 여우라고 확신하면서도 제압할 방법이 없었다. 한참만에 그녀의 몸을 잡아 등에 올려 단단히 업고 뛰어 나갔다. 뒷동산 문을 지나 관아의 대청으로 들어가 급히 서모와 계집종의 이름을 불렀으나, 벌써 밤이 깊었는지라 사람들이 모두 깊은 잠이 들어 곧바로 응답하며 나오지 않았다.

그러자 등에 업힌 소녀는 입으로 이회의 뒷덜미를 매우 모질게 물어뜯었다. 그때야 비로소 그것이 여우임을 알았다. 그러나 목의 통증을 참을 수 없어서 어쩔 수 없이 단단히 쥐고 있던 손을 조금 느슨하게 하고 말았다. 여우는 즉시 그에게서 벗어나 땅에 뛰어내리더니 문득 사라져 버렸다.

이회는 매양 아무도 나와 보지 않아서 여우를 놓치게 된 것을 한스럽게 여겼다.

제48화 살쾡이를 잡았다 놓친 김수익

제주목사를 지낸 김수익의 집은 창동에 있었다.

어렸을 적 겨울밤에 책을 읽는데 시장기가 느껴져 그의 아내에게 먹을 것을 가져다 달라고 하였다.

"집 안에 드실 만한 것이 없고, 다만 밤이 일고여덟 개 있습니다. 제가 구워 드리겠습니다만 요기가 될는지요?"

"그것 참 좋구려."

이때 종들이 모두 바깥채에서 잠이 들었으므로, 부를 만한 사람이 없었다. 그의 아내가 몸소 부엌에 가서 불을 피우고 구웠다. 김공은 배고픔을 참고 책을 읽으며 아내가 오기를 기다리고 있었다. 잠시 후에 그의 아내가 군밤을 그릇에 담아 가지고는 문을 열고 들어왔다. 김공은 그것을 받아서 먹었다.

그의 아내는 책상머리에 앉아 있었다. 김공이 군밤 먹기를 마칠 때쯤에 또 문을 열고 들어오는 사람이 있었다. 김공이 머리를 들어 바라보니, 또 한 사람의 아내가 군밤을 그릇에 담아 들고 오는 것이었다. 등불 아래서 보니 두 아내가 똑같아서 털끝만큼도 차이가 없었다. 두 아내가 서로 놀라서 말하였다.

"변이 났네. 이게 무슨 일인고?"

김공은 그 군밤도 받아서 한편으로 먹으며, 한편으로는 두 아내의 손을 잡았다. 오른손에는 먼저 들어온 아내의 손을 잡고, 왼손에는 나중 들어온 아내의 손을 잡았다. 손을 빼내지 못하게 하고는 새벽닭이 우는 소리를 기다렸다.

동녘이 밝더니, 해가 점차 높이 솟아올랐다. 오른손에 잡힌 아내가 갑자기 말을 꺼냈다.

"하필이면 아프게 서로 잡고 있어야 됩니까? 이 손 좀 빨리 놓아 주세요."

그리고 손을 빼내려고 흔들어댔다. 그러나 김공은 단단히 잡고 놓아주지 않았다. 잠깐 사이에 그 아내는 바닥에 넘어지더니 본 모습을 나타냈는데, 한 마리의 커다란 살쾡이였다. 김공이 크게 놀라 자기도 모르는 사이에 쥐었던 손을 놓아 버렸다. 그러자 살쾡이는 홀연히 사라져 버렸다. 김공은 그것을 묶지 않았던 것을 한스럽게 여기며 후회하여 마지않았다.

평하건대, 여우가 여자의 모습으로 변하여 사람들을 홀렸다는 것은 《태평광기》나 여러 소설류에 다수 실려 있다. 이회가 만난 것은 그다지 기이할 게 못된다. 살쾡이가 사람의 모습으로 변하였다는 것은 도리어 여우의 경우보다 심하다. 일찍이 듣지 못하였던 것이다.

김공이 만난 것은 어찌 큰 이변이 아니겠는가. 여우나 살쾡이가 능히 이렇게 할 수 있는 것은 무슨 재주인가. 그 이치를 궁리해 보았으나 알 수가 없다.

혹은 전하기를, 여우에게는 부적이 있어 그것을 가지고 요망한 짓을 한다고 하는데, 그래서일까? 어찌 그렇겠는가.

제49화 무당에게 미혹된 송상인

송상인은 성품이 매우 강직하고 정직하였다. 평생 동안 무당이나 박수들이 신주나 귀신을 빌어 민간의 백성들을 속이면서 빌거나 축원한다고 말하는 것을 미워하였다. 그들이 오래도록 굿을 해오면서 사람들의 재물을 허비한 것은 그 수를 헤아릴 수 없으나, 실은 모두 허망한 것이다. 그는 항상 말하기를,

"어떻게 하면 이런 무리들을 모조리 없애, 세상에 다시는 무당이라는 것이 없도록 할 수 있을까?"

하였다.

그가 남원부사가 되자, 이런 명을 내렸다.

"우리 고을에서 무당이라고 이름하는 자가 나타나거나 드러나면 하나도 남김없이 즉각 때려죽일 것이다."

이것을 남원 일원에 두루 알려 모르는 사람이 없도록 하였다.

무당이나 박수들은 이 명을 듣고 두려워 떨면서 일시에 달아나 모조리 다른 고을로 옮겨 가버렸다. 그러자 송공은 속으로, '우리 고을에 다시는 한 명의 무당도 없을 것이다.'라고 하였다.

하루는 송공이 광한루에 올라 바라보니, 어떤 미인 하나가 말을 타고 질장구를 이고 가는 것이 분명 무녀의 행색이었다. 즉시 사령을 보내어 관아의 뜰로 붙잡아오게 한 뒤 심문하였다.

"네가 무녀렷다?"

"그렇사옵니다."

"너는 관가에서 내린 영을 듣지 못하였느냐?"

"들었사옵니다."

"너는 죽음이 두렵지 않으냐? 어째서 이 고을에 남아 있는고?"

"쉰네에게 드릴 말씀이 있사오니, 원컨대 굽어 살펴 주옵소서. 무당도 진짜 무당과 가짜 무당이 있나이다. 가짜 무당이야 죽이 셔도 좋습니다만, 진짜 무당이야 어찌 죽이실 수 있사옵니까. 관 가에서 영을 내려 엄금하신 것은 모두 가짜 무당들 때문이지, 진짜 무당 때문은 아닐 것이옵니다. 쉰네는 진짜 무당이옵니다. 관가에서 저를 죽이지 않으실 줄 알았기 때문에 이곳에 살면서 옮겨가지 않았사옵니다."

"네가 과연 진짜 무당인 줄 어찌 알겠느냐?"

"원컨대 쉰네를 시험해 보소서. 만약 영검이 없다면 죽어도 좋 사옵니다."

"네가 능히 귀신을 부를 수 있겠느냐?"

"부를 수 있사옵니다."

그 당시 송공과 평소에 친하던 친구가 죽은 지 얼마 되지 않았 었다.

"내게 죽은 친구가 있는데, 서울에서 아무 벼슬을 하던 아무개 니라. 네가 능히 그의 신령을 부를 수 있겠느냐?"

"어렵지 않사옵니다. 나라를 위해 마땅히 불러 보겠습니다. 하오 나 두어 그릇의 음식과 술 한 잔은 꼭 있어야 하겠사옵니다. 그 래야만 부를 수 있사옵니다."

송공의 생각에 사람을 죽이는 일은 쉽게 할 수 없는 것이었으므 로, 그녀의 말을 따라 그 진위를 시험해 본 뒤에 처리하기로 하였다. 곧 명을 내려 제수를 마련해 주게 하였다. 제수가 준비되자 무당이 말하였다.

"원컨대 나리의 옷 한 벌을 얻어 신령을 부르겠사옵니다. 옷이 없으면 신이 내리지 않사옵니다."

송공이 전에 입던 옷 한 벌을 주라고 하자, 무당은 뜰 한가운데 자리를 벌였다. 술과 안주를 진설하고 몸에 송공이 준 옷을 걸친 뒤 허공을 향해 방울을 흔들면서 괴상한 말을 한참 지껄여 대며 신령을 불렀다. 그러다가 홀연히 무당이 이렇게 말하는 것이었다.

"내가 왔네."

그리고는 허공을 향해 먼저 그가 유명을 달리하여 결별할 때의 슬픔을 말하였다. 그런 뒤 평생 동안 서로 즐거움을 나누며 사귄 정을 이야기하였다. 죽마를 타고 놀던 일로부터 책상을 잇대고 공부하던 일, 과거를 보러 간 일, 조정에 나가 벼슬살이를 한 일, 모든 행동을 함께 하고 벼슬하고 물러남도 같이 하며 서로 속마음을 터놓고 사귀면서 아교와 옻처럼 서로 떨어질 수 없는 사이로 지낸 사정에 이르기까지 역력히 말하였다.

이는 모두 사실로, 털끝만큼도 틀림없이 적중하였다. 또한 송공과 그 죽은 친구만이 알 뿐 남들은 알지 못하는 일도 털어놓았다.

송공은 무당이 하는 말을 듣고 자신도 모르는 사이에 눈물을 흘렸다. 슬픔을 스스로 이기지 못하며 말하였다.

"내 친구의 혼령이 과연 왔도다. 의심할 만한 게 없다."

송공은 곧 좋은 술과 안주를 가져오게 하여 친구의 영전에 제사를 지냈다. 한참 뒤에 하직을 고하고는 헤어져 갔다.

송공이 탄식하며 말하였다.

"내가 매양 무당이나 박수들을 모조리 간교하고 거짓된 것으로 돌렸었는데 이제야 비로소 무당 중에도 진짜가 있음을 알았도다.”

송공은 그 무당에게 후한 상을 내려주었다. 그리고는 무당들에게 내렸던 금령을 거두어들였다. 이로부터 다시는 무당을 깊이 배척하는 말이나 의견을 내지 않았다.

제50화 꿈에서 굿판에 가는 죽은 어머니를 만난 승지

옛날에 이름난 벼슬아치가 승지로 있으면서, 새벽에 입궐하려고 의관을 갖추고 나가려다가 보니 너무 이른 것 같았다. 다시 들어와 베개에 기댔다가 설핏 잠이 들어 꿈을 꾸었다. 말을 타고 대궐을 향해 가다가 파자교 앞에 이르러, 그의 어머니가 혼자 걸어오고 있는 것을 보았다. 승지가 마음속으로 놀라 즉시 말에서 내려 맞았다.

"어머니께서는 어찌 가마를 타시지 않고 혼자 걸어서 가십니까?"

"나는 죽은 사람이란다. 살아 있을 때와는 다르기 때문에 걸어서 간단다."

"지금 어디로 가시기에 여기를 지나가십니까?"

"용산강 위에 사는 우리집 종 아무개 집에서 굿을 한다기에 내가 음식을 먹으러 간단다."

"저희집에서 기일 제사와 철 따라 시제를 지내고, 또 초하루와 보름이나 명절 때면 차례를 올리는데, 어머님께서는 어찌 굿하는 종의 집에 음식을 드시러 가시게까지 되셨습니까?"

"비록 제사를 지낸다 하나 신도(神道)는 중하게 여기지 않더구나. 다만 무당들만이 굿을 중하게 여기지. 굿이 아니라면 혼령들이 어떻게 한 번 배를 불릴 수 있겠느냐?"

하더니,

"갈 길이 바빠 오래 머물 수가 없구나."

하고는 작별을 고하더니 표연히 가버렸는데 홀연 보이지 않았다.

그리고는 곧 꿈에서 깨었는데, 꿈속의 일이 생생하였다. 이에 종 하나를 불러 명하였다.

"너는 용산강에 사는 아무개 종 집에 가서 그 종더러 오늘 저녁에 오라고 하고, 내가 입궐하기 전에 도착하도록 급히 돌아와라. 내 여기 앉아 기다리마."

잠깐만에 심부름 갔던 종이 과연 급하게 돌아왔다. 날이 아직 밝지 않은 때였다. 그 당시는 아주 추울 때라, 종은 되돌아오자 먼저 부엌에 들어가 손을 호호 불면서 불을 쪼였다. 함께 있는 종 하나가 부엌에 있다가 물었다.

"술이라도 한 잔 얻어먹었느냐?"

"그 집에 가니 한창 큰 굿판을 벌이고 있는데. 무당이 하는 말이 우리집 상전 대부인의 신령이 자기 몸에 내렸다고 하더라구. 내가 왔단 말을 듣더니 금방 '우리집에서 심부름 온 종이다.' 하더니 앞으로 불러서 큰 잔에 술을 따라주고 또 음식도 한 그릇 주더구만. 그러더니 '내가 오는 길에 파자교 앞길에서 내 아들을 만났다.'고 그러대."

승지가 방에 있다가 종들이 하는 말을 듣고 자신도 모르는 사이에 목을 놓아 통곡하였다. 심부름 갔던 종을 불러 자세히 물어보니, 그의 어머니가 굿하는 데 가서 흠향한 것이 분명하다고 여겨졌다. 참으로 의심할 게 없었다.

이에 무당을 불러 굿판을 성대하게 벌여서 그의 어머니가 흠향하도록 하였다. 그리고는 철마다 꼬박꼬박 굿을 하였다.

혹은 이것이 최원의 일이라고 전하는데, 최원은 효자로서 세상
에 이름이 난 사람이다.

이영이 최공의 죽음을 애도하여 이런 시를 지었다.

屈原懷沙過於忠　굴원회사과어충
以孝終身亦不中　이효종신역부중
雖曰不中人莫敢　수왈부중인막감
思君顧我我顏紅　사군고아아안홍

굴원은 〈회사부〉를 지어 충성이 넘쳤으나
효도를 다하는 데는 적중치 못하였네.
굴원을 논평하는 사람도 효도는 감히 하지 못하네.
최군을 두고 나를 돌이켜 보니 얼굴이 붉어지네.

최군이 효도를 다하다가 죽었다는 내용이 아니겠는가?

평하건대, 아득한 옛날에는 모든 무당들이 경적에 등재되어 있
었고, 무당이 생긴 연원도 오래되었다. 그러나 말세에 이르러 엉
터리가 많이 생겨나서 거짓 이름으로 세상을 속였다. 여러 가지
잡기가 다 그러하지만, 무당의 경우가 특히 심하였다. 그 가운데
진짜는 백이나 천에 하나 정도이다.

그런데 송공이 문득 진짜를 만날 수 있었으니, 어찌 기이하지
아니한가. 굿하는 법도는 술과 음식을 진설하고 신령이 임하기를
청하면 신령이 찾아와 흠향하는 것이니, 이치로도 마땅하다.

다만 최공은 꿈에 그의 어머니를 만났었는데, 그 어머니가 굿판
에 강림하여 만났던 일을 말하였다니, 세상에 드문 일이요, 또한

기이하다 할 만하다.

아아, 효자의 마음으로 이미 이런 경우를 당하였다면, 그로 인해 굿을 하는 것은 아마도 그만 둘 수 없었을 것이다. 최공이 겪은 일을 가지고 어찌 그릇됨이 있다고 할 사람이 있을 것인가?

제51화 사나운 중을 혼내준 고창 무인

충청감영에서 심약 벼슬을 하던 전진경이 내게 해준 이야기이다.

숭정 경진년 무렵에 태인에 가다가 대각교 냇가에서 종 네댓 명을 거느리고 가는 선비 일행을 만났다. 그들은 모두 얻어맞아 중상을 입고 냇가에 나자빠져 있었다. 전진경이 괴이하게 여겨 물어보니, 이렇게 대답하는 것이었다.

"우리들은 길가에서 점심을 먹고 있었소. 어떤 중 하나가 지나가는데 거드름을 피우며 인사도 없기에 종 하나가 화가 나서 꾸짖었다오. 그랬더니 그 중놈이 짚고 가던 주장으로 그 종을 마구 때렸소. 종 네댓이 모두 나섰으나 감당치 못하고 모두 상처를 입어서 일어나지 못하게 된 것이오. 그러자 그 중놈이 우리 샌님에게 이렇게 꾸짖는 것이었소.

'너희 종놈들이 공연히 남을 욕보이는데도, 너는 말리지 않았으니 내 작대기 맛을 좀 봐야겠다.'

그리고는 우리 샌님을 두들겨 쓰러뜨려 도무지 일어나실 수 없게 하였다오."

전진경이 그 중을 바라보니, 겨우 몇 마장쯤 떨어진 곳을 가고 있었다.

문득 잘생긴 젊은이 하나가 나타났는데, 나이는 마흔쯤 되어 보였다. 마르고 약해서 기운이라고는 없어 보였다. 비쩍 마른 말을 타고 있었는데, 나이 어린 종 하나를 데리고 있었다. 등에는 갓을 벗어 걸치고, 말 위에는 활과 화살 네댓 개를 매달고 있었다. 냇가에 이르러 종과 그들의 주인이 다쳐 누워 있는 까닭을 묻자, 앞서와 같이 대답해 주었다.

이야기를 듣자마자, 그 무인이 분연히 말하였다.

"이 중놈이 제 힘만 믿고 사람과 재물을 상하게 한 것이 벌써 몇 번째인가. 내가 언제고 그 놈을 없애려고 했으나 아직 만나지 못했는데 이제 다행히 만나게 되었으니 분함을 씻을 수 있겠구나."

그는 말에서 내리더니 말고삐를 단단히 조이고는 활을 들고 화살 한 대를 뽑았다. 나무로 깎은 화살촉이 주먹 크기만 하였다. 말을 몰아 쫓아 가다가 그 중의 등 뒤에 이르러, 중이 막 돌아보는 순간 활시위를 팽팽히 당겨 쏘았다.

화살은 중의 가슴에 적중하여 깊이 박히고 말았다. 무인은 말에서 내려 칼을 뽑아 들고 중의 양손바닥 한가운데를 내려찍더니, 끈으로 중의 두 손을 꿰어 말 뒤에 매달고 선비 일행이 쓰러져 있는 곳으로 돌아와서는 넘겨주며 말하였다.

"당신 마음대로 하시오. 나는 가겠소."

선비가 사례를 하며 그 무인의 이름과 거처를 물었다.

"고창에 사오."

하더니 이름은 밝히지 않고 가버렸다. 그 중을 보니, 생김새가 비할 데 없이 장대하였다. 그러나 가슴에 화살이 박히고 손바닥이 뚫려 말도 하지 못하고 있었다. 선비와 종들이 상처 입은 중을 일으켜 세우고는 낫으로 중의 살점을 도려내고 사지를 잘라 버렸다.

제52화 위세를 부리던 궁노들을 혼내준 무인

자를 원백이라고 한 황쇠가 이런 이야기를 해주었다.

그가 스무 살 무렵, 한강 남쪽에서 서울로 돌아 가다가 노들 강변에 이르렀을 때였다. 어떤 선비 하나가 말에서 내려 손을 흔들며 그를 불렀다.

"이리 와서 이것 좀 보시오."

원백이 말을 재촉하여 다가가 보니, 가마 하나가 땅에 내려진 채 반쯤 부서져 있었다. 가마 안으로부터 부인이 슬피 우는 소리가 들렸다. 가마 뒤에는 열서너 살쯤 되어 보이는 아이가 서서 울고 있었다. 따라온 종이나 타고 온 말은 보이지 않았다.

그 선비가 말하였다.

"이 부인이 여기에 이르렀을 때 복창군이 거처하는 궁에 딸린 궁노 10여 명이 말을 타고 지나가며 가마를 낚아챘다오. 가마를 메고 가던 종이 그들을 때리자, 궁노가 함께 가던 종 10여명과 말에서 내리더니 먼저 가마를 끌어 내려놓고 욕을 했다오.

'우리가 이 계집에게 욕을 보이고 말리라.'

그리고는 가마를 때려부수고 가마를 메고 가던 종과 말을 마구 때리더니 휩쓸고 달아났는데 어디로 갔는지 알 수가 없소. 10여명의 종들도 모두 말을 타고 가버렸다오."

말을 하던 선비가 손을 들어 한 쪽을 가리키며 밀을 이었다.

"저 앞에 가는 무리들이 그들이오."

원백이 그 말을 듣고 보니 해괴하기 짝이 없었으나, 또한 어찌할 수가 없었다.

문득 어떤 무인 하나가 뒤따라 그곳에 이르렀는데, 나이가 30여 세쯤으로 그다지 건장한 편은 아니었다. 부서진 가마와 흐느껴 우는 부인과 그 아들을 보고, 벌어진 일에 대해 듣고 나더니 분연히 말하였다.

"내가 마땅히 당신들의 분을 씻어 드리겠소."

그는 즉시 말에서 내려 말의 배에 두른 띠를 단단히 고쳐 매고 한 쪽의 등자를 풀어냈다. 풀어낸 등자를 팔뚝에 묶고는, 등자가 보이지 않게 소매 속에 감추었다. 그리고는 띠를 묶어서 대신 등자를 삼았다. 그리고 나서 가마 뒤에 있는 아이를 돌아보며 말하였다.

"너희 일행이 지금 갈 수 없는 형편이니, 종과 말을 불러서 서울로 돌아가는 것이 좋겠다."

말을 마치고는 훌쩍 말에 올라 궁노를 뒤쫓아가더니 뒤에서 등자로 궁노의 어깨를 내리쳤다. 궁노가 몸을 뒤집으며 땅에 떨어졌다. 차례대로 열두 명의 어깨를 내려치니, 손이 가는 곳마다 나가떨어지지 않는 놈이 없었다. 마치 가을 바람에 낙엽이 지는 듯하였다. 나가떨어진 뒤에는 꼼짝도 하지 못하는 꼴이 뻣뻣해진 시체나 다름없었다. 무인은 그제야 말에서 내려 그들을 꾸짖었다.

"너희는 종놈들로 주인의 세력을 믿고 양반집 부녀자를 능욕하고 종과 말을 구타하였으니, 그 죄가 이미 무겁지 않으냐? 이 스무 명이 어찌 모두 궁노이겠느냐? 궁노는 불과 몇 명일 테고, 나머지는 다른 데 종으로 부화뇌동하여 못된 짓을 했을 것이다. 궁노 중의 우두머리가 자수하여 세세히 아뢴다면 내 마땅히 살려 줄 것이나 그렇지 않으면 모조리 죽여 버리겠다."

그들이 이구동성으로 말하였다.

"궁노는 과연 넷이옵고, 우두머리가 못된 짓을 하였습니다. 나머지는 모두 관노들이옵니다."

"너희들 죄가 비록 무거우나 죽인다는 것은 너무 지나치니 이쯤해서 살려 주겠다."

말을 마치자마자 무인은 등자로 궁노 넷의 허리께를 각각 두 번씩 내려쳤다.

"너희 놈들을 죽이지는 않았으나 나중에 병신이 되는 것으로 죄를 다스리겠다."

그리고는 조용히 등자를 제자리에 걸더니 말에 올라 저벅저벅 가버렸다. 궁노 넷은 거의 죽을 지경에 이르렀고, 나머지들도 끝내 일어날 수가 없었다. 그 부인은 데리고 가던 종들을 불러모아서 서울로 되돌아갔다. 그 무인의 이름을 알아두지 못한 것이 한스럽다고 하였다.

평하건대, 아아! 세상에 사납고 못된 놈들에게 욕을 본 사람들이 한둘이랴만 외롭고 힘이 약하니 한갓 스스로 분하고 한스러운 마음으로 울 뿐이요, 분함을 갚거나 씻을 수가 없으니 아픔을 이길 수 있으랴.

이제 이 두 무사는 길 가던 사람들로 능히 선비를 때린 사나운 중과 부인을 욕보인 세력가의 종을 혼내주었으니, 참으로 이른바 길 가다가 안 된 일을 만나 자기 몸을 잊고 대신 원수를 갚아준 사람들이다.

전국시대 의협의 기풍이 오늘날에도 남아 있어, 사람들로 하여금 절로 감탄이 나오게 한다.

제53화 못에서 값비싼 보물을 건진 벼슬아치

옛날에 역관 하나가 청나라로 가는 사신을 따라 연경에 갔다. 그때는 한참 찌는 여름이었는데, 비가 쏟아지다가 그치니 높고 평평한 산야 곳곳에 빗물이 고여 못이 생겼다.

어느 못을 지나가는데, 물이 맑고 얕아서 좋아 보였다. 그는 더위를 씻을 생각으로 옷을 벗고 못으로 들어갔다.

물에 들어가 수면을 바라보니, 구멍이 뚫린 곳이 있었다. 그 속을 들여다보니, 해골 하나가 못 바닥에 있었다. 그 해골을 집어 꺼내고 나자, 수면에는 구멍이 사라졌다. 해골을 다시 못 바닥에 가져다 놓으니, 전처럼 구멍이 생겼다.

마침내 그 해골을 꺼내서 자세히 살펴보니, 해골 속에 둥글게 생긴 구슬 하나가 푸른빛을 띠고 있었는데 매우 기이하였다. 구슬을 꺼내고 해골을 못속에 가라앉히니, 수면에는 구멍이 생기지 않았다. 해골을 남겨두고 구슬을 가라앉히니, 구멍이 다시 생겨났다. 그는 즉시 차고 다니던 자루 속에 그 구슬을 넣어 가지고 갔다.

연경에 도착하여 곧바로 보석상을 찾아가 그 구슬을 팔아 보려고 하였다. 마침 외국에서 보석을 팔러 온 상인들이 다 모여 있었다. 산호·마노·유리·주옥 등 기이한 보석들이 구름처럼 모이고 산처럼 쌓여 얼마나 많은지 알 수가 없었다.

보석상 내부의 규칙으로, 지니고 있는 보화의 많고 적음에 따라 자리의 차례가 정해졌다. 그는 한참 물어 보다가 즉시 첫 번째 자리에 올라가 앉았다. 나머지 상인들도 차례대로 모두 앉았다. 그에게 먼저 보화를 꺼내 보라고 하매, 즉시 자루에서 구슬을 꺼내 앞에다 놓았다. 남만국에서 온 상인 하나가 그 구슬을 보더니 몹시 놀라면서 말하였다.

"이 보물을 가지고 첫째 자리에 앉는 것은 당연한 일이오. 기이하고도 기이하오."

그러자 여러 상인들이 서로 다투어 구슬을 만져 보더니, 구슬 값이 얼마냐고 물었다.

"이것은 값을 따질 수 없는 보물이라, 나는 말하고 싶지 않소. 당신들이 한 번 값을 정해 말해 보시오."

남만에서 온 상인과 함께 온 여러 상인들이 밖으로 나가 서로 의논을 하더니 돌아와서 말하였다.

"백금 2천 냥이면 되겠소?"

그가 냉소를 지으며 말하였다.

"어찌 그다지 적소? 안 됩니다, 안 돼요."

그들이 다시 나가 의논하더니 돌아와 말하였다.

"3천 냥이면 되겠소?"

어림도 없다고 하자, 점차 액수를 올려서 4천, 5천, 6천 냥에 이른 뒤에 남만 상인이 말하였다.

"이 구슬을 살 사람은 나 혼자뿐이나, 그 값을 나 혼자 마련하기는 어렵소. 다른 상인들에게 상당액을 빌려 백금 4천 냥은 마련되었으나, 그 나머지 2천 냥은 그 액수만큼 보화로 충당하였소. 이제 더 이상 능력이 없는데, 그래도 당신이 안 되겠다면 매매가 이루어질 수 없으니 어찌하겠소?"

그가 한동안 깊이 생각하다가 마지못한 듯 받아들일 뜻을 보이자, 남만 상인은 매우 기뻐하며 즉시 백금 4천 냥과 2천 냥어치의 여러 가지 보화를 내놓았다.

이에 매매계약서를 써서 한 장씩 가지고 술자리를 벌여 마시고 즐겼다. 그가 비로소 말을 꺼냈다.

"내가 이것이 보물인 줄은 알겠소만, 실은 그 이름을 모르오. 또한 어디에 쓰는 것인지도 모른다오. 그리고 그 값이 실로 이렇게 나가오?"

"이 구슬의 이름은 통주(痛珠)라고 하오. 사람이 병이 들어 아픈 곳이 있을 때 이 구슬로 눌러 비추면, 통증이 곧 그치고 다시는 재발하지 않는다오. 그러니 어찌 천하에 지극한 보물이 아니겠소. 이 구슬은 천 년 묵은 늙은 용의 해골 안에 있는 까닭에 아주 얻기가 어려운 것이오. 남만국 왕이 지금 명을 내려 이 구슬을 구해다 바치는 사람을 애타게 기다리고 있소. 이 구슬을 구해다 바치면 만 금의 상을 내리고 으뜸 가는 벼슬을 준다고 하였소. 내가 이제 이 구슬을 사가지고 돌아가면, 만 금의 상을 받고 최고의 벼슬을 받을 테니 다행스럽고 기쁘지 않을 수가 있겠소."

그 자리에 있던 사람들이 모두 환성을 지르니, 그 소리가 마치 우레와 같았다.

그는 백금과 여러 가지 보석을 가지고 귀국하였다. 보석은 동래에 있는 왜관에 가서 팔았다. 산호·마노·유리 등의 보석은 품질이 하나같이 아주 기이하여 세상에 드문 것들이었다. 값을 남만 상인이 정해 준 데에서 몇 곱절가량을 받았다. 그가 최종적으로 계산해 보니, 구슬값으로 그도 또한 만 금을 얻게 되었다.

제54화 섬에서 구슬 두 섬을 얻은 벼슬아치

예전에는 바다로 중국에 조공을 하러 가던 때가 있었다. 사신이 탄 배가 바다에서 섬 하나를 만났다. 섬에서 바람이 일어 파도가 어지럽게 솟구치자, 배가 빙빙 돌기만 하고 나아가지를 못하였다. 배가 곧 뒤집어질 듯하자, 사공이 말하였다.

"배 안에 틀림없이 수신이 원하는 물건이 있을 것이오. 그 물건을 바다에 던지면 배가 뒤집히는 것을 면할 수 있지만, 그렇지 않으면 위험이 닥치고야 말 것이오."

사신이 여러 물건을 바다에 던져서 시험해 보았으나, 바람은 여전하였다.

사공이 다시 말하였다.

"이는 필시 수신이 얻고자 하는 사람이 있어서 그런 것이오."

사신이 다시 거느리고 가던 역관과 비장들 가운데 시험 삼아 한 사람씩 섬에 내리게 하고 관망하였으나, 수십 명에 이르도록 효험이 없으므로 그들을 다시 배에 타도록 하였다.

그런데 어느 역관 하나가 섬에 내리자, 바람이 곧 멈추고 물결이 고요해졌다.

사신을 비롯한 일행들이 모두 말하였다.

"참 안되었기는 하나 어쩔 도리가 없구려."

그리고는 양식으로 쓸 넉넉한 쌀과 죽 그릇, 칼과 도끼 등을 그가 내린 곳에 내려주고, 그가 가져온 의복과 행장을 그에게 넘겨준 뒤 결별을 하였다. 눈물을 흘리는 사람이 많았다. 그리고 나서 사신 일행이 탄 배는 떠나 버렸다.

그 섬은 본래 무인도였다. 또한 짐승이 다니는 것 같지도 않았는데, 수목은 무성하였다. 그 벼슬아치는 곧 나뭇가지를 잘라다가 바닷가에 집을 한 채 얽고, 대나무를 베어다가 지붕을 잇고 살게 되었다.

밤에 누워 있자니, 쉭쉭 하는 소리가 바다로부터 섬을 향해 들려왔다. 그가 몸을 숨기고 살펴보니, 집채만큼 크고 길이가 거의 수십 길이나 되는 구렁이가 섬의 정상으로 올라가고 있었다. 한참 있더니 다시 섬에서 바다속으로 들어가는데, 쉭쉭 하는 소리가 매우 컸다. 구렁이는 밤마다 반드시 오곤 하여 하루도 거르는 날이 없었다.

계속 살펴보니, 그 구렁이가 돌아가는 길이 한 곳으로 정해진 듯 조금도 바뀌지 않았다. 그는 곧 대나무를 잘라다가 끝을 뾰족하고 날카롭게 깎아서 수백 개의 큰 못을 만들었다. 그 대나무 못을 구렁이가 다니는 길 위에서 아래까지 가지런하고 촘촘하게 단단히 박아 놓았다.

그리고는 그날 밤이 오기를 기다렸다. 쉭쉭 하는 소리가 또 들리더니, 커다란 구렁이가 바다에서 전에 다니던 길을 따라 오는 것이 보였다. 섬에 오른 뒤에 겨우 수십 마장쯤 와서는 멈추더니 더 이상 멀리 가지 못하였고 엎드린 채 움직이지 않았다.

다음날 그가 가서 보니, 구렁이는 있는 힘을 다해 대칼 위를 지나가려다가, 가슴과 배가 모조리 찢겨서 죽어 있었다.

며칠 지나자 뜨거운 햇볕을 받고 구렁이 몸뚱이가 모두 썩어,

냄새가 섬에 가득 찼다. 그는 즉시 나무토막으로 그릇을 만들어 썩은 구렁이를 담아다가 바다에 모두 버렸다.

구렁이가 죽어 있던 밑을 보니, 크고 작은 구슬이 수를 헤아릴 수 없을 만큼 많이 있었다. 두 섬 정도는 되어 보였다. 곧 갈대와 대나무를 베어다가 빈 섬 두 개를 만들어 구슬을 담았다. 그리고 는 바닷가에서 동글동글하고 흰 자갈을 주워다가 구슬이 보이지 않게 덮어놓았다.

그것을 숨겨 놓고 며칠이 지난 뒤에 사신 일행이 탄 배가 돌아가는 길에 이 섬에 닿았다. 그가 별 탈 없이 있는 것을 보고, 사람들이 모두 놀라면서도 기뻐하였다. 그를 불러 맞아들이려고 배가 다가왔다.

그가 섬 두 개를 옮겨 배에 싣자, 사람들이 무엇이냐고 물었다. "제가 바닷가의 잔돌을 아주 좋아하여 손수 주워 모은 것입니다. 제가 가지고 갈 자루라고는 이것뿐이니 버리지 마시고 싣고 가게 해주십시오."

사람들은 그가 위태로운 지경에서 죽지 않고 살아 있는 것이 기뻐서 기꺼이 싣고 가도록 허락하였다. 아무도 그것이 구슬인 줄을 알지 못하였다. 이리하여 그는 구슬을 싣고 집으로 돌아갈 수 있었다.

집에 돌아온 뒤, 그 구슬을 꺼내어 혹은 국내에 팔기도 하고 혹은 왜관에 팔기도 하였다. 상당수가 아주 귀한 보석이라, 값을 쳐 받은 것이 헤아릴 수 없을 만큼 많았다. 드디어 그는 나라 안의 거부가 되었다.

평하건대, 어떤 이는 구슬 하나로 부자가 되고, 어떤 이는 구슬 두 섬으로 부자가 되었다. 구슬 두 섬으로 부자가 된 것은 그럴 수 있으나, 구슬 하나로 부자가 된 것은 어찌 기이하지 않겠는가.

뒷이야기의 벼슬아치가 섬에 남게 된 것은 신의 도움이 분명하다. 앞이야기의 벼슬아치가 연못에서 목욕을 하게 된 것도 신의 도움이 틀림없다.

부자가 되는 것은 오복 가운데 두 번째이다. 부자가 되는 복을 얻고자 하는 사람은 선행을 쌓고 어진 행동을 하여야 한다. 그래야만 스스로 신의 도움을 얻을 수 있을 것이다. 갖은 방법으로 부자가 되려고 하는 것은 모두 망령된 짓일 따름이다. 무릇 우리같이 평범한 사람들은 마땅히 이것을 거울 삼아야 할 것이다.

제55화 괴물을 물리친 관북 고을의 원님

옛날에 함경도 북쪽 변방 한 고을에 냄새나는 괴물이 있었는데, 사또가 부임하여 10여일이 지나면 갑자기 죽곤 하였다. 연달아 대여섯 사람이 죽게 되자, 모두들 그 곳에 발령이 나는 것을 꺼려 피하였다. 비록 그러한 재앙을 모면할 수 있는 온갖 계책을 일러 주어도 기꺼이 가려는 사람이 없었다.

어떤 무인 하나가 벼슬길에 나섰으나 뒤를 봐 주는 사람이 없어 마침내 이 고을에 부임하게 되었다. 그는 평소에 담력과 용기가 있었고, 힘이 뛰어났다. 스스로의 생각에, '비록 마귀를 만난다고 하더라도 사람이 어찌 다 죽으란 법이 있으랴. 내 한 번 가보리라.' 하고는 곧바로 조정에 하직하고 부임하였다.

그곳에 부임한 뒤에는 홀로 동헌에 거처하면서 다만 장검 한 자루를 항시 몸 가까이 놓아두었다.

초경 무렵이 되자, 바람을 따라 비릿하게 썩는 냄새가 약간 나기 시작하더니 날로 점점 짙어졌다. 5, 6일이 지나자, 안개 같은 기운이 떠서 몰려왔다. 냄새는 그 안개 속에서 나는 것이었다. 안개가 날로 짙어지더니, 냄새를 참고 견딜 수가 없었다.

10일이 지났다. 전례대로 하면 사또가 죽어야 하는 날이었다. 관속들과 통인, 급창 등은 하나같이 모두 달아나 그를 모시는 사람이 하나도 없었다.

그는 부임 초부터 앉아 있는 자리 옆에 술항아리를 가져다 놓고 날마다 술에 취해 스스로 견디며 날짜를 보냈었다. 10일째 되는 날은 한층 술에 푹 취한 채 앉아 있었다.

밤이 되자 뭐가 하나 오더니 동헌 대문 밖에 서는 것이었다. 안개 같은 기운이 뭉쳐서 형체를 이루고 있었는데, 그 크기가 네댓 아름 가량 되어 보였고, 길이는 거의 두어 길쯤 되었다. 몸뚱이나 얼굴, 손발의 형체는 없고, 다만 위쪽 가장자리에 두 눈이 번쩍이는 것이 매우 밝았다.

사또가 그것을 보고 분연히 일어나 뜰로 내려서서는 크게 부르짖으며 달려들어 힘껏 칼로 내려쳤다. 그 소리가 벼락이 치는 듯 요란하였다. 그러자 안개 같은 기운이 즉시 한 점도 없이 흩어지고, 그에 따라 기분 나쁜 냄새도 금방 사라졌다. 그리고 나서 사또는 칼을 땅에 던지고 취하여 쓰러져서는 일어나지 않았다.

이튿날 아침, 관속 등이 사또가 이미 죽었을 것이라고 하며 시신을 거두려고 와서 보니, 사또가 대문 안에 쓰러져 있었다. 모두들 이렇게 말하였다.

"그 전에 죽은 사또들은 모두 시신이 동헌 위에 있었는데, 이 양반은 어떻게 뜰 아래 있을까. 이 또한 괴변일세."

두어 사람이 다가가 들어 거두려고 하자, 사또가 일어나 앉아 눈을 부릅뜨고 그들을 꾸짖는 것이었다. 그러자 모두들 크게 놀라 물러나 엎드려서 벌벌 떨기만 하였다.

이후로 그 고을에 냄새 나는 괴물로 인한 우환이 다시는 없었다.

제56화 주먹으로 귀신을 때려 쫓은 이만지

무인 이만지는 영남 사람이다. 사람됨이 억세고 사나웠으며, 담력이 남다르게 빼어나고 눈동자가 시퍼랬다. 항상 '평생 무섭거나 두려운 마음이 생긴 적이 없다.'고 스스로 말하곤 하였다.

하루는 그가 집에 있는데, 폭우가 퍼붓듯이 쏟아지고 천둥과 번개가 크게 일었다. 동이같이 큰 흙덩이가 집안으로 흘러 들어오더니 방으로, 마루로, 부엌으로, 뜰로, 행랑채로 들락날락 흘러다니며 두세 차례를 돌았다. 번쩍이는 번개불빛과 요란하게 치는 천둥소리로 천지가 진동하였다.

만지는 꼿꼿한 자세로 마루에 누워 조금도 두려워하지 않았다. 혼자 생각하기를, '내가 죽을죄를 지은 일도 없는데 벼락이야 맞겠느냐.'하였다.

그런데 갑자기 뜰 앞에 서 있던 느티나무가 벼락을 맞고 산산조각이 났다.

비가 걷히고 천둥과 번개가 그치자 일어나 집안을 둘러보니, 아내와 아이들이 모두 기절해 있었다. 간신히 아내와 아이들을 살려냈는데, 그 해에 아내와 자식들은 모두 병이 들어 죽고 말았다.

그 길로 상경하여 벼슬길에 들어서 오위장이 되고, 함경도 별해진의 첨절제사로 가게 되었다. 첩을 거느리고 별해진에 부임하여 보니, 전임 첨사들이 귀신으로 인해 여러 차례 죽었다는 것이었다. 그래서 관사를 폐하고, 첨사들이 여염집에 거처한 것이 이미 서너 차례에 이르렀다는 것이었다.

만지 자신만은 스스로의 정신과 기백을 믿고 있던 터라, 사람들에게 폐한 관사를 수리하게 하고 청소를 시킨 뒤 그곳에 들어갔다. 도임하던 날 첩은 안채에 거처하게 하고, 만지는 혼자 동헌 마루에 불을 밝히고 앉아 있었다.

2경쯤 되었을 때 뭐가 하나 방에서 나왔는데, 마치 나무둥치에 검은 보자기를 씌운 듯하였다. 그러나 그 얼굴은 볼 수가 없었다. 나와서는 그의 앞에 마주 앉았다. 이어서 뭔가 둘이 잇달아 나왔는데, 생긴 모양이 한결같았다.

세 귀신이 만지와 마주하여 벌여 앉더니, 점점 자리를 옮겨 다가왔다. 그에 따라 만지는 점차로 물러나다가 뒷벽에까지 이르니, 더 물러나 앉을 자리가 없었다. 만지가 말을 걸었다.

"너희들은 어떻게 생겨먹은 귀신이기에 감히 왕명을 받고 내려온 높은 관리가 도임하는 날에 이처럼 나타났느냐? 너희들이 하소연하고 싶은 게 있으면 내 마땅히 들어줄 테니 바른 대로 말하거라."

가운데 앉아 있던 귀신이 말하였다.

"배가 고픕니다."

"내 이미 너희들이 원하는 바를 들었으니, 음식을 잘 차려 먹여주마. 속히 물러가라."

말을 마치자 주문을 외우면서 손가락을 퉁겨 소리를 내니, 세 귀신은 두려워하는 듯한 모습을 하였다. 만지가 주먹으로 그들 가운데 첫 자리에 앉아 있는 놈을 때리니, 그 귀신이 몸을 비스듬히 기울여 피하였다. 그러자 휘두른 주먹은 그 놈에게 적중하지 못한 채 마루를 때리고 말아, 만지의 주먹이 터졌다.

세 귀신이 일제히 말하였다.

"찾아온 손을 내쫓으시니 가겠습니다."

마침내 세 귀신은 일어나 마루를 내려가더니 문득 보이지 않았다.

다음날, 무당을 부르고 소를 잡아 크게 굿판을 벌여, 사흘 밤낮 동안 굿을 한 뒤 그쳤다. 이로부터 다시는 귀신이나 도깨비가 괴변을 일으키지 않았다.

평하건대, 무릇 사람이 귀신을 만나 죽는 것은 비단 귀신이 악해서만이 아니라, 사람들이 지나치게 귀신을 두려워하기 때문이기도 하다.

함경도의 고을에서나 별해진에서 벼슬아치들이 죽는 일이 많이 일어난 것은 귀신이 참으로 악해서이다. 어떤 이는 칼로 쳐서 귀신을 없애기도 하였고, 어떤 이는 주먹으로 때려서 쫓기도 하였으니, 정말 두려운 마음이 있었다면 어찌 이렇게 하였겠는가.

담력과 용기가 남보다 빼어나게 되는 것은 다 쉬운 일이 아니지만, 함경도 고을 사또의 경우가 더욱 장하다.

제57화 사신을 보내 사당터를 정해 준 관왕신

선조 때 임진왜란이 일어나자, 명나라에서는 크게 군사를 일으
켜 원병을 보내 왔다. 왜적을 쳐 평정한 명나라의 장수가 선조에
게 말하였다.

"제 생각에 왜구를 쳐 승리를 거둔 것은 관왕신께서 도와주신
데 힘입은 바가 큽니다. 그 도움으로 큰 공을 이루었으니, 조
선에서는 은혜에 보답하는 뜻으로 관왕을 추모하는 행사를 해
야 옳을 것입니다. 청컨대, 사당을 세워 제사를 지내시기 바랍
니다."

선조는 그의 말을 따라, 한양성 밖 동쪽과 남쪽 두 곳에 관왕묘
를 세우고 제사를 지내도록 하였다.

그 사당을 세울 당시의 이야기로, 나라에서는 남쪽에 세울 사당
터를 아직 정하지 못하고 있었다. 어떤 이는 멀리 짓자 하고 어떤
이는 가까이 짓자고 하여, 신하들의 의견이 구구각색이라 결정을
할 수가 없었다. 당시에 백사 이상공이 조정 회의를 주재하고 있
었다.

그가 하루는 집에 있는데, 어떤 무사 하나가 대문에 이르러 뵙
기를 청하였다. 그 무사를 맞아들여 보니, 풍채가 웅위한 것이 예
사롭지 않은 사람이었다. 그 무사는 주변 사람들을 물리쳐 달라고

청한 뒤 나직이 무슨 말인가를 하고는 물러갔다.

이상공과 친한 손님 하나가 마침 그 자리에 있다가 밖으로 피했었는데, 무사가 돌아간 뒤 다시 들어와 보니, 이상공은 자못 기이하게 여기는 모습을 하고 있었다. 그 손님이 의아하게 여겨 물어보았으나, 상공은 말을 하지 않았다. 그러더니 한참 뒤에 말을 꺼냈다.

"참으로 기이한 일일세. 아까 찾아왔던 무사는 곧 관왕의 사자라네. 성 남쪽의 사당터를 아직 정하지 못한 까닭에, 관왕이 친히 그 밑에 있는 장수 하나를 내게 보내어 한 곳을 일러주었다네. 꼭 그곳으로 정하고 조금도 다른 곳으로 옮기지 말라고 하더구먼. 그래서 내가,

'일러주신 말씀을 삼가 받들겠습니다. 황송하고 감격스러움을 이길 수 없습니다. 마땅히 삼가 받들어 행할 것이오, 어찌 감히 장소를 바꾸어 정하겠습니까?'

하고 대답하였다네. 그랬더니 사자는,

'이는 한때 잠시만 제사를 올리고 말 곳이 아니고, 대대로 제사를 받들어 모실 사당이오. 모시는 신주가 자리를 잃게 되면, 신의 뜻이 불안하게 되는 까닭에 친히 이렇게 일러 드리는 것이오.'

하며 거듭거듭 당부를 하고 갔다네. 그러니 어찌 기이하지 않겠는가?"

그 손님도 그 말을 듣더니 매우 놀라고 두려워하였다. 이에 다시 그 손님에게 이 이야기를 퍼뜨리지 말라고 간곡히 당부하였다.

이상공은 힘을 다해 한결같이 관왕이 일러준 곳으로 정하자고 주장하여 사당을 세우게 되었다. 지금의 남관왕묘가 바로 그것이다.

제58화 **꿈에 나타나 요망한 일을 예방해 준 관왕신**

　　어떤 선비 하나가 한강을 건너다가 배 안에서 설핏 잠이 들었는데 꿈에 한 사람이 나타났다. 누에 눈썹에 봉의 눈을 하고, 얼굴빛은 짙은 대추같이 검붉었다. 8척 장신에 푸른 전포를 입고 수염을 길게 드리운 것이 위풍이 늠름하였다. 큰 칼을 비껴 차고 붉은 말을 타고 와서는 선비에게 말하였다.

　　"나는 한나라 수정후 관운장이다. 긴급한 일이 있어 너를 보러 왔다."

하더니 선비더러 손바닥을 펼치라고 해서 붓으로 서명을 해주고 말하였다.

　　"너는 강을 건너 서울로 들어가지 말고 잠시 나루에 머물며 기다려라. 그러면 농삼장에 싼 농을 일곱 바리 가득 싣고 서울로 가는 자들이 있을 것이다. 그 사람들을 불러모아 네 손바닥에 써놓은 서명을 보여주면, 그들은 자결을 할 것이다. 그런 뒤에 너는 그 농을 쌓아 놓은 채 열어 보지 말고 즉시 조정에 고하여 속히 불태워 버리도록 하라. 이것은 큰 일이니 행여 그르치지 않도록 하라."

　　선비가 문득 꿈에서 깨어나니, 몸이 덜덜 떨려오고 식은땀으로 등이 흠씬 젖었다. 즉시 손에 서명해 준 것이 있는가 보니, 손바닥에 먹물 자국이 흥건히 마르지 않은 채 완연하였다. 마음속에 매우 괴이쩍고 의아한 생각이 들어, 꿈에서 들은 대로 나룻가에 서서 기다렸다.

조금 있자니 과연 농삼장에 싼 농 일곱 바리가 남쪽으로부터 북쪽을 향해 강을 건너 실려왔다. 의관을 갖추어 입은 사람 하나가 그 짐 뒤를 따라 강을 건넌 뒤에, 선비는 짐을 부리려는 사람들을 불러 말하였다.

"할 이야기가 있으니 잠시 한 곳으로 모여 주시오."

그들도 놀라서 서로 바라보며 의아해하더니, 곧 스스로 모여들었다. 선비가 가린 손을 보여주며 말하였다.

"이게 무엇인지 다들 좀 보시오."

손바닥에 쓴 서명을 보자마자, 의관을 갖추어 입고 온 자가 왼손으로 갓을 벗어들고는 급히 강으로 달려가 몸을 강물에 던졌다. 그를 따라온 8, 9명도 역시 그 뒤를 이어 강에 투신하더니 순식간에 모두 빠져 죽었다.

선비는 나루터에서 일을 보는 사내들을 불러 말하였다.

"이 농 안에 있는 물건은 재앙을 불러오는 것이네. 내가 조정에 들어가 고하여 처리할 테니, 자네들은 이걸 굳게 지키고 기다리게."

그리고는 열어 보지 말라고 주의를 준 뒤, 즉시 성으로 달려들어가 병조에 고하고 변고가 일어난 상황을 자세히 말하였다. 병조에서는 즉시 낭관 하나를 감독관으로 보냈다.

현장에 도착해서는 선비의 말을 좇아 장작을 쌓아 놓고 짐 바리를 태웠다. 불꽃이 타오르자 농이 터져 열렸다. 길이가 한 치쯤 되게 나무로 깎아 만든 군사와 말이 14개의 농 속에 꽉 차 있었다.

선비와 병조의 낭관 등 그 광경을 본 사람들은 모두 놀라서 혀를 내둘렀다. 한참만에야 다 타서 재가 되었다.

그제야 비로소 요술을 부리는 자가 환술로 도성에 싸움을 일으키려고 나무로 깎아 만든 군사와 말을 실어 날랐다는 것을 알게 되었다.

그 당시 조정에서는 처음으로 도성 동쪽과 남쪽에 관왕묘를 세우고 제사를 지냈었다. 그런 까닭에 관왕의 신령이 우리나라를 위해 몰래 도와주었던 것이다.

평하건대, 관왕의 충의는 천고의 무장들 가운데 으뜸이다. 그의 혼령이 지금까지도 있어서 멀리 명나라 군사를 따라와 우리나라의 난리를 깨끗이 평정해 주었다. 도리를 따르는 자를 돕고 도리를 거스르는 자를 토벌하는 것도 충의 가운데에서 나온 것일 따름이다.

또한 사신을 보내 사당터를 정하도록 하고, 꿈에 나타나 요사스러운 일을 제거토록 하였으니, 어찌 이처럼 신령스러운가?

일찍이 송나라 때 관왕의 신령이 나타나 귀신의 재앙을 물리쳤다는 이야기를 듣고, 그것이 허무맹랑하다고 생각하였었다. 이제 이 두 가지 일을 통해 보니, 참으로 허무맹랑한 것이 아니다. 명나라 장수가 관왕신이 도왔다고 한 말은 그 나름으로 근거가 있는 것이니, 우리 조정에서 관왕묘에 제사지내는 일을 폐하지 않음이 마땅하다.

제59화 한명회의 정실이 된 선천좌수의 딸

한명회는 세조 때 일등공신이었다. 세조의 총애가 극에 달해, 조정의 신하들 가운데 그 이상으로 총애를 받는 사람이 없었다. 한명회는 그 권세를 믿고 위엄과 부귀를 마음대로 하여 온 세상을 휩쓸었다. 비록 의정부나 내각의 대신들이라고 할지라도 그에 관해 감히 임금에게 말 한 마디 못하였다.

한명회가 평안감사로 나가 있을 때 불법을 자행하며 자기 뜻에 조금이라도 거슬리면 문득 잡아다 죽여 버렸다. 사람 죽이기를 임금처럼 마음대로 하니, 평안도 사람들이 마치 이리나 범을 만난 듯이 벌벌 떨었다.

하루는 선천좌수의 딸인 처녀가 자색과 인물이 빼어나다는 말을 듣고, 좌수를 감영으로 불러 대놓고 말하였다.

"듣자니, 자네 딸의 인물이 매우 좋다더구만. 내가 데려다가 첩을 삼으려 하네. 순시차 선천에 가는 날, 내 친히 자네 집에 가서 데려올 테니 그리 알고 기다리게."

좌수가 황송해하며 대답하였다.

"천하고 누추한 제 딸년이 인물이 매우 잘났다고 하시는 말씀은, 그 말을 전하는 사람이 잘못 전한 것이옵니다. 하오나 존명을 이미 내리셨사오니 어찌 감히 일러주신 대로 받들어 행하지 않으리까."

하직을 고하고 집으로 돌아온 좌수는 얼굴에 수심을 가득 띤 채 마음이 매우 편치 않았다. 그의 딸이 물었다.

"감사께서 부르신 것은 무슨 일 때문이오니까? 아버님께서 얼굴에 수심을 띠고 계신 것은 무슨 연고 때문이옵니까? 소녀가 알고 싶사옵니다."

좌수는 딸에게 걱정을 끼칠까 싶어 처음에는 말을 하지 않다가, 딸이 굳이 물으므로 대답을 하였다.

"내가 너로 인해 이런 환난을 만났구나."

하고는 비로소 감사가 그녀를 첩으로 데려가겠다고 한 말을 해주었다.

"내가 감사의 명을 따르지 않으면 필시 죽음을 당할 테니 따르지 않을 수가 없구나. 그렇다고 사대부 집안의 딸이 남의 첩이 되다니 어찌 원통치 않겠느냐?"

그녀가 아버지의 말을 듣고는 웃으며 말하였다.

"아버님께서는 어찌 그리 생각지 못하심이 심하옵니까. 대장부가 어찌 계집 하나 때문에 목숨을 바꿀 수 있겠습니까. 이는 딸자식 하나를 버리는 것에 지나지 않사옵니다. 딸 하나를 버려서 목숨을 보존하시는 것과 딸 하나를 위해서 죽음을 자초하시는 것은 일의 비중으로 보아 뻔한 것이옵니다.

원컨대, 아버님께서는 이 딸년을 도외시하시어 더 이상 털끝만큼도 개의치 마시옵고, 수심을 다 털어 버리시고 평안한 마음을 가지시는 것이 어떠하시옵니까?

여자가 이런 일을 당하는 것은 모두가 숙명이옵니다. 응당 순순히 받아들이는 것만이 스스로를 편안히 하는 것이옵니다. 조금도 원망하거나 한스러운 마음이 없사옵니다.

소녀의 뜻이 이와 같사오니, 아버님께서도 소녀의 뜻을 따라 처신하시기를 엎드려 비옵니다."

좌수가 탄식을 하며 말하였다.

"이제 네 말을 들어보니 내 마음이 조금 풀리는구나."

이로부터 온 집안 사람들이 모두 수심에 싸여 탄식을 하고 있는데, 그녀만이 고요히 동요함이 없는 얼굴로 태연히 웃으며 말하는 것이 평소와 다름이 없었다.

오래지 않아 감사가 순시를 하다가 선천에 이르렀다. 좌수를 불러, 다음날 그의 딸을 단장시켜 기다리도록 분부를 하였다. 좌수가 집에 돌아와 혼례 준비를 하려는데, 그의 딸이 부탁을 하였다.

"이것이 비록 첩으로 시집을 가는 것이오나 혼례식 자리를 한결같이 정실로 혼인을 하는 법도에 따라 차려 주옵소서."

좌수는 딸의 말대로 해주었다.

이튿날 감사는 평복 차림에 갓을 쓴 채 좌수의 집에 이르러 안으로 들어갔다. 그녀를 보니 앞에 나와 서서 맞이하는데, 진주 부채로 얼굴을 가리는 대신 날이 시퍼런 칼을 양손에 들고 있었다. 그러나 자태와 용모는 과연 절세의 미인이었다.

감사가 놀라 칼을 들고 있는 까닭을 묻자, 그녀는 수모를 통해 대답하였다.

"소녀가 비록 시골의 가난하고 미천한 것이오나 명색이 양반이옵니다. 사또께서는 비록 존귀하신 분이오나 이제 소녀를 첩으로 들이시겠다 하오니, 또한 제가 원통하지 않겠습니까.

사또께서 만약 예법에 따라 정실로 맞이하시겠다면 마땅히 종신토록 섬길 것이옵니다만, 첩을 삼으실 생각이시라면 이 자리에서 자결하려고 하옵니다. 칼을 들고 있는 까닭은 이것이옵니다. 소녀의 생사는 사또님의 한 마디에 달려 있사옵니다. 결정을 내려주시기를 비옵니다."

감사는 평소에 예법을 따르지 않고 마음대로 불법을 행하던 사람이었다. 그러나 이미 그녀의 자태와 용모를 보고 매우 흡족하여 마음이 기울어진 터였다.

"네 뜻이 이와 같다면, 내 마땅히 정실로 맞이하겠다."

"그러시다면 바라옵건대 밖에 나가셔서 청혼하는 글과 납채·전안 등의 절차를 갖추시고 사모 관대를 하신 뒤 혼례를 행하심이 어떠하실는지요?"

감사는 즉시 그녀의 말을 따랐다. 한결같이 그녀의 말에 따라 절차를 갖추어 혼례를 행한 뒤 그녀를 맞았다.

그녀는 비단 용모가 빼어나게 아름다울 뿐 아니라, 그 자질과 성품이 어질고 맑아 세상에서 보기 드문 여인이었다. 감사는 그녀를 집으로 데려가 끔찍하게 아끼고 사랑하였다. 처음에 맞이한 본처와 첩들은 모두 거들떠보지도 않은 채 그녀하고만 밤낮으로 함께 있었다.

지아비의 행실이 옳지 못하고 바르지 않으면, 그녀가 완곡한 말로 타일렀다. 그러면 한명회는 그녀의 말을 그대로 따랐다. 사람들도 이 때문에 그가 어질고 현명한 남편이 되었다고들 칭찬하였다.

그녀는 정실부인으로 행세하였으나, 먼저 있던 본처는 그녀를 첩으로 대하였다. 집안의 모든 친척들도 그녀가 정실이 되는 것을 승복하지 않았다.

세조는 평복 차림으로 자주 한명회의 집에 찾아오곤 하였다. 그럴 때마다 한명회는 주안상을 올린 뒤 그의 처로 하여금 나와 인사를 드리고 술잔을 받들도록 하였는데, 바로 그녀였다. 세조는 그럴 때마다 그녀를 형수라고 불렀다.

어느 날, 세조가 또 찾아와서 술잔을 올리며 환담을 하며 즐기는데, 그녀가 뜰로 내려가 엎드렸다. 의아해진 임금이 물었다.

"형수씨께서는 무슨 까닭으로 이러시오?"

그녀는 즉시 자신이 억지로 시집을 오게 된 사정을 자세히 아뢴 뒤 울면서 하소연하였다.

"신이 비록 먼 시골의 가난한 집안 출신이오나 명색이 그래도 양반이옵니다. 신의 지아비가 이미 혼례를 갖추어 정실로 맞았 사오니, 첩이 되는 것은 부당하옵니다. 하오나 다만 나라에 처가 있는데 다시 처를 맞는 법이 없사온지라, 사람들마다 첩이라 하 오니 어찌 원통하지 않겠사옵니까? 엎드려 비옵건대 마마께옵 서 굽어 살피사 처결해 주시옵소서."

그녀는 거듭 절을 하며 간절히 아뢰었다. 임금이 그녀의 말을 듣고 웃으며 말하였다.

"이는 당연한 일이오. 형수씨께서는 어찌 땅에 엎드려 읍소를 하시기까지 하오. 내 마땅히 결단을 내릴 것이니 속히 올라오 시오."

세조는 즉시 손수 어필로 '정실이 됨을 허락하노라. 그 자손들도 모두 구애됨이 없이 높은 벼슬을 할 수 있도록 허락하노라.'라고 쓴 뒤 서명을 하고 옥새를 찍어 내려주었다.

이로부터 드디어 그녀는 정실이 되었다. 먼저 들어온 처와 똑같 이 부인으로 봉함을 받으니, 누구도 감히 뭐라고 하지 못하였다. 그녀에게서 태어난 자손들도 또한 과거에 급제하여 곧바로 벼슬을 하고 승진을 하는 데 조그만 장애도 없었다.

제60화 겨드랑이에 썩은 고기를 끼고 절개를 지 킨 부인

연산군은 말년에 음란함이 더욱 심해져서, 그 패륜적인 행동이 예전에는 없었던 것이었다. 내시나 궁궐의 종들로 하여금 조정 신하들의 처를 찾아가게 하여 인물이 있다고 하면 재상집의 부녀자이건 고관집의 부녀자이건 가리지 않고 닥치는 대로 불러다 보았다. 보고 눈에 들면 그 자리에서 농락을 하였다. 비록 거절할지라도 위력을 써 억지로 겁탈을 하여 더럽히고야 마니, 벗어날 수 있는 사람이 없었다. 심지어는 이런 명을 내리는 데에 이르렀다.

"허리를 안고 감창을 질러라!"

연산군이 궁중에 머무르게 하고 싶어하였던 사람은 노재상 박순의 처였다. 승정원에서는 이런 사실을 모르는 사람이 없었다. 이러한 소문을 듣고 해괴하다고 여기지 않는 사람이 없었다. 이로 말미암아 인심이 더욱 흩어져 결국 중종반정이 일어나게 된 것이다.

그 당시에 젊어서 이름이 알려진 어떤 선비가 있었는데, 그의 아내는 자태와 용모가 빼어났다. 어느 날 그녀도 임금의 부름을 받게 되었다. 여느 집 부녀자들은 부름을 받으면 놀라고 두려워하지 않는 사람이 없었고, 죽을 곳에라도 가는 양 울곤 하였다. 그러나 이 부인만은 부름을 받고도 태연히 조금도 놀라는 기색이 없었다.

다른 사람들처럼 성장을 하고 대궐에 들어가 임금을 뵈었다. 연산군이 그녀를 기꺼이 오게 하니, 더럽고 지독한 냄새가 물씬 풍겼다. 임금은 도저히 그 냄새를 참을 수가 없어서 코를 싸 쥔 채 부채로 가리고 침을 뱉으며 말하였다.

"더럽구나, 이 계집은. 과연 가까이 할 수 없도다."

연산군은 그녀를 잠시도 머무르지 말고 즉시 물러가라고 명하였다. 그리하여 마침내 절개를 지키고 돌아올 수 있었다.

대개 그녀는 부름을 받을 것이라 예상하고, 그에 대응할 계책을 미리 생각해 두었던 것이다. 그 계책은 이런 것이었다. 쇠고기 두 조각을 푹 썩혀 두었다가 대궐에 들어갈 때 두 겨드랑이에 각각 한 조각씩을 끼고 가면, 악취가 풍겨남이 가까이 올 수 없게 되기 때문이다. 그녀의 가족과 친척은 물론 당시 사람들이 모두 그녀의 묘한 계책에 탄복을 하였다.

평하건대, 어질도다, 두 부인의 처신이여! 아마도 옛날의 열녀나 정숙한 부녀자들이 이런 일을 당하였어도 죽음을 택하는 길밖에는 다른 도리가 없었을 것이다.

그런데 이 두 부인들은 스스로 임기응변을 발휘하여 능히 기묘한 계책을 생각해 냈다. 칼로 부채를 대신하여 명색을 바로 보전하고, 고깃조각을 겨드랑이에 끼어 절개를 온전히 지킨 것은 비록 장량이나 진평의 지혜라고 할지라도 이보다 나을 수는 없다. 한나라의 유향을 다시 살아나게 해서, 이 이야기를 들려주어 《열녀전》에 써넣도록 하지 못하는 것이 한스럽다.

제61화 홀로 재실을 지키다가 세종에게 발탁된 시골 선비

세종 임금 때, 생원·진사 등 여러 유생들이 성균관에서 공부를 하고 있었다.

하루는 청명절을 맞아, 바야흐로 꽃이 피고 늘어진 버들가지에 잎이 파릇파릇 하였다. 이 날, 모두들 성균관 밖 북쪽으로 멀리 있는 냇가에 놀이를 갔다. 술과 안주를 마련해 가지고 가서 저물 때까지 즐겁게 놀기로 하였다.

그리하여 마침내 재실이 텅 비게 되었는데, 성품이 소탈한 시골 선비 하나가 남들이 하지 않는 일을 하였다. 그의 생각에 '성인을 모신 문묘는 누구라도 지키지 않을 수가 없다.' 싶어, 혼자 물놀이를 가지 않고 남아 있었다.

그날 마침 세종 임금이 대궐 안에 있는 종을 하나 잠시 성균관에 보내어, 유생들이 몇이나 재실을 지키고 있는가 살펴보라고 하였다. 심부름 갔던 종이 바로 돌아와 아뢰었다.

"유생들이 모두 먼 곳의 냇가로 놀이를 갔사온데, 어떤 시골 선비만이 홀로 재실을 지키고 있었사옵니다."

세종은 즉시 명을 내려, 그 유생더러 의관을 갖추어 입궐하라고 하였다. 그가 입궐하자, 임금은 그를 내려다보며 물었다.

"꽃 피는 시절에 냇가에 모여 놀면서 다들 함께 즐기는데, 너만 어찌 가지 않았느냐?"

"신 또한 놀이가 즐거운 일임을 모르지 않사옵니다만 성인을 모신 문묘를 지키지 않을 수 없는 까닭에 이쩔 수 없이 혼자 남아 있었사옵니다."

"가상하구나. 너는 시를 지을 줄 아는고?"

"겨우 엮을 줄은 아옵니다."

"내가 '비 온 뒤에 산이 운 듯 젖어 있고(雨後山如泣 : 우후산여읍)'라고 지었는데, 네가 능히 짝을 맞추어 지을 수 있겠는고?"

그러자 유생이 바로 대구를 지었다.

"바람 앞에 풀은 취한 듯 쓰러지네(風前草似酣 : 풍전초사감)."

임금은 크게 칭찬을 하며 그 자리에서 급제를 명하였다. 곧 홍패와 어사화를 내려주고, 알성과의 예에 따라 복두와 푸른 도포, 말과 고삐를 잡을 동자 등을 갖추어 주었다. 광대와 악공도 급히 갖추어 주도록 아울러 명을 내렸다. 그리고는 그로 하여금 냇가에 모여 있는 성균관 유생들에게로 먼저 가서 과시하도록 하였다.

냇가에서 놀고 있던 성균관의 유생들은 멀리서 들려오는 광대들의 휘파람 소리와 풍악 소리를 듣고 하나같이 괴이하게 여겼다. 홀연 머리에 어사화를 꽂고 말머리에 한 쌍의 동자를 거느린 신래자가 온 것을 보니, 곧 재실을 지키고 있던 시골 선비였다. 그가 그날 대궐에 불려 들어가 특별히 급제한 사실을 물어 알고는 모두들 크게 놀라 자빠졌다.

유생들이 서로 흩어져 재실로 달려가 보니, 성균관에 딸린 종들과 재실을 지키는 아이들도 모조리 냇가로 놀이를 가버리고 다만 나이 어리고 어리숙한 아이들 몇만이 재실에 남아 있었다. 그 아이들은 유생들을 부르는 임금의 명을 접하고도 그들에게 달려가 알려줄 줄을 몰랐던 것이다.

그 시골 선비는 급제한 뒤에 임금의 보살핌과 은총을 많이 입어 마침내 크게 출세를 하였다.

제62화 대궐 안뜰에 잘못 들어갔다가 승진한 우학유

세종 임금 때 영남 사람인 우 아무개는 명경과에 급제하여 성균관에서 실무를 익히다가 겨우 성균 학유가 되었다. 관례대로 승진을 하면 정6품인 성균 전적으로 나아가야 되나, 가난한 시골 출신이라 세상에 알 만한 사람이 없었다. 비록 서울에서 여러 해 살았지만, 끝내 자리를 옮겨가며 고루 등용되지를 못하였다. 객지 생활에 고생도 많고 하여 벼슬을 그만 두고 낙향을 할 생각이었다.

그에게는 다만 평소에 친하게 지내던 승지 한 사람이 있었다. 그를 찾아가 작별을 고하고 나서 말하였다.

"내가 몇 년째 벼슬을 살았지만 아직 승정원엘 가보지 못하였네. 자네가 번드는 날에 한 번 구경할 수 있겠는가?"

"낮에는 동료들이 함께 모여 있고, 다른 관리들도 흩어졌다 모였다 하니 용무 없이 들어갈 수는 없네. 내가 마침 내일 숙직이니, 자네가 밤에 찾아온다면 느긋하게 둘러볼 수 있을 것일세. 숙직자 명단에 없는 사람이 대궐에 머물러 자는 것은 비록 법을 어기는 것이지만, 하룻밤 자는 거야 어떻겠나."

그리고는 곧 사령 하나에게 명하여, 다음날 저녁에 그를 안내하여 승정원에 들여보내라고 하였다.

다음날 저녁, 그가 그 승지의 말대로 승정원에 들어가 보니, 승지는 마침 일이 생겨 숙직하러 들어오지 않았다. 그때 대궐 문은 이미 닫혔는지라 나갈 수도 없었다. 어쩔 줄 몰라 서성거리고 있는데, 승지와 같은 방에 있는 서리가 그를 딱하게 여겨 승정원 한 모퉁이 빈 곳에서 잘 수 있도록 주선을 해주었다.

밤이 되어 달이 환하게 떴다. 대궐에서 일을 보는 아전들은 모두 잠이 들었는데, 그는 잠을 이룰 수가 없었다. 자리에서 일어나 서성거리면서 뜰과 건물들을 두루 구경하였다.

그때는 장마가 지난 뒤라 궁궐 담장이 허물어진 곳이 있었는데, 아직 다시 쌓지 않은 채였다. 그곳은 곧 경복궁이었다. 그는 담 너머가 임금이 계신 곳임을 알지 못하는지라 허물어진 담장을 넘어 들어갔다. 빙 둘러 깊은 곳으로 들어가니, 숲이 무성하고 경치가 매우 아름다웠다. 그는 속으로 '이게 뉘 집 뒷동산이기에 이렇듯 넓고 경치가 좋을까?' 하고 생각하였다.

문득 보니, 한 사람이 머리에 비단으로 된 두건을 쓰고 청려장을 든 소년 하나를 데리고 뒤에서 한가롭게 걸어오고 있었다. 이는 대개 임금이 달밤에 우연히 홀로 내시 하나를 거느리고 후원에서 산책을 하다가 그와 마주치게 된 것이다. 그러나 그는 임금이 자기 앞에 나타난 것을 까맣게 모르고 있었다.

임금이 그를 보고 물었다.

"그대는 누구이기에 여기에 들어왔는고?"

"나는 아무 벼슬을 하는 아무개요."

그는 승지 아무개와 서로 약속을 하고 들어왔다가, 그가 숙직을 하지 않게 되고 궁궐 문이 닫히는 바람에 어쩔 수 없게 되어 승정원 한 모퉁이에 부쳐 자게 되었다는 것과 달 밝은 밤에 잠이 오지 않아 승정원 밖으로 나왔다가 담이 허물어진 것을 보고 우연히 이

곳으로 넘어 들어오게 되었다는 것을 말하였다. 그런 뒤에 물었다.

"이게 뉘 집이오?"

"내기 이 집 주인이오."

그리고는 곧 함께 넓적한 바위 위에 마주 앉아 조용하게 이야기를 나누었다.

임금은 그가 명경과에 급제한 것을 알고, 그의 품계가 어찌 그리 낮으냐고 물었다.

"먼 시골의 가난한 선비인데다 가세가 몰락하여 서울에 올라와 벼슬살이를 하게 되었소. 일찍이 권세가를 찾아가 아부를 한 일이 없으므로, 재상이나 이름난 분들은 하나도 아는 사람이 없으니, 누가 천거해 뽑아 주겠소? 내가 불우한 것은 이 때문이라오. 이제 벼슬을 버리고 낙향하여 여생을 보낼까 한다오."

"경전 공부를 업으로 했다면 《주역》을 풀이할 줄 알겠구려?"

"비록 《주역》의 심오한 대의를 밝힐 수는 없으나 그저 조금 아는 정도지요."

임금은 내시에게 명하여 《주역》을 가져오라고 하였다. 대개 이때 임금은 《주역》을 읽고 있던 중이었기 때문이었다. 달빛 아래 《주역》을 펼쳐놓고, 임금이 전에 읽다가 의심이 가고 잘 알 수 없었던 곳을 짚어가며 물으면, 그가 단락별로 풀이를 해주는데, 훤히 잘 알아서 설명이 매우 분명하였다. 임금은 크게 기뻐하는 한편, 매우 기이하게 여겼다. 함께 강론을 하다가 밤이 깊어서야 비로소 끝냈다.

"그대가 이처럼 재주와 식견이 있는데 버려져 등용되지 못하니 어찌 가석치 않으리요."

임금은 그를 두고 탄식하여 마지않았다.

"여기서 집으로 돌아갈 수 있으면 다행이겠소."

"밤이 이미 자정을 넘었으니 순금이 두렵소. 다시 승정원으로 돌아갔다가 날이 새기를 기다려 나가는 것이 좋겠소."

그는 임금의 말을 따라 작별을 고하고, 다시 허물어진 담을 넘어 승정원으로 돌아갔다. 대궐 문이 열리자 집으로 돌아갔다.

그 이튿날 임금의 특명으로 그를 홍문관 수찬에 임명하자, 사간원에서 즉각 이론을 제기하였다. 그를 수찬과 같은 맑고 높은 직책에 임명하는 것은 분수에 넘치고 적합하지 못하니 바꾸어 달라는 것이었다. 임금은 즉시 그리하겠다고 윤허하였다.

그 다음날 그를 다시 교리에 임명하자, 사간원에서 또다시 논박하였다. 임금도 즉시 그리하겠다고 윤허하였다. 다음날은 그를 다시 응교에 임명하자, 사간원에서 다시 이론을 제기하니, 임금은 전과 같이 윤허하였다. 다음날은 그에게 특별히 부제학의 벼슬을 내렸다. 일이 여기에 이르자, 사간원에서는 회의를 열었다.

"상감의 뜻이 어디 있는지를 알 수가 없소. 이렇게 나가다간 장차 홍문관 대제학이나 이조판서에 이르러도 모자랄 것이오."

사간원에서는 잠시 거론을 하지 않고 기다려 보기로 하매 드디어 이의제기가 그쳤다.

그 뒤에 잔치를 벌였는데, 여러 대신들과 홍문관·사간원·사헌부의 벼슬아치들이 임금을 모시고 자리하였다. 사간원에서 임금에게 아뢰었다.

"우 아무개는 인품으로 보나 지체와 문벌로 보나 맑고 높은 직책에 적합하지 않사옵니다. 하온데 특별히 홍문관의 벼슬을 내리시고 몇 차례나 거듭 승진을 시키시매, 물의가 일어 사간원에서 발론을 하면 곧 윤허를 하셨다가 다시 매번 승진을 시키시니 무슨 까닭인지 알 수가 없사옵니다. 성상께옵서 그 사람의 어떤 점을 취하셨기에 이에 이르도록 하셨나이까?"

임금은 대답이 없이 내시를 돌아보더니 《주역》을 가져오라고 명하였다. 가져온 《주역》을 임금이 친히 펼치고는 의심이 가거나 이해하기 어려운 곳을 짚어준 뒤 여러 신하들로 하여금 풀이하여 아뢰게 하였다. 대신으로부터 사헌부나 사간원의 간관에 이르기까지 한 사람도 풀이할 수 있는 사람이 없었다. 단락별로 네댓 군데를 물어보았으나 마찬가지였다. 이에 임금이 말하였다.

"내가 요즘 즐겁게 《주역》을 읽고 있소. 《주역》은 성인이 남기신 경전 가운데 으뜸이오. 그 뜻을 밝힐 수 있는 사람은 재주와 식견이 예사롭지 않은 것이오. 경들은 아무도 《주역》을 모르는데, 우 아무개만은 훤히 알고 있으니 어찌 훌륭한 일이 아니겠소. 이 사람의 경전에 대한 학문은 홍문관의 벼슬에 적합하오. 어찌 안 될 게 있겠소? 내 장차 그를 더욱 중용할 것이니, 더 이상 그가 마땅치 않다는 의론은 하지 않는 게 좋겠소."

여러 신하들이 모두 두려운 마음으로 임금의 말을 들으면서 감히 한 마디도 맞서지 못하고 물러났다.

마침내 우 아무개는 오래도록 홍문관에서 벼슬을 하며, 경연에 들어가 임금을 모시고 항상 《주역》을 강론하였다. 그 뒤에도 몇 차례나 임금의 은총으로 발탁되어, 도승지·지성균관사·대사헌·대사간·이조와 병조의 참판 등 맑고 높은 직책을 거치지 않은 것이 없었다. 드디어는 재상의 자리에 이르게 되었다.

평하건대, 사람들 가운데 재주를 품고도 출세하지 못한 사람이 한둘이겠는가. 능히 재상의 인정을 받는 것도 어려운데, 하물며 그 위에 계신 임금의 눈에 띄는 것은 더욱 어려운 일이다.

성균관의 시골 선비나 성균학유로 있던 우 아무개가 세종 임금을 만날 수 있었던 것은 하늘의 뜻이지, 인력으로 될 수 있는 것이 아니다. 혼자서라도 재실을 지키는 것은 의례적인 규칙인데도 불러다 칭찬을 해주었다. 궁궐의 안뜰에 잘못 들어간 것은 중죄를 범한 것임에도 맞이하여 편안하게 대해 주었으니 특별한 은혜이다.

시의 대구 한 구절을 짓는 것을 보고 그의 문학적 재질을 알아 특별히 급제를 시켰다든지, 《주역》의 깊은 뜻을 풀이하는 것을 보고 그의 경학에 대해 깊이 감탄하여 거듭 승진을 시킨 것은, 세종 임금의 명철함이 아니었다면 어찌 이에 이르렀겠는가. 이는 참으로 천고에 들어보기 어려운 것이다.

세상 사람들은 하나같이 두 사람이 임금을 만나게 된 것이 기이하다고들 하나, 나만은 세종 임금의 사람을 알아보는 안목이 예사롭지 않았다고 생각한다. 세종대왕은 지극한 다스림과 어진 덕으로 인해 지금까지 동방의 요순이라고 전하며 칭송되고 있으니, 그것은 진실이다. 어허, 성세로다!

제63화 이항복과 조위한의 해학

오성부원군 이항복 대감은 해학을 즐겼다.

일찍이 그가 비변사의 회의 자리에 늦게 간 적이 있었다. 어느 재상 한 사람이 그가 맨 나중에 온 것을 책망하자, 오성이 말하였다.

"제가 오는 길에 종루가 있는 거리에서 마침 서로 다투고 있는 중과 환관을 만났소이다. 중은 환관의 불알을 잡고, 환관은 중의 상투를 잡고 싸우는데 아주 볼 만하더군요. 그걸 구경하느라고 지체하다가 그만 늦고 말았소이다."

그 말을 듣고 사람들이 모두 웃었다. 대개 당시의 일들이 모두 이렇듯 거짓으로 꾸며도 그냥 넘어갔기 때문에 이를 풍자한 것이었다.

현곡 조위한 공도 나이는 비록 오성보다 약간 어렸으나 또한 우스개를 잘하였다. 그는 늘 오성과 서로 우스개를 주고받으면서 오성더러 '실없는 말에는 천자'라고 추켜세우곤 하였다.

어느 날, 오성이 의정부에서 받은 녹봉을 여러 처첩들에게 나누어주고는 현곡에게 말하였다.

"난 처첩들에게 녹봉을 모조리 맡겨 버렸네. 부인에게는 사과 벼슬을 맡기고, 첩들에게는 사용 벼슬을 맡겼다네."

그러자 현곡은,

"그러면 대감께선 빈손 털고 일어나셨소그려."

그 말을 듣고 오성이 큰 소리로 웃었다.

나의 외조부인 사은공께서 강원감사로 계실 때, 현곡은 양양 부사로 있었다. 외조부께서 도내를 순시하시다가 양양에 이르러 현곡에게 말하였다.

"공은 금강산에 가보았소?"

"부임해서 바로 가보지 못한 게 한이 됩니다. 이제 벌써 두어 해나 벼슬을 하다보니 가볼 수가 없습니다."

외조부께서 웃으시며 그 까닭을 묻자 현곡은 말했다.

"회양 고을 원 노릇 두어 해에 온갖 좋은 음식을 배불리 먹다 보면 허리가 굵어지고 배가 나오게 되지요. 그런 뒤에 금강산에 들어가 험한 곳에 다다르면, 급창더러 업으라 하고 통인에게는 앞길을 인도하게 하는데, 그 불룩한 배가 급창의 등에 붙어 눌리게 되면 방귀를 두어 번쯤 뀌게 마련이지요. 그러면 통인은 급창이 뀐 줄 알고 돌아다보며 꾸짖는답니다.

'야, 이 개새끼야! 어디서 감히 방귀를 뀌는 거야?'

급창이,

'네 놈은 모르면 입 닥치고 가기나 해!'

하고 대꾸합니다. 회양 원은 엄청난 욕을 먹고 말았지만, 그렇다고 자기가 뀌었다고 말할 수도 없는 것이지요. 대개 부임할 당초에는 배도 나오지 않고 몸도 가벼워 산행을 즐길 수 있지만, 벼슬을 약간 오래 하다 보면 배도 나오고 몸도 불어서 산에 오르다 보면 이런 욕을 당하기 십상이랍니다. 그래서 숫제 생각조차 하지 않지요."

대개 이는 묻는 대로 지어낸 말이었다. 그래서 사은공과 현곡은 서로 큰 소리로 웃고는 이야기를 마쳤던 것이다.

현곡은 노후에 가선대부로 특진하였다.
어느 날, 찾아온 손님이 말하였다.
"집안이 그윽하고 깨끗한데, 공께서는 어째서 학을 기르시지 않습니까?"
그러자 현곡이 그를 한참 쳐다보다가 말하였다.
"가선대부는 학을 기르지 않도록 되어 있소."
"어째서 그렇습니까?"
"예전에 어느 가선대부가 학을 기르고 있었소. 그가 난간에 기대어 졸고 있는데, 학이 그의 머리 뒤에 있는 금관자를 보고는 벌레인 줄 알고 긴 부리로 쪼고 말았다오. 학의 부리가 머리 왼쪽으로 들어가서 오른쪽으로 뚫고 나왔지요. 이후로 가선대부는 학을 기를 수 없었던 게요."
그 손님이 처음 그 말을 들을 당시에는 믿었으나 집에 돌아와서 가만히 생각해보니 우스갯소리였다. 그제야 그는 웃음을 터뜨렸다.

제64화 망발쟁이 조원범

선조 때에 조원범이라는 사람이 있었다. 망발을 잘하여 가는 곳
마다 말만 하면 다 망발(妄發 : 민간에서 말을 잘못하여 꺼리는
것)이었다.

당시 사람들이 그를 '망발쟁이'라고 불렀다.

일찍이 그가 손님과 마주 앉아 있다가 계집종을 불렀는데 한동
안 대답이 없었다. 그러자 손님이 말하였다.

"자네는 어찌 그리도 종들에게 위엄이 없는가?"

"나는 이 모양이네만, 우리 아버님은 매우 엄하시지. 한 말씀을
하실 때마다 종들이 똥을 좔좔 싼다네."

그러자 손님이 웃으며 말하였다.

"그러면 어르신께선 자주 종들의 똥냄새를 맡으시겠네. 그 더러
운 냄새를 어떻게 견디시지?"

조원범이 또 일찍이 딸을 시집보냈다. 그와 절친하게 지내는 승
려가 부조로 종이를 보내왔다. 그 뒤, 그 승려가 찾아오자 조원범
이 사례하여 말하기를,

"우리집에서 처음으로 딸자식을 시집보내노라니 적지 않은 물건
이 드는지라 충당할 수가 없었는데 자네가 부조로 보내온 종이

(부조지)를 요긴하고 빛나게(요광으로) 잘 썼네.”
하며 아주 기뻐하였다.

대개 ‘부조지’라는 것은 민간에서 불알과 양경을 한꺼번에 이르
는 말이다. ‘요광’이라는 것은 민간에서 오줌 누는 그릇을 이르는
말이다. 이 이야기를 들은 사람들이 배를 잡고 웃어댔다.

또 한 번은 조원범의 집에서 경을 읽으며 기도해 달라고 점쟁이
를 청하였다. 그 무렵에 친구가 병풍을 빌려달라고 편지를 보내왔
다. 조원범이 답장에 쓰기를,

‘내 마누라가 맹인에게 혹하여 바야흐로 웃기는 일이 벌어졌으
니, 일이 끝나는 대로 보내주겠네.’
라고 했다. 그의 친구가 그 편지를 보고는 배를 잡고 웃으며 조원
범을 찾아와서 물었다.

“이른바 ‘웃기는 일’이라는 게 뭔가?”
“그거 뭐, 남녀간의 일이지!”
그의 친구는 몸을 가눌 수 없을 만큼 더욱 웃어댔다.

오성 이항복은 조원범이 망발 잘한다는 소문을 많이 들었다. 일
찍이 조원범이 찾아왔을 때 한나절을 서로 이야기해 보았으나 끝
내 망발이라고는 하지 않았다. 이에 이항복이 말하였다.

“남들은 자네가 망발을 잘한다고 하던데, 이제 자네와 얘기를
해보니 한 번도 망발을 하지 않네그려. 사람들이 잘못 전한
게 아닌가?”
“제가 어찌 망발을 했겠습니까? 친구 녀석들이 망발을 해서 저
를 그렇게 만든 것뿐입니다.”
그러자 이항복이 웃으며 말하였다.

"과연 자네 이름은 괜히 얻은 게 아니로군!"

이조에서는 매번 조원범을 벼슬자리의 후보자로 올리곤 하였다. 선조가 그의 이름을 보고는 웃으며 낙점을 하였다. 아마도 그의 망발이 구중궁궐에까지도 들어갔던 모양이었다.

평하건대, 앞 시대의 역사를 살펴보면 순우곤과 동방삭 등은 모두 우스갯소리로 이름이 알려진 사람들이다. 그러나 알맹이도 근거도 없는 것이라고 폄하되었다.

오늘날 오성 이항복과 현곡 조원범은 모두 걸출하고 훌륭한 사람들이다. 그런데도 또한 우스갯소리를 즐긴 것은 세상을 희롱하며 노닐자는 것인가? 그러나 두 분 모두 우스갯소리를 하는 데는 으뜸이라고 아니할 수 없다.

조원범의 망발 같은 것은 타고난 것이라 할 수 있지 인위적으로 되는 것이 아니다. 망발로 '쟁이'라는 이름을 얻은 것은 진실로 우연이 아닌 것이다. 이야기 동산의 웃음거리로 오늘날까지 전해지는 것은 당연하다.

제65화 음탕한 아내의 간교함

옛날에 어떤 시골 여자가 있었다. 그녀가 막 샛서방과 함께 방에 들어갔는데 밖에 나갔던 본 남편이 방으로 들어오는 것이었다. 문이 하나뿐이어서 숨을 수도 피할 수도 없었다.

때마침 날씨가 몹시 추웠다. 그녀는 즉시 큰 물동이를 집어들어 남편의 머리에 뒤집어씌우며 말하였다.

"이 매서운 추위를 어찌 견디셨소? 어찌 견뎠단 말이오? 이 매운 추위를! 어디 큰 모자가 있어야지. 이 물동이라도 당신 머리에 씌워 드려야겠네."

하면서 한동안 장난을 쳤다. 본 남편은 자기 아내가 자기를 좋아해서 장난을 치는 것으로 생각하였다. 그래서 웃으며 아내의 장난을 말리지 않았다. 샛서방은 그 틈을 타서 달아나 버렸다.

또 어떤 시골 여자가 있었다. 그녀도 샛서방을 데리고 방에 들어섰는데 본 남편이 밖에서 돌아오는 것이었다. 그녀는 즉시 남편을 맞아 두 손으로 남편의 두 귀를 잡아 높이 쳐들고 나가면서 흔들다가 밀어서 뒷걸음쳐 가게 하며 말하였다.

"당신 어디 가려고? 어디 가는 거야, 당신?"

본 남편은 자기 아내가 애교를 부린다고 생각하고 이런 장난을 아내가 하는 대로 맡겨두었다. 그는 좌우로 머리를 휘둘리면서 자꾸만 뒷걸음을 쳐가며 말하였다.

"예회1)하러 간다고!"

한참을 이렇게 하다보니 문 밖으로 수십 걸음이나 물러나게 되었다. 그 틈을 타서 샛서방은 달아날 수 있었다.

---

1) 예회 : 풀을 베고 밭을 태우는 것.

제66화 바보 남편

옛날에 어떤 시골 사내 하나가 있었는데, 어떤 못된 중과 서로 친하게 지냈다. 그 중은 그 집에 한번 오면 며칠씩 머물곤 하였는데, 그러다가 시골 사내의 아내와 간통을 하였다.

어느 날, 시골 사내가 술에 만취하여 곯아 떨어졌다. 그러자 그 중은 즉시 칼을 가져다가 그의 머리칼을 모조리 잘라 버렸다. 그리고는 자신의 승복과 두건을 벗어 그에게 입히고, 자기는 주인의 옷과 갓으로 바꾸어 착용하였다. 그러더니 빗자루를 들고 마당을 쓰는 것이었다.

시골 사내가 술이 깨어 일어나 앉아서 자신의 모습을 보고는 괴이하게 여기며 말했다.

"내가 어째서 갑자기 중이 됐지?"

그러자 중이 그를 나무랐다.

"네 놈이 본래부터 중이었는데, 갑자기 중이 되다니? 네 놈이 여기 온 지 오래되었으니 이제 너의 절로 돌아가지 그래."

시골 사내가 즉시 대답하였다.

"그러지."

그는 곧 일어나 대문을 나와 절로 향하면서도 마음속의 의심을 떨쳐버릴 수가 없었다. 그가 돌아보며 물었다.

"혹시 자네가 나고, 내가 자네 아닌가?"

그러자 승은 빗자루를 짚고 비스듬히 서서 화를 내며 꾸짖었다.

"이놈이 아직도 꿈이 덜 깼나! 어째서 전지 난지도 구별 못해? 쓸데없는 소리 그만두고 빨리 절로 돌아가!"

시골 사내는 마침내 절을 향해 떠나갔다.

또 어떤 선비 한 사람이 있었는데, 시골 아낙네와 몰래 정을 통하고 있었다. 그가 아낙네를 데리고 수풀 속으로 들어가 바야흐로 정을 나누려고 할 즈음에 그녀의 남편이 산에서 나뭇짐을 지고 내려오다가 그들과 마주치게 되었다. 선비는 그녀를 가리고 서서 치마로 그녀의 얼굴을 가려 주고는 남편을 꾸짖었다.

"양반이 계집을 거느리고 있는 곳에 상놈이 어찌 속히 피하지 않는 게냐?"

그녀의 남편은 후닥닥 뛰어서 지나갔다.

한참 뒤에 그녀가 집으로 돌아가니 그의 남편이 웃으며 말하였다.

"내가 조금 전에 웃기는 일을 보았다네."

"무슨 일이게요?"

"이웃 마을에 사는 아무개 양반이 어떤 여자와 숲속에서 정을 통하고 있었다네."

그러자 그녀가 말하였다.

"다시는 그런 말일랑 하지 말아요. 상놈이 양반의 일을 함부로 퍼뜨리다니오? 잘못 된 걸 봐도 말하면 안 돼요."

"이놈이 어찌 그런 걸 보았다고 감히 이따위 말을 하겠는가?"

평하건대, 속담에 '여자는 간사해서 한 걸음 내디딜 때마다 아홉

가지 생각을 한다'고 한다. 이제 보니, 물동이를 덮어씌우고 귀를
잡는 꾀는 잠깐 사이에 해낸 간사한 생각으로 그 기지와 영리함이
비할 데가 없다. 그러니 속담이 이르는 바를 어찌 믿지 않겠는가.

시골 사내는 집을 양보하여 중에게 주면서 자기 자신을 잊어버
렸고, 나무하던 백성은 남이 자기 아내와 간통하는 것을 보고서도
스스로 알아차리지를 못하였다. 시골 사내가 집을 빼앗기고 절로
올라간 것이나 나무꾼 남편이 아내를 도둑맞고도 감추려고 한 것
은 모두가 크게 어리석은 것으로, 듣는 사람이 몸을 가눌 수 없을
만큼 웃긴다. 그러면서도 모두가 그 아내의 간사함으로 인한 것이
었으니, 음탕한 아내가 바라는 것이 이와 같구나!

《천예록》 원문(原文)

1. 智異山路迷逢眞

中廟朝 京城有一丐者 容貌醜惡庸陋 年若四十許 猶作後
髻〔髫〕 肩掛一袋 行乞於市 晝則遍歷城中 無處不到 夜則托宿
於人家門側 而多在鐘樓近處街上 傭奴無賴輩 逐日相見 仍而
親熟 與之同戲 自稱姓蔣 衆皆呼以蔣都令[1] 都令乃國俗士夫未
娶之稱也 時方士田禹治[2] 挾其異術 頗驕傲於世 而每於衢路上
逢蔣都令 則輒滾下馬 趨進拜謁 不敢仰視 蔣不領首而問曰 汝
邇來好況否 田拱而對曰 唯唯 其色甚畏 時或拜謁 蔣視之蔑如
不顧而過去 見者怪之 問于田則曰 東國卽今有三仙人 蔣都令
上仙也 其次鄭𥖝[3] 又其次尹世平[4] 世人皆不知 而吾獨知之 安

---

1) 장도령(蔣都令) : 조선 후기의 야담집에 실려 전하는 이인(異人). 거지
로 다니다가 자신의 시체로부터 빠져나가 신선이 되었다고 함.
2) 전우치(田禹治) : 본관은 담양(潭陽). 송도(松都) 출신의 도술가.
3) 정염(鄭𥖝, 1506~1549) : 자는 사결(士潔), 호는 북창(北窓), 본관은
온양(溫陽). 순붕(順朋)의 아들, 작(碏)의 형. 시호는 장혜(章惠). 천
문·의약·복서·음률에 밝았음.
4) 윤세평(尹世平) : 다른 문헌에는 군평(君平)으로 되어 있음. 본관은 해
평(海平). 중추원부사(中樞院副使) 길생(吉生)의 아들. 중종 때의 무
신 희평(熙平, 1469~1545)의 형. 젊어서 군관(軍官)으로 서울에 가

得不敬而畏之耶 人或爲訝 而以田之妖誕故 亦不之信也

城中有一蔭官⁵⁾人 門臨路傍 累見蔣行乞在路 一日 招見問之
蔣答以本湖南士夫 父母俱沒於癘疫 旣無兄弟 且乏族黨 了然
一身無所依賴 流離丐乞 仍以萍蓬到京 百無一能 目不識丁云
官人聞其士夫 而甚矜憐之 饋以酒食 而周以米粟 自是每家有
飮食 必使人招而饋之 累加存恤焉 一日 官人出遇一死屍 傳替
轝向興仁門者 於馬上 未及便面 瞥然見之 乃蔣都令 心甚惻然
歸家歎曰 世間薄命者何限 而豈有如蔣都令者乎 屈指計之 蔣
之來乞於鐘樓者十五霜矣 伊後數十年 官人有事下往湖南地 過
智異山下 忽然迷失路 轉入山中 日將向暮 進退維谷 見有細逕
若樵路 意必有人家 迤邐⁶⁾而行 初只深邃而已 漸覺山明水秀
草木淸佳 愈入愈奇 行數十里 怳是別乾坤 非復人間塵土境矣
遙望 一人衣靑衣騎靑驢 張蓋從數人而來 其疾如飛 官人意謂
大官之行 而深山中 安得有官行 心竊疑惑 欲引馬入于林藪而
以避之 未及避屛 忽已至矣 其人於馬上揖問曰 公別來安否 官
人惝怳逡巡不能對 其人笑曰 吾居在此 公其卽賜過臨也 卽回
驢而先 其疾又如飛 倏忽已不見矣 官人隨後而行 俄到一處 見
大宮殿 彌滿數里 樓臺縹緲 金碧照映 門有一衣冠者候之 見官
人之至 迎拜引入 經三四殿閣 至一殿 引之而上 見一美丈夫

서 이인(異人)을 만나 《황정경(黃庭經)》을 받아 수련하여 전우치(田
禹治)와 더불어 도술이 높았다고 함. 80여세에 죽으니 시신이 가벼워
서 마치 빈 옷만 있는 것 같았다고 함. 아들인 임(霖) 또한 도술이 있
었고, 90세에 죽었다고 함.

5) 음관(蔭官) : 조상 덕에 벼슬한 관리.
6) 이리(迤邐) : 지쳐서 비틀거리며 걷는 모양.

衣冠甚偉 左右侍姬數十人 顔皆絶代 靑童侍者 亦且十餘人 帳
御使令從官 有若王者 官人恐懼 趨進拜謁 不敢仰視 美丈夫答
揖笑謂曰 君不識我乎 須諦視之 官人乃敢仰視 卽騎靑驢張蓋
而迎于路上之人 而不曾相識也 伏而對曰 昔者之拜 不自省識
今承下問 莫知所對 美丈夫曰 我乃蔣都令也 君何不識也 官人
始仰首諦視之 面目果蔣也 而風神秀朗 英彩溢發 非復昔日之
醜惡傭〔庸〕陋矣 官人大驚 莫測其端倪矣 蔣卽命設宴以待之
肴饌之盛異 器玩之瑰琦 俱非人間所有 十數小娥 列奏音樂 絲
竹歌舞 亦非人世所聞見 衆娥之美麗 眞所謂瑤姬玉女也 蔣謂
官人曰 東方有四大名山 各有仙官主之 吾卽主此山者也 囊有
微過 暫謫塵間 在謫之日 君遇我款厚 吾不能忘 君見吾之死屍
惻然有悼念之情 吾亦知之 吾非死也 乃謫限旣滿 屍解還仙也
今知君行過此山 欲報舊恩 要與一見 亦君有些少宿緣故 能得
到此耳 仍與酬讌 盡歡而罷 夜使寄宿於一別殿 窓闥簷楹 皆以
珊瑚水晶等奇寶爲之 玲瓏瑩澈 通明若晝 骨冷神淸 不能成寐
矣 明日又設一宴以餞之 酒酣蔣謂之曰 此非君久留之地 今可
歸矣 仙凡路殊 後會難期 望君好自珍重 卽命一侍者 導其歸路
官人拜辭而出 行未久卽達於大路 而此非初來入山之路矣 官人
頻插竹木以表記之 導路者到此辭歸 蔭官人於翌年 更往訪之
重崖疊嶂 草樹如織 終不得尋其蹊徑焉 官人顔貌轉少 鬚髮不
白 年至九十餘 無疾而終 官人嘗言 追思蔣都令在世之日 無他
異事 但容狀不少變衰 着一藍縷〔襤褸〕垢穢之衣 無所改易 十
五年如一日 此可知其非凡人 而肉眼不省云

2. 關東道遭雨登仙(飄然想像)

仁祖朝 加平郡 有一校生[1] 年少未娶 粗通文史 以事往于關
東 騎款段率一僮奴而行 行到一山下 中路遭雨 半日霑濕 僮奴
忽然死于馬前 生不勝驚愕 躬自曳屍 置于路傍山側 獨自掩泣
跨馬而行 行數里 所騎之馬 又仆地而死 艱關行李 旣喪其僮
又喪其馬 前路渺然 雨又不止 孑孑徒步 無以自達 流涕不足
遂發痛哭 忽有一老人 扶杖而來 尨眉鶴髮 狀貌甚異 見某痛哭
而行 問其故 某對曰 奴馬俱死 冒雨徒行 無所依泊之狀 老人
嗟憐良久 以杖指之曰 彼松竹林外有溪焉 浴其溪而行 則上有
人居 可以投宿矣 生隨指望見 一里許 果有松竹 蒼鬱成林 生
卽拜謝而往 未數步回顧 老人已不見矣 生甚驚訝 行到所指處
長松萬株 脩竹千竿 表裏成林 其外果有大溪 流下水底 白石平
鋪 細視之 自近及遠 摠是一石 水色如玉 若布白練 遂揭水而
上 無少淺深 僅踰足焉 行一里許 見有彩閣三間 歸然[2]臨溪 丹
艧[3]照映 欄檻縹緲[4] 生曳濕衣 扶荊杖 少憩於閣下 見閣內 以
數尺白石 安於其中 清滑似玉 其平如砥 細視之 無少罅隙[5] 三
間之內 亦一石焉 閣上只有一石几 几上置周易一卷 几前又有

---

1) 교생(校生) : 지방의 향교(鄕校)에서 공부하는 학생.
2) 규연(歸然) : 우뚝한 모양.
3) 단확(丹艧) : 단청(丹靑).
4) 표묘(縹緲) : 높고 아득한 모양.
5) 하극(罅隙) : 금이 간 틈.

石爐 一炷香烟 裊裊6)而靑 餘無所有 到此 天和景明 未嘗有風
雨 境界淸淨 塵慮自消 生疑訝間 忽聞曳履聲 自閣後而來 生
驚顧視之 有一老人 龜形鶴狀 戌削7)淸高 衣六銖靑紗袍 扶九
節綠玉杖 風度奇偉 逈出塵表 生心 知其主人翁 趨前拜之 老
人忭然8)迎揖曰 吾卽主翁也 待子久矣 仍先導而行 山川景物
愈入愈奇 天宇開朗 風日淸明 轉眄之頃 又失老人所在 須臾至
一處 珠宮貝闕 翼然連雲綿 亙數里 生曾以赴擧上京 見王都宮
闕 及覩此地 宮觀之壯麗 回想王都 乃一蔀屋9)焉 至其門外 又
有衣冠者 前導而去 經三四殿閣 至一王殿 引之而上 見殿上有
一老人 憑几而坐 生登殿拜謁 生素是鄕曲微賤者 未嘗見貴人
惶恐不敢仰視 老人欣然命坐曰 此非人世 乃仙府也 已知爾來
故迎之耳 生竊視之 乃閣後曳履之主翁也 仍顧左右曰 此子必
飢 與之食 但不可遽餐仙饌 可與人間之食 俄見 靑童擎晉 一
盤之饌 果皆世間所有 而但備極珍豊矣 又見 靑童擎一石器 進
于主翁 器中所盛者 其色綠而凝 雖不知何物 而疑此是石髓玉
醬10)之類也 仙翁受其器 一飮而盡 生凍餒之餘 得對珍羞 飮啜
頗飽 翁命童掇去 仍謂生曰 吾有女息 旣笄矣 求婚不得 汝之
來此 自是宿緣 汝當留作吾女婿也 生莫知其故 俯伏不敢對翁
顧左右曰 召兒輩來 卽有二童子 自內而出 侍坐於仙翁之側 年
可十二三 紅顔白面 眉骨淸秀 眞可謂一雙玉童子也 仙翁指二

---

6) 요뇨(裊裊) : 바람에 한들거림.
7) 술삭(戌削) : 깎아 만듦.
8) 변연(忭然) : 기뻐하는 모양.
9) 부옥(蔀屋) : 오막살이집.
10) 석수옥장(石髓玉醬) : 신선들이 먹는 음식.

童而告生曰 此乃吾兒也 乃謂二子曰 吾欲以此生爲婿郞 郞已
在坐 以何日成親 汝輩可擇吉日以告 二童承命 卽屈指計日 齊
聲以對曰 再明最吉 翁謂生曰 吉期已卜 汝姑留賓館以待也 卽
使左右召某人 俄有一仙官 自外而至 趨前聽命 見其人 輕袍緩
帶 風神洒然 頎頎然[11]美丈夫也 翁敎之曰 汝引此生 出就於擯
接 數日以須吉期 其人聽命 引生而去 生拜辭 隨出到門 見一
紅漆轎子 待于門外 請生上轎 八人擧之而去 行數里到一處 有
一殿閣臨溪 境界淸絶 一塵不到 花竹明淨 臺榭玲瓏 仙官引生
處於其中 以玉函 盛衣一襲 令生沐浴更衣 生始脫襤縷霑濕之
衣 改換服飾 其珍奇異麗 不可名狀 茵席之華 肴饌之美 亦難
盡言 仙官與之相伴 信宿[12]之後 及其吉日 復以玉函盛衣 自
仙官所而至 命生沐浴更衣 其冠服之盛 比前益侈 易服旣訖 又
以朱漆轎擧生 向仙翁之所 仙官數十 前後擁衛而行 到門下轎
贊者[13]引生 登殿就席 奠雁行拜 拜罷 引生而入 遙聞珮聲鏘
鏘[14] 香風陣陣[15] 及其內見 美娥數十 分立左右 容色之美麗
服飾之瑰琦[16] 眞所謂瑤姬玉女群也 生謂 此中一娥 必是主翁
之處女也 俄見 引一少娥 自內而出 珠翠琦琇 照映一殿 與生
對立去 掩面珠扇 容華嬌艶 奪人眼目 比諸左右仙娥 不翅鳳凰
之於烏鴉也 生炫轉熒煌 不敢仰視 有贊者引生行禮 其交拜同

---

11) 기기연(頎頎然) : 헌칠한 모양.
12) 신숙(信宿) : 이틀 밤을 잠.
13) 찬자(贊者) : 혼례(婚禮) 등의 일을 주관하는 사람.
14) 장장(鏘鏘) : 옥이 부딪쳐서 나는 소리.
15) 진진(陣陣) : 끊어졌다 다시 이어지는 모양.
16) 괴기(瑰琦) : 진기함.

牢17)合卺18) 一如人間 禮畢 引生就新郞之房 見繡帳金屛 錦衾
瑤席 俱非人世之物 成親翌日 其岳母 邀生相見 年可三十許歲
白如出水芙蓉 天然出塵 仙翁爲生設宴 内外大會 杯盤之侈 絲
竹之盛 世所未有 酒半 見一群素娥曳鞋裾 飄廣袖舞於筵前 仍
相和而歌聲過行雲 名之曰 霓裳羽衣曲19) 日暮 盡醉而罷 生以
蓬戶繩樞20)之子 所見孤陋 有若井底蛙 忽遇仙翁 遽當盛禮 帳
御飮食 擬於王者 恍惚疑懼 如醉如痴 罔知所措 至夜每見 新
婦入來 而惶恐不敢近和 衣俯伏於衾枕 以額加於兩拳之上而宿
如是者十餘日而後 恐懼之心稍解 浸浸然21) 始行夫婦之道焉
歲餘 嬉遊佚樂 無所比眸〔侔〕22) 一日 其妻謂生曰 君欲見吾仙
君所遊之地乎 生請一見之 其妻引生向後苑 見丹崖翠壁 玉泉
銀瀑 愈入愈勝 曲曲奇絶 琪花瑤草 處處掩映 珍禽異獸 往往
翔集 生一入其中 樂而忘歸 周覽旣畢 又復引生 登苑後一峰
其峰不甚高峻 逶迤而上及其頂 自成數層高柵 騁望23)平臨大海
見三島出沒於波上 十洲羅列於眼前 其妻爲生指点而視之曰 此
卽蓬萊也 方丈也 瀛洲也 玄圃滄洲廣桑閬苑24)崑邱等仙境 一
一皆在遙望中 金闕銀臺 縹緲於天泮 祥雲瑞靄暖帶25)於空外

---

17) 동뢰(同牢) : 부부가 서로 음식을 같이 먹는 일.

18) 합근(合卺) : 혼례에서 부부가 된다는 의미로 술잔을 맞추는 일.

19) 예상우의곡(霓裳羽衣曲) : 월궁(月宮)의 음악을 본떠 만든 곡조.

20) 승추(繩樞) : 노끈으로 기둥에 매달은 문. 가난한 집을 가리킴.

21) 침침연(浸浸然) : 물 같은 것이 서서히 스며드는 모양.

22) 비모(比侔) : 비교(比較).

23) 빙망(騁望) : 마음껏 바라봄.

24) 낭원(閬苑) : 선경(仙境). 곤륜산(崑崙山)의 수풍원(修風苑)을 가리킴.

25) 훤대(暖帶) : 구름 같은 것이 부드럽게 낌.

跨鳳者 騎鸞者 控鶴者 乘龍者 駕獜[26]者 坐雲而騰者 御風而
飛者 步虛者 凌波者 或從上而下 或從下而上 或自東而西 或
自南而北 三三五五 翺翔往來 笙簫仙樂之音 隱隱到耳 生觀望
不盡竟日而返 生留至半年 仙翁一日謂生曰 女息成親已久 未
聞有胎候 想汝塵骨未換而然 卽出一葫蘆[27] 傾出三數丸藥以贈
之曰 服此則可以脫胎換骨矣 生受服之 自是 身體輕健 性情淸
虛 其妻果有孕矣 遂連生二男子焉 留居荏苒[28] 已過三歲 一日
生與妻閑坐 忽爾泫然[29]淚下 其妻怪問其故 生答曰 吾以鄕曲
寒生來 作仙翁之婿 其樂可謂極矣 但家有老母 不見今忽三載
思戀欲見 是以泣耳 其妻笑曰 君欲覲親耶 欲往則往 何至於泣
耶 乃告于仙翁曰 郞欲省覲其親 仙翁召生命往 生意以爲車馬
服從之盛 必將驚動閭里矣 俄見 其妻只以一裹衣衻 付之而已
他無所贈 生辭于仙翁及岳母 仙翁謂之曰 汝好歸省親 不久吾
且召汝矣 仍命崑崙奴[30]送行 生拜辭到門 門外有瘦馬鞴弊鞍
尺僮執鞭而待者 視之乃生奴 馬中路所斃者也 生大驚問其僮曰
汝何爲在此 僮曰 陪主到中路 忽有一人 引之而來 吾亦不知其
故 到此閑住 今已三年矣 不勝驚訝 遂以衣衻掛鞍 跨馬啓程
崑崙奴從後而行 生初來之時 行山水間 幽絕之境 數十里 始抵
仙翁之居 及此歸時 出門數步 已失山水景致 但見荒烟野草 一

---

26) 인(獜) : 호랑이 발톱에 단단한 껍질을 쓴 괴상한 짐승으로 개와 비
    슷하다고 함.
27) 호로(葫蘆) : 호리병.
28) 임염(荏苒) : 세월이 흘러가는 모양.
29) 현연(泫然) : 눈물을 줄줄 흘림.
30) 곤륜노(崑崙奴) : 피부색이 검은 종.

望無際 回看仙區宛若夢境 生於焉悽感傷心 不覺流涕悲泣 仙
奴諫曰 郎君三載登仙 靈臺[31]尚未淸淨 七情若忘 悲何從生 生
收泣愧謝 未及一里 已遠於大路 仙奴到此辭歸曰 郎君已踏歸
路 請從此辭 生遂得到家 見家中 邀巫迎神 鼓聲坎坎[32] 家人
見生 至莫不大驚 疑以爲鬼 良久知其人也 其母問生以不歸之
故 而其母性度素嚴 生恐怒其誕妄而不信也 諱不告其實 托以
他故而對 其家謂生必死 招魂虛葬 已行三年之喪 是日 適請巫
祀神云 生到家之後 開見衣袱 乃四時衣袴 各一襲也 生歸家一
歲後 其母愍生之鰥 爲生取其一鄕士之女 生素拙者 且畏其母
之嚴 不敢辭 遂取其妻 而無琴瑟之樂 遂成反目焉 生有友一人
乃竹馬之交情逾同胞者也 生旣歸之後 其友與生 同宿夜話 因
叩問其三年不歸之故 生始告其仙家取婦之事 言其顚末如此 其
友大異之 見生別无異於前者 而視生之衣 非帛非綿 非錦非繡
而輕煖異常 且見生 當春而以其一春衣經春 當夏則 又以一夏
衣經夏 秋冬亦然 而一不澣濯 未嘗見塵垢 亦未嘗一縷破綻 常
若新製 其友益奇之 數年後 生乃乘間告其母 母亦大以爲奇異
生歸後復三年 忽一日 仙翁之使者 到家携生二兒子而至 傳仙
翁及仙妻之書 其辭大意 以爲明人世大亂 將作汝所居之地人
將魚肉 故玆送使者 汝隨此使者 擧家入來云云 生以其書意 告
于其友 且出二子而視之 其友見其兒 幷淸瑩洒落 如明珠玉樹
生於是告其母請行 其母亦欣然許之 遂盡賣田宅 大會親戚隣里
飮宴終日以相別 擧家而去 此則乙亥歲也 永絶音耗[33] 其明年

---

31) 영대(靈臺) : 마음.
32) 감감(坎坎) : 힘차게 북 치는 소리.
33) 음모(音耗) : 음신(音信). 소식.

丙子大亂果作 生之村里 殆盡死亡焉 加平之人 老少皆言此事
客有親聞於其友 而傳說於余如此 評曰 吾東方山水之勝 甲於
天下 意其必有神仙居焉 今因蔣都令34)事驗之 豈不信哉 蔭官
人35)之逢眞 盖云有些宿緣 而至若加平校生之取婦登仙 眞曠世
奇遇36) 豈其謫降者37)歟 異哉

3. 鄭北窓遠見奴面(千古聲聽)

北窓先生鄭磏1) 東方神人也 生而靈異 凡書一覽皆誦 天文地
理醫藥卜筮2)律呂3)算數方技4) 衆藝皆不學自通 各臻奧妙 洞曉
儒道釋三道宗旨 其論多有人所不及者 能通鳥獸之音 少時隨其
父 朝天入中原 値蠻夷別種 三四國入貢 北窓與之相遇於玉河
館 一聞其語 俱能作其語 與其國人對言 酬酢如饗〔嚮〕 非但中
朝及我國人 傍觀者大驚 其國人對言者 無不大驚 此語詳在本
集序文5) 平生行跡 極多異事 而東國無好事者 故卽今傳於世者
絕少 此有一段怪事 而傳信無疑 故聊錄于此

---

34) 장도령(蔣都令) : 제1화 주1) 참조.
35) 음관인(蔭官人) : 제1화 주5) 참조.
36) 광세기우(曠世奇遇) : 세상에서 보기 드물게 기이한 만남.
37) 적강자(謫降者) : 하늘에서 죄를 짓고 인간 세상으로 귀양온 사람.
 1) 정염(鄭磏) : 제1화 주3) 참조.
 2) 복서(卜筮) : 점을 쳐서 다가올 일을 미리 예견하는 것.
 3) 율려(律呂) : 음률(音律).
 4) 방기(方技) : 의술(醫術)과 점술(占術).
 5) 본집서문(本集序文) : 《북창시집(北窓詩集)》의 서문.

北窓一日往見其異居姑母　姑母賜坐　從容與言語　次謂北窓曰
我爲贓獲收貢　送一奴於嶺南　過期不至　恐遭盜賊水火　意之外
患　不勝憂慮云云　北窓卽曰　吾爲姑母　當望見其遠近以告矣　姑
母笑曰　汝其戲耶　是何言耶　北窓卽於坐上　引嶺南向而望之　良
久謂其姑母曰　奴卽踰鳥嶺　無憂矣　但此奴方被打於一兩班　而
此是自取　無足恤者　姑母笑問其故　答言　有一士人　方點心於嶺
上路傍　此奴騎馬直過其前不下　士人發怒　使其從子拯下馬　以
薰鞋批其兩頰四五矣　姑母疑其戲而談　時正容而言無戲色　姑母
頗訝之　去後仍記其日時於壁上　後其奴到家　姑母問踰嶺日時
考壁上所記　分毫不異　復問　踰嶺時有見惡於兩班事否　奴驚怪
意　陳被打曲折　與北窓所言　若合符契焉

4. 尹世平遙哭妹喪(明見萬里)

尹世平[1]者武宰相也　世傳　嘗朝天道遇異人　傳其術　韜晦不視
於人　常獨處一室　雖妻子嚴不敢見　人莫測其所爲　而只見冬夜
常挾冷鐵片於兩腋　良久　更換其鐵　妻子見所挾之鐵　熱如火鍛
　時方士田禹治[2]　以妖術作　挐於京城　潛入人家　見有美婦人
則化作本夫以亂之　人不勝其憤　尹世平聞而欲制之　禹治知之
每隱避不見　常謂人曰　吾不過幻術　彼卽眞仙云　一日　禹治謂其
妻曰　今日尹世平當到家　此爲殺我者也　吾欲變化而避之　若有
來問我者　輒言出去　切勿違語也　卽覆一空甕於庭際　搖身一變

---

1) 윤세평(尹世平)：제1화 주4) 참조.
2) 전우치(田禹治)：제1화 주2) 참조.

變作小蟲 入伏甕底 日晩 忽有一女人到門 姿容絶世 問田進士
在否 家人答而〔以〕適出未還矣 女人笑曰 田進士與吾有情久矣
吾今赴約 幸卽傳告 田妻自內窺之 大怒曰 此漢有外遇 而不使
我知 日間之言 亦是紿我也 卽以杵擊甕破散之 甕底小蟲見焉
其女人卽化爲大蜂 亂螫3)之 其小蟲 便出禹治本象而死矣 蜂卽
飛空而去

尹世平又嘗在一日 忽然痛哭 渾舍驚問其故 答言 吾妹在湖
南某邑者 卽纔棄背4) 是以哭之 仍命家人 速辦初喪諸具曰 鄕
家窮喪 吾不備送 無以斂也 旣辦 具修書 謂侍者曰 大門外有
着蔽陽子5)者 卽命招入 旣入 果一崑崙奴也 拜伏庭前 尹世平
分付曰 吾妹某家喪出 湖南某邑 吾欲寄書 汝卽傳致 今日夕可
得答回報 事甚緊急 若過時 則吾當重治汝矣 其漢答曰 何敢少
緩 當如所命 授以簡封包裹 其漢出門 仍忽不見 是日未暮 其
漢復到門 呈答書云 喪果出於是日某時 需用俱乏 無以治喪 書
及此時 具送斂具 有若目覩 可謂如神云 其漢旣呈答書 拜出門
外 又忽不見 盖其喪家去京師 十餘日程 而亭午6)修書 未暮而
回 其間不過數時云

評曰 鄭尹兩公之事信矣 非有神術 曷能視千里如咫尺乎 昔
欒巴噀酒7)以救蜀火 玉子擧眼8)卽見千里 以今觀之 不獨兾異

---

3) 난석(亂螫) : 어지러이 쏨.
4) 기배(棄背) : 기세(棄世). 사람이 죽음.
5) 폐양자(蔽陽子) : 패랭이. 천한 사람이나 상제가 쓰는 대오리로 만든
   갓의 일종.
6) 정오(亭午) : 정오(正午). 낮 12시.
7) 난파손주(欒巴噀酒) : 후한(後漢) 때 도술이 뛰어난 난파가 일찍이 서
   울의 잔칫자리에 있다가 술을 뿜어 고향인 촉(蜀)의 성도(成都)에 난

矣 至於朝天而通萬國之語 化蜂而螫爲蟲之身 古亦無聞焉 孰
謂東國無神人哉 奇乎奇乎

5. 俗離山土窟坐化

熙彦1)者 明川良民也 十二歲出 入七寶山雲住寺 十三歲落髮
居雲住 幾二十年性至勤 手自捆屨2) 晝夜不息 且食且捆 片刻
不休 三十一歲 始以所業草屨 貿細布五十六疋 三度來販于京
中及關西 得細布一同 負還至安邊原〔元〕山地 弛擔3)憩於路上
忽然棄其所負 直走皆骨山4) 便斷穀 盖頓悟5)也 悟道之後 與衆
混迹 不爲崖異6) 人未之奇也 皆以爲凡流中斷穀者 碧岩師覺
性7)一見異之曰 天下高僧也 與之相友 由是知名 其爲道以孤高
刻苦爲立 參禪入定之後 晝夜跏趺兀坐 不臥不睡 一衲無冬夏

불을 껐다는 고사.

8) 옥자거안(玉子擧眼) : 옥자는 주(周)나라 남군(南郡) 출신의 신선으로,
　　본명은 위진(韋震). 옥자가 제자를 시켜 천 리 밖의 물건을 보게 하였
　　다는 고사.

1) 희언(熙彦, 1561~1647) : 명천(明川) 출신의 승려. 호는 고한(孤閑),
　　성은 이씨(李氏).

2) 곤구(捆屨) : 짚신을 삼음.

3) 이담(弛擔) : 지고 있던 짐을 풀어놓음.

4) 개골산(皆骨山) : 금강산(金剛山)을 겨울에 이르는 이름.

5) 돈오(頓悟) : 수도하던 승려가 문득 깨달음.

6) 애이(崖異) : 특출하여 예사 사람과 다름.

7) 각성(覺性, 1575~1660) : 보은(報恩) 출신의 승려. 자는 징원(澄圓),
　　호는 벽암(碧巖). 성은 김씨로 본관은 김해(金海). 법주사(法住寺)와
　　화엄사(華嚴寺)에 비가 있음.

不換 至死無袴 只以一幅布揜下 平生無一語 僧俗有往訪者 但
合掌曰成佛 其意盖以勸人學道成佛也 初不能文 悟道之後 覺
性呷之 多知經語云 光海朝設水陸齋於山中 聞其道高 製賜錦
繡袈裟 使者置于前 合眼不視 良久手推而逸去8) 嘗至智異山寺
入定几坐累十年 寺僧愍其飢 以飯進之 終不食 僧徒密以釜底
燒飯少許和水 置於師傍 不便知之 始食之 夜還其器而去 必置
于飯主之房前 以人爲他心通9)云 晚至俗離山法住寺 爲土窟而
居之 晝夜几坐 三十餘年而終 死時亦坐化10) 年八十餘 茶
毗11)之夕 大風振山云 余至俗離山寺 見彦熙〔熙彦〕守一12)覺性
畵象 問三師中誰人最高 寺僧曰 彦師最高 問其事蹟 有信玄13)
者吉州人也 與之同鄕 且居此寺 見其就化 故略見其始終如此

6. 金剛路兵使夢感

守一禪師者 嶺南釋子也 居於蔚山之某寺 有道術多異事 寺
僧極敬畏之 師無徒弟而甚貧 同寺僧數百互供其食 每當飯時
輒訪所供食之僧而就坐 有若人相報知者然 未嘗一錯人 以此知
其他心通1)焉 晝多合眼而暝 夜登寺後小麓 靜坐不眠 夜未深寺

---

8) 일거(逸去) : 훌쩍 가버림.
9) 타심통(他心通) : 남의 마음을 헤아리는 신통력.
10) 좌화(坐化) : 앉은 채로 왕생(往生)함.
11) 다비(茶毗) : 입적(入寂)한 승려를 화장하는 일.
12) 수일(守一) : 영남(嶺南) 출신의 승려.
13) 신현(信玄) : 길주(吉州) 출신의 승려.
1) 타심통(他心通) : 제5화 주9) 참조.

僧或時時相訪作語而歸 一日夕謂諸僧曰 今夜爾輩勿來訪 我夜
半後 寺有少年闍梨2)四五人 同往訪之 遙望禪師 與一衲對坐
而兩人語聲隱隱3) 衆爭趨之 其相對一衲 卽化大虎 見闍梨輩
大吼逐之 聲振山岳 衆大驚奔還 或有僵仆4)出矢5)者 一師笑止
其虎曰 汝勿如此如此 虎便還上禪師坐前 衆又潛往望之 對坐
者非虎也 乃僧也 人莫知故

又一日 師將往金剛路 經某地 坐路傍石上 其時有一相公 有
臧獲在某邑 頑不從令 相公底書於其道兵使6) 使之分付其邑 多
囚其妻子族屬 解送京中 兵使使鎭撫7)一人 持秘關8)往其邑 行
其事如相公之命 鎭撫者到其邑 適昏也 太守已罷衙而宿矣 邑
吏謂鎭撫曰 吾太守眠已牢矣 明曉傳關猶未晚也 衆仍共邀鎭撫
集歌琴會食 大醉以酒 竊視其秘關所謂 相公之奴 非吏胥之族
黨 則乃其比隣9)也 事遂大漏 未曉而相公之奴盡逋10) 明日邑宰
見其關 使捕之 家家烏有 遂報其處狀 兵使揣知其漏失11) 大怒
急走一驛卒 逮還其鎭撫 逮來之行 適及於一禪師所坐石下 繫

---

2) 도리(闍梨) : 귀한 집 아들로 절에 들어와 중이 된 사람을 대접하여
　 부르는 호칭.
3) 은은(隱隱) : 희미하여 분명하지 않은 모양.
4) 강부(僵仆) : 엎어져 넘어짐.
5) 출시(出矢) : 똥을 쌈. 시(矢)는 시(屎)・분(糞)과 같은 의미로도 쓰임.
6) 병사(兵使) : 병마절도사(兵馬節度使)의 약칭. 도별로 병권을 맡은
　 종2품 관원.
7) 진무(鎭撫) : 어떤 사건을 처리하기 위하여 특별히 파견하는 관리.
8) 비관(秘關) : 비밀문서. 관(關)은 관문(關文)으로 공문서를 가리킴.
9) 비린(比隣) : 가까운 이웃.
10) 진포(盡逋) : 모두 달아남.
11) 췌지기누실(揣知其漏失) : 그 일이 누설되었음을 헤아려 알다.

馬將點心 鎭撫見僧念其飢 先以飯和水進一器 師受喫不讓 鎭
撫長吁一聲曰 我殆其死矣 彼若是佛 可以活我矣 師問其故 鎭
撫細語之 師默然良久曰 君將以何時就見兵使否 對以在於今日
日中耳 師曰 今日不吉 必現於明日亭午可矣 更問之 師便不語
遂各東西而別 鎭撫如其言 姑遲其行 明日亭午時入告 兵使與
偏裨12)閑坐 曳入其鎭撫 怒問罪狀 將施刑杖 兵使忽自語自答
曰 杖此漢可乎否乎 良久不決 偏裨親密者進曰 使道於此漢之
決罪 何如是狐疑13)乎 兵使曰 我有一段事如是耳 偏裨請問之
兵使曰 我夜夢 我之先考與一異僧 偕來教我曰 鎭撫某者 汝愼
勿施杖 我對曰 敢不如教乎 仍而覺悟 曉而又夢 先考與僧 復
至而教曰 念汝或以夢中事 爲虛誕 誤杖此人 故不免再至耳 汝
愼勿杖之 再三丁寧去 覺來怳然明白 此吾所以越趄14)也 兵使
問於鎭撫曰 汝作佛事否 對以無有 又問 汝或舍施15)僧人否 對
曰 平生無舍施之事 昨日途中 遇一行脚過僧 以器飯齋之耳 兵
使問其狀 果夢中所見 與其先考偕來者也 兵使詳問齋飯時事
對以相問答之語 兵使大加驚異 遂釋之云 師狀貌豐碩魁傑 一
見可知其非常人 堪輿者16)金應斗 少時親見之 爲余言此

評曰 記余丙子重陽 遊俗離山寺 有熙彦守一覺性 三禪影子

---

12) 편비(偏裨) : 편장(偏將). 비장(裨將). 감영(監營)에 소속된 관원의
   하나.
13) 호의(狐疑) : 의심이 많고 결단성이 없음. 여우는 의심이 많아 얼음이
   언 내를 건널 때에도 물이 없는 곳을 가린다는 데서 온 말.
14) 자저(越趄) : 망설이며 머뭇거림. 주저(躊躇)함.
15) 사시(舍施) : 돈이나 물품을 남에게 베풀어 줌. 보시(布施)함.
16) 감여자(堪輿者) : 풍수설(風水說)에 따라 묘지나 집터의 길흉을 가리
   는 사람. 풍수(風水). 지사(地師). 지관(地官).

請于寺僧而見之 彦師奇古孤特 如層崖老樹 含霜瘦立 眞所謂
尨眉[17] 無住着者也 性師穎秀[18]端美 刑[形]如出水蓮花 亭亭
不瀞[19] 一師高爽脩邁[20] 如駿馬脱絆[21] 快鶻橫秋[22] 眼光炯炯
猶射人 傳神尚如此 況其眞相乎 恨不及同蓮社[23]而伴虎溪[24]
使磨尼珠[25]照渴水也

7. 閻羅王[1]托求新袍(然疑之間[2])

海西延安府有一居士忘其名 一日得疾伏枕呻吟 白晝忽見鬼
卒數人 至前曰 地府[3]追汝 卽以鐵鎖 繫項而出 行數十餘里 俄
到一處 有城巍巍[4] 鬼卒引之 入其城門 又行數里許 見有大宮
殿 穹崇[5]依空 到門鬼卒抉曳[6]而入 伏於大庭下 望見殿上 有王

17) 방미(尨眉) : 숱이 많은 눈썹. 노인을 가리키기도 함.
18) 영수(穎秀) : 남보다 총명하고 빼어남.
19) 정정불녕(亭亭不瀞) : 곧게 서서 더러운 것이 묻지 않음.
20) 고상수매(高爽脩邁) : 남보다 뛰어나고 인품이 높음.
21) 준마탈반(駿馬脱絆) : 날쌘 말이 굴레를 벗음.
22) 쾌골횡추(快鶻橫秋) : 날쌘 매가 하늘을 가로 덮음.
23) 연사(蓮社) : 선종(禪宗)에서 불자(佛者)들의 모임을 일컫는 말. 백련
　　사(白蓮社).
24) 반호계(伴虎溪) : 승려와 속세인 사이의 뜻이 통하는 사귐을 일컬음.
25) 마니주(摩尼珠) : 불교에서 이르는 보배로운 구슬. 흐린 물에 이 구슬
　　을 넣으면 맑아진다고 함.
1) 염라왕(閻羅王) : 불교에서 이르는 지옥을 다스리는 왕.
2) 연의지간(然疑之間) : 호의(狐疑). 쉽사리 시비를 가릴 수 없음.
3) 지부(地府) : 지옥(地獄).
4) 외외(巍巍) : 우뚝하게 높은 모양.

者坐于卓上 殿上左右諸官列侍 吏卒百餘人奔走 使令於前 威
儀整齊 號令嚴肅 居士流汗浹背7) 不敢仰視 頃之 有一吏 立于
殿前 傳其命曰 汝居何地 姓名云何 年紀若干 所業何事 幷可
細陳 毋有所隱 居士戰慄而對曰 姓某名某 年今幾歲 世居黃海
道延安府 而賦性愚魯8) 不能他業 素聞慈悲 念佛可免地獄之説
平日只以念佛舍施爲事耳 吏聞言卽入告于殿上 良久吏復傳命
使進於階下而告之曰 汝非當逮之人 以同名誤來 當復出去耳
居士合手起拜 自卓上復傳命曰 予家在京城某坊 世稱某宅 今
因汝還 憑寄一言 予入于此 歲月已多 所着之袍 幾盡弊綻 傳
告家人 製一新袍 送來則幸甚 汝出世後 卽宜往訪 細傳不可忽
也 居士對曰 今承親教 敢不銘傳 但幽明路殊 地府之説 世人
皆稱妄誕 小人雖傳此教 如不從聽則 將若之何 必須有信 庶可
見證矣 吏復傳命曰 汝言極是極是 吾在世之日 爲堂上9)時 所
懸玉貫子一片 微缺一邊者 幷在於書簏10)中 詩傳第三卷 而獨
吾知之 家人莫知之也 汝若傳此爲證則 必取信矣 居士曰 是則
然矣 雖製新袍 何以送來乎 吏傳復命曰 祭而焚之可也 居士仍
卽辭歸 命二鬼卒出送 居士問鬼卒曰 卓上坐者爲誰 乃閻羅王
姓朴名遇11)也 行到一大江 鬼卒推擠12)入江 大驚而覺則 死已

---

5) 궁숭(穹崇) : 둥글고 높음.

6) 결예(抉曳) : 끌어당김.

7) 유한협배(流汗浹背) : 흐르는 땀이 등을 적심.

8) 우로(愚魯) : 우둔(愚鈍)함. 바보.

9) 당상(堂上) : 정3품 이상의 문·무관 벼슬.

10) 서록(書簏) : 책을 넣어 두기 위해 대나무로 엮은 상자.

11) 박우(朴遇) : 생몰년 및 행적 미상. 본문에 박점의 증조부라고 되어
있으나 《고령박씨족보》에 따르면 그의 증조부는 박시손(朴始孫)으로

三日矣 病愈後卽入京城 訪其家問之 果是朴遇宅 而其子二人
方登第 爲名宦矣 到門求見 而闇不爲通 朱門杳杳 蹤跡齟齬[13)
獨立門墻 日已斜矣 忽遇一老僕 懇乞請見則 卽入而告之 頃之
出而引入 見二貴人 坐於廳事[14)之上 使之坐於階下而問之曰
汝是何人 有何所言 居士對曰 某是海西延安居居士也 於某月
某日 死入地府 親見先大監 有如是如是之事 敢來傳告 二人聞
未及半 大怒叱之曰 何物老怪 敢來吾門 發此妖誕之説也 急急
曳出 居士乃大言曰 這間別有一段可驗之事 如不符合則 曳出
尚未晩也 其坐中一人曰 有何可驗之事 乃告以玉貫子之事 極
其明白 兩人始加疑訝 遂出書籠而見 果於詩傳第三卷 得玉貫
子一片 不錯一毫 盖其家於朴遇喪後 失而未得者也 始知其不
妄 擧家號哭 若初喪焉 至於婦人盡召見細問之 其家乃製新袍
擇日行祭於靈座前焚之 祭之三日 其家子女及居士 皆夢見朴遇
來謝送袍之意 其家久留居士 餽遺極厚 往來不絶焉 朴遇乃朴相
公漸[15)之曾祖也 立朝清直 見重於世 曾爲海州牧使時 與監司相
詰 亦有剛果[16)之事焉 余在首陽[17)時 邑人進士崔有瞻爲余言

종사랑(從仕郞)을 지낸 것으로 되어 있음.

12) 추제(推擠) : 떠밀다.

13) 저어(齟齬) : 치아가 어긋남. 사물이 어긋남.

14) 청사(廳事) : 관청(官廳). 개인 집의 뜰. 여기서는 '마루'를 말함.

15) 박점(朴漸, 1522~1592) : 조선조 선조 때의 문신. 자는 경진(景進),
    호는 복암(復庵), 본관은 고령(高靈), 세정(世貞)의 아들. 1569년(선
    조 2) 별시(別試) 병과(丙科)에 급제하여 황해감사(黃海監司), 이조
    참의(吏曹參議)를 지냈음.

16) 강과(剛果) : 강직하여 결단력이 있음.

17) 수양(首陽) : 황해도 해주(海州)의 옛이름.

8. 菩薩佛放觀幽獄

洪乃範[1]平壤文官也 萬曆癸卯[2]登第 丁丑[3]陞堂上 至仁廟癸未[4] 時年八十二 其子生員僎陳疏 乞授老職 都丞旨韓亨吉却之 甲申[5]春 昭顯世子[6]自瀋[7]中還寓平壤 僎乃上書 世子受來進于仁廟 遂陞嘉善[8] 一日乃範曰 吾今年必死 未幾果死 初乃範於甲午年間[9] 得染疾 危篤十許日而死 殯置棺上 人皆避出 其妻獨在傍而哭 尸忽自轉而墜 其妻驚而氣絶 家人遙見往救 乃覺尸動 解以觀之 卽生矣 自言 夢至一處 官府甚嚴 吏卒列坐 牛頭獸面 夜叉[10]羅刹[11]之屬 森立庭下 踊躍而出 拿致[12]于前 有

---

1) 홍내범(洪乃範, 1564~1646) : 조선조 인조 때의 문신. 자는 백진(伯陳), 호는 동강(東江), 본관은 남양(南陽), 경(瓊)의 아들.

2) 만력 계묘(萬曆癸卯) : 선조 36년(서기 1603). '만력'은 명(明)나라 신종(神宗)의 연호(年號).

3) 정축(丁丑) : 인조 15년(서기 1637).

4) 인묘 계미(仁廟癸未) : 인조 21년(서기 1643).

5) 갑신(甲申) : 인조 22년(서기 1644).

6) 소현세자(昭顯世子, 1612~1645) : 인조의 장남. 병자호란 후 청나라 심양(瀋陽)에 동생인 봉림대군(鳳林大君)과 볼모로 잡혀갔다가 돌아와 원인 모를 병으로 사망함.

7) 심(瀋) : 심양(瀋陽).

8) 가선(嘉善) : 가선대부(嘉善大夫)의 약칭. 조선조 때 종2품 문무관의 직급 이름.

9) 갑오연간(甲午年間) : 선조 27년(서기 1594) 무렵.

10) 야차(夜叉) : 불교에서 이르는 염라국의 귀졸. 형상이 무섭다고 함.

11) 나찰(羅刹) : 불교에서 이르는 악귀(惡鬼)의 하나로 사람을 잡아먹으

黑衣吏 自堂上傳旨曰 世有三敎 釋處一焉 地獄天堂 乃徵人善
惡者也 汝常詆儒13) 又不信天堂地獄 偏執己見大言 不顧合付
地獄 歷萬劫不出 言訖 有鬼卒數輩 手持鋼叉 猝迫欲去 乃範
大聲曰 情案14)曖眜 有金面菩薩笑曰 誤矣 此人當壽享八十三
官至同知15)而死 何爲而來也 吾所追者 全州洪某也 雖然旣已
到此 可令一遭16)觀覽以信於世 鬼卒承命 携去首至 一榜曰 勘
治17)不睦之獄 以磚砌一長槽 滿堆炭火 火上踏燁燁然18) 呼罪
人跪槽邊 出火中鐵串 刺其眼連十餘遭 弔19)之如懸枯魚 鬼卒
曰 此輩在世 不能恭友 兄弟視如秦越20) 輕滅天倫 惟重財利
受此報也 次曰 勘治造言之獄 有鐵柱長可數丈許 柱下有一大
石 呼罪人跪柱下 以尖刀刺其舌 以鐵索貫之 弔於柱上 去地可
尺餘 又以大石懸其足 舌出長尺餘 眼睛皆突出 痛不可當 鬼卒
曰 此輩在世 巧弄長舌 構成虛談 離人骨肉 間人朋友 受此報
也 又次曰 勘治欺世之獄 羅數十人於地 夜叉數輩 狀貌獰惡
以鐵索牢 八九餓鬼來 抽刀於裸者 胸腹間割肉 置鍋中煎之 以
啖餓鬼 啖盡又割 至餘骨覆已少焉 業風一吹 肢體如故 又有鐵

며 지옥에서 죄인을 못살게 군다고 함.

12) 나치(拿致) : 죄인을 붙잡아 데려옴.

13) 저유(詆儒) : 선비를 비방함.

14) 정안(情案) : 사정(事情). 실정(實情).

15) 동지(同知) : 동지중추부사(同知中樞府事)의 약칭. 중추부의 종2품
   벼슬.

16) 일조(一遭) : 한 차례의 만남. 한번.

17) 감치(勘治) : 죄를 다스림.

18) 엽엽연(燁燁然) : 불꽃이 이글이글 타오름.

19) 적(弔) : 매달다.

20) 시여진월(視如秦越) : 원수처럼 여김.

蛇銅犬 乍〔咋〕人血隨 叫苦之聲動地 鬼卒曰 此輩在世 或身居
清 要外爲廉潔 而陰受苞苴21) 或身爲守宰 悛〔浚〕民膏血22) 善
事要譽 或身爲墨行 而口談周孔 以欺世盜名 受此報也 乃相謂
曰 不須遍歷 直引去鄕 裡看了罷 遂東南行數百步 有一大館
榜曰會眞觀 祥雲濃覆23) 瑞靄霏微24) 有袈裟僧數百人 或持白
玉塵尾25) 或報靑蓮花 或跏趺坐 或誦金剛涅槃等經 皆稱菩薩
大師 鬼卒曰 此皆在世 堅守法行 一心向佛 故能離了 八苦十
惱 得升極樂世界 所謂天堂者是也 觀畢 回至府中 金面菩薩曰
世之人多不信佛 又不知有天堂地獄 今竟如何 乃範頓首而謝
黑衣吏在前曰 今可出送此人 仍令鬼卒送歸 忽驚悸而覺 已經
三日矣 乃範心常自負 每誇於人 其後享年陞資26) 一如菩薩之
言 噫 乃範之事 似是釋世誣民27)之言 君子固不當語怪述異 而
宋〔唐〕李丹〔舟〕28)亦云 天堂無則已 有則君子登 地獄無則已
有則小人入 由此觀之 乃範所云 雖近於誣世 而亦可以警世矣
故余志其語 以附退之 取其一 不責其二之義 評曰 世傳 仁祖
朝 慶尙監司金緻29)死 而爲閻羅王 今聞延安居士之言 又如此

---

21) 포저(苞苴) : 곱게 싸서 남에게 주는 물건. 선물. 뇌물.
22) 준민고혈(浚民膏血) : 백성들의 재물을 몹시 착취함. 준민고택(浚民膏澤).
23) 상운농복(祥雲濃覆) : 상서로운 구름이 짙게 덮임.
24) 서애비미(瑞靄霏微) : 상서로운 안개가 엷게 날림.
25) 진미(塵尾) : 불진(拂塵). 먼지떨이.
26) 승자(陞資) : 관직의 등급이 오름. 승진함.
27) 석세무민(釋世誣民) : 불교가 혹세무민(惑世誣民)한다는 말인 듯함.
28) 이주(李舟) : 당나라 때 건주자사(虔州刺史)를 지낸 인물. 《태평광기(太平廣記)》 권101 참조.
29) 김치(金緻, 1577~1625) : 자는 사정(士精), 호는 남봉(南峰) 또는 심

然豈金緻代朴遇歟 閻羅王何其數易耶 據釋氏之說則 天堂在於
天上 地獄在於地下 而洪乃範見地獄去天堂 只是數百步 何其
近耶 此兩說 余總而斷之曰荒唐

9. 土亭漁村免海溢(道不可量)

土亭[1]李先生 嘗以商販 到東海上 夜宿濱海一漁村 又有一行
人 亦來止宿 其狀有若居士 與主人鼎坐[2]不寐 其夜天色淸朗
海波恬靜 無半點風 居士仰瞻海天 良久卒然大驚曰 大變將至
左右怪問其故 居士曰 今不過數時 將有海溢之變 此村將入萬
頃波底 若不隱避 人其魚乎 土亭聞此 亦仰觀天文 而終未解
見主人不之信 無意出避 居士曰 主人雖以吾言爲妄 幸願暫避
于後山絶頂 過數時後 如不驗 還入家中 亦何害也 猶以吾言爲
疑則 勿移財産 只主人家人盡登高以避 俾免胥溺也 土亭雖不
解其理 而異其言 主人亦勉從[3]之 携老幼 挈輕裝 隨居士 登家
後山 居士使之必登絶頂 土亭獨不上絶頂 坐於山腰曰 亦可以

곡(深谷). 본관은 안동(安東)으로 부사(府使) 시회(時晦)의 아들. 천
문에 밝았음. 그가 죽어 염라대왕이 되었다는 이야기는 《동패낙송
(東稗洛誦)》·《기문총화(記聞叢話)》·《계서야담(溪西野談)》·《청
구야담(靑丘野談)》·《동야휘집(東野彙輯)》 등에 두루 전함.

1) 토정(土亭) : 조선조 선조 때의 학자인 이지함(李之菡, 1517~1578)
   의 호. 이지함의 자는 형백(馨伯)·형중(馨仲), 본관은 한산(韓山),
   색(穡)의 후손, 치(穉)의 아들. 시호는 문강(文康).
2) 정좌(鼎坐) : 세 사람이 둘러앉음.
3) 면종(勉從) : 면강종지(勉强從之). 마지못해 따름.

避乎 居士曰 他人則不可 君則暫驚動可以避乎 及鷄鳴時 海果
溢 波浪駕天而來 水及於土亭雙趺之下 濱海諸村盡沒 黎明而
止 土亭遂拜居士 願爲居士易受學 居士牢拒曰 偶然知此 他無
所識 終不肯言其所蘊 土亭問其所居 在於不遠 指示之去 土亭
明日往訪 室已空矣

10. 樵氓海山脫水災(先見之明)

萬曆三十三年[1] 宣廟乙巳七月大水 乃國朝以來大災也 其前
關東有村氓 採樵於山中 忽見一金甲神將 騎白馬 橫雕戈[2] 跨
空[3]而行 儀表曄然[4] 望之可知其天人 又有一衲子[5] 杖錫隨其
後而來 形貌亦甚奇異 神人駐馬與相語 樵氓潛屛於林藪而聽之
神人怒氣勃然 以戈指麾[6]四方曰 吾欲從某至某[7] 崩山陷陸[8]
并爲深淵 使此地所有 無復子遺[9] 僧從後哀乞曰 若如此則 將
成人間大禍 幸爲我霽怒[10]霽怒 祈懇良久 神人復以戈指之曰
然則 又從某至某崩陷之 於汝意如何 僧又哀乞不已 神人復曰

---

1) 만력(萬曆) 33년 : 서기 1605년. 선조 38년.
2) 조과(雕戈) : 무늬를 새겨 넣은 창.
3) 과공(跨空) : 허공을 탐. 공중에 떠서 감.
4) 의표엽연(儀表曄然) : 행동거지와 모습이 빛남.
5) 납자(衲子) : 승려(僧侶). 중.
6) 지휘(指麾) : 지휘(指揮). 가리킴.
7) 종모지모(從某至某) : 아무 곳부터 아무 곳까지.
8) 붕산함륙(崩山陷陸) : 산을 무너뜨리고 땅을 꺼지게 함.
9) 혈유(子遺) : 남김. 나머지.
10) 제노(霽怒) : 노여움을 거둠.

爲汝太半減之 從某至某則 吾必陷爲淵而後 已此外決不可又減
也 僧又哀乞 而神人牢拒不從 僧乃許之 言訖 相與跨空而去
其所酬酢之語 頗多而相距稍遠 不能詳聞 大略如斯 樵氓大驚
駭 忙急奔還 率其妻孥11) 遠走避之 自是日大雨成霖 五臺山崩
其地果陷爲淵 數十里諸村盡沒 而樵氓獨脫焉 評曰 嘗聞吾東
方多有異人 晦跡漁商之市12) 土亭所遇居士 能以天文 預知海
溢 其眞異人哉 恨其不得叩所蘊 而傳其術也 至若乙巳之水 數
百年來 所無之大災 神人之見怒 未知怒何事耶 樵氓之偶遇而
得脫 亦云異矣

11. 臨場屋1)枯骸2)冥報3)(感應之極)

俗傳 麗朝昔設謁聖慶科4) 有擧子5)某者 從遠方赴擧 日暮行
山野間 忽聞蔓草葛藟6)之下 有作嚔聲7)者 而無人焉 某怪而訝
之 下馬入於葛藟之下 傾耳候之8) 嚔聲出於葛根之下 使僕堀

---

11) 처노(妻孥) : 처자(妻子).
12) 회적어상지시(晦跡漁商之市) : 생선 파는 저잣거리에 자취를 숨김.
1) 장옥(場屋) : 과거(科擧) 시험장.
2) 고해(枯骸) : 죽은 사람의 해골.
3) 명보(冥報) : 죽은 사람의 보답.
4) 알성경과(謁聖慶科) : 임금이 성균관(成均館) 문묘(文廟)의 공자(孔子) 신위(神位)에 참배하고 그 기념으로 보인 과거.
5) 거자(擧子) : 과거 응시자.
6) 만초갈류(蔓草葛藟) : 덩굴이 뻗는 풀과 칡덩굴.
7) 체성(嚔聲) : 재채기 소리.
8) 경이후지(傾耳候之) : 귀를 기울여 살핌.

視之　有死人腦骼存焉　而埃土裹其竅竅9)　葛根從其鼻孔而生
嚏者盖由其魂魄之不堪故也　某爲之憫惻　出其腦骨而淨洗之　厚
裹以紙　埋封於高燥之地　以淨飯一盂　奠于其下　作文弔之而去
其夕　夢有一儒生　白髮皤如10)　來拜於某而謝之曰　我有前世有
罪　死於非命　子孫零替11)　骸骨分離　化爲塵土　唯腦骨獨存　委
棄12)於荒野蔓草　而葛根穿鼻　精魂未泯　昏明13)不堪　幸遇君子
仁出於天　憐其無舌　垂憫不報　埋我淨地　且享苾芬14)　恩重山岳
惠隆生成15)　雖幽靈昧昧16)　無以報大德　一性猶存　敢不思所以
自盡乎　仍爲某言曰　今兹之科　當出五言律　題曰夏雲多奇峰押
峰　吾爲君子　預有所述　君如寫此以進　則或得魁捷17)　因書贈詩
云　白日到天中　浮雲自作峰　僧看疑有寺　鶴見恨無松　電影樵童
斧　雷聲隱士鍾　誰云山不動　飛去夕陽風　贈訖　叩頭謝去　某覺
而異之　因到京較藝18)　則所出題及韻　與夢符合　因用鬼作　果得
居魁19)

---

9) 애토양기규관(埃土裹其竅竅) : 구멍에 있는 먼지와 흙을 털어 냄.

10) 파여(皤如) : 흰 빛깔.

11) 영체(零替) : 세력이나 살림이 아주 보잘것없이 됨. 영락(零落).

12) 위기(委棄) : 버리고 돌보지 않음.

13) 혼명(昏明) : 주야(晝夜). 밤낮.

14) 필분(苾芬) : 향기로움.

15) 혜륭생성(惠隆生成) : 은혜가 살아나는 듯이 큼.

16) 매매(昧昧) : 우매(愚昧)함.

17) 외첩(魁捷) : 장원(壯元)으로 급제(及第)함.

18) 교예(較藝) : 재주의 낫고 못함을 비교함.

19) 거괴(居魁) : 장원 급제함.

12. 棲山寺老翁陰佑

宣世徽¹⁾嶺南某邑人也 少時讀剪燈新話²⁾于山寺 夜深氣倦 凭
几假寐³⁾ 夢一老翁 鬚眉皓白⁴⁾ 衣冠甚偉 急覺世徽曰 汝勿在此
速避速避 世徽驚起 雖自怪訝 而夢甚明白 卽移他房 少頃 巖
石崩堆 壓前健之房⁵⁾ 僧徒多死 而世徽獨免 翌夜夢 老翁又至
書贈詩二句曰 楚客遠投三峽口 蜀禽啼到五更時 世徽未解其意
而心異之 世徽專讀瞿佑⁶⁾文 妙得其法 於光海朝 頗有文名 附
麗權門⁷⁾ 借述場屋 與李再榮⁸⁾ 幷稱登及第 作宰郡邑 多有贓污

---

1) 선세휘(宣世徽, 1582~?) : 조선조 광해군 때의 문신. 자는 사원(士
   遠), 본관은 보성(寶城), 봉장(鳳章)의 아들. 1621년(광해군 13) 문과
   에 장원, 계해년(1623년)에 인조반정이 일어나자 예조좌랑으로 있다가
   유생 시절 인목대비의 폐모 상소를 올린 일로 탄핵을 받아 삼수(三水)
   로 유배됨.

2) 전등신화(剪燈新話) : 명(明)나라 구우(瞿佑)가 지은 전기(傳奇)소설
   집. 4권.

3) 빙궤가매(凭几假寐) : 안석(案席)에 기대어 졸음.

4) 수미호백(鬚眉皓白) : 수염과 눈썹이 흼.

5) 전접지방(前健之房) : 바로 앞에 붙은 방.

6) 구우(瞿佑, 1347~1433) : 명나라 때의 문인. 자는 종길(宗吉), 호는
   존재(存齋). 절강(浙江) 전당(錢塘) 출신.《전등신화》의 작자.

7) 부려권문(附麗權門) : 세력 있는 가문에 아부하여 밀착함. 여기서는 선
   세휘가 당시 광해군의 옹립을 주장한 대북(大北)의 영수이자 권신인
   이이첨(李爾瞻, 1560~1623)에게 아부한 사실을 가리킴.

8) 이재영(李再榮) : 조선조 광해군 때의 문신. 자는 여인(汝仁), 본관은
   영천(永川), 선(選)의 아들. 1615년(광해군 7) 알성시에 급제한 뒤 권

之迹9) 癸亥反正10)後 追案前事11) 逮繫詔獄12) 明日當決囚13)
而罪將死 夜五更 聞杜鵑啼于獄傍之樹 世徽忽憶 所贈詩謂 幷
逮諸囚曰 吾庶可以生矣 乃説山寺之夢 衆皆嗟異 世徽仍號成
下句曰 乃知禍福皆前定 憶得當年夢裏詩 明日獻讞14) 減死流
三水 三峽之語 亦符矣 評曰 余嘗觀徐四佳15)東人詩話16) 記僧
看疑有寺 鶴見恨無松一聯 於錢仲文17) 湘靈鼓瑟18)詩之下 而
評之曰 雖帶椎髻〔髫稚〕語19) 亦是警句云 其意盖亦以爲有神助

신 이이첨의 수하가 되어 여러 가지 비리를 자행하다가 인조반정 때
매맞아 죽었음.

9) 장오지적(臟汚之迹) : 관리가 뇌물을 탐하는 더러운 자취.

10) 계해반정(癸亥反正) : 광해군 15년(1623) 계해년에 일어난 인조반정
(仁祖反正).

11) 추안전사(追案前事) : 고을 원으로 있을 때의 일이 추적됨.

12) 체계조옥(逮繫詔獄) : 붙잡혀 옥에 갇힘.

13) 결수(決囚) : 판결을 내림.

14) 헌언(獻讞) : 죄를 논하여 판결함.

15) 서사가(徐四佳) : 서거정(徐居正, 1420~1488). 사가(四佳)는 그의
호(號)이며, 자(字)는 강중(剛中). 《동국통감(東國通鑑)》·《동인시
화(東人詩話)》 등을 저술하였음.

16) 동인시화(東人詩話) : 성종 때 서거정이 저술한 시화집. 신라 때부터
조선조 초기까지의 시화를 모아 엮은 책. 2권 1책.

17) 전중문(錢仲文) : 8세기 후반 당(唐)나라의 문인 전기(錢起)를 말함.
'중문'은 그의 자(字).

18) 상령고슬(湘靈鼓瑟) : '상령'은 순(舜)임금이 죽자 상수(湘水)에 몸
을 던져 죽어 수신이 된, 요(堯)임금의 두 딸 아황(娥皇)과 여영(女
英). 당나라의 문인 전기가 쓴 시의 제목.

19) 추계어(椎髻語) : 오랑캐의 야비한 말. 본문에서 인용한 대목이 실려
있는 《동인시화》 하권에는 '초치어(髫稚語)'라고 되어 있음. '초치
어'는 어린아이의 말이라는 뜻임. 이 시화(詩話)는 이규보(李奎報)

焉 然以余觀之 乃鄕里小兒 號喚語耳 曷嘗是警句 且中風兩韻
不協隱士鍾 尤無所據 或傳 寺卽刹子〔字〕隱士鍾卽岳寺云 不
但刹與寺語疊 詩益不佳 鄙野可笑 豈始闢文運之初 其詩止於
此耶 且枯骸之冥報 報掩骼[20]也 老翁之陰佑 報何事也 兼乃宣
有陰德於老翁 而世莫得而知之耶 雖然 楚客蜀禽數語 比僧看
鶴見頗勝

13. 西平鄕族點萬名(悚然之瞿)

西平韓公俊〔浚〕謙[1] 有一遠族 居在湖南 爲人傯侗[2] 家甚貧
時時來見西平 西平愍其寒飢 解衣推食 來輒挽留 旬月始許其
還 而以其庸 故不之責也 一日 來見韓公 忽告歸 時元朝[3]隔數
日 韓留之曰 汝知其度歲時[4]於馬上 寧在吾家 飽喫湯餠 高臥
迎新爲得也 其人再三要還 而韓公苦留之 其人賤故不敢辭 仍
留歲除之夕[5] 告于韓公曰 我有異術 常令數萬鬼 每於元朝 點

의 《백운소설(白雲小說)》에 처음 보임. 《백운소설》에는 정지상(鄭
知常)의 이야기로 되어 있음.

20) 보엄격(報掩骼) : 유골을 거두어 준 데 대하여 보답함.

1) 한준겸(韓浚謙, 1557~1627) : 자는 익지(益之), 호는 유천(柳川), 본
관은 청주(淸州), 효윤(孝胤)의 아들, 인조의 장인. 서평부원군(西平
府院君)에 봉해짐. 시호는 문익(文翼).

2) 총동(傯侗) : 가난하고 무지함.

3) 원조(元朝) : 설날. 새해. 원단(元旦).

4) 도세시(度歲時) : 설날을 지냄. 과세(過歲).

5) 세제지석(歲除之夕) : 한 해의 맨 마지막 날의 밤. 제석(除夕). 제야
(除夜).

名以閱之 若不則 鬼無拘檢6) 多禍于人家者 此非細事也 吾之
所以要還者 此耳 公旣留我 我將點鬼於公家 公勿訝焉 韓公大
驚異許之 其人復曰 此乃大事 欲於正廳7)行之 韓公亦許之 其
夜洒掃廳事 其人南面端坐 韓公自外窺之 須史見無數駢闐8)而
入 奇形怪制9) 不可名狀 羅拜於前 充滿階庭 其人出一冊子 親
自按簿10)點名 有鬼卒數人 立於階前 呼名以閱之 有若官府 閱
衙之狀11) 自二更許 至五夜始罷 其數數萬者 不誣矣 末梢一
鬼 闕點12)後至 又一鬼踰墻而入 其人命捽入13)拷問之 後至曰
果[某]緣食道爲難14) 近行痘疹15)於嶺南士人某家 遠來赴點 以
此後至 其罪無所逃 踰墻者曰 果[某]緣久飢 略行癘疫16)於京
畿某人家 知有點簿 倉黃而來 恐未及赴 以致踰墻之罪云 其人
屬聲數之曰 此鬼等 違言禁令 多行虐病 其罪已重 況此乃宰相
貴家 而渠敢踰墻而入 其罪尤重 後至者杖百 踰墻者杖數百 俱
枷鎖17)囚於牢獄 仍聚衆鬼下令 無得作禍于人間 三令而五申之
仍命罷歸 衆鬼羅拜以辭 爭闢門而出 駢闐之聲 良久而止 見其

---

6) 구검(拘檢) : 언행을 구속하여 경계하고 타이름.
7) 정청(正廳) : 대청마루. 청사(廳事).
8) 병전(駢闐) : 떼 지어 가는 소리.
9) 기형괴제(奇形怪制) : 기괴한 모습. 여기서 '제(制)'는 '형(形)'의 뜻.
10) 친자안부(親自按簿) : 몸소 명부(名簿)를 살핌.
11) 열아지상(閱衙之狀) : 아전(衙前)들을 검열(檢閱)하는 모습.
12) 궐점(闕點) : 점호에 빠짐.
13) 졸입(捽入) : 붙잡아들임.
14) 식도위난(食道爲難) : 살아가는 일이 어려움.
15) 두진(痘疹) : 마마. 천연두(天然痘).
16) 여역(癘疫) : 홍역(紅疫) 등 열이 나는 돌림병.
17) 가쇄(枷鎖) : 형구(刑具)의 일종인 칼과 족쇄를 채움.

人 兀坐空廳而已 悄無所覩[18] 鷄已鳴而天欲曙矣 韓公怳惚莫
測 仍叩其得術之由則 答言 渠少時 讀書于山寺 寺有一老僧
容貌迂怪[19] 衰極將死 衆皆賤辱之 渠獨愍其老 時食以餘食 頗
厚待之 一日夜月明 老僧給謂渠曰 寺後有一洞壑 景致絶勝 盍
與吾往觀乎 渠信而從之 及出寺踰山麓 到無人之處 自懷中出
一冊子 付之曰 我有此術 年老將死 欲傳於人久矣 遍遊東國
未得其人 今見君 吾得其人 請以此傳之 開其冊卽鬼符而符
錄[20] 制鬼之法亦存 老僧卽書一符焚之 數萬之鬼 頃刻而集 見
之驚悚 老僧與渠聯坐 一一點名 謂鬼等曰 吾已老矣 已付爾等
於此少年 從今以往 役於此君可也 渠卽傳受其書 號令衆鬼 改
申約束而散遣之 與老僧歸宿寺中 曉起訪其僧 僧已遁矣 渠仍
行其術 積累十年 世無知者 今始見知於公云 西平大異之 問曰
我亦可受此術否 其人曰 公之精力 足以行之 而但此術是山野
窮秀才所行 公宰相不可行也 明日遂辭去 不復來見 西平遣人
往觀之 萬疊山中 結一草庵 小如懈[蟹]匣[21] 四無隣居 塊然[22]
獨處 招之終不來 其後 更遣人訪之 已移室矣 莫知所終 西平
子孫 親聞於西平而傳說於人也

---

18) 초무소도(悄無所覩) : 고요하고 아무 것도 보이지 않음.
19) 오괴(迂怪) : 성질이 바르지 못하고 괴이함.
20) 부록(符錄) : 미래에 나타날 일을 미리 짐작하여 비밀로 적어놓은 책.
　　여기서는 귀신들의 명부(名簿)를 말함.
21) 소여해갑(小如蟹匣) : 게딱지처럼 작음. 집이 작은 것을 이름.
22) 괴연(塊然) : 홀로 있는 모양.

14. 任實士人領二卒(惑世之學)

孝宗甲午乙未間[1] 任實有士人某者 自言能役鬼 而所常領者
二鬼卒云 一日 與人對作象戲[2]而約 輸者當榜[3] 對者不勝 負約
不輸榜 某謂 若不順受則 後稍益惡矣 其人終不肯受 某向空若
作呼喚分付之狀 其人卽自下於庭披其臀 空中有鞭朴[扑]之聲[4]
杖之五六 其臀箇箇靑腫[5] 其人不勝痛扰[述]哀 某乃笑而釋之
又嘗與人 會坐於任實官廨[6] 其後園有竹林 其外村家 方有賽
神[7]者 鼓聲坎坎[8] 某忽下走 至園向竹林 怒氣勃然 高聲呵責
張目揚臂[9] 有若驅逐之狀 良久而還 人怪而問之 答云 有一群
雜鬼 來自賽神之所 投聚于此竹林 若不呵禁 今將依附林藪 作
亂於人家 故吾怒而逐之耳 又嘗與一士人 作伴同行 忽於路上
向空叱之日 汝何敢拱此無罪之人 汝若不赦則 吾將罪汝 辭氣
甚怒 士人問其故 不爲明告 夕投一村家則 稱有疾病 拒而不納
使奴呵責 逼迫而入 主人妻女輩 頻於窓間窺見 聞有竊語 驚嗟

---

1) 효종갑오을미간(孝宗甲午乙未間) : 효종 5~6년 사이. 서기 1654~
   1655년.
2) 상희(象戱) : 장기(將棋)를 두는 놀이. 상기(象棋).
3) 수자당방(輸者當榜) : 지는 사람이 볼기를 맞기로 함.
4) 편복지성(鞭扑之聲) : 채찍질하는 소리.
5) 개개청종(箇箇靑腫) : 맞은 곳마다 퍼런 멍이 듦.
6) 관해(官廨) : 관아(官衙). 관청(官廳).
7) 새신(賽神) : 굿. 푸닥거리.
8) 감감(坎坎) : 북을 힘차게 치는 소리.
9) 장목양비(張目揚臂) : 눈을 부릅뜨고 팔을 휘저음.

之聲 昏後 主人翁具酒饌來謝曰 小人有女 猝患劇病10) 今日死
去 良久始甦曰 爲一鬼所携而去 路逢一人 呵叱其鬼使之捨去
其鬼甚恐 卽便捨之 故得甦云 渠於門隙 窺見尊貌曰 此卽責鬼
人 不覺驚異 未知尊公 仙耶佛耶 此是再生之恩 故敢以薄饌奉
謝 某笑而受食曰 汝言妄矣 吾豈有此耶 此後七八年 病卒云

　評曰 役鬼之說 古無聞焉 至于叔季11) 而始有之 豈不怪哉
西平之族 所領數萬 而能嚴束峻治12) 俾絕人間之禍 任實之人
只帶二卒 而亦禁止妖邪之祟13) 此雖燕齊之士14) 有惠而無害
賢於禹治遠矣

15. 一島魚肉臥家中(特異之術)

　江華有一武人 爲本府將官1) 爲人凡庸 別無異事 一日 其妻
因妬恚怒2) 而於房內縫衣 時當深冬 武人欲解其怒 戲謂其妻曰
吾將造出蝴蝶3) 君欲觀乎 其妻益怒 罵其妄言 不以爲意 武人
卽就 其妻縫衣椹器4)中 取其衆色錦段〔緞〕綿布 小小裁餘5) 握

---

10) 졸환극병(猝患劇病) : 갑자기 중병에 걸림.
11) 숙계(叔季) : 말세(末世).
12) 엄속준치(嚴束峻治) : 준엄하게 단속하고 다스림.
13) 요사지수(妖邪之祟) : 요사스러운 귀신이 끼치는 화(禍).
14) 연제지사(燕齊之士) : 평범한 선비.
 1) 본부장관(本府將官) : 강화부(江華府)의 장교(將校).
 2) 인투에노(因妬恚怒) : 질투(嫉妬)로 인하여 성이 남.
 3) 호접(蝴蝶) : 나비.
 4) 정기(椹器) : 반짇고리.
 5) 재여(裁餘) : 옷감을 마름질하고 남은 자투리.

在手中 徵於口中6) 作呪而散擲空中 蝴蝶紛然7)滿房 五色燦爛
其色各以裁餘本色 而成翩翩飛舞 眩轉難測8) 其妻不覺驚異 卽
笑而解怒 良久 武人展手向空 蝴蝶卽便飛集 握而復開 則成裁
餘矣 此事獨其妻見之 他人莫知之也 前後未聞 有異術焉 及丁
丑9) 江都見陷 人皆呼哭奮〔奔〕走 武人獨晏然10) 安臥家中 使
妻孥朝夕炊飯 自若笑隣里之奔避者曰 虜豈到此村乎 果一島盡
被焚掠11) 人無得脫者 而武人之村 獨不及焉

16. 萬騎蹂躪坐路上(安閑之學)

丙丁之亂1) 有一京城氓 隨衆避兵馬而行 一日 忽遇虜兵2)大
陣自後 猝至鐵騎萬餘 漫山蔽野3)而來 無處可避 倉卒遑遑 罔
知所措 望見 路上松樹下 有一士人 下馬休坐 其奴一人 執鞭
而立于前 以數幅白袱 向路張掛 有若障蔽路塵之狀 氓走到士
人所坐樹下 急呼人將死矣 何以得活 士人笑曰 人豈必盡死乎

---

6) 징어구중(徵於口中) : 입속에서 부름.

7) 분연(紛然) : 어지럽게 날리는 모양.

8) 현전난측(眩轉難測) : 어지럽게 돌아 수를 헤아리기가 어려움.

9) 정축(丁丑) : 인조 15년 정축년(서기 1637). 청(淸)나라가 쳐들어온
병자호란(丙子胡亂) 이듬해.

10) 안연(晏然) : 마음이 편안하고 침착한 모양. 태연(泰然)함.

11) 분략(焚掠) : 집을 불태우고 재산을 빼앗음.

1) 병정지란(丙丁之亂) : 병자호란(서기 1636)과 그 이듬해 정축년에 걸
친 전란.

2) 노병(虜兵) : 오랑캐 군사. 여기서는 청(淸)나라 군사를 가리킴.

3) 만산폐야(漫山蔽野) : 산에 가득하고 들을 덮음.

汝何其太遑急也 姑坐于吾傍 以觀之可也 岷見士人 意甚安閑
了 無懼怖之色 岷亦自念 無他可生之道 遂從其言 坐而見之
虜騎逢人 或殺或擄 無一脫者 獨到士人所坐 若不見焉 絡繹流
行⁴⁾ 皆從其前而過 向夕始斷 士人與岷 終日坐虜陣中 而晏然
無事 岷始知其有異術 拜問其名稱居住 士人終不肯言 騎馬疾
驅而去 馬駿行速 不得追焉 岷於後日 偶遇被擄處還者 與之語
自言隨虜陣 某日過某地 卽岷與士人坐處也 岷細問其獨得脫免
之故 則曰 虜陣到此仰望 有粉堞⁵⁾嵯峨⁶⁾ 天塹絶險⁷⁾且峻 有非
人力可功 故只自從其下過去云 此則 士人所張白祆也 評曰 世
言 今世無異人 雜術皆衛⁸⁾ 是言非也 丙丁非今世乎 臥家避亂
坐路避兵 非雜術乎 斯二子者 內秘不示 而終能遇亂自衛 其亦
猶賢乎已也夫

17. 掃雪因窺玉簫仙(奇哉快哉)

成廟朝 有一名宰 按節關西¹⁾ 關西自古 以佳麗地擅名 江山
樓觀之勝 綺羅管絃之盛 甲于八方 風流豪士 宦遊才子 往往有

---

4) 낙역유행(絡繹流行) : 끊이지 않고 흘러감.
5) 분첩(粉堞) : 회칠을 한 성가퀴. 성가퀴는 성 위에 몸을 숨길 수 있도
   록 낮게 쌓은 담.
6) 차아(嵯峨) : 산이 높이 우뚝 솟아 험한 모양.
7) 천참절험(天塹絶險) : 천연적인 요새(要塞)가 매우 험함.
8) 잡술개위(雜術皆衛) : 잡술이 모두 막혀 없어짐.
1) 안절관서(按節關西) : 평안도를 다스리는 관찰사 벼슬을 함. 평안감사
   가 됨.

爲一笑 而留三年者 妓籍中有小娥一人 名紫鸞 號玉簫仙 年纔
巫峽2) 天賦艶質 絶世無雙 歌舞吹彈 無不精妙 加以才識穎悟
能解詩詞 第一香名 已振關西矣 時按使有兒郞 年亦十五〔二〕
眉眼如畵 幼通經史 藻思敏捷 操筆成章 世以奇童許之 按使
無他子女 只有一兒 而才又拔萃 鍾愛特立 按使適値懸弧之日3)
與賓僚 置酒於秋香堂 大張妓樂 酒酣歡甚 乃命兒郞起舞 呼首
妓4) 擇於童妓中一人 使之對舞 以爲戲笑之資 衆妓及營中上下
以紫鸞芳姿妙藝 可敵兒郞 又其年齒 適與同庚5) 遂使應命 一
雙妙舞 嫋嫋6)如弱柳 翩翩若輕燕 坐上見者 莫不贊嘆 稱其奇
絶 按使大悅 招紫鸞 命坐於床頭 饋以肴饌 復以錦綺 厚加賞
賚 仍命以紫鸞 永定兒郞陪妓 以供進茶 磨墨之役 自是恒不移
左右 與之同戲 及數年之後 男女年長 遂相親昵 兩情俱惑 綢
繆纏綿 不翅若鄭生之於李娃7) 張郞之於鶯鶯8)也 按使秩滿 朝
廷以其有惠政 復令仍任 凡六年而始解 臨其歸日 按使與夫人
深憂其子與紫鸞 有難離之患 欲其棄去也則 慮其子相思而致疾

---

2) 연재무협(年纔巫峽) : 나이가 겨우 12세임. 무산(巫山)이 12봉(峰)인
  데서 온 말.

3) 현호지일(懸弧之日) : 남자의 생일. 옛날에 사내아이가 태어나면 문 왼
  쪽에 활을 걸어 축하하던 관습에서 온 말. 여기서는 감사의 생일을 말
  함.

4) 수기(首妓) : 행수기생. 관청에 딸린 기생 가운데 우두머리.

5) 동경(同庚) : 동갑(同甲).

6) 요뇨(嫋嫋) : 간드러진 여인의 자태를 형용하는 말.

7) 정생지어이왜(鄭生之於李娃) : 당(唐) 백행간(白行簡)의 전기(傳奇)
  〈이왜전(李娃傳)〉의 남녀 주인공인 정생과 이왜를 말함.

8) 장랑지어앵앵(張郞之於鶯鶯) : 당 원진(元稹)의 전기 〈앵앵전(鶯鶯
  傳)〉의 남녀 주인공인 장랑과 앵앵을 말함.

也 欲其率行也則 其子尚未聘娶 恐其有妨於名行也 取捨兩難
不能自斷 乃曰 此則 當問於渠而決之 召其子而謂之曰 男子之
好 父不得教之於子 吾不能禁制焉 汝與紫鸞 情愛旣篤 似將難
離 汝旣未娶 今若妾畜〔蓄妾〕則 恐有妨於婚姻 而但念 男子一
妾 世所多有 汝若眷戀不能忘則 雖有些少所害 有不暇顧 當以
汝意決之 汝其勿隱必陳也 生卽對曰 大人豈以子爲難離一少妓
而或有相思致傷者耶 子雖以一時眼界繁華 有所眄睞9) 及今棄
歸 有若弊屣夫 豈有眷眷不忘之理哉 幸大人勿復下慮也 按使
與夫人喜曰 我兒眞丈夫也 及其別也 鸞娘涕泣嗚咽 有不忍見
而生無所眷戀之色 一營上下僚屬徧裨見者 莫不嘆其俊異 盖生
與鸞 處五六年 未嘗有一日之分 故未知世間離別境界 能作快
活之語 而輕其別焉 按使旣解監司 以大司憲10)還朝 生隨父母
歸京城 漸覺有思念鸞妓之情 而不敢形諸言面 時有監試之科11)
其父命生與朋友數人 做業於山寺 一日夜 諸友皆宿 而生寢不
能寐 獨起徘徊於前庭 時當寒冬 雪月皎然 深山靜夜 萬籟俱寂
生望月懷人 情緒凄悲 思欲一見其面 不能自抑 有若喪性 發狂
者然 是夜夜半 遂自寺庭 直向平壤 戴毛巾 服藍紬衣 穿革履
步屧而行12) 未及十餘里 足腫不能行 到村家 以革履換着藁
鞋13) 棄其毛巾 得弊氈笠破邊者 盖其頭 乞食於行旅 常多飢餒

---

9) 면래(眄睞) : 정을 두고 돌봄.
10) 대사헌(大司憲) : 조선시대 사헌부(司憲府)의 정2품 으뜸 벼슬.
11) 감시지과(監試之科) : 과거시험의 일종. 조선시대 생원(生員)·진사
(進士)를 뽑던 시험.
12) 보섭이행(步屧而行) : 줄곧 걸어감.
13) 혁리환착고혜(革履換着藁鞋) : 가죽신을 짚신으로 갈아 신음.

寄宿於逆旅[14] 徹夜寒凍 生以富貴家子弟 生長於膏粱綺紈之
中 未嘗出門庭數步 猝然作千里徒步 蹣跚[15]匍匐 行不得前 加
以飢凍 兼極辛苦萬狀 衣破懸鶉[16] 面貌瘦黑[17] 殆若鬼形 間關
寸進 月餘始得抵平壤 直到妓家 鸎則不在 而獨其母在耳 見生
不能識 生前自陳敍曰 吾卽前使道兒郞也 以不能忘汝女之故
千里徒步而來 汝女未知何往而不在耶 妓母聞之而不悅曰 吾女
爲新使道之子所寵愛 晝夜同處於山亭 不許暫出 未得歸家 今
已數月矣 郞君雖遠來 相見無路 誠可恨也 漠然無迎接之意 生
自念 爲鸎而來 鸎旣不可得見 其母之厭薄 又如此無處寄托 進
退維谷 政爾躊躇之際 忽然記得 其父在營之時 本府下吏某者
曾犯重罪 將至於死 而情不可恕 生獨愍憐於定省[18]之暇 周旋
救解 其父從生言而活之 生念 吾於此吏 有再生之恩 吾若往見
渠豈有數日之款乎 遂自妓家 轉訪吏家而投之則 吏亦初不知識
生 言其名而告之 故吏大驚迎拜 洒掃正堂而處之 豐其飯饌而
進之 住數日 生與吏謀 見鸎之策 吏良久曰 從容相接 誠無其
路矣 若欲一者願見其面則 小吏願獻一策 郞君果能肯從否乎
生叩問之 吏曰 今玆雪後 營中掃雪之役 例以城內坊民分差 而
小吏適當此任 今者 郞君若雜於役夫之中 擁篲掃雪於山亭則
鸎妓方在亭上 庶可見其面 不然更無他道矣 生從其計 早朝與

---

14) 역여(逆旅) : 주막집.
15) 반산(蹣跚) : 절름거림.
16) 의파현순(衣破懸鶉) : 옷이 해져 누더기가 됨.
17) 면모수흑(面貌瘦黑) : 얼굴 모습이 검고 수척해짐.
18) 정성(定省) : 혼정신성(昏定晨省). 부모님을 아침저녁으로 잘 보살펴
   드림.

衆役夫 入山亭 携篲掃雪於前庭 巡使之子 方開窓倚坐 鶯妓在
房 不得見矣 他役夫皆丁壯 掃雪甚健 生獨用篲齟齬 不及於他
人 巡使之子 見而笑之 仍呼鶯妓 使觀之 鶯自房中 命應而出
立于前軒 生捲其氈笠 前過而仰見 鶯熟視良久 卽還入房中 而
閉其門 從此不復出矣 生遂憮然怊悵¹⁹⁾ 而歸于吏舍 鶯素明慧
一見知其爲生也 默坐而垂淚 巡使之子 怪而問之 鶯初靳而不
言²⁰⁾ 再三苦問之 始乃曰 奴賤人也 郞君誤加寵愛 夜共錦衾
晝同綺饌 不許奴暫時還家 今已數月矣 於奴榮幸極矣 奴豈復
有一毫怨尤之心哉 第奴家貧 老母每當父亡之日 奴在家 乞貸
營辦 備得數器之祭以過 而今旣牢鎖此中 明日適是父忌 老母
獨在 想應闕奠一器飯 故忽然念此 自爾悲泣夫 豈有他故哉 巡
使之子 蠱惑已久 聞鶯之言 信而不疑 惻然傷之曰 審若此²¹⁾
何不早言 卽盛具祭需與鶯 使之行祭於家中而來 鶯顚倒還家
謂其母曰 吾知前使道之子某郞君來矣 意謂必在吾家 今不在焉
未知何往 其母曰 某郞君果爲見汝徒步而來 某日到家 而汝旣
在營 無由相會 吾以此語之 卽自去耳 吾不知其何往也 鶯呼泣
而責母曰 此非人理 所可忍爲 而母何以忍爲之也 吾與此郞君
年旣同庚 而十二歲當壽宴 獻舞之日 一營上下擧吾而爲對 雖
曰 由人而實²²⁾ 是天作之配 此吾之不可背者一也 自是以來 未
嘗一日 離其左右 以至於長成 仍而有私焉則 相愛之情 相得之
樂 求之 古今絶無比矣 郞雖有忘於妾 妾抵死而難忘焉 此吾之

---

19) 무연초창(憮然怊悵) : 낙심하여 슬퍼하는 모양.

20) 초근이불언(初靳而不言) : 처음에는 미적거리며 말을 하지 않음.

21) 심약차(審若此) : 과연(참으로) 이와 같음.

22) 유인이실(由人而實) : 남으로 말미암아 맺어짐.

不可背者二也 前使道 以吾謂爲愛子之婦 不以賤微而有間焉
撫恤之深 賜賚之厚 恩德如天 世所罕有 此吾之不可背者三也
箕城²³⁾地當孔道²⁴⁾ 縉紳貴流²⁵⁾ 往來如織 吾見人多矣 器稟之
英秀 才華之敏贍 未有如此郎者 吾素有緣蘿托從之意²⁶⁾ 此吾
之不可背者四也 郎雖棄吾 吾不可負 而吾無狀 不能以死自守
爲威勢所脅制 今復獻媚於新人郎君 何有於無行之一賤物 而不
遠千里徒步而來 此吾之不可背者五也 非徒此也 郎君是何等貴
人 而爲一賤娼 顚頓狼狽而至則 在我之道 何忍恝視 吾雖不在
母氏獨不思前日眷恤之情 贈遺之恩 而不進一器飯以留之耶 此
非人理所忍爲 而吾母忍爲之 吾安得不自痛耶 呼泣良久 仍靜
而思之曰 此城中 郎君無可住之處 必在某吏之家 卽起走往吏
家 郎果在矣 相携涕泣而已 更不能交一語 仍要還其家 盛備酒
肴以進 逮夜²⁷⁾鸎謂生曰 明日則復難相見 將若之何 兩人遂密
議 定爲逃計 鸎出其衣笥錦繡衣裳 盡去其綿 又出若干金珠又
佩等輕寶 裹以二袱 夜深乘其母睡熟 兩相負戴 潛逃以去 轉入
陽德孟山 深峽之中 寄托於村氓之家 初爲其傭賃 生不能鄙事
鸎工於織紝²⁸⁾ 針繕以糊其口 稍久仍結數間茅舍於村中以居 鸎
勤於女工 晝夜不懈 且時 賣所賚衣裳又佩 以供喫着 能使不致
乏絶 鸎又能善處隣里 俱得其歡心 四隣之人 見新寓貧窮 莫不

---

23) 기성(箕城) : 평양(平壤)의 옛이름.
24) 공도(孔道) : 대도(大道). 대로(大路).
25) 진신귀류(縉紳貴流) : 높은 벼슬을 하고 있는 고귀한 사람들.
26) 연라탁종지의(緣蘿托從之意) : 남에게 기대어 살고자 하는 뜻.
27) 체야(逮夜) : 밤이 됨.
28) 공어직임(工於織紝) : 길쌈을 잘함.

憐而賙救[29] 遂得安巢焉

生之諸友 初與共棲山寺者 朝起不見生 衆大駭 卽與僧徒 窮
搜四山 終不得 遂報于其家 其家震驚 多發奴僕 遍見於近寺數
十里 累日竟絶聲響 皆言 若非爲妖狐所迷而死則 必爲猛虎所
噬食[30] 乃發喪 招魂虛葬焉 巡使之子 旣失鸎 使庶尹[31] 囚其
母及族屬以求之 閱月[32]不得而乃止

鸎與生 已得奠居[33] 乃謂生曰 君以宰相家獨子 惑於一娼妓
棄父母 逃竄於窮裔[34]山谷之間 其存其沒 家莫聞知 不孝大矣
行檢掃地[35] 今不可終老於此 又不可抗顔[36]歸家 君將何以自處
乎 生泫然曰 吾亦憂之 罔知所以爲計耳 鸎曰 只有一策 粗足
盖覆舊累[37] 濯磨新效[38] 上可以復事乎親 下可以自立於世 君
能行之否 生問何策 鸎曰 唯有擢科揚名一路耳 不特盡言而君
可以喩矣 生大喜曰 娘之爲我計 可謂至矣 顧安所得書而讀之
乎 鸎曰 君勿憂 妾當爲君圖之 自是 鸎言于四隣 不計價購書
而窮山僻村 久未得書 一日 忽有行商過去者 持一卷書以賣 村

---

29) 연이주구(憐而賙救) : 가련히 여겨 도와줌.
30) 남식(噬食) : 잡혀 먹힘.
31) 서윤(庶尹) : 조선시대 한성부(漢城府)와 평양부(平壤府)에 두었던
종4품 벼슬.
32) 열월(閱月) : 한 달이 지남.
33) 전거(奠居) : 거처를 정함.
34) 궁예(窮裔) : 매우 궁벽함.
35) 행검소지(行檢掃地) : 품행을 살펴 깨끗이 함.
36) 항안(抗顔) : 뻔뻔한 얼굴. 거만한 얼굴.
37) 조족개부구루(粗足盖覆舊累) : 그런 대로 지난 잘못을 충분히 덮을
수 있음.
38) 탁마신효(濯磨新效) : 지난 잘못을 씻어내고 다시 힘씀.

人爲其塗壁欲買 鷲得之以示生 乃東方近代表箋科製 而細書成
文 冊大如斗 殆數千首 生見之喜曰 此一卷足矣 鷲卽買取付生
生自得此書 誦讀不輟 夜則明一燈 生讀書于左 鷲繰絲³⁹⁾于右
分光做業 生或少懈則 鷲輒怒誚責⁴⁰⁾以勉之 如是者三年 生文
才素高 詞華驟長 騈儷藻思 輪囷⁴¹⁾滿腹 下筆成章 贍麗絕倫
科第可以摘髭⁴²⁾矣 適聞國有謁聖大科 鷲遂具糧辦裝 令生赴擧
生徒步上京 入泮宮⁴³⁾試場 御駕親臨 出表題矣 生一揮而就思
若湧泉 卽自手寫 呈納而出 及出榜之際 上命坼封於御座前 生
爲第一矣 時生之父以吏判 方入侍榻前 上招謂之曰 今此壯元
者 似是卿之子 而但其父職以大司憲書之 是何故也 仍命以試
紙示之 生父見之 離床涕泣而對曰 此乃臣之子也 三年前 與友
讀書于山寺 一日夜忽然失之 終莫能得 意此必死於猛獸 故虛
葬持服 今已闋服⁴⁴⁾矣 臣無他子女 只有此一兒 而才品頗俊秀
意外見失 悼傷之情 至今如一日 今見試紙 果是渠之手筆也 當
失去之時 臣職叨⁴⁵⁾都憲⁴⁶⁾ 故想應以此書之 而實未知渠三年在
何處 今赴此試也 上聞而異之 卽命召生引見 生於放榜之前 以
儒生巾服入對 是日 侍臣觀者 莫不洒然變色者 上親問 其自山
寺 緣何出去三年 留住何處等 因生離席頓首曰 臣無狀 棄親逃

---

39) 조사(繰絲) : 누에 실을 삼음.
40) 초책(誚責) : 꾸짖어 나무람.
41) 윤균(輪囷) : 높고 큰 모양.
42) 적자(摘髭) : 콧수염을 뽑듯이 쉬움.
43) 반궁(泮宮) : 성균관(成均館)의 별칭.
44) 결복(闋服) : 3년상을 마침. 탈상(脫喪).
45) 도(叨) : 외람됨.
46) 도헌(都憲) : 대사헌(大司憲)의 별칭.

竄 得罪人倫 願伏重誅 上曰 君父之前 不可有隱 雖有過失 吾
不罪汝 汝其悉陳也 生卽以前後事跡 備細陳達 左右諸臣聞者
莫不傾耳聳聽者 上深加歎異 下教于生之父曰 卿之子 今卽悔
過 勤業策名立朝 男子少年 暫爲女色所迷 不足深尤 盡赦前罪
更責後效 至於紫鸞 能與之逃匿山中 其事已奇 而又能設策 補
過買書 勸勉其志 可嘉不可以官妓以賤之 其令此子 勿更娶妻
陞鸞爲正室 所生之子 竝通淸顯 勿有所拘可也 仍賜唱榜 生之
父於御前 得其子 頭戴桂花 馬上張樂歸家 闔門皆驚 悲喜交極
焉 生之父母 因上命 具輪輿 迎紫鸞而歸 盛設宴會 配爲正妻
其後 生官至宰列 夫妻偕老 有子二人 亦皆登科顯榮 生家迎鸞
於孟山之日 生以壯元故 直出六品 拜兵曹佐郎47) 鸞以佐郎室
內 乘轎上京 至今孟山之人 名其所居之村 爲佐郎村云

18. 簪桂1)逢重一朶紅(第一美事)

一松沈相公2) 顔貌玉雪 標格淸秀3) 八歲能屬文藻 雋異自
在4) 童孺人5)皆目之以仙童 妙年6)登科 廖〔廖〕揚淸顯7) 遂入閣

---

47) 좌랑(佐郎) : 조선시대 육조(六曹)의 정 6품 벼슬.
1) 잠계(簪桂) : 과거에 급제함.
2) 일송심상공(一松沈相公) : 조선조 선조~광해군 때의 문신인 심희수(沈喜壽, 1548~1622)를 가리킴. 자(字)를 백구(伯懼), 호(號)를 일송(一松)이라 하였음. 본관은 청송(靑松)으로, 노수신(盧守愼)의 문인. 벼슬이 우의정에 이름. 문정공(文貞公).
3) 표격청수(標格淸秀) : 풍채가 맑고 빼어남.
4) 준이자재(雋異自在) : 재능이 남달리 뛰어나고 얽매임이 없음.

拜相 年至耆耄8) 世稱名相焉 年七十餘 在相位 一日 赴備局9)
坐衙 臨罷 謂諸宰曰 吾之赴衙 止於今日矣 願諸公各自珍重
諸宰曰 俱相公康寧無疾 何以有此言耶 公笑曰 死生有命 吾豈
不自知大限10) 定數不可遠也 亦復何恨 但願諸公努力輔佐 以
報聖恩而已 相與勉勵而去 衆咸訝焉 公歸家翌日 卽感微恙11)
有兵曹佐郎一人 卽公之郎屬 而素所親愛者 往候之 公迎見於
臥內 甚從頌12)謂兵郎曰 我今死矣 君當遠到 善自保重 兵郎見
公 微有淚痕 仍謂曰 相公氣甚康和 雖有微恙 此不足慮 而今
以歸化13)爲敎 且見公暫有淚痕 竊所未曉 敢以爲問 公笑曰 吾
於他人 不曾言之 君今有問 何必隱之 吾當細言之 老夫少年時
事 君其勿笑也 吾年十五時 貌正姣美 京城某坊 適有大家 設
聞喜宴者 盛設倡優妓樂 吾與十數兒輩 往觀焉 見綺羅叢中 有
一少娥 年可二八 容貌姿質 出類拔莘 望之殆若天仙焉 問于傍
人則 曰 此乃一朵紅云 觀止罷歸 心竊有慕 念不能忘 此後十
餘日 自師傳家學書 挾冊步歸於大路上 忽遇一美娥 明粧麗服
騎駿馬雕鞍 而來到余前 下馬握余手曰 君非沈喜壽氏乎 余驚

---

5) 동유인(童孺人) : 아녀자(兒女子).

6) 묘년(妙年) : 묘령(妙齡). 스무 살 전후의 젊은 나이.

7) 휘양청현(麾揚淸顯) : 깨끗하고 높은 관직에 오름.

8) 기모(耆耄) : 60세에서 80세 사이의 노인.

9) 비국(備局) : 비변사(備邊司)의 별칭. 조선조 중종 때에 변방에서 일
   어나는 급한 일을 처리하는 임시기관으로 설치하였으나 임진왜란 이
   후에는 상설기관으로 의정부를 대신하였음.

10) 대한(大限) : 수명이 끝남.

11) 미양(微恙) : 대단치 않은 병.

12) 종송(從頌) : 종용(從容). 부드럽고 조용함.

13) 귀화(歸化) : 여기서는 죽음의 뜻.

視之 乃一朶紅也 余答曰 吾果是也 何以知吾耶 時余方年幼未
冠 街路多觀者 心甚羞愧 紅得吾 喜動顏色 顧爲執鞭者曰 吾
今適有事 故明當赴會 汝姑持馬還去 報以吾言可也 卽携吾 入
坐于路傍人家 謂吾曰 君於某日 往觀某家慶宴乎 余曰然 紅曰
吾於是日 望見君顏 殆若天仙焉 問于傍人 人有識君者曰 此乃
沈家兒郎 其名喜壽 才名盖世云 吾自是願一見之 而無其路 思
念日深 今適逢君 實是天幸 余笑答曰 我心亦如之 紅曰 此非
可語之地 吾有姨母之家 在某坊 到此可得從容 仍卽與吾 步到
其家 家甚僻靜蕭洒 其姨母愛紅亦至極 無異己女焉 自是 兩情
沈惑 晝夜掩門不出 紅盖未曾經人 初與吾相逢也 如是者十餘
日 紅忽於我曰 此非長久之道 當與君暫相分離 以圖後會 吾問
之則 曰 妾之終身事君 意已決矣 但君上有父母 而未娶正室
卽今豈許君之先畜一妾乎 妾觀君 器度才品 必當早登科第 位
跡卿相 妾從今日 辭君而去 當爲君 潔身全節 以待君之登科
遊街三日之內 復與君相會 以此爲金石之約 君於擢第之前 勿
復念妾 勿以妾之失身從他爲慮 妾自有藏身之道矣 君之登第之
日 是妾重逢之秋耳 仍握手相分 飄然而去 少無惜別悽黯之
色[14] 問其所之 終不言 余憫然 如有所失 悵悵而歸 父母失余
擧家憂遑者累日 及余還家 父母驚喜 問其何往 余諱不直告 以
他事對之 紅思戀之情 初不能忘 至於寢食俱廢 久而後稍能自
定 遂乃專精致力於科業 晝夜孜孜不輟 盖爲遇紅計也 數年後
父母命委禽聘妻 雖不敢辭 而終無琴瑟之樂 余本文才早成 而
又復勤業 十倍於人 果於別紅五年登第 少年科甲 孰不自喜 而

---

14) 처암지색(悽黯之色) : 이별을 아쉬워하는 얼굴빛.

余別有喜於人者 得遂紅重逢之約也 遊街初日 意其得相遇而不
得 第二日 亦不得遇 至於第三日 遊街已盡 終絶影響 余心甚
缺然 科第之榮 亦無興況 日將夕 大人命曰 吾少時舊友某 在
彰義洞 汝於三日內 不可不往拜 余不得已往焉 及其歸也 日已
含山矣 路經一高門 自其內有呼新來者 乃老宰相 某公之第也
曾所昧昧 而此是長老之人 故余卽下馬趨進 使之進退數次 卽
命上坐 與之敍話 頗慇懃 仍出酒饌而待之 某公把杯言曰 君欲
見故人乎 余莫知其所謂 逡巡15)對曰 有何故人耶 某公笑曰 君
之故人 方在吾家矣 仍命侍婢 使之出來卽紅也 余見之 且驚且
喜 問曰 汝何以在此 紅笑曰 此是君遊街三日之內則 妾豈不識
別時之約乎 某公曰 此姬乃是 天下名姝16) 其志操可嘉 事迹甚
奇 吾爲君盡言之 吾年垂八十 夫妻偕老 素無子女矣 一日 此
姬忽然來見曰 願寄身門下 執役左右 以備婢僕之末 余怪問其
由則 奴曰 非避主逃亡者 請勿慮焉 余辭而拒之 而渠抵死固請
仍留不去 余試從之而觀 其所爲卽 以侍婢自處 晝進茶飯 夜鋪
枕席 洒掃應對 盡其誠勤 余夫妻 俱是老病之人 而不離左右
扶救調護 搔背叩膝 極能得其道 使之安便 又能工於裁縫 自請
製衣 必及寒暖之節 余夫妻 俱加憐愛 而夫人尤愛之 有若親女
晝居於內 夜宿於側 余從容問其出處行止則 曰 本以良家 父母
早沒 幼稚無依焉 一里媼 所得養以爲娼 年少 未及爲人所汚
幸遇一郎君 已成百年之盟 而第此郎 年幼未娶 期以登第後 重
相會合妾 在娼母之家則 此身不得自由 恐無以全節 玆敢來托

---

15) 준순(逡巡) : 우물거리며 주저함.
16) 명주(名姝) : 이름난 미인.

高門 以爲數年藏蹤之計17) 待君擢第 卽當辭去耳 余問 郎君爲
誰 以君姓名爲對 余衰老垂死 念絶近色 而渠自稱吾侍妾 能自
完保 今已四五年矣 每當及第榜出 未見君名姓 輒曰 郎於數年
來 自當登第 今雖見屈 未足恨也 亦未嘗見 其傷離怨恨之色
及君擢科 余見榜眼 卽語之則 姬亦無驚喜之色曰 吾知之久矣
豈是異事 且曰 吾與郎相別時 期以遊街三日内重逢 不可違也
卽登樓望見 而洞巷深僻 二日不見來過 今日又復登眺曰 今日
必當過去矣 君果行過吾門 姬卽奔告於吾 以請呼入矣 余於古
今傳奇 多見名姝 情感遇合異事 而未見若此之絶奇者 天感至
誠 以成宿約 今日之會 不可孤負 老夫當爲姬與吾君 成就一段
好事 君可勿歸 留宿一宵也 余遇見紅 已驚喜 聞此言 心切感
歎 而故暫托辭曰 此雖吾少日所眄 而旣爲大監之侍姬則 今豈
更相近耶 某公笑曰 吾老矣 不得近色已久 渠稱以侍寢者 欲斷
任兒輩18) 覬覦19)之路耳 渠爲君守節 凜若霜雪 誰能奪其志乎
君勿更疑也 卽命還送 吾騎馬倡夫騶從 仍自凭人 傳語於家大
人 報以挽留子郎一宿之意 分付侍婢 淨掃一房 張設彩屏 花席
衾褥等物 極其華美 焚香明燭 有若婚家新郎之房 使余與紅 會
宿焉 翌朝 余辭謝某公而歸 始以遇紅始末 告于父母 父母命郎
率來 仍畜于家中 其行檢才藝 俱出等倫 事上接下 孝敬慈惠
盡誠盡禮 莫不感悦愛慕 女工諸事 旣盡精妙 而至於琴棋等技
亦皆超絶 人不可及 余寵之專房 渠每以正室無子爲憂 多勸吾
入宿内室 不致疎絶焉 余出宰錦山 紅亦從行 在衙數歲 紅平日

---

17) 장종지계(藏蹤之計) : 자취를 감출 계책.
18) 질아배(侄兒輩) : 어리석은 아이들.
19) 기유(覬覦) : 분수에 넘치는 욕심을 가지고 넘겨다봄.

每辭當夕曰 頻近姬妾 乃男子必傷之道也 勸吾獨宿者數矣 忽
於一日 自請侍寢 余問其故則 曰 妾死期將迫 在人間 無多願
盡餘懽 俾無遺憾耳 余怪而不信曰 汝何以預知死期乎 紅笑曰
妾自能知矣 居五六日 果感微疾 不至苦痛 數日而歿 臨絶謂余
曰 死生有命 夭壽一也 且生得托身於君子 恩寵極矣 歿復何恨
但望 埋骨於大監後日塋壟20)之側 俾歸侍地下 志願畢矣 言訖
奄然而盡 面貌如生 余大加傷悼 手自斂殯 法無亡妾歸葬之例
而假托他故 受由於監司 躬領喪車 歸葬於高陽先壟21)之内 皆
從其臨絶之語也 余行到錦江 有詩曰 一朶名花載柳車 香魂何
處去躊躇 錦江秋雨銘旌濕 知是佳人別淚餘 情見于詞 自其死
後 家有大小吉凶 必先夢見預告 無一差謬者 今已累年矣 數日
前 又夢來告曰 大監大限已盡矣 世不遠妾迎拜有日 今方洒掃
以待耳 余於是日 赴備局之坐 告別於諸宰者 此也 去夜又夢來
見 謂余 將以明日歸化 其問答之語 頗有悽憾者 夢中相泣 及
朝起 猶有餘痕在耳 吾豈嘗歸化而傷泣耶 以君情同一家 而適
此相問 故爲君悉陳 幸勿煩及他人也 相公果於翌日捐館 評曰
婦人志節操 槪不以貴賤 而有間不以娼妓 而獨以玉簫仙 雖不
免一番毀汚 末節瓌奇22) 可取有類汧國夫人23) 一朶紅終始完潔
料事如神 殆過於寇萊公之蒨桃24) 兩姬之事 有是多者 古今俱

---

20) 영롱(塋壟) : 무덤.
21) 선롱(先壟) : 조상을 모신 묘소. 선영(先塋).
22) 괴기(瓌奇) : 괴기(傀奇). 크고 기이함.
23) 유류견국부인(有類汧國夫人) : 창녀로 견국부인에 오른 이왜(李娃)와
    유사하다는 말임.《태평광기(太平廣記)》권484〈이왜전〉참조.
24) 구래공지천도(寇萊公之蒨桃) : '구래공'은 송(宋)나라의 구준(寇準)
    을 말함. '천도'는 구준의 애첩 이름. 청(淸)나라 양조관(楊潮觀)의

備錄焉

19. 高城鄕叟病化魚(半信半疑)

頃年 有一名宰 作倅高城 日有品官1)來謁 適値飯時 倅以飯
中洪魚湯一器饋之 其品官見魚顰蹙而辭曰 今日適食 素雖蒙下
饋 而不敢喫云 頗有慽容而汯然泣下 倅怪而叩問再三 品官不
敢隱 卽細陳之曰 小民有罔極情事 而世所未有 未嘗向人言矣
今適城主下問 何敢有隱 民之父享壽甚高 將近百歲 一日得熱
疾 渾身如火 奄奄2)危惙3) 子孫環泣 以爲大期4)將至 數日後
病父謂子等曰 吾病甚熱 不堪其鬱 吾欲坐於家前大川之邊 臨
觀水流 庶得蘇快 爾等勿阻我意 昇吾速出臨水 諸子竟陳其不
可 而病父嗔怒不止曰 汝不從吾言則 是與弑父同 諸子不得已
扶昇5)出坐川上 病父見水流大喜曰 對此淸流 病熱似蘇矣 坐須
臾 復謂諸子曰 吾欲獨坐觀水 惡人在傍 汝等姑往林間 待呼以
來也 衆又苦諫 而惱怒6)不從 恐其病中恚怒致傷 又未免從其命
少避于他所 俄而望之 不在坐矣 往赴之 病人解衣入水 渾身已
變洪魚 而方在半化未化之境 衆大驚怪 不敢近 數食頃而視之

희곡 〈구래공파연(寇萊公罷宴)〉의 내용을 인용한 것인 듯.
1) 품관(品官) : 품계(品階)를 받은 벼슬아치.
2) 엄엄(奄奄) : 숨이 끊어지려는 모양.
3) 위철(危惙) : 위독(危篤)함.
4) 대기(大期) : 대한(大限). 수명이 다함.
5) 여(昇) : 마주 들어 나름. 들것.
6) 뇌노(惱怒) : 노하여 원망함.

已盡化矣 大洪魚潑剌遊泳於川中 洋洋7)焉甚樂 顧見諸子 似有依依8)不忍捨之色 良久順流而下 衆皆隨之 入于大海中 更不見矣 其川邊變化之所 只有毛髮爪牙 自此 一門皆不食洪魚 至於諸子每見烹炙洪魚 心有所驚疑不安 自不覺垂涕云

20. 昇平族人老作猪(可怪可怪)

昇平金相公1) 有一族人 居在遠鄉 而年將近百矣 一日 其子到相公家 求見相公 命之入 問其來意 其子曰 所欲言者甚蜜[密] 而適値客撓 當乘夕仰達 夕後客散 從容屛左右問之則曰 其父春秋雖高 素無疾病 一日 謂諸子曰 吾欲晝眠 汝等闔門出外 愼勿輕入 待吾呼人 始開門也 諸子從之 日晩 悄然2)無呼聲 衆始疑訝 竊窺之 其父已化爲一大猪矣 衆大驚 開門視之 猪聲狼藉 衝突欲出 卽還掩門 親戚聚議 或以爲當留養家中 或以爲當行裏葬3) 鄕曲無識理之人 玆敢奔告于相公 幸深思變 禮以敎也 昇平聞而驚駭 深思良久曰 此是萬古所無之變 吾亦不得恰當底道理 而吾之臆見則 雖化異物 未死之前 決不可裏葬

---

7) 양양(洋洋) : 천천히 꼬리를 흔드는 모양.

8) 의의(依依) : 헤어지기가 섭섭한 모양.

1) 승평김상공(昇平金相公) : 승평부원군(昇平府院君) 김유(金瑬, 1571~1648)를 가리킴. 김유의 자는 관옥(冠玉), 호는 북저(北渚), 본관은 순천(順天). 여물(汝岉)의 아들. 인조반정 때 큰공을 세움. 시호는 문충(文忠).

2) 초연(悄然) : 고적함. 맥이 빠진 모습.

3) 양장(裏葬) : 양례(裏禮). 장례(葬禮).

旣是非人 留養家中 亦有所不可 況每欲出走云 山林乃其窟宅
也 昇放於大山中 人跡罕到之處 似乎合理 其子聞而是之 遂從
昇平所敎 昇放深山 乃發喪葬其衣冠 以其化猪日 爲諱日云 評
曰 曾見傳奇 有薛主簿化鯉 李生化虎之說 而疑其誕也 今仍高
城叟昇平族之事而窮思之 萬物莫不有變化矣 雀爲蛤而雉化蜃
鼠爲鴽而蛙爲蟹 人亦物之一也 寧獨無變化哉 雖然非常理也
請歸之於變異焉

21. 御史巾幗[1]登筵上(使人代慚)

昔有名官以巡按御史 到全州 自恃其名位 驕傲無化 命却房
妓 常自獨宿 監司與府尹 蜜[密]議欲欺而困之 乃選於衆妓中
得才色超絶者 淡粧素服 扮作村婦之樣 使之頻數往來 隱見於
御史所住 而預納通引陪童餌之 御史果見而悅之 問於通引曰
彼何人 斯對曰 此則小人之妹也 爲見小人 往來於此 而村女不
識官家事 體不能隱避御史道俯臨之處 不勝惶恐 御史曰 不避
何害 渠何以素服耶[也] 對曰 喪夫未闋服矣 御史不能抑情 一
日夜 潛謂童曰 吾欲一見汝妹 汝可能招來否 童佯若驚懼曰 使
道威嚴如天 吾妹賤人 何敢來現 御史以溫言誘之曰 容貌不從
吾實欲率妾 渠若有改嫁之意 則爲吾之妾 豈不佳乎 汝須以此
意言于汝妹 密爲邀來 童佯稱不敢當 御史再三勸誘而後 始許
之 翌日深夜 潛引納焉 妓是妖物 盡其狐媚以蠱之[2] 御史遂大

---

1) 괵(幗) : 부인들이 쓰는 방한모의 일종. 두룽다리. 조바위.
2) 호미이고지(狐媚以蠱之) : 여우처럼 꼬리를 쳐, 어사가 푹 빠지게 함.

傾惑 逐日暮入曉出 以率妾歸京 丁寧盟約 一日夜 妓謂御史曰
公自謂情重 徒虛語耳 御史曰 何謂其然也 妓曰 妾家去官府咫
尺 而公無意一訪 情重者固若是乎 御史曰 非不欲一訪 其如耳
目何 妓曰 若乘夜微服潛往 誰有知之者 御史從其言 遂與妓步
屧 潛到其家 解衣就寢 通引密報於監司 監司卽與都事府尹 設
宴于別堂 是夜月色如畫 大張妓樂 仍設倡優雜戲於庭 許令士
民縱觀 開門勿禁 閭里果赴 妓謂御史曰 盍往觀乎 御史曰 汝
則可往 吾則不可 妓曰 吾獨往極無味 不如不往 願與公同往
御史從其言 將與同往 推索巾服不得 蓋妓於臨臥已藏去矣 妓
曰 此有吾母頭弄達伊[3]及黑色長衣 公若衣着而行則 其在變色
藏蹤之道 豈不妙乎 御史亦從之 扮作老婦之狀 與妓偕往 握入
衆人叢中 潛隱於庭畔竹林中以觀之 當其入門也 官人已暗伺之
蜜[密]報於監司 監司卽下令曰 觀光者太多 從此閉門嚴禁 旣
入者勿出 未入者勿納 仍謂都事府尹曰 今夜宴 不請御史 殊失
事禮 座中皆曰然 遂送伻[4]要請 伻人去卽回報曰 御史道不在
窮搜一館未得矣 監司佯驚曰 是何言也 卽命偏索諸官舍 終不
得 府尹言于監司曰 御史無乃微行入于觀光叢中耶 座中皆曰
豈有此理 府尹復曰 事未可知 監司仍命閽者 開門半扉 流出庭
中之人 使軍官監其門 良久庭空無人 監司又命更搜諸竹林 衆
承命而趁 齊聲呼曰 此有二人隱伏矣 引出而視之 又歡呼曰 一
人服女人長衣戴頭弄達伊 而鬚子甚多 是何人耶 監司引而進之
明燭諦視之 衆皆曰 此人貌似御史 監司佯驚曰 豈有御史作此

---

3) 두룽달이(頭弄達伊) : '두룽다리'를 한자를 빌어 표기한 것임.
4) 팽(伻) : 하인(下人). 노복(奴僕).

貌樣 命推引登 進坐于宴席之上 於燭下脫去其所戴則 果御史
也 一筵坐客及妓女樂工滿庭吏卒觀者 莫不掩口絕倒 監司謂御
史曰 何以作此樣 御史沮喪垂頭不言 監司令御史仍其所服着
不更據于上座 呼御史所愛村婦 侍坐其側 乃一妓也 於是 進饌
張樂 終夜玩弄戲笑而罷 明日 御史不告而去 遂從此見棄焉

22. 提督¹⁾裸裎²⁾出櫃中(若撻于市³⁾)

頃年⁴⁾ 有一文官 爲慶州提督官 每到本府 見妓女則 必以烟
茶竹⁵⁾ 叩擊其頭曰邪氣 或曰妖氣 且曰人豈可近此物耶 衆妓齊
憤 府尹亦憎之 乃下令於群妓曰 有能以奇計 瞞此提督者 將加
重賞 有一年少妓 應慕而出 時提督處於鄕校齋室 獨與通引小
童居焉 妓乃扮作村婦之樣 進往鄕校 倚門扉 呼小童 或隱半面
或露全身 以示之 小童出應則去 或一日一至 或再至 如是數日
提督問于童曰 彼女何人 每來呼汝 童對曰 此乃小人之妹也 其
夫以行商出去 一年不還 家中無人 故每呼小童 要令替守其家
耳 一日向夕 童以退食不在 提督獨處空齋 妓又往倚扉呼童 提
督遂招其女而進之 女佯若羞澁逡巡⁶⁾ 而進立於前 提督曰 小童
適不在 吾欲飲烟茶⁷⁾ 汝可取火來否 女取火而進

---

1) 제독(提督) : 조선조 선조 때 교육을 장려·감독하던 관리.
2) 나정(裸裎) : 벌거벗음.
3) 약달우시(若撻于市) : 저잣거리에서 종아리를 맞는 듯함.
4) 경년(頃年) : 근년(近年).
5) 연다죽(烟茶竹) : 담뱃대.
6) 수삽준순(羞澁逡巡) : 부끄러워하며 머뭇거림.

提督曰 汝亦上座 可吸一竹8) 女曰 小人何敢如是 提督曰 適
無人見 庸何傷乎 女遂奄勉〔挽〕上座 强飲一竹 提督遂以情告
之曰 吾見美女多矣 未嘗見如汝者 一自見汝之後 吾寢食俱忘
汝未可乘夜潛來耶 吾獨宿空齋 人誰知者 女佯驚曰 官是貴人
妾卽下賤 容貌醜陋 官豈向賤女生此意 無乃戲之耶 提督曰 吾
以實情告汝 豈可戲也 仍發矢言9) 女曰 官意誠然則 妾實感激
敢不從命 提督喜曰 吾之遇汝 可謂奇矣 女曰 第有一事 妾嘗
聞鄕校齋室 乃至敬之地也 挾女而宿 法禮所禁 此言然否 提督
拊髀10)曰 汝雖村女 何其穎悟耶 汝言誠是矣 將何以爲計 女曰
官果向意於妾則 妾當爲獻一策 妾家在校門之外數步 而妾獨居
無人 官於深夜 潛來相訪 可得穩會11) 妾於後夕 使小娚12)陪童
送一氈笠於官 着此而來則 人必不知矣 提督大喜曰 汝之爲我
畫計 一何奇妙 吾將從汝言 幸勿爽約13) 與之再三丁寧而送之
妓遂於校門外 空一茅舍而居焉 來夕 使童送一氈笠 提督依約
夜往 女迎入明燭 略備酒肴而進之 酬酌數盃 相與諧謔 提督解
衣 覆衾先臥 使女解衣 故爲遷延 未及臥 聞柴門外 有吃哱呼
喚之聲14) 女側耳聽之 大驚曰 此乃妾前夫 官奴鐵虎之聲也 妾
不幸 曾以此漢爲夫 乃天地間一惡也 殺人放火 不知其幾 三年

---

7) 음연다(飮烟茶) : 담배를 피움.
8) 일죽(一竹) : 담배 한 대.
9) 시언(矢言) : 언약(言約).
10) 부비(拊髀) : 무릎을 치며 좋아하는 모양.
11) 온회(穩會) : 남들로부터 방해를 받지 않는 조용한 만남.
12) 소남(小娚) : 남동생.
13) 상약(爽約) : 약속을 어김.
14) 흘발호환지성(吃哱呼喚之聲) : 더듬더듬 큰 소리로 부르는 소리.

前 僅得離却 改得他夫 與之相絶 今者又何故來耶 聞其聲醉矣
官必逢大變 將若之何 女卽出應曰 汝是何人 深夜呼喚耶 門外
大聲吼怒曰 汝豈不知吾聲耶 何不開門 女曰 汝是鐵虎耶 吾與
汝相絶已久 今以何故來此 復聞門外吼怒曰 汝棄吾改夫 吾心
常痛之 今欲與汝有所言 故來耳 仍排門而入 女卽慌忙走入曰
官不可不避 而數間茅室 無處可隱 房中有空櫃子 官可暫入此
中以避之 手開其盖而促之 提督乃赤身入于櫃中 女卽合其盖
以鎖鎖之 其漢倚醉入來 與女一場大鬧[15] 女則曰 三年旣棄之
後 何事復來 相詰 男則曰 汝旣背我改夫 前日吾所給衣裳器皿
吾當盡索之 女卽以衣裳 卽爲擲還曰 還汝舊物 其漢指櫃子曰
此亦吾物 今當取去 女曰 此豈汝物耶 吾以常木[16]二疋買之矣
其漢曰 其木一疋 乃吾所給 今不可仍留 女曰 汝雖棄吾 豈爲
常木一疋還奪此櫃乎 吾決不可還給 兩人以此爭鬧 其漢曰 汝
不還我櫃 當訟于官 俄而天明 其漢卽負其櫃 而趨于官門 女隨
之 同入訟庭 府尹已坐衙矣 男女爭櫃陳辨則 府尹斷之曰 買櫃
之價 男女各費一疋則 法當平分其半 卽命以大鉅鉅破[17]其半以
分之 羅卒應命 進鉅于櫃上 兩人引之 鉅聲纔發 聞櫃中大聲
疾呼曰 活人活人 府尹佯驚曰 櫃中何以有人聲 速開之 羅卒掊
鎖[18]開櫃 有人赤身而出 立于庭中 一府上下 莫不駭慘[19] 掩口
衆視之曰 此乃提督官也 何爲而在櫃中也 府尹命 引而上之 提

---

15) 일장대홍(一場大鬨) : 한바탕 크게 싸움.

16) 상목(常木) : 품질이 낮은 무명.

17) 대거거파(大鉅鉅破) : 큰톱으로 썰어 자름.

18) 부쇄(掊鎖) : 자물쇠를 땀.

19) 해참(駭慘) : 해참(駭憯). 몹시 놀람.

督以兩手掩其陽莖 歷階陞蹲20)于席上 垂頭喪氣21) 府尹大笑良
久 命給衣 妓輩故以女人長衣進之 提督只着長衣 露頂跣足22)
走還鄕校 卽日逸而遁去23) 至今慶州府 以櫃提督 爲傳笑之資
評曰 古今男子 爲娼妓所欺誤身24)者多矣 御史尊官也 巾幗登
筵 提督文臣也 赤身出櫃 傳笑一時 爲世棄人 苟非介狄 何以
至此 凡遇妖冶者25) 盍以此爲鑑勿爲其所誤哉

23. 沈進士行怪辭花(萬古放[方]正1))

洛下2)有沈進士者 忘其名 性行怪僻 自謂高潔 而人皆目笑之
以事抵湖南 夕至一村舍 望見其東 有高門臨水 槐柳掩映 問之
卽村舍之主家 而富甲南中云 俄有一蒼頭3) 來傳其主之命曰 奴
居荒陋 豈堪止宿 願枉高駕 以光蓬蓽4) 沈卽依言 投進入門 數
重過三四堂宇 無非壯麗 抵一高軒 朱欄曲檻 縹緲於萬竿5) 脩

---

20) 역계승준(歷階陞蹲) : 섬돌을 지나 올라와 웅크리고 앉음.
21) 수두상기(垂頭喪氣) : 고개를 들지 못하고 기운을 잃음.
22) 노정선족(露頂跣足) : 이마와 맨발을 드러냄.
23) 일이둔거(逸而遁去) : 달아나 사라져 버림.
24) 오신(誤身) : 몸을 그르침.
25) 요야자(妖冶者) : 요사스러우며 아름다운 사람.
 1) 방정(方正) : 곧고 올바름. 또는 그런 사람.
 2) 낙하(洛下) : 서울.
 3) 창두(蒼頭) : 푸른 수건으로 머리를 둘렀다는 말로 '하인'을 뜻함.
 4) 봉필(蓬蓽) : 쑥대로 지붕을 잇고 나뭇가지를 엮어 문을 단 가난한
   집. 자신의 집을 겸양하여 하는 말.
 5) 표묘어만간(縹緲於萬竿) : 수많은 대나무 사이로 아득하게 보임.

竹⁶⁾之內 軒下有一大沼 荷花方盛 淸香滿院 石泉淙淙⁷⁾ 自竹間
縈紆注沼⁸⁾內 養紅鯉銀鰂⁹⁾ 時時跳躍綠萍之中 沼心有島 島上
植一鳳尾草¹⁰⁾ 枝幹四布 密葉蔽日 宛如張盖¹¹⁾ 庭隅對金冬柏
二碧梧桐二 軒前又樹一 怪石狀甚奇秀 登軒見壁上 多貼書畵
皆是名筆 其堂室之宏敞 竹石之淸絶 茵席之華麗 目未所睹 如
入仙境 主人翁見生 欣然迎接曰 四海之內皆兄弟也 古人云 傾
盖若舊¹²⁾ 何必舊相識也 仍略問姓名居止門戶宗族 後顧命左右
進酒 卽見侍婢明粧麗服者數人 擧案而進 水陸之珍¹³⁾ 食前方
丈¹⁴⁾ 以綠玉盃 酌紫霞酒而相勸 又有粉白黛綠¹⁵⁾曳錦裙 抱樂
器而登筵者多至 四五雙箇箇明艶 淸歌¹⁶⁾乍動 絲竹¹⁷⁾幷奏 酒
至數巡 主人翁把杯言曰 吾與君素非親厚 而所以奉邀者 我有
切急情事 誠欲奉托於君 此亦於君不薄 君能聽之否 沈生謝曰
吾與公曾無雅分¹⁸⁾邂逅 款曲至此 未知公欲托者何事 而吾力所

---

6) 수죽(脩竹) : 길게 자란 대나무.
7) 석천종종(石泉淙淙) : 돌 틈으로 샘물이 졸졸 흐름.
8) 영우주소(縈紆注沼) : 물이 굽이 돌아 연못으로 흐름.
9) 홍리은즉(紅鯉銀鰂) : 붉은 잉어와 은빛 붕어.
10) 봉미초(鳳尾草) : 식물의 일종. 참고사리과에 속하는 다년생 상록 양
   치류임. '봉의꼬리' 혹은 백두초(白頭草)라고도 함.
11) 완여장개(宛如張盖) : 완연히 햇볕가리개를 펼쳐 놓은 듯함.
12) 경개약구(傾盖若舊) : 잠시 만났어도 구면(舊面)같이 친함.
13) 수륙지진(水陸之珍) : 바다와 육지에서 나는 진기한 음식.
14) 식전방장(食前方丈) : 진수성찬이 자기 앞에 떡 벌어지게 차려짐.
15) 분백대록(粉白黛綠) : 희게 분단장하고 푸르게 눈썹을 그린 미인.
16) 청가(淸歌) : 잔칫자리의 흥을 돋우기 위해 부르는 노래.
17) 사죽(絲竹) : 현악기와 관악기.
18) 아분(雅分) : 좋은 연분(緣分).

及敢不奉而周旋乎 主翁乃言曰 老人家雖足 而五福難全 妻妾
俱無子女 晚得賤妾始生一女 今及破瓜之歲19) 老人甚鍾愛 而
其母卽京城士人某之婢也 吾請以千金贖20)其母女 而其主執拗
不許 今聞 欲以吾女 爲其侍婢 使令於前21) 其差22)將至 吾切
憤惋23) 而誠無辭可拒也 吾保此女 只有一道 若有士夫卜爲側
室24) 則其主雖怪妄 亦安敢下手25)玆者 事誠已急 而吾女雖賤
産26) 才容果〔過〕不凡庸 吾誠不忍以窈窕之質27)委與28)鄕曲之
闒茸29) 今見君 京城華族 少年才子 若以賤女奉事君子 吾死無
所恨 未知君可肯諾否 沈生聞言 灑然變色 良久乃曰 今聞公言
可謂佳矣 若使求妾者當之 實是難得之會 而但在我則 平生不
欲卜妾 故不敢從命 主翁曰 君意可知 必以我有醜陋之女 欲紓
目前之患30) 强勸相取故不輕許也 吾女不醜 何惜出見 卽命左
右 召其女出見 先有一陣暗香 隨風襲人 須臾 二丫鬟31)前導

---

19) 파과지세(破瓜之歲) : 여자 나이 16세, 혹은 남자 나이 64세를 말함.
    여기서는 전자의 뜻으로, 시집갈 나이가 되었다는 말임.

20) 속(贖) : 속신(贖身). 속량(贖良). 종을 풀어 주어 양민이 되게 함.

21) 사령어전(使令於前) : 앞에 두고 부림.

22) 차(差) : 차인(差人). 딸을 데려갈 심부름꾼.

23) 분완(憤惋) : 성이 나서 원망함.

24) 복위측실(卜爲側室) : 복첩(卜妾). 첩으로 들임.

25) 하수(下手) : 손을 뻗쳐 남을 해코지함.

26) 천산(賤産) : 천생(賤生). 천한 신분으로 태어남.

27) 요조지질(窈窕之質) : 바탕이 정숙한 여인.

28) 위여(委與) : 맡겨 주어 버림.

29) 향곡지탑용(鄕曲之闒茸) : 시골의 무지렁이.

30) 서목전지환(紓目前之患) : 눈앞에 닥친 근심을 덞.

31) 아환(丫鬟) : 나이 어린 계집종.

一少娥隨後 其服飾壞奇 不可名狀 顔貌之美 姿質之秀 綽約如
出水之芙蕖³²⁾ 照耀如升霞之皎日³³⁾ 雖越溪浣紗之姬³⁴⁾ 宋玉東
隣之女³⁵⁾ 無以過也 主翁曰 賤媳不至甚陋 於君意何如 生曰
我曾聞世間有一色 而未嘗見也 今見貴女 始知大下有眞色也
傾國傾城之稱 信不虛矣 吾不覺神驚而魄動也 主翁曰 然則 君
其許我否 生曰 貴女誠美矣 但鄙意 主人已知之 今不敢更言
主翁曰 君之所蘊 吾能忖度³⁶⁾ 想君賢閤³⁷⁾ 琴瑟諧和 又畜一妾
則 慮或家道不靜也 抑無乃妬忌異事故耶 生曰 吾妻貌陋而性
拙 無此慮矣 主翁曰 然則 又有一事 想君契活淸貧³⁸⁾ 無以畜
妾 用是爲患耶 家舍奴婢 衣食資用 吾亦足以供之 雖日費百金
可也 此則 君勿慮焉 若以率置京家爲難 則姑置鄙家 君於南中
往來時 或來見 亦何不可之有 吾今年老 只有此女 姑留吾側
亦吾願也 挈歸留置 亦望一任君意 未可夬決³⁹⁾否 生曰 今聞公
言 事事皆佳 但吾意旣已錯誤 雖蒙勤敎 不得奉承 主翁曰 吾

---

32) 작약여출수지부거(綽約如出水之芙蕖) : 수면에 핀 연꽃처럼 아름다
움.

33) 조요여승하지교일(照耀如升霞之皎日) : 노을에 떠 있는 해처럼 빛남.

34) 월계완사지희(越溪浣紗之姬) : '월(越)나라의 시냇가에서 빨래하던
여인'이라는 뜻으로, 월왕(越王) 구천(勾踐)이 오왕(吳王) 부차(夫
差)에게 바친 미인 서시(西施)를 가리킴.

35) 송옥동린지녀(宋玉東隣之女) : '동린지녀'는 전국(戰國)시대 초(楚)
나라의 송옥이 지은 〈등도자호색부(登徒子好色賦)〉에 나오는 말로,
미인(美人)의 뜻.

36) 촌탁(忖度) : 미루어 남의 마음을 헤아림.

37) 현합(賢閤) : 남의 아내를 높여 부르는 말.

38) 계활청빈(契活淸貧) : 가난하지만 깨끗하게 살기로 함.

39) 쾌결(夬決) : 결단을 내림.

只有此一塊肉40) 將盡傳家業於此女 吾家前膏腴之野 盡吾田土
而不下累百石 籬底櫛比之村 盡吾臧獲 而幾至數百家 在他邑
者不與焉 庫儲之穀 方累千石 金帛財貨 不可勝計 若得此女
則此財莫非其財 不亦美兼乎 生曰 公言使人流涎41)而不能從
吾亦自恨 主翁慨然曰 君執迷42)如此 然則 將使吾女侍寢一夜
只名沈某之妾 此後 君雖更不一顧 此亦渠之命也 吾無所恨 君
亦不從否 生曰 吾不從矣 主翁曰 人非木石皆好色之心 而君於
客裡 逢此美姝 主人唯恐其不眄 可謂天佶43) 其便終不回意 此
豈人情哉 生曰 此誠非人情 而不得從命 是何心哉 吾亦不自知
也 主翁曰 然則 君無乃向學守道 絶意聲色者耶 生曰 吾無此
耳 主翁曰 然則 有何主見 有何意味 生曰 別無主見 別無意味
主翁勃然怒形于面 屬聲呼其蒼頭健奴數人 應聲而出命 捽生之
髮 曳出門外曰 吾以這廝爲人也 故與之言 曾禽獸之不若 良可
痛哉 仍命傳言前村曰 吾家奴僕 勿許這廝44)托宿也 生扶曳而
出 未喫夕飯 冒夜涉跋45) 遇村欲投 輒以主命拒之 夜色如漆
天又大雨 人馬飢瘦顚仆 向曉始得一蝸室46)而投焉 此說傳播於
洛下 人皆竊笑曰 以怪物不容於世 遂汨沒47)鄕村

---

40) 일괴육(一塊肉) : 한 점 혈육(血肉). 하나밖에 없는 피붙이.

41) 유연(流涎) : 침을 흘림.

42) 집미(執迷) : 고집이 세고 아둔함.

43) 천길(天佶) : 천하에 답답함.

44) 저시(這廝) : 비속어로 '저놈'·'저 녀석'·'저것'의 뜻.

45) 섭발(涉跋) : 산 넘고 물 건너 여러 곳을 돌아다님.

46) 와실(蝸室) : 작고 누추한 집.

47) 골몰(汨沒) : 외딴 곳에 묻혀 세상에 나오지 않음.

24. 金秀才謀拙折玉(天下八朔[1]))

昔有井邑縣宰姓金 有子年少而性拙 自井邑歸京城 中途投宿
一村舍 卽校生[2])之家也 其客室隔壁燈火照窓 生潛以唾涎染指[3])
穴窓而窺[4])焉 見一少娥坐于空房 憑燈縫衣 姿容絶世 怳若天仙
此卽主人之室女也 生一見振蕩 不能自制 遂開窓突入 强欲奸
之 女抵死牢拒 半夜相詰 女謂生曰 吾雖寒賤 粗知禮節 今欲
以非禮相犯 吾有死而已 終不相從 然君旣與吾相詰 肌膚相接
實與交合無異 吾不可以他適[5]) 吾是校生之女 爲士夫之妾亦宜
君何不請于吾父求吾作妾乎 吾父可以許之 設或不許 吾自有從
中周旋之道 吾父母旣許之後 以禮娶之 則吾當終身事之 君何
不出此而行此悖妄計耶 生答曰 汝言是矣 然先聽吾言而後 請
于汝父 不亦可乎 女曰 吾父母許之前 鑽穴隙相從 吾不忍爲也
君不以禮娶吾而强欲劫之 則吾將以頸血[6])濺[7])君前 生見其難回
乃謂曰 吾當以明日請于汝父矣 遂出宿于外 達曙不眠 朝見其
父欲請一言 而面頸先赤 竟不得發口[8]) 遂因登道抵京城 生自是

---

1) 팔삭(八朔) : 여덟 달만에 태어난 사람이라는 뜻으로, 못난 사람을 가
   리키는 말. 팔삭둥이.
2) 교생(校生) : 향교에서 공부하는 선비.
3) 타연염지(唾涎染指) : 손가락에 침을 바름.
4) 혈창이규(穴窓而窺) : 창에 구멍을 뚫어 들여다 봄.
5) 타적(他適) : 다른 데로 시집감.
6) 경혈(頸血) : 목을 찔러 흐르는 피.
7) 천(濺) : 뿌림.

意忽忽欲狂9) 居數日 復自京城向井邑 抵校生之家 日尙早而留
宿焉 夜又潛入其女之房 欲犯之 女依舊牢拒不從曰 君何不請
於吾父 而又作非禮之擧耶 生曰 前者欲言 而倉卒羞愧10) 未克
發口 明日則 定欲請之 汝何不先從吾言乎 女復正色拒之 相詰
半夜 生復出外 明朝見其父 又復羞赧11) 不敢發口 而行到井邑
數日 托故請於其父 又作洛行 抵校生之家 夜潛入女所 女謂生
曰 吾父不知吾有此遭遇 今已定婚於一人 君若不及今言之 則
吾將自裁以明吾志耳 生驚曰 然 然則 明日吾必言之耳 仍良久
曰 汝未可言于汝父乎 女喟然曰 君旣不敢發求妾之言 則其能
敢生强劫之計者何也 君以男子亦不敢言 妾以女子何忍向父發
此言耶 噫 吾其死矣 生以必然之意丁寧相約而出 明朝見其父
則 又復羞赧 竟不敢言而行到京城 數日 又向井邑抵校生家 夜
見其女 則女又拒之曰 事已急矣 吾將死矣 失今不圖 無可及矣
生於明日 又不敢言而行到井邑 數日 復欲啓行而向京 其父怒
而呵之曰 此子不在縣衙 不在京家 千里長程 常欲在途 無乃狂
易失性耶 禁止其行 挽使留住十餘日 生寢食俱廢 言語恍惚 出
門入門 行意如水12) 不能自抑 其父見其狀 知不可禁止 遂使上
洛 生復到校生家 見校生服喪13)而出 驚問其故 校生慘慽14)曰

---

8) 발구(發口) : 발설(發說). 말을 꺼냄.

9) 의홀홀욕광(意忽忽欲狂) : 낙심하여 안절부절못하며 미칠 것 같음.

10) 수괴(羞愧) : 부끄러움.

11) 수난(羞赧) : 부끄러워 얼굴이 붉어짐.

12) 행의여수(行意如水) : 흐르는 물처럼 정처없이 아무 데나 가고자 하
는 생각.

13) 복상(服喪) : 상복(喪服)을 입음.

14) 참척(慘慽) : 손아랫사람이 먼저 죽어 비통한 모습.

吾有一女 年及方笄 婚有日矣 渠忽自頸而死 悲悼何言 生聞言
扶携校生 不覺失聲痛哭 校生怪問 吾女之死 君何哭爲 生大慟
良久 收淚敍其事終始 校生怒曰 然則 殺吾女者君也 君若發一
言 則吾女不死矣 與其言之於旣死之後 曷若言之於未死之前耶
君是吾仇讐 不可不雪吾憤 將奮臂毆〔毆〕之 生良貝〔狼狽〕而出
上馬急走 僅得免焉 評曰 余嘗與三四友人 談及沈金兩生之事
而論其優劣 衆皆以沈爲優 座中一友獨攘臂15)大言曰 金雖慵
懦16) 猶知好色 人之常情 至於沈生 物之怪者 殆非人也 其優
其劣於豈同年17) 衆大笑遂成哄堂18)

25. 成進士悍妻杖脚(人皆欲教1))

光海時有成進士夏昌2)者 以簪纓盛族3) 年少有才名 而性素懦
拙4) 娶妻亦盛族 才色絶人 且善治家 供夫之衣服飮食 極其華
美 而但其性情悍暴5) 其夫少不愜意6) 輒加詬罵7) 繼以毆打 生

---

15) 양비(攘臂) : 팔을 걷어부침.

16) 용나(慵懦) : 게으름.

17) 기우기열어기동년(其優其劣語豈同年) : 우열을 같은 차원에서 논할
수 없다는 뜻.

18) 홍당(哄堂) : 한자리에 있는 사람이 모두 함께 웃음.

1) 인개욕교(人皆欲教) : 사람은 누구나 가르치고 싶어함.

2) 성하창(成夏昌, 1578~?) : 조선조 인조 때의 진사. 자는 공형(孔亨),
본관은 창녕(昌寧), 진선(晉善)의 아들, 하명(夏明)의 형.

3) 잠영성족(簪纓盛族) : 번성한 양반 가문.

4) 나졸(懦拙) : 게으르고 못남.

5) 한포(悍暴) : 사납고 포악함.

大畏之 莫敢抗衡8) 遂爲妻所制 在其掌握中 立云則立 坐云則
坐 一動一靜 不得自由 家中大小奴僕 皆用妻之號令 只知其有
內而不知其有外 威權盡歸 有若武后之於唐高宗9) 生唯恐其見
忤10)惴惴11)常愼 而毫末失意12) 卽逢大變 盡裂衣冠 痛加詬打
囚諸樓上13) 以門隙傳食 或至數日見囚 怒解始獲赦出 如此者
甚數 生極憤恨而無如之何 生一日 潛逃隱匿於城中 一親族之
家 喘息稍定 翌日 聞門外有喧呼之聲 其妻乘轎追來矣 生驚惶
罔措 妻入其家 使奴僕打破其醬甕 毁散其器皿曰 這漢逃至汝
家 則何不卽來奔告於我 其家婉辭懇乞而後始止 遂率生而還
以其罪重 故特令杖脚三十 如官府訊杖之法14) 仍囚諸樓上累日
而後乃赦 自是 親戚之家 無敢容接者 生一日 忽思湖南遠邑有
奴婢 我若逃隱於此 則庶保無事 遂以匹馬脫身而逃 千里作行
累日始抵奴居 衆奴迎入供奉 生如離虎口 寢食稍安 居數日 聞
門外有喧嘩之聲15) 問之 則其妻乘駕轎到矣 生大驚懼 而無處
可避 妻盡捉奴入 加以重刑曰 這漢逃來則 汝曹何不急送一人
飛報于余乎 因命生免冠以罪人 載于後馬到京家 大加刑訊 囚

---

6) 협의(愜意) : 뜻에 맞음.
7) 후매(詬罵) : 꾸짖음.
8) 항형(抗衡) : 대항함.
9) 무후지어당고종(武后之於唐高宗) : 측천무후(則天武后)가 황제인 당
   나라 고종을 손아귀에 넣고 마음대로 한 일.
10) 견오(見忤) : 거슬림.
11) 췌췌(惴惴) : 무서워 벌벌 떪.
12) 호말실의(毫末失意) : 털끝만큼이라도 뜻에 맞지 않음.
13) 수저누상(囚諸樓上) : 다락 위에 가둠.
14) 신장지법(訊杖之法) : 매를 때리며 신문하는 방법.
15) 훤화지성(喧嘩之聲) : 시끄럽게 떠드는 소리.

于樓上 數月而後得赦 生之親戚朋友爲生議 皆曰 國法離異[16]
之外 無他法 此則不受法之人 非離異 可却殺之之外無他道 殺
則不可 成〔咸〕口無策 疊嘆而散 居數年 其妻忽病死 生之儕
友[17]咸喜曰 成某今可保活矣 遂聚會造賀 生旣喪其妻 未見成
服 及衆友聚見 謂其來弔對之發哭 其中一友 以手批[18]生之頰
厲聲叱之曰 吾爲賀汝而來 何曾弔汝乎 是何哭 爲生一笑而止

26. 禹兵使妬婦割髻(使人氣憤[1])

禹尚中[2]者公州武人也 勇力絶人登武科 仁祖初 從宦在京 甲
子适變[3]扈駕[4] 至露梁津渡頭 只有一船 距岸數丈 衛士[5]急呼
而柁工[6]睨視[7] 終不棹船而來 尚中解衣入水 漸游泳[8]超上其船

---

16) 이이(離異) : 이혼(離婚).

17) 제우(儕友) : 친구들. 여러 친구.

18) 비(批) : 때림.

1) 사인기분(使人氣憤) : 사람들을 분개시킴.

2) 우상중(禹尚中, ?~1636) : 본관은 단양(丹陽). 1623년 인조반정 때
   선전관으로 공을 세움. 이듬해 이괄(李适)의 난 때 인조를 모신 공으
   로 가선대부(嘉善大夫)에 오름. 1627년 정묘호란 때 쌍수산성(雙樹
   山城) 수어대장(守禦大將)으로 활약하였고, 1636년 병자호란 때 전
   주영장(全州營將)으로 삭녕(朔寧) 전투에서 전사. 시호는 충장(忠壯).

3) 갑자괄변(甲子适變) : 1624년에 일어난 이괄(李适)의 난.

4) 호가(扈駕) : 호종(扈從). 피난 가는 임금의 수레를 따라 모심.

5) 위사(衛士) : 궁성(宮城)을 지키는 병사.

6) 타공(柁工) : 사공(沙工).

7) 예시(睨視) : 곁눈질하여 흘깃 바라봄.

8) 시유영(漸游泳) : 자맥질하며 헤엄을 침.

斬柁工 揭竿挐船9)而來 上壯之 立拜宣傳官10) 自是 累擢閫
帥11) 其爲全羅水使12)也 領道內戰船數百 赴統營習操 載妓張
樂而行 其奴有自水營 還其家者 禹妻問其夫作何狀 奴言載妓
張樂之說 其妻怒曰 這漢別吾未久作此擧措 不一痛繩無以懲
後卽以纏帛裹粮肩荷 足着芒鞋 步屧獨出 日行數百里 追及於
海邊 禹之戰船尚未達統營矣 遙呼曰 彼船急速艤岸 尚中聞其
聲驚曰 此乃吾夫人之聲也 大變將至 忙擾失措 卽命艤其船 夫
人超躍而上 據于上坐 船中將卒皆奔避 尚中跪于前 夫人命之
曰 吾嘗戒 君如何而今乃載妓張樂耶 尚中謝曰 罪死不赦 唯夫
人命 夫人使之披臀 自執杖杖之三十 流血淋漓 夫人又曰 只杖
臀不足以懲 又仍持其夫之鬚 以刀盡割之 卽超躍下船 依前步
歸 禹素稱美鬚鬚 其長至腹 從此遂作無鬚者 禹至統營時 李相
國浣13)爲統使14) 見尚中驚問曰 令公鬚子素美 何以忽禿 禹對
曰 使道垂問 何敢有隱 從今無面目行世矣 遂擧其實 而蓋其妻
勇力加於禹數倍矣 統使怒曰 爲將者不能制其妻安能制敵 卽啓

---

9) 걸간나선(揭竿挐船) : 돛대를 세우고 배를 저어 옴.

10) 선전관(宣傳官) : 조선조 선전관청(宣傳官廳)의 벼슬로 정3품부터 종
   9품까지 있었음.

11) 곤수(閫帥) : 병사(兵使)와 수사(水使).

12) 수사(水使) : 수군절도사(水軍節度使).

13) 이상국완(李相國浣) : 조선조 효종 때의 문신인 이완(李浣, 1602~
   1674). 자는 징지(澄之), 호는 매죽헌(梅竹軒). 본관은 경주. 수군절
   도사·어영대장·훈련대장·포도대장 등을 거쳐 우의정에 이름. 시
   호는 정익(貞翼).

14) 통사(統使) : 통제사(統制使). 충청·전라·경상 3도의 각 수군(水
   軍)을 거느리던 우두머리.

聞罷黜15) 評曰 諺16)稱 難化者婦人17) 昔以唐太宗之威 不能制
房玄齡夫人之妬 今以成生之拙 何能制其悍妻乎 恨不擧其罪而
正法 第以禹令〔公〕之勇壯 不能制其妻 至於受杖割髥何哉 恨
不以禹妻爲女將軍禦敵也

27. 答頑孫1)數其妄錯2)

安東之金 東方大姓 麗朝太師宣平3)卽其鼻祖也 世傳 墓在安
東 而後代旣遠 因失其所 淸陰4)乃其後裔也 尋常痛恨 必欲得
之 及謫居安東 公擬遂宿願 至誠搜覓深山古壟 閱歷殆遍仆碑
短碣 磨洗無遺 詢訪耆舊5) 禱祝神祇 竟未能得 一日 本府品官
某者告于公曰 某面某山有一古墓 其封甚大 其體甚古 俗傳 前

---

15) 계문파출(啓聞罷黜) : 장계(狀啓)를 올려 쫓겨나게 함.

16) 언(諺) : 속담(俗談).

17) 난화자부인(難化者婦人) : '다루기 어려운 게 부인네'라는 속담. 이
    속담에 얽힌 이야기는 서거정(徐居正)의 《태평한화골계전(太平閒
    話滑稽傳)》및 유몽인(柳夢寅)의 《어우야담(於于野譚)》등에 실려
    있음.

1) 완손(頑孫) : 고루하고 어리석은 후손.

2) 수기망착(數其妄錯) : 그의 잘못된 행동을 꾸짖음.

3) 김선평(金宣平) : 고려의 개국공신. 고창군(古昌郡 : 오늘날의 안동)
   성주(城主)로 930년 권행(權幸)·장길(張吉) 등과 함께 고려 태조를
   도와 후백제의 견훤을 고창군에서 물리쳤음. 신안동김씨(新安東金
   氏)의 시조

4) 청음(淸陰) : 조선조 인조·효종조의 명신인 김상헌(金尙憲, 1570~
   1652)의 호.

5) 순방기구(詢訪耆舊) : 나이 많은 노인들을 찾아다님.

朝宰相之墓 意者此或太師之墓耶 公何不開其誌石6)而見之 公
以爲然 卽具奠撰文 告以爲求先墓 將開誌石之意 遍開墓前可
以埋誌之處 終未有得 公卽命還掩而歸 是夜其品官夢 渠被逮
至一處 見有一人 高臨倚卓之上 儀貌雄偉 似是高官貴人 威嚴
不敢仰視 左右曳入品官 親自數之7)曰 我迺汝之先祖 子孫雖存
而香火已斷 此則年代綿遠不足責也 今汝生於斯長於斯 而不知
吾墓之在斯 不肖已極 而汝又無狀以汝之先墓捐爲他人先墓 至
使金相公親自求誌 墓前開土狼藉 汝之不孝之罪 實無所逭8) 如
汝頑孫置之何用 卽命杖臀 且杖且責之曰 我之誌石 豈在墓前
乎 汝豈不聞誌之埋於墓後某地耶 杖至五十 痛不可忍 卽命曳
出 旣覺夢中事了然9)明甚 杖痛仍苦劇絶10)而復蘇 經日始差11)
往拜其墓 爲文以告 穿得誌石 與夢中所聞符合 而讀其誌果其
先祖也 其品官往告于淸陰公如右云 品官之先祖稱淸陰爲相公
其後竟踐台位12) 神道13)眞先知哉

---

6) 지석(誌石) : 죽은 사람의 이름 · 생몰년 · 행적 · 묘소의 위치 등을 적
    어 묘소 주변에 묻는 돌.
7) 친자수지(親自數之) : 몸소 문책을 함.
8) 환(逭) : 피함. 달아남.
9) 요연(了然) : 뚜렷함. 분명함.
10) 잉고극절(仍苦劇絶) : 고통이 극심하여 기절함.
11) 경일시차(經日始差) : 하루가 지나 비로소 차도(差度)가 있음.
12) 태위(台位) : 태석(台席). 정승의 벼슬.
13) 신도(神道) : 죽은 사람의 영혼. 본래는 묘소 입구를 뜻함.

28. 招後裔敎以眞的[1]

嶺南有一士人 篤好經書 修飭行義[2] 其先祖之墓 傳在某邑而
失其所已至累代 而不能得矣 士人竭誠求覓 積年不懈 遍境周
探 逢人輒問 忽遇八十老人 自言少知其墓 引士人而指示之曰
此卽是也 舊有碣表 村氓耕其塋域[3] 惡[4]有子孫之禁斷而屛棄[5]
矣 士人自念 老人之言雖如是 旣無表驗[6] 不可遽信 遂祭告其
墓 以求誌石 遍掘前後 竟未有得 還掩其土而歸 是夜夢 其先
祖使人招之 進往拜謁 儀表魁偉[7] 居處整肅 謂士人曰 我卽爾
之先祖也 汝求吾墓誠意勤摯 可謂孝矣 日間求誌之墓 果吾所
葬 而吾誌在於墓左四十步 求諸近地 何可得也 余嘉汝孝誠 招
而敎之耳 士人悚聽而覺 言猶在耳 心甚驚異 更祭其墓 從其敎
得誌 若合符節 讀之果先祖也 評曰 人死而有神則固也 其神能
千百年不散 與子孫相接 至於答罰敎訓 宛同生人[8]者 豈不異哉
品官之罪數其不孝 士人之祖嘉其能孝 爲人子孫者 可不盡心於
追遠乎 且兩人之得祖墓 皆以誌也 誌之不可闕如是夫

---

1) 진적(眞的) : 참되고 틀림없음.
2) 수칙행의(修飭行義) : 몸을 닦고 스스로 삼가며 옳은 일을 행함.
3) 영역(塋域) : 묘역(墓域). 묘소의 경계.
4) 오(惡) : 싫어함.
5) 병기(屛棄) : 보이지 않는 곳에 버림.
6) 표험(表驗) : 겉으로 드러난 증거.
7) 의표괴위(儀表魁偉) : 체격이 크고 훌륭함.
8) 완동생인(宛同生人) : 산 사람과 완연히 똑같음.

29. 生日臨要救飢腸[1]

朴乃顯[2]之父卽宰相 而與月沙[3]同時 棄世之後 乃顯之兄爲關
西邑宰[4] 一日 晝坐東軒 忽一吏趨入告曰 大監來臨矣 仍卽開
大門 復呼客舍漢 急鋪步障及茵席[5] 邑宰亦自然心動 恍惚顚倒
下階而迎 見其父正冠帶 自大門入來 儼然陞坐于軒上 邑宰拜
謁鞠跽[6] 而心神惝怳[7] 不下〔辨〕其生死 仰問曰 大人從何所下
臨耶 其父曰 以公事出去 適覺飢乏 今日異於他日 汝輩必爲我
設饌 故聊[8]此過訪矣 邑宰卽命 速辨〔辦〕茶啖盛備以進 見其父
啗食[9]如常 邑宰復命進酒 連進三四盃 又見其傾盃盡飮 惟獨邑
宰與趨入之一吏見之 他侍衛吏卒 皆莫之見而鋪席進饌 惟邑宰
之命及一吏之言是從 亦莫不奔走畏謹 其一吏伏于階下 指揮凡
事 通引小童奉盃而進 置于盤上 邑宰則見其飮 而通引還取其
盃酒 則不減矣 飮啜良久 其父謂曰 吾已醉飽 可撤盤床 邑宰
顧命通引撤去 通引見其飯饌諸器 皆盈亦無所減矣 其父告別而

---

1) 요구기장(要救飢腸) : 요기(療飢)를 청함.
2) 박내현(朴乃顯) : 생몰년 및 행적 미상.
3) 월사(月沙) : 이정구(李廷龜, 1564~1635)의 호. 본관은 연안(延安).
   조선 중기의 한문사대가(漢文四大家) 중의 한 사람임.
4) 읍재(邑宰) : 고을 수령. 사또.
5) 보장급인석(步障及茵席) : 대나무를 세워 만든 울타리 및 방석.
6) 국기(鞠跽) : 허리를 굽히고 꿇어앉음.
7) 창황(惝怳) : 놀란 모양.
8) 요(聊) : 애오라지. 아쉬운 대로.
9) 담식(啗食) : 담식(啖食). 음식을 먹음.

去 其一吏又先超出呼曰 大監出矣 速進鞍馬於門外 邑宰下階
而送之 才〔纔〕出大門 卽無所覩 邑中上下 莫不驚訝 相顧罔測
其故 邑宰初似醉迷朦朧 及其送別之後 始得醒悟 乃知其父非
生人 而是日卽其父晬日10)也 其家素以生辰茶禮 爲世儒非禮之
祭而不曾行矣 邑宰於是日 大加怵惕11) 卽辦備行禮 自是仍定
規必行云

30. 忌辰1)會羞2)攝弊衣3)

藥峯4)徐公之忌 其家盛饌行祭 及其出主5)之後 見藥峯整冠帶
儼然坐于倚上 招其長子 長子超進 跪于倚下 藥峯語之曰 某令
公來在於外 汝可以吾言請入 卽依命出 時曉月方明 見某公果
立于月下 拜于其前 傳父命而引之 某公隨而入 同陞于倚上 初
見月下之立 朦朧不明有若影 然及其入也 橫過燭光之下 儀狀
甚顯矣 藥峯又召其子命之曰 某令公又來于外 汝可以吾言復請
入 子又出拜傳命引入 陞坐如初恰同 藥峯又召子命之曰 某令

---

10) 수일(晬日) : 생일(生日).
11) 출척(怵惕) : 두려워하고 근심하는 모양.
1) 기신(忌辰) : 기일(忌日). 제삿날.
2) 회수(會羞) : 회식(會食).
3) 섭폐의(攝弊衣) : 해진 옷 입은 사람을 받아들임.
4) 약봉(藥峯) : 서성(徐渻, 1558~1631)의 호. 본관은 달성(達城). 조선조 인조 때의 문신. 벼슬이 판중추부사(判中樞府事)에 이르렀고, 영의정에 추증됨. 시호는 충숙(忠肅).
5) 출주(出主) : 신주(神主)를 모심.

公又來于外 汝可以吾言復請入 子又出拜 見向前二公 則皆
烏帽6)錦袍金帶 而三至之公 獨破巾弊衣 子傳父命請入 某公
令[令公]跼踖7)不安曰 忌祀8)乃人家大禮 而吾衣冠弊褻9) 不敢
入參 幸以此回復也 子以此復命 則藥峯言曰 吾與令公 情同一
家 何論衣冠新舊 勿爲疎外之言 幸卽入臨 子復傳此命 其令公
猶躊躇不入 子又强請 於是 黽勉10)而進 亦入陞坐 其家倉卒未
及加設他饌 只各進酒三盃 罷祭後 燭影下見三令公次第而去
皆有醉容 藥峯隨出亦醉矣 三令公皆是宰相 而藥峯之平生親友
故藥峯諸子 無不慣識其面貌 當其來會 見之宛與生時不異矣
藥峯之子 與三至令公之子 俱登第同朝 而以世交11)相親 藥峯
之子 一日從頌問曰 先尊丈襲斂用何衣冠耶 其子慘然噓唏曰
先人初喪之事 尙忍言哉 吾家素淸貧 而先人適遠謫北關 仍値
倭亂而捐館12) 於此際千里絕塞 旣無親舊賵襚13)之救 且當干
戈14)搶攘15)之時 衣冠斂具辦備路斷 家中只有常時所着弊毛巾
及垢弊道服 不得已以此爲襲矣 藥峯子以忌祀來會 細說一遍
其子聞之悲慟 遂製冠服 祭於墓所而焚之 其翌日 夢見其父 以

---

6) 오모(烏帽) : 사모(紗帽). 오사모(烏紗帽). 벼슬아치가 관복(官服)에
   갖추어 쓰던 모자.
7) 축적(跼踖) : 공손하게 삼가는 모양.
8) 기사(忌祀) : 매년 기일을 맞아 지내는 제사.
9) 폐설(弊褻) : 낡고 더러움.
10) 민면(黽勉) : 힘을 씀. 애씀.
11) 세교(世交) : 몇 대에 걸친 사귐.
12) 연관(捐館) : 귀한 사람의 죽음.
13) 봉수(賵襚) : 초상이 났을 때 수레나 말 또는 의복 등을 부조하는 일.
14) 간과(干戈) : 전쟁. 창과 방패.
15) 창양(搶攘) : 몹시 어수선함.

得新冠服致意16)喜悅云 評曰 祭祀之義至矣 聖人制禮 夫豈徒
然17) 而或者以爲人死無神 所謂祭者 非爲來享之也 特不忍死
其親之意也 何其昧於神理至此哉 生日求食固也 而白晝來過怪
矣 忌日臨享必也 而親友咸集異矣 至若攝弊衣冠與祭羞縮 尤
是異中之異者 可見送終之禮18) 生者無憾 後而死者得安 可不
愼哉 可不愼哉

31. 出饌對喫活小兒

有一京城士人 以事到嶺南 歸路暮投一村舍 主人以兒痘方劇
拒而不納 乃止宿於其店家 夜夢有斑白1)老人來見曰 我來客於
此家 已多日矣 生言其主人拒門不納 使人狼狽 老人曰 主人無
狀待我 亦不以誠 吾方欲殺其兒矣 生問不誠者何事 老人曰 渠
家有生雉2)牛肉乾柿3)等饌而藏匿 終不餉吾 吾是以惡之 生知
其爲痘神4) 卽謂之曰 此誠可惡 而至於殺兒無亦過耶 我意抑
恐5)其偶然遺忘 不能供進 吾於明日告諭 使之出餉 吾與君對喫
此不亦客中一好事耶 其兒則特恕而原6)之如何 老人曰 吾意已

---

16) 치의(致意) : 자기의 생각을 남에게 알림.
17) 도연(徒然) : 장난삼아.
18) 송종지례(送終之禮) : 장례(葬禮).
1) 반백(斑白) : 흰 머리칼과 검은 머리칼이 섞여 있는 상태.
2) 생치(生雉) : 살아 있는 꿩.
3) 건시(乾柿) : 곶감.
4) 두신(痘神) : 마마(천연두)를 옮기는 귀신.
5) 억공(抑恐) : 또한 아마도

定 君言不可從 生又固請老人 始許之而去 及曉生呼主人 問其
兒痘狀 主人曰 命在頃刻 生曰 吾能救活汝兒 汝能從吾言否
主人曰 惟君所命 生曰 汝家有生雉否 曰然 又問 有牛肉否 曰
然 又問有乾柿否 曰然 主人氣色甚驚訝以爲神異 生曰 汝兒之
病所以危篤者 以有此華饌也 汝卽以烹牛炙雉造饌 且出乾柿
排作二床 然後告吾也 主人卽慌忙治辦 又加蒸餅 分排二床 極
精而告之 生乃入命主人設席于堂中 以一床進于主壁虛位7) 以
一床自置于前 舉筯8)請喫 仍自啖食9) 俄聞病兒忽言曰 何不啖
我以生雉牛肉乾柿 主人欲舉虛位前床而給之 重如萬鈞10) 不得
移動毫髮 衆大恐懼 卽以他餘饌與之兒 能啖食如常矣 生連舉
十餘觥11) 輒獻酌于虛位 如相酬酢 良久 生旣醉飽言曰 請撤床
耶 見虛位前 筯落于床下 錚然12)有聲 自是 兒病頓蘇而安 主
人驚喜感激且神之 夫妻俱出拜謝 請生小留 生不得已仍留宿焉
夜夢 老人又至謂生曰 吾旣從君之請矣 君亦可從吾請乎 生願
聞之 老人曰 吾本嶺南某邑人也 死作痘神 今方行痘於此地 吾
死之再朞13)迫近 諸子等將行大祥14)之祭 而吾事務倥傯15) 難以

---

6) 특서이원(特恕而原) : 특별히 용서함. 원(原)은 원유(原宥), 즉 '용서
하다'의 뜻임.
7) 허위(虛位) : 제삿상에 신위(神位)를 모시지 않음.
8) 저(筯) : 젓가락. 저(箸)와 같음.
9) 담식(啖食) : 담식(啗食). 음식을 먹음.
10) 만균(萬鈞) : 1균(一鈞)은 30근(斤). 매우 무겁다는 뜻임.
11) 굉(觥) : 뿔로 만든 술잔.
12) 쟁연(錚然) : 쇠가 부딪쳐 나는 소리.
13) 재기(再朞) : 대상(大祥).
14) 대상(大祥) : 장사지낸 뒤 두 돌만에 지내는 제사. 대기(大朞). 재기
(再朞).

還家 吾家在於路傍 君行今當過去 幸一訪吾家 報以吾言 使勿
設祭 更於數日後 擇日設祭 則吾當往享也 吾子三人 其名卽某
某等也 渠等雖祭之吾 旣不往 則與不祭同 君若傳此意 則幸甚
生曰 歸路歷告甚不難 但君諸子若或不信 則將奈何 老人曰 然
吾昔買一田 吾平生所坐後壁有柱 柱有小穴 以田文券 納于穴
中 其後塗壁 忘柱穴之有藏券 以紙塗其上者有年矣 吾旣死後
諸子求其券而不得 田之本主探知其失券 將有起訟復奪之計 諸
子方以此爲患 君若往傳此言 使之不見券於柱穴而得之 則自當
爲證而信之矣 生諾之 老人再三申囑16)而去 生行到其家聞之
果如老人所言 仍寄宿于其奴婢之舍 要見其子 則答以明日是大
祥 故不得見客云 生又言 必欲於祭前見之 其子始要入相問 生
細陳夢中其父所言 諸子初甚驚訝 以爲妄誕 生乃言其形貌 又
言三子之名 稍以爲信而猶不去疑 生復言柱穴藏券之事 諸子卽
去塗紙而見之 果有之矣 始知其不妄 相與號哭 延生厚待 而宗
族會議 以爲再昨諱日17) 雖已明知其神不降享 而禮不可廢 遂
行其祭 而更於數月後 擇日行大祭如生所言云

32. 操文祭告救一村

京城士人金生名某者 有一親友死已多年 生以事往嶺南 忽遇
其死友於鳥嶺路上 騎駿馬多僕從而領率小兒數百餘人而行 與

---

15) 공총(悾傯) : 바쁜 모양.
16) 신촉(申囑) : 신신당부(申申當付)함. 단단히 부탁함.
17) 휘일(諱日) : 기일(忌日). 제삿날.

士人相勞告1)如平生2)　生問君已死矣　何以復行於人世耶　其友
答曰 吾於死後爲痘神　行痘於世間　纔行於畿甸3)　將復行於嶺南
故今玆踰嶺　而所領小兒皆畿甸痘化者也　生謂　君素愷悌仁人4)
死後心性亦豈異也　旣爲痘神　則理當仁恕　多所全濟　而今所化
者　何其多耶　非所望於君也　其友愍然曰　時係時運5)及渠之命
道6)　非吾所自專也　生曰　雖如此君若留神濟人　不濫其殺　則民
之受賜大矣　答曰　君言如此　敢不服膺7)　仍告別而去　行數步仍
忽不見　生亦過嶺　幹事8)而歸　到安東地　投一村舍　痘患方大熾
不許人寄接　艱辛懇乞　僅得托宿　其家兒子之痘　亦方苦劇濱死9)
問之　則一村之兒　死已强半10)矣　生謂主人曰　吾當活汝兒　汝能
從吾言乎　主人曰　惟尊命　生使辨數器之饌三盃之酒　立綴祭文
其大意　以爲君旣許我以不濫殺濟民命　而今何食言相負耶　此村
之兒　死已過半　焉在乎君之仁恕耶　冀君之爲我回意　寬活以踐
前約也　卽以酒饌祭于神位　讀其文而焚之　須臾　垂死之兒　頓然
回蘇矣　生祭畢旣寢夢　其友見于夢曰　此村之人多罪不可赦　故
吾欲盡殺其兒　君至誠祈救　吾旣與君有約不可負　故勉强從之11)

---

1) 노고(勞告) : 객지에 다니는 수고로움을 위로하는 인사.
2) 여평생(如平生) : 생시(生時)와 같음.
3) 기전(畿甸) : 경기도 지방.
4) 개제인인(愷悌仁人) : 용모와 기상이 온화하고 어진 사람.
5) 시계시운(時係時運) : 시세(時勢)에 매임과 그 움직임.
6) 명도(命道) : 운명(運命).
7) 복응(服膺) : 복종(服從).
8) 간사(幹事) : 맡은 일을 처리함.
9) 빈사(濱死) : 빈사(瀕死). 거의 죽게 됨.
10) 강반(强半) : 반이 넘음. 과반(過半). 태반(太半).
11) 면강종지(勉强從之) : 따르려고 애씀.

矣 生多致謝意而覺 其一村將死者 一夜之間 莫不回甦 主人以
生之事言于其隣 一時相告語 競來拜謝以爲神人 苦挽請留 爭
進酒肴 生不得拒 留數日 乃得抽別12) 評曰 痘疫非古也 自周
末秦初始有之 戰鬪殺伐 戾氣漫空13) 此疾之所以作也 至於有
神主之云者 閭巷從巫之説 遇痘之家 必設位而祈之 莫能明其
有無 今以兩生所遇見之 痘之有神也明矣 此二説皆信而不妄
故記之

33. 愼學士邀赴講書1)(此則擇[澤]堂2)所記 而題曰 崔生遇鬼錄)

原州耘谷有崔生文潑3)者 本世家子 兄弟皆能文 習科業 今年
七月 與其弟兄及友二人 寓讀于書院 一日黎明 生出溺于外 其
友踵而出見4) 鞋尚在戸下而生沒去處 出外門則見生袷衣5)脱置
墻外 大怪之 遂招其兄弟 從院後山麓 搜覓約一馬場許 則草露
已落 見有萵蔓截斷未久 似有行跡 從之又過數步 則生見在松

---

12) 추별(抽別) : 몸을 빼어 작별함.
13) 여기만공(戾氣漫空) : 사나운 기운이 공중에 가득함.
1) 강서(講書) : 책을 읽음.
2) 택당(澤堂) : 조선조 인조 때의 문신인 이식(李植, 1584~1647)의 호
 자는 여고(汝固), 본관은 덕수(德水). 대사헌과 형조·이조·예조의
 판서를 역임. 조선 중기 한문사대가의 한 사람. 시호는 문정(文靖).
3) 최문발(崔文潑, 1607~1661) : 조선조 인조 때의 생원. 자는 득원(得
 源), 호는 취석(醉石), 본관은 강릉(江陵), 기벽(基鐴)의 아들, 문오
 (文澳)·문활(文活)의 아우, 문식(文湜)의 형.
4) 종이출견(踵而出見) : 뒤따라 나가서 살펴봄.
5) 겹의(袷衣) : 겨울철에 입는 겹옷.

樹下被縛 就視則以兩手繞樹背6) 綁腰示帖樹束縛7) 皆用葛蔓
卽向之所截也 生瞪目嚤口8)不能言 其兄用俗方9) 搯溲溺洗其
目 生卽發聲曰 大哥10)來乎 仍不復言 時已日昇 卽昇歸家 昏
昏不省事 投以藥物 夜分11)始言語 翌日 霍然12)如酒醒 父兄詰
之 生方述其由云 生始爲便溺出戶 則有一少年 面貌端麗 就揖
曰 願與交 問其名則曰 我是愼海翊13)也 生認是愼壯元學士而
不悟已死故也 愼曰 適與諸人會于近處 君可偕我打話14)也 仍
命僕進小輿 愼亦自乘一小輿 揖生竝駕而行 擔夫徒衆甚盛 愼
促行曰 須趁日未出去也 生忽自念於愼曰 吾此行不可不告父母
也 愼曰 行忙矣 此可以書報也 生曰 顧安得伻人 愼曰 我自有
便 遂以筆札與之 生臨書惘然不得語 語愼曰 我覺今日精神茫
昧 念文字不得 愼曰 我爲汝口號 汝筆之 仍口號一絕句書諸紙
愼取而繫以小石 向空擲之 似指生家路去矣 愼又促行 良久至
所期處 堂宇宏麗 若宮省然 有大官人在堂 黃冠赤袍 儀容甚偉
愼趨謁其前 生隨亦〔亦隨〕而納拜 官人熟視曰 可考講矣 出一

---

6) 양수요수배(兩手繞樹背) : 두 손을 등 뒤로 돌려 나무에 둘림.

7) 방요시첩수속박(綁腰示帖樹束縛) : 허리를 나무에 붙여 묶은 것이
보임.

8) 증목갹구(瞪目嚤口) : 눈을 부릅뜨고 입을 벌림.

9) 속방(俗方) : 민간 처방.

10) 대가(大哥) : 큰형님.

11) 야분(夜分) : 야반(夜半). 한밤중.

12) 곽연(霍然) : 급작스러운 모양.

13) 신해익(愼海翊, 1592~1616) : 자는 중거(仲擧), 호는 병은(病隱), 본
관은 거창(居昌), 인(諲)의 아들. 광해군 5년(1613) 4월 18일에 시
행한 알성과에서 문과에 장원. 예조좌랑 역임.

14) 타화(打話) : 대화(對話). 문답(問答).

冊子授生 開卷其書 有大文小大註 若今刊行 全本綱目 官人手
摘一大文曰 讀此 生視之 乃黃芽石生四字也 生讀已 官人曰
釋其義 生曰 不曉不能釋 官人曰 何以云不曉也 生審視大小註
皆無釋義 終不得釋 官人大怒 叱吏卒提出縛之 愼色沮不敢救
至中門漫謝曰 爲我來 遭此窘 我甚慼矣 然卽當見釋無憂也 此
後冥然15)不省云 其所口號絶句書諸紙者 實書在生之衣衽16) 字
畫楷正 墨痕鮮濃 生之筆也 八月某日 余於〔與〕崔方伯睍17) 遇
生之父基鐴18)於鬱山石寺 爲余道其詳如此 基鐴信士19)不妄言
其二友所傳說亦同 生之父又謂余曰 此兒受氣似薄 頗以讀書致
瘦悴 又性喜逐朋友 或遊衍20)忘返 其以此致崇歟 余聞愼之生
也頗異 其死或不在凡境耶 此兒所遇者仙耶 不可知也 余謂 凡
人氣血 氣血之虛 性情之偏固 有或爲鬼祟所中者矣 然皆附於
人之體 或托於口以道言語 眩諸目以幻形色 此乃神怪物怪 不
得其正者 正孔子之所不語 韓子21)所謂動於人 不足爲禍福者
今生所遇 雖皆幻境 至於取葛而縛其身 給筆而書其詩 俱有陽

---

15) 명연(冥然) : 아득함. 정신을 잃음.
16) 의임(衣衽) : 옷섶. 옷깃.
17) 최현(崔睍, 1563~1640) : 조선조 인조 때의 문신. 자는 계승(季昇),
    호는 인재(訒齋), 본관은 전주(全州). 강원도 관찰사를 지냄. 시호는
    정간(定簡).
18) 최기벽(崔基鐴, 1573~1645) : 조선조 인조 때의 문신. 자는 자근(子
    勤), 호는 매곡(梅谷), 본관은 강릉, 경상(景祥)의 아들, 문발의 아버
    지. 별제(別提)를 지냄.
19) 신사(信士) : 신남(信男). 우바새(優婆塞). 출가하지 않고 불문에 귀
    의한 남자.
20) 유연(遊衍) : 노닒.
21) 한자(韓子) : 중국 당(唐)나라의 문인인 한유(韓愈).

迹22)可據 然則鬼亦有手乎 有服用23)乎 是可怪矣 愼君明信君
子 雖不幸早夭 任運乘化 祀魂墓魄寧不作鬼 人間有許變幻耶
余嘗聞魆鬼好欺人 或托祖先以欺其子孫 以要飮食者往往有焉
愼君名士 所謂魆鬼者託其姓名 以中生之慕愛耶 姑書之以俟博
辯24)者擇焉 其詩曰 飈輪一片25)自天來 霞佩朝元26)幾日廻 仙
風倘拂27)靑鸞翼 更向人間沃輿28)回(擇〔澤〕堂所記止此)

　李司藝29)克城〔誠〕30) 原州人也 余趨庭31)於關西堂〔監〕營 李
君時宰中和(縣名) 屢會相熟 爲余言崔生文潑事頗詳曰 與崔兄
弟及親友數人 寓讀於耘谷書院 一日 見壁上有題曰 珠洞銀溪
鎖一關 洞人無際鳥遲還

　乃崔筆也 素知崔不能詩 忽有此題訝 其詩語異常 叩問之 崔
曰 此雖吾作 而吾亦不自知其何意也 衆皆異之 間數日朝起 而
文潑不在 及群集頮面32)始覺之 搜一院不得 其兄弟及諸友與院
僕 四散覓搜 從院後行得袂衣 卽崔所着也 衣袿有題 飈輪一片

---

22) 양적(陽迹) : 뚜렷이 드러난 자취.

23) 복용(服用) : 여기서는 '옷을 입음'의 뜻임.

24) 박변(博辯) : 사물을 널리 분별하여 변론함.

25) 표륜일편(飈輪一片) : 나부끼듯 떠 있는 한 조각 달.

26) 하패조원(霞佩朝元) : 노을에 걸린 아침해.

27) 선풍당불(仙風倘拂) : 신선의 바람이 문득 스쳐 불어옴.

28) 옥여(沃輿) : 옥토(沃土).

29) 사예(司藝) : 조선조 성균관의 정4품 벼슬.

30) 이극성(李克誠, 1599~?) : 조선조 인조 때의 문신. 자는 명숙(明叔),
　　본관은 원주(原州), 이준(頤俊)의 아들, 극순(克諄)의 형.

31) 추정(趨庭) : 추정(趨庭). 과정(過庭). 자식이 아버지 밑에 가서 가르
　　침을 받는 것.

32) 회면(頮面) : 세수(洗手). 낯을 씻음.

自天來之詩兩句 見其筆則崔跡 而墨色非黑非青 世所未有 題
痕猶潔 字畫甚明 擧其袂衣 則以一片石 入于後幅之內 而其縫
宛然無一綻開處 又踰後麓到山中 見崔負一松樹而立 以葛背縛
兩手於松外 又以葛帖身於松而束之 見其傍 有葛蔓數根 分明
以刀新截 崔瞪目不能言 衆解其葛縛 負到院舍 救療猶不明 了
舁還家 灌藥治之 過夜始蘇 如醉得醒 乃言曰 吾初以便溺出
外 見一少年立于月下 風標灑然 怳爾神仙 中〔其〕人揖余曰
願與子交 余問其名 則曰愼海翊也 余夙慕仰愼 而不悟其已
死 故得遇甚悅 愼與作數語而去曰 吾當復來矣 自是 神思清
虛 塵慮都消 珠洞一絕 不思而得 咏出於口 仍題壁間 過數日
夜 愼又至曰 吾欲與君共遊一處 君可從否 余曰 何所 愼曰 吾
果非人乃仙也 有仙娥在彼 吾爲君作媒 君從吾言 則可以娶矣
吾聞〔問〕仙娥何許人 曰此則李起浡〔浡〕33)之妹 名曰玉英 天姿
絕艷 仙亦罕有 一娶此娥 便可登仙 豈不美乎 余以父母在上
不得輕許辭焉 愼再三强之 且曰 登仙之後 往來定省 亦何不可
余始諾之 愼顧命從者進小輿 使余乘之 愼亦乘小輿竝行 從者
頗衆 行未幾余曰 恨不以行意先報家也 愼曰 以書通報可矣 余
曰 顧安得佯人 愼曰 第作書 吾當傳報 卽以筆札授余 余茫然
不能書一語 愼曰 吾爲君口號 君可書之 卽呼一絕 余卽筆之
愼持其書向風擲之 飛空而去 愼促行甚急曰 須趁日未出也 俄
至一處 堂宇宏傑有若官府 一人中坐主壁 五六人分坐左右 容
儀清肅 衣冠奇偉 侍衛甚盛 非世所有 愼先趨入拜謁 若有所告

---

33) 이기발(李起浡, 1602~1662) : 조선조 인조 때의 문신. 자는 패우(沛
雨), 호는 서귀(西歸), 본관은 한산(韓山), 이극함(李克諴)의 아들.

卽出使余進謁 余納拜於前 主坐人言 可講書 左右以一冊授余
卽讀之 主坐人曰 釋其義 余茫然不知其何意 終不能對 主坐人
大怒叱 使捽下縛之 吏卒捉出門外 縛于松樹 愼恐懼不敢救出
謝曰 君因我遭此 我甚憗然焉〔焉然〕卽當見釋毋憂也 余仍冥然
不省云 此後生在家 愼於月夜頻來相訪 極多異事而不能傳 還
生家以爲妖邪 雜試術家諸方竝無效 五六年後 其來漸稀 終得
自止云(予以李君言記此得 擇〔澤〕堂所記大抵相同 而李言略有
所加 今以擇〔澤〕堂爲主而竝錄余記以備 參省34))

34. 孟道人携遊和詩

成琓〔琬〕1)者善醫者 成後龍2)之子也 多讀書 少能詩 凡製述
無不應口而對 倚馬而成 雖長篇大作 使人秉筆口呼 如流一揮
而就 至自比於東坡3) 或傳 爲詩魔所附 而其詩螭蚓4)相雜 人不
知貴焉 曾遇孟道人 事甚可異也 有自記頗詳 其記曰 庚戌三月
初七日夕 余往近隣 爲主人所過飮爛醉 乘昏仍往下里所親家
過司圃署5)後虛落 忽逢黑衣老人 自路右出 欣然握余左手曰 吾

---

34) 참성(參省) : 참고하여 살핌.
 1) 성완(成琓, 1639~?) : 조선조 숙종 때의 진사. 자는 백옥(伯玉), 호
    는 취허(翠虛), 본관은 창녕(昌寧), 후룡(後龍)의 아들.
 2) 성후룡(成後龍) : 생몰년 및 자세한 행적 미상.
 3) 동파(東坡) : 중국 북송(北宋) 때의 문인인 소식(蘇軾)의 호(號).
 4) 이인(螭蚓) : 뿔 없는 용과 지렁이. 훌륭한 것과 하찮은 것.
 5) 사포서(司圃署) : 조선시대 궁중의 정원이나 채마밭 등을 맡아 관리
    하던 관청.

與君有所遊處 余疑其非人 逡巡而却 强爲捉挈 力大不能脫 老
人以手摩目 且三度回旋 咫尺難卞〔辨〕 俄忽之間 身已出西城
外松株間 更携手上鞍峴6)東麓 老人又以手拭目 目始暫明 仰以
觀之 則露頂白髮 頎然長身 眼目甚獰 身着有文黑衣而腰不着
帶 俯以察之 則足着黃履 形如竹簟7) 足長幾尺 因與之周旋山
腰萬松間 少無停息 八日曉頭 提上東邊石峯上 呼韻催詩 余卽
押其韻以吟曰 徙倚西峯上上頭 高天大地稟雙眸8) 俯臨渤海平
看鏡 回指穹鰲9)少似鰍 匹練中分三邱路10) 浮雲低度五城樓 鄭
公11)當日成功處 幸陪仙翁辦壯遊 老人聽罷稱之曰 雖使且老見
之 當爲奪魄 乃和其韻 口誦曰 卽來卽去撿人頭 見爾淸標刮兩
眸 氣似靑天驅玉馬 文如蒼海抽金鰍 牢躔盡置蒼岩宅 緩步霄
登紫蔓樓 無日無風將歷覽 定逢烏瑟道淸流 我再三默誦 老人
吟畢 卽挈下石峯 藏置岩間 目忽不見 乘其所無 欲爲脫出 則
有同纏縛 不能起動 兩眼昏耗 不能明視 雖欲呼人 聲在喉間
亦難遠聞 終日昏到 初昏老人復來 挈出石間曰 更有遊處 由鞍
峴東北麓 經淨土寺12)後白蓮山13) 仍過荒野 登羅菴後崗 又到

---

6) 안현(鞍峴) : 서울 서대문구 현저동에서 홍제동으로 넘어가는 고개.
   무악(毋岳)재. 길마재.
7) 죽점(竹簟) : 대자리.
8) 품쌍모(稟雙眸) : 두 눈동자를 타고 남.
9) 궁오(穹鰲) : 큰 자라.
10) 삼구로(三邱路) : 삼구로(三丘路). 삼신산(三神山) 가는 길.
11) 정공(鄭公) : 미상.
12) 정토사(淨土寺) : 백련산에 있던 절로 오늘날의 백련사. 신라 경덕왕
    5년(746) 진표가 창건함. 속칭 경텃절.
13) 백련산(白蓮山) : 서울시 서대문구에 있는 산.

昌敬陵14)松間 皆行山峽 不入溪壑 由是不聞鷄犬聲 夜半月色
隱映於松陰 老人曰 此景可作聯句 卽呼奇字 余應曰 木老流霞
濕 山深月色奇 老人稱歎不已曰 末句難續矣 九日曉 又置於昌
敬陵兩株松間 如前纏縛樣 不得脫出 初昏又來 携手向津寬
寺15)西麓 達夜徘徊亂塚間 時或顧望 有若遠去之色 十日曉 東
方未白 忽聞樵童擊錚聲16) 自遠漸近 老人驚起解手 因忽不見
余乃恍惚顚仆 幸以得甦 開目視之 則日已巳矣 起而更仆者累
次 僅踰一麓 則乃津寬洞口也 余匍匐前進 望見寺僧 急呼救我
則爲飢火所惱17) 倒臥松間 但搖笠子而已 幸賴山僧 見而憐之
負入山房 而驚魂未定 目中如見黑衣人在傍 故余呼僧逐鬼者再
三 諸僧前日所親者 撫摩手足盡誠救護 良久始卞〔辨〕人形 余
告諸僧曰 飮我漿水 諸僧卽備二椀 斟于口中 繼煮白粥 喫一小
鍾 則精神小醒 時僧人修學在傍 頗解文字者 余顧謂曰 爲我急
通于家 必以我爲死矣 言其晝藏夜行之狀 修學卽寫大略 命一
童行告于家 家間始知余爲鬼所拗至此也 午間精神更爲昏憒18)
老僕自重興寺19)尋問來到 驚叫屢度 久而乃卞〔辨〕家親 聞報徒
步踰嶺 卽投淸蘇數丸20) 則精神倍勝於午間 始覺腰脚之疾痛21)

---

14) 창경릉(昌敬陵) : 경기도 고양시 신도면 용두리에 있는 서오릉(西五
陵) 가운데 창릉과 경릉. 창릉은 조선 제8대 예종의 능. 경릉은 세조
의 아들이자 성종의 아버지인 덕종과 그의 왕비인 소혜왕후의 능.

15) 진관사(津寬寺) : 서울시 은평구 진관내동에 있는 절. 고려 현종 때
창건되었으며, 봉은사(奉恩寺)의 말사(末寺)임.

16) 격쟁성(擊錚聲) : 꽹과리 치는 소리. 여기서는 도끼질하는 소리.

17) 기화소뇌(飢火所惱) : 너무 굶주려 속이 타는 듯함.

18) 혼궤(昏憒) : 정신이 흐려지고 어지러움.

19) 중흥사(重興寺) : 서울 삼각산(북악산)에 있던 절.

翌朝 舍弟亦自東郊追及 又服清心丸22)朱砂23)等藥 則三夜登陟
勤勞之餘 痛處雖苦 心源幸得清晏 能記酬唱兩律 又一聯命舍
弟寫出 厥後十一夜十三夜復有作怪見形 忍痛强起 手自以劍逐
之 因忽不見 十四日 爲調治痒〔痺〕疾24)還家 則十五日別無作
孼25) 十六日夜 復有紫衣童子見夢曰 我本黑衣神 向以老醜之
形見君 君惡我 我今以少時之貌來見 君勿訝焉 我有未盡之懷
君欲聽否 余忽爾驚覺 一場夢事 意謂 太虛之人26) 多寐煩惱
不至深慮 二十日夜 有一靑袍美丈夫 復見於夢曰 子之辟我甚
矣 何以滿壁符呪 有同逐邪者耶 向夜黑衣神紫衣童 皆吾變象
非本形色 我是寃魂 不是邪魅27) 欲借君舌以傳情事於世間 君
勿相負 余答曰 所欲言者何事 當爲公傳於世 願聞事之顚末 靑
袍者泫然泣下曰 我本新羅敬順王28)朝學士 家在金鰲山29)西麓
平生性好梅鶴 種梅養鶴 或朝退之 詠梅花看鶴舞 自號梅鶴道
人 身雖許國 一念每在邱壑 第以虛名久繫 名韁不得長往爲恨
一日 王設宴於後園 命諸學士賦春詩 諸學士詩先成 王皆不厭
最後我得句以進曰 碧枕〔桃〕花上雨霏霏30) 水滿龍池柳浴翠 萋

---

20) 청소환(淸蘇丸) : 정신을 맑게 하는 환약의 한 가지.
21) 구통(疚痛) : 병으로 인한 통증.
22) 청심환(淸心丸) : 정신을 맑게 하는 환약의 한 가지.
23) 주사(朱砂) : 단사(丹砂). 진사(辰砂). 천연산의 유화수은. 한방에서
   경련을 진정시키는 약으로 씀.
24) 여질(舁疾) : 중병에 걸려 가마 따위에 실려 가는 일.
25) 별무작얼(別無作孼) : 별달리 요망한 일이 일어나지 않음.
26) 태허지인(太虛之人) : 극도로 기(氣)가 허약한 사람.
27) 사매(邪魅) : 못된 허깨비.
28) 경순왕(敬順王) : 신라의 제56대 마지막 임금.
29) 금오산(金鰲山) : 경상북도 경주시에 있는 산.

萋[31]芳草西園路 冪地寒烟濕不起 王嗟賞良久 諸學士相顧失色
後四日 復設宴於彩雲樓 王有寵姬名曰翠妃 乃東海龍女也 明
艶傾一國 王甚寵愛 是日 爲妃大張聲樂 命諸臣賦詩 我操筆立
成 其詞曰 瓊瑤爲骨玉爲肌 月態星眸絶世姿 戱向前階拾春色
好風吹動瑞香枝 其後 日本僧義能 以使來到 接於芬黃寺[32] 義
能欲得學士詩以貴其國 王命我賦詩 曰 中藏日域海無邊 一姓
相承五寶傳 萬國山川難竝處 扶桑[33]枝上掛靑天 義能大加稱賞
以黑錦四匹獻于王 世所未有也 王問之 義能答云 此錦出東海
神山 絲則扶桑繭之所吐也 色則玄眞水[34]之所染也 王以兩匹給
翠妃 兩匹賜我以償詩債 我作爲道服 每着於逍遙林壑時 以表
君恩 故人或稱曰 黑衣學士 後遊鮑石亭 與諸學士賦詩 王特借
玉笛以侈其遊 我得小絶云 鮑石亭前月 淸波漾彩船 一聲白玉
簴 吹罷老龍眠 以是 王眷遇日隆 爲宗正卿[35]金璘[36]所讒 謫之
於絶影島[37]四年 我之哀寃 何異於靈均之被讒椒蘭[38]乎 忠以見

---

30) 비비(霏霏) : 비나 눈이 부슬부슬 끊임없이 내리는 모양.

31) 처처(萋萋) : 초목이 우거져 무성한 모양.

32) 분황사(芬黃寺) : 경상북도 경주시 구황동에 있는 절. 신라 27대 선
    덕여왕 3년(634)에 창건되었음. 분황사(芬皇寺).

33) 부상(扶桑) : 해가 돋는 동쪽 바다. 일본(日本)을 가리키기도 함.

34) 현진수(玄眞水) : 진현수(眞玄水). 참먹을 갈아 만든 먹물.

35) 종정경(宗正卿) : 왕가나 왕족에 관련된 일을 맡아보던 벼슬.

36) 김인(金璘) : 미상. 본문에 신라 경순왕 때의 종정경으로, 김유신의
    후손이라고 하였음.

37) 절영도(絶影島) : 현재 부산시에 딸린 섬. 영도(影島). 목도(牧島).

38) 영균지피참초란(靈均之被讒椒蘭) : '영균'은 전국시대 초(楚)나라
    굴원(屈原)의 자(字). '초란'은 초나라 대부 자초(子椒)와 초 회왕
    (懷王)의 아우 자란(子蘭). 이 두 사람이 굴원을 무고하여 마침내 먹

棄 每吟懷沙之賦[39] 及王太祖膺命 將有統合之象 王欲割地以
緩〔援〕兵 赦我以充使价[40] 竣事[41]還朝 路過漢山 客死於此 時
當六月 千里不能運柩 一行之人 姑爲權窆[42]於仁王山[43]東麓
厥後 子孫因癘疫盡死 國且旋〔族〕亡 未有返葬者 遂作他鄉未
歸之魂 時與北司公閻丘恭[44]及北副公蔡禧[45]相友善 皆神人中
能文者 居在北山後 向者 與君訪此兩人 半道忽聞樵徒錚聲驚
散 故未成初計 可謂遺恨 余問曰 所謂金璘誰也 答云 璘卽庾
信之後 豈意名臣之門有此細人也 余復問曰 所謂閻丘恭者何人
也 答曰 卽烏瑟山人也 蔡禧卽丹老也 余聞此 始覺前者之所稱
烏瑟丹老 非虛語也 仍問曰 學士姓名誰也 答曰 我姓孟名著[46]
字國瑞 君尚不能記憶乎 我是丙午冬夢中告庚桑[47]所産者也 子

라수에 몸을 던지게 하였음.

39) 회사지부(懷沙之賦) : 〈회사부(懷沙賦)〉. 굴원이 멱라수에 투신 자살
하기 전에 지은 글.

40) 사개(使价) : 사신(使臣).

41) 준사(竣事) : 일을 마침.

42) 권폄(權窆) : 임시방편으로 매장함.

43) 인왕산(仁王山) : 서울 서쪽에 있는 산. 인왕산(仁旺山). 조선초 북악
(北岳)을 주산(主山)으로 하고, 남산을 안산(案山), 낙산(駱山)을 좌
청룡(左靑龍), 인왕산을 우백호(右白虎)로 정하였음.

44) 여구공(閻丘恭) : 미상. 본문에 북사공(北司公), 혹은 오슬산인(烏瑟
山人)이라고 하였음.

45) 채희(蔡禧) : 미상. 본문에 북부공(北副公), 혹은 단로(丹老)라고 하
였음.

46) 맹시(孟著) : 신라 경순왕 때 학사(學士)였다는 맹도인의 본명.

47) 경상(庚桑) : 경상초(庚桑楚). 《장자(莊子)》의 편명(篇名)이자 인명
(人名). 주(周)나라 사람으로 일명 항상(亢桑)·항창(亢倉)이라고도
하였음. 《장자》에는 노자(老子)의 제자라고 하였음.

其細考 又曰 我之事迹不見於史冊 尚抱遺恨於泉壤48) 子能勿
忘以傳於世 幸甚 我本非害君者 今來復見 爲傳此事耳 再三握
手涕泣不已 余唯唯49)數聲 傍人謂夢壓50)急呼 因忽驚覺 問夜
如何 其則東方向曙云 余錯愕難狀51) 怪而且奇 卽命舍弟取來
籃裡南華經52) 考諸庚桑楚篇 則冊頭果有丙午十月記夢 其記曰
余嘗讀庚桑楚篇 但知老氏之役53) 不知何地之産也 是月旬八
有一魁岸戌削 神仙中人見夢曰 惟子不識 我當告之 所謂庚桑
楚之産 離親戚棄父母 獨居孤村云云 余乃再拜聽瑩54) 而其人
自稱孟道士 復以竹杖擊股 余忽驚起 眞一場華胥55)也 吁 亦奇
哉云 開卷不覺毛髮竦然 始知神人之前告也 噫 世之相遇七百
餘年 而過去之騷人墨客56) 何限湮鬱之懷57) 不傳於前人 而獨
傳於後我 何哉 幽明相感 不無其理 抑或待時而言與 向者三夜
之遊 終無一言半辭敎以我 及至今夜 何乃吐盡 情素若如平昔

---

48) 천양(泉壤) : 저승.
49) 유유(唯唯) : '예, 예'하고 거듭 대답하는 소리.
50) 몽압(夢壓) : 가위눌림.
51) 착악난상(錯愕難狀) : 뜻밖에 놀라 말하기 어려움.
52) 남화경(南華經) : 남화진인(南華眞人) 장주(莊周)가 남긴 저서인《장
    자(莊子)》를 당나라 현종(玄宗)이 달리 명명한 이름.《남화진경(南
    華眞經)》.
53) 노씨지역(老氏之役) : 노자(老子)의 부림을 당하는 사람이라는 뜻이
    니, 즉 노자의 제자라는 말.
54) 청영(聽瑩) : 의심하는 모양.
55) 화서(華胥) : 황제(黃帝)가 낮잠을 자다가 꿈에 화서라는 나라에 갔
    던 일에서 꿈을 뜻함. 일장춘몽(一場春夢).
56) 소인묵객(騷人墨客) : 시문(詩文)과 서화(書畵)를 일삼는 사람.
57) 인울지회(湮鬱之懷) : 울적한 회포.

相厚者也 丙午之夜 稱孟道士 今稱梅鶴道人孟著云 則何其前
後相符之神耶 閻蔡二神 則不知自何來 處於北山耶 翠妃之事
有同閼井龍女58) 而彼則現於史冊 此獨沒於後世 何耶 學士宗
正之稱 羅代果有此等官耶 金璘者果是庾信幾代孫乎 尙有是事
何異王文正之於倫59) 韓忠獻之於忻〔侂〕胄60)乎 大可戚也 至於
敬順王在位八年 降于高麗 昭載東史 而其時割地援兵 國之大
事 臨危專對之才 有如孟公而竣事 未還中途殞亡 則應有史筆
留在 而不少槪見 何哉 由此觀之 前史不足徵與 嗚呼 怪力亂
神先聖所戒61) 而寃氣凝結 托夢傳說 異常之事 亦多有之 于
〔干〕寶之搜神記62) 牛僧孺之幽怪錄63) 盖亦出於這箇事耶 今
者 孟公所言 若此丁寧 幽明之間不負顧托 偃枕倩草64) 以傳諸

---

58) 알정용녀(閼井龍女) : 알영정(閼英井)에 나타난 계룡(鷄龍)의 왼쪽
   옆구리에서 태어났다고 하는 박혁거세(朴赫居世)의 비(妃) 알영(閼
   英).

59) 왕문정지어륜(王文正之於倫) : 송(宋)나라의 문정공(文正公) 왕단(王
   旦)과 같이 훌륭한 인물의 후손에 왕륜(王倫)과 같이 못난 후손이
   있다는 뜻임. 《송사(宋史)》권282 및 권371 참조.

60) 한충헌지어탁주(韓忠獻之於侂胄) : 송나라의 충헌공(忠獻公) 한기(韓
   琦)와 같이 훌륭한 인물의 후손에 한탁주(韓侂胄)와 같이 못난 후손
   이 있다는 뜻임. 《송사》권312 및 권474 참조.

61) 괴력난신선성소계(怪力亂神先聖所戒) : 《논어(論語)》〈술이편(述而
   篇)〉에 보이는 공자(孔子)의 말. 성인(聖人)은 괴이(怪異)·용력(勇
   力)·패란(悖亂)·귀신(鬼神)에 대해서 말하지 않는다는 뜻.

62) 간보지수신기(干寶之搜神記) : 중국 진(晉)나라 간보가 지은 괴기담.
   모두 30권이나 현재 20권만 전함.

63) 우승유지유괴록(牛僧孺之幽怪錄) : 중국 당(唐)나라 우승유가 지은
   괴기담.

64) 언침천초(偃枕倩草) : 자리에 비스듬히 누운 채 남을 시켜 자기를 대

人 博雅君子 幸勿嗤點65) 評曰 愼公果是神也 而崔生果可仙也
則自應度引登眞 便有成就 胡乃誘娶仙娥 終歸虛妄耶 點鬼66)假
托幻弄欺人 澤翁67)之見明矣 孟老之挈遍林巒 晝藏夜見事迹分
明耶 鬼也狐也 其詩蒼岩宅紫葛樓之者 以岩爲宅 以葛爲樓 非
狐而何焉 烏瑟丹老 亦皆同類 定是千年老狐幻化通神68)者 羅朝
學士之稱 願得傳世之說 尤異 無乃誠有其人 而假名托形以作此
耶 此竝是妖魔之大者 世所不逢 而崔成獨逢之 噫 亦怪矣哉

35. 士人家老嫗作魔

竹前坊1)有一士人家 士人出外而其妻獨居 一日 老有〔有
老〕嫗過門來丐 狀若尼嫗 年雖高而貌不甚衰2) 士人妻招問 能
作女工否 曰能 又問 若留在以助工役 則吾當饋朝夕 使不行乞
亦能否乎 曰幸甚 敢不從命 士人妻喜而留之 使作彈綿引絲捲
絲諸功 一日之役 能兼七八人之功 綽然3)有裕 士人妻大喜 豐
饌以饋 過六七日 厚意稍怠 漸不如初 嫗有怒色 一日 勃然曰
吾不可獨留 當率吾夫翁而來 卽起出門 俄而與一老翁偕至 儀

신하여 글을 쓰게 함.
65) 치점(嗤點) : 손가락질하여 비웃음.
66) 힐귀(黠鬼) : 간악한 귀신.
67) 택옹(澤翁) : 택당(澤堂) 이식(李植)을 가리킴. 제33화 주2) 참조.
68) 통신(通神) : 정신이 신령과 마주 통함.
 1) 죽전방(竹前坊) : 마을 이름.
 2) 모불심쇠(貌不甚衰) : 생김새는 그다지 쇠약해 보이지 않음.
 3) 작연(綽然) : 침착하고 여유가 있는 모양.

形如俗所謂居士者 旣入門 卽使空其壁上龕室4) 而翁嫗俟上入
處其中 便隱形而但聞聲 責令供饋極其豊盛 若少違忤5) 則家中
小者輒病死 自下達上 親戚聞而往見 則入者亦皆卽病死 人莫
敢窺 才〔纔〕過旬日 婢僕盡死 士人妻獨存 隣里望見其家 有烟
氣而知其生 後五六日 烟氣始止 其死而終無敢入者

36. 一門宴頑童爲癘

一宦族家有慶 設大宴 一門皆會 內外親戚甚盛 內廳1)簾外
忽有髽頭頑童2)植立3) 其狀甚獰 年如十五六者 主客互以他童
僕從爲意 不之問也 坐中一女客 以其內近 使女奴叱其童 使之
出去 其童不少動 女奴問 汝是誰家從者 敢立于內廳至近地 而
自內卽命出去 則汝何敢不出去 其童默然無一語 衆怪之 始相
傳聞 此是誰家從者 主客竝云不知 復使人問 其童依舊默然 女
客咸怒 使麾而去之 數人初挽之 如蜉蝣4)撼石5)者 衆益怒 言于
外廳6) 使之挽出 外廳諸客聞之 使僕奴數人挈出 則毫髮不可動

---

4) 감실(龕室) : 사당 안에 신주(神主)를 모셔두는 장.
5) 위오(違忤) : 마음에 들지 않거나 거슬림.
1) 내청(內廳) : 안방마루.
2) 봉두완동(髽頭頑童) : 모질게 생긴 더벅머리 아이.
3) 치립(植立) : 기대어 섦.
4) 부유(蜉蝣) : 왕개미. 비부(蚍蜉). 하루살이. 여기서는 '왕개미'의 뜻
   임.
5) 감석(撼石) : 돌을 움직임.
6) 외청(外廳) : 사랑채의 마루.

爭問 汝是何狀之童而終無一言 衆益駭且怒 使壯丁數十人 以
大索環而挽之 如動泰山 一髮不變 非人力所可移者 一客以爲
彼亦人耳 豈有不動之理 復使武人多力者五六人 共打之以大挺
盡力下擊 勢如壓死 聲如霹靂 依舊不動一髮 不瞬一目 衆始大
驚懼 知其非人也 共下庭跪拜于其前 攢手祈祝7) 哀懇備至 良
久 童忽莞爾一哂8)而出 才〔纔〕出門卽無所睹 衆益駭懼震悚 卽
罷宴散歸 自翌日 主人及參宴人家 毒癘熾發 其叱辱者 勸之挽
者 勸之打者 武士奴僕下手者 未及數日先死 其頭盡裂 與宴之
人皆死 無一得活者 俗諺稱其童之號曰頭抑神9) 未知何所據也
評曰 利之爲禍尙矣 士人妻若非貪女工系〔絲〕毫之利10) 豈至於
載鬼一車 自取覆滅哉 經曰 自作孼不可逭也 士人妻有焉 家之
將亡 必有災殃 故一家之會 大癘入門 不解敬而遠之 及反詬而
挽之擊之 以益其怒 雖欲免得乎 雖然 人神雜揉〔糅〕11) 非盛世
事也 顧安得南正重12)以屬之哉

(필자주) 본문의 남정중은 남윤묵(南允默)의 맏아들에 관한 이야기를
잘못 받아들인 데서 온 착오인 듯함. 《기문총화(記聞叢話)》 등에
나오는 남윤묵의 맏아들은 군관으로 봉산군에 내려갔다가 타작마
당에서 어떤 불행에 처한 총각을 만나 그를 잘 돌봐주었음. 어느

7) 찬수기축(攢手祈祝) : 손을 모아 빌고 축원함.
8) 완이일신(莞爾一哂) : 빙긋이 비웃음.
9) 두억신(頭抑神) : 두옥신(斗玉神). 두억시니. 민간에서 말하는 사나운
   귀신의 하나. 야차(夜叉).
10) 사호지리(絲毫之利) : 아주 적은 이익.
11) 잡유(雜糅) : 어지럽게 뒤섞임.
12) 남정중(南正重, 1653~1704) : 조선조 숙종 때의 문신. 자는 백진(伯
    珍), 호는 기봉(碁峰), 본관은 의령(宜寧), 용익(龍翼)의 아들.

날 남윤묵의 맏아들이 갑자기 죽었는데, 저승에 있던 그 총각 선
조의 도움으로 되살아났다고 함.

37. 李秀才借宅見怪

京城有士人李廠¹⁾者 嘗爲人言 渠貧無第舍 每以借宅僑寄爲
事 如未得家窘急 則宅雖凶稱而或未免入焉 一日 借宅未得 聞
墨寺洞²⁾ 南山下深僻之曲有一宅 世傳 其凶空廢久矣 廠家將入
居 而欲先嘗試其凶否 其兄痳³⁾廈⁴⁾及廠會親戚朋友五六人 進
往灑掃而宿焉 其宅有樓一間 封閉甚固 於門隙窺之 中有一倚
交〔交倚〕上安一神主空櫝⁵⁾ 又有一無絃古琴及弊屐一隻 又有剝
落古細削木數介 更無餘物 而塵埃堆積 不知其幾年 是夜廠等
略設酒肴 會坐擲從政圖⁶⁾以爲消夜之計 夜深忽聞琴聲 起於樓
上 復有衆人喧譁歡樂之聲 而不甚明了 細聽莫能解 似是宴會
之狀 聲甚狼藉 廠等相議 一人拔劒穿樓窓而揮之 自樓內亦以
劒穿窓向外揮之 其刃碧如也 人恐而止 樓上彈琴歡樂之聲 徹
曉而止 廠等明發散歸 遂不敢入 南部部洞⁷⁾ 復有一凶宅 廠之

---

1) 이창(李廠) : 생몰년 미상. 본관은 예안(禮安), 유항(有恒)의 아들.

2) 묵사동(墨寺洞) : 먹절골.

3) 이휴(李痳, 1624~?) : 조선조 숙종 때의 진사. 자는 중안(仲安), 본관
   은 예안, 유항의 아들, 창(廠)의 아우.

4) 이하(李廈) : 생몰년 미상. 휴(痳)의 아우.

5) 폄독(窆櫝) : 시체를 넣어둔 관(棺).

6) 종정도(從政圖) : 종경도(從卿圖). 승경도(陞卿圖). 조선시대 서당 학
   생들이 하던 놀이의 하나. 큰 종이에 벼슬과 품계를 적어놓고 승경도
   알을 굴려 나오는 끗수에 따라 벼슬의 등급이 오르고 내림.

家又因勢迫謀入焉 兄弟更聚朋友 先往會宿入其宅 見有赤黑二
狗 對臥於廳事上兩隅 其目皆赤 狀如瘈8) 叱之不動 驅之不起
見人不吠不噬 夜深 二狗自廳事下庭 向空作聲 而其形甚凶 奔
走踴躍 忽有朝衣朝冠一丈夫 自家後而來 兩狗歡迎 或先或後
其丈夫上廳事 踞邊而坐9) 復有五六雜鬼 自廳事板底而出 拜謁
于前 其丈夫率五六雜鬼及二怪狗 環視其宅數周 或上坐廳事
或下步庭際 良久而去 五六鬼還入廳事板底 二狗復上廳事 對
臥于兩隅 房中會宿者俱目睹 明日 衆於廳事上 因板隙窺之其
底 有破箕及禿箒10)數三 又往家後見之 復有一禿箒 在於烟堗
之內 命其僕從 取出盡燒之 其二狗終日不離臥所 亦無飮食之
事 衆謀殺之 而見其凶獰不敢也 是夜復靜而伺之 夜深二狗依
舊下庭 向空作聲 其朝衣朝冠者 復自後而至 五六鬼出迎 環視
其宅 良久而散 各還其處 與昨毫髮不爽11) 衆大驚怪 明日遂棄
而走 客有聞廠言者 更徵于其兄麻廈 皆云信然 又有人傳 一士
人無家 借入墨寺洞凶宅 謂樓上物作祟 開其封毀其窓 取出神
主空櫝無絃琴弊屣古削木等 燒之於庭 火燃 一婢忽仆於地 九
竅流血而死 士人大驚 遽滅其火 還置樓上 遂棄其宅 後復有一
人無家者 往入焉 夜有靑裙女鬼 自樓而下 作怪於房室 其人復
棄之 自是更無入者 復有傳 南小門洞12)奴人刘柴者13)十餘輩作

---

7) 부동(部洞) : 오늘날의 서울 남산 아래 있던 고을.

8) 계(瘈) : 광견(狂犬). 미친 개.

9) 거변이좌(踞邊而坐) : 가장자리에 걸터앉음.

10) 독추(禿箒) : 몽당비.

11) 호발불상(毫髮不爽) : 털끝만큼도 틀리지 않음.

12) 남소문동(南小門洞) : 오늘날의 서울 장충동과 한남동 사이에 있던
고을.

伴 曉出路 穿墨寺洞凶宅 後園見一白頭媼 坐哭于松樹間 衆知
是妖鬼 一奴人 以鎌遽前擊之 其媼走入宅內 身長纔盈尺 而其
大過當人焉

38. 崔僉使1)僑舍2)逢魔

余於丙申遭厄就理3) 武士崔元緖4) 以所江5)僉使亦坐事 就理
囹圄6)之中 頻與會話消遣 一日 談及鬼魅之說7) 崔弁自言 曾於
少年時 親逢鬼魔 殆死僅生8) 誠是異事矣 余欲詳問 崔乃細陳
曰 我於京中 無本〔本無〕家舍 適聞部洞有一空宅 借而寓焉 父
率眷屬 入處內舍 我則獨居于舍廊 一日夜深 欲睡未睡9) 忽有
一女人開戶而入 立于燈前 諦視之 乃士夫家婢 而曾與數次相
逢 恍其姿容 欲一交歡而未得其便 每留心未忘者也 乘夜自至
出於意外 不勝驚喜 呼使近前 默然不應 我乃自起 張手欲執

---

13) 예시자(刈柴者) : 나무꾼.
 1) 첨사(僉使) : 첨절제사(僉節制使)의 약칭. 조선시대 각 진영에 딸린
   종3품 무관 벼슬.
 2) 교사(僑舍) : 교우(僑寓). 임시로 사는 집.
 3) 취리(就理) : 죄를 지은 벼슬아치가 의금부(義禁府)에 나아가 조사를
   받던 일.
 4) 최원서(崔元緖) : 생몰년 및 자세한 행적 미상.
 5) 소강(所江) : 황해도 옹진현(瓮津縣)에 딸렸던 진영(鎭營).
 6) 영어(囹圄) : 감옥.
 7) 귀매지설(鬼魅之說) : 귀신이나 도깨비에 관한 이야기.
 8) 태사근생(殆死僅生) : 거의 죽을 뻔하다가 간신히 살아남.
 9) 욕수미수(欲睡未睡) : 잠이 들락말락함.

則女卽引身後步而退 使手不及於己 我雖急進 而女之後步甚捷
急 終莫能及 到户女以後足推排而出 我雖後踵出 則仍忽不見
四方尋覓 茫無去處 我意謂 是女隱避善莊[10) 不少致疑 及翌日
夜 女復至立于燈前 恍然依舊 我又起欲挽執 女卽後步引退 出
户不見 尋覓不得 與昨恰同 心切歎訝而終不覓其爲鬼 過數日
又夜深獨臥 忽聞房上班子[11)内有聲伐德伐德[12) 有若振席 翻紙
之響[13) 而甚爲轟厲[14) 俄而自班子下毛一帳 其色靑艷 橫遮房
之中間 仍卽炭火滿房 大焰大熾[15) 熱氣蒸灼[16) 只臥席之外 一
房皆火 無路避出 恐將避燒 震悚危懍 殆欲死矣 曉鷄初號 班
子上伐德之聲始止 靑帳收還 滿房炭火一時自滅 有若掃去 毫
髮無痕焉 翌日夜 又獨臥房中 未及解衣就寢 忽有犐壯[17)一漢
開户而入 頭着戰笠 身衣靑色戰服 狀若官府軍卒 突前執我 將
欲曳出 我時少壯有膽 不欲被曳 仍與扶執相鬪 而膂力懸絶[18)
莫能抵敵 卽被曳出庭前 執着高擧 周回數次 擲之于庭前層階
之上 我卽昏倒委地[19) 不能起動 其漢立守于前 其家有園 園上
築垣 復見垣内 園上有十餘漢聚立 皆着戰笠戰服 軍牢[20)之狀

---

10) 은피선장(隱避善莊) : 자선을 베풀 만한 농가로 숨어 피함.
11) 반자(班子) : 방이나 마루의 천장을 평평하게 만들어 놓은 시설.
12) 벌덕벌덕(伐德伐德) : 벌떡거리는 모양을 형용한 우리말 '벌떡벌떡'
을 한자로 음차(音借) 표기한 것.
13) 번지지향(翻紙之響) : 종이가 펄럭거리는 소리.
14) 굉려(轟厲) : 사납게 우당탕거림.
15) 대도대치(大焰大熾) : 불길이 활활 타오름.
16) 열기증작(熱氣蒸灼) : 뜨거운 기운이 찌는 듯 지지는 듯함.
17) 조장(犐壯) : 거칠고 기운이 셈.
18) 여력현절(膂力懸絶) : 기운이 현격하게 셈.
19) 혼도위지(昏倒委地) : 정신을 잃고 땅에 쓰러짐.

恰是一樣 衆漢遙立 齊聲禁止曰 勿爲勿爲 其一漢應答曰 何關
何關 禁止勿爲之聲不絶而何關之應亦同 衆漢曰 此乃當爲武職
高品者也 勿爲勿爲 其一漢答曰 雖然何關何關 卽以兩手執崔
向空擲之 入于天半 飄向南方而去 歷京畿湖西 墜落于湖南一
邊 任空飄去之際 俯視所過之三道諸邑 歷歷皆認 復自湖南 向
空擲之 騰入天半 向北飄落于家中初臥階上 復聞園上十餘漢止
之曰 勿爲勿爲 其一漢答曰 何關何關 一如初頭 又復擧崔 擲
空飄落于湖南 又自湖南擲空還落于階上 兩次恰同 始見園上聚
會中一漢來執守崔之漢而去 同會園中 相與一場喧笑而散 不復
見焉 崔倒臥階上 昏昏不省 翌朝 其父出見驚愕 扶入救療 乃
得蘇醒 遂棄其宅 移避他洞 追聞其宅素稱凶家云 評曰 家宅之
以爲凶 得其條段[21]亦多 而有鬼魅卽其一也 如使正人君子處焉
鬼必見其敬而自遠 家宅豈有凶不凶哉 李生只得見怪 而不被其
害 崔弁初見其怪 而終被侵困 無乃李則暫居 而崔則久居之致
耶 吾聞 人不但畏鬼 鬼亦畏人 恨不得鬼畏之人 而當崔李之所
遇 反見畏懼屈伏之狀 惜哉

39. 故相第蛇魂作禍

衿川[1]有河相公演[2]家舊基 河公乃國朝昇平時名相也 有別

20) 군뢰(軍牢) : 군대에서 죄인을 다루던 병졸. 오늘날의 헌병(憲兵).
21) 조단(條段) : 조목(條目)과 단락(段落)마다. 하나하나.
 1) 금천(衿川) : 오늘날 진주(晉州) 지방의 옛 이름.
 2) 하연(河演, 1376~1453) : 조선 세종 때의 재상. 호는 경재(敬齋). 벼

墅3)在衿川 相公平日多在於此室宇 頗大非小第也 相公亡後 子
孫世居焉 邑人傳說 河相後孫之時 內屋樓上置大甕儲麥末4) 一
日 其家婢欲出末用之 揭甕盖 視之則有大蛇盤屈5)滿甕 未見麥
末 婢大驚倒地 犇告6)其主 其主使奴負瓮下庭 破甕出蛇 則其
長大特甚 狀貌亦別 曾所不見 使數三壯奴 各持大杖猛打而
斃之 積柴而焚之 穢氣如霧 紛紛滿室 氣之所及人輒卽死 一
家上下無老少 是日皆死 他人若入其家亦必死 故無敢入者 非
久 其宅中自然火發 盡爲燒燼7) 秖〔祇〕8)留空墟 至今傳稱凶基
基〔故〕人不居焉

40. 武人家蟒妖化子

昔年 一武人居在京城東邊水口門1)內 有勇力壯士也 所謂水
口門者 城底開五竇 使城中廣通橋2)大川從竇流出 而列樹小鐵
柱於竇中 以防人獸之出入者也 一日 武人見一巨蟒 自城外向

슬이 영의정에 이름. 시호는 문효(文孝).

3) 별서(別墅) : 별업(別業). 별장(別莊).

4) 맥말(麥末) : 보릿가루.

5) 반굴(盤屈) : 뱀이 똬리를 틀고 서려 있는 모양.

6) 분고(犇告) : 분고(奔告). 달려와 알림.

7) 소신(燒燼) : 불에 타 없어짐.

8) 지(秖) : 마침내. 마침.

1) 수구문(水口門) : 성안의 물이 성밖으로 흘러나가는 수구에 있는 문으
   로, 서울의 경우 광희문(光熙門)을 가리키며, 서소문(西小門)과 함께
   시체의 반출이 허용되었음.

2) 광통교(廣通橋) : 오늘날의 광교(廣橋).

水口而來 以頭旣入鐵柱之間 而緣其身大 未卽穿入 方在掛骨
之中 武人乃以大箭鏃[3] 射中其頭額 穿破卽死 曳出杖打成泥[4]
而棄之 非久 其妻懷孕 生一男子 自幼稚見其父 則怒目疾視
呼號不樂 長及數歲 日以甚益〔益甚〕 武人心切疑怪 亦不愛而
憎之 一日 房中無人 獨有是兒 武人臥欲晝寢 以手覆面而潛察
之 兒張目怒睍[5] 憤氣勃勃[6] 意其已睡 手持刀子 稍迫近傍 將
欲刺之 武人奮氣奪刀 卽以大杖猛打而殺之 骨肉破碎 殆至成
泥 然後 委棄而出去 其母猶獨悲啼 以衾覆尸 將擬收斂 良久
見衾自動搖 訝而開視 尸體已化爲蟒 而半化半未化 母大驚走
出 不敢更近 武人夕歸 聞妻驚怛之言 手自開衾視之 已盡化蟒
而額上鏃痕分明顯存 乃卽開釋告諭曰 我與汝素無仇怨[7] 而我
偶然射汝殺之 是則我之過也 然汝欲復讐 爲我之子 此誠莫大
之變怪 我遭此變怪 汝之報怨亦已足矣 汝又以子而欲弑父 我
安得不復殺汝耶 汝又欲害我 我將復殺汝 若此不止 則其仇怨
無有已時[8] 汝旣已報怨 而今復化得本身 從此抛却[9]前事 彼此
相忘 不亦可乎 縷縷[10]告諭 反覆陳說 蟒俯首靜伏 有若聽聞之
狀 武人開門而告曰 任汝所之 蟒卽出門下庭 向水口門而去 從
鐵柱間而出 更不知所往焉 評曰 人於天地間爲物最靈 蛇蟒雖

---

3) 전촉〔족〕(箭鏃) : 화살.
4) 장타성니(杖打成泥) : 몽둥이로 두들겨 짓뭉개 버림.
5) 장목노예(張目怒睍) : 눈을 부릅뜨고 노하여 흘겨봄.
6) 분기발발(憤氣勃勃) : 분한 마음이 치솟음.
7) 구원(仇怨) : 원수진 일이나 원한을 산 일.
8) 무유이시(無有已時) : 그칠 때가 없음.
9) 포각(抛却) : 내던져 물리침.
10) 누누(縷縷) : 소상히 말하는 모양.

毒蟲 乃物之微者也 蛇蟒被殺 其精魂能作禍變 以報仇怨 未聞
人被寃殺11) 精魂能有報復者 以最靈之物 而反不如微蟲者何也
余觀此世 無罪而被殺於人者多矣 其魂靈寂然無一報應 今因故
相第武人家蛇蟒二事 竊有所感 恨不得與達識君子12) 講討人物
幽明之理也 噫

41. 鄭公使權生傳書

鄭公元奭1) 卽守夢2)先生之胤也 以明賢之子 早年登科 若循
常行3)已 則登颺淸顯4) 超至宰列 何所不可 而爲人卓詭不羈5)
傲視同列 無一合意者 遂作玩世脫俗6)之人 仕止守宰 乃棄官歸
隱於楊根迷源7) 閒居終老 以〇〇歲〇月別世 其獨子已先亡 惟

---

11) 피원살(被寃殺) : 원통하게 죽음을 당함.
12) 달식군자(達識君子) : 사물의 이치에 통달하여 무엇이나 잘 아는 사람.
 1) 정원석(鄭元奭, 1586~1661) : 조선조 현종 때의 문신. 자는 중망(重
    望), 호는 사담(沙潭) 혹은 금계(錦溪), 본관은 초계(草溪), 엽(曄)의
    아들. 조경남(趙慶南)의 《속잡록(續雜錄)》 3에는 인조 6년(서기
    1628) 12월에 의성현감(義城縣監)으로서 올린 시정(時政)에 관한 상
    소문이 실려 있음.
 2) 수몽(守夢) : 정원석의 아버지인 정엽(鄭曄, 1563~1625)의 호. 정엽
    의 자는 시회(時晦), 다른 호는 설촌(雪村), 본관은 초계(草溪), 영의
    정 이산보(李山甫)의 사위. 시호는 문숙(文肅).
 3) 순상행(循常行) : 평범함을 따름.
 4) 등양청현(登颺淸顯) : 높고 좋은 지위에 오름.
 5) 탁궤불기(卓詭不羈) : 탁월하여 구속되는 데가 없음.
 6) 완세탈속(玩世脫俗) : 세상을 등지고 속세를 벗어남.
 7) 양근미원(楊根迷源) : 오늘날의 경기도 양평(楊平).

一孫年幼 鄭氏無近族 只有甥姪[8]兪枋[9]李薫[10]李〇三人在
京 聞訃卽皆馳進迷源 治喪成殯而歸 喪側無人 獨鄉族權
璞[11]留行朝夕之祭 其十二月初三日夜璞夢 鄭公徘徊吟詠於軒
上及庭前 宛如平日 似有悲傷之意 呼璞秉筆口號作一書 使之
累回讀話〔誦〕 毋致遺忘 使傳於甥姪輩 其書曰 年雖滿 氣力不
老 將享百歲 意且延年[12] 計表凶變 事出急遽 始覺 世上人事
一介難恃也 鶴叫庭月 其誰可聞 松靑雪嶺 其誰盤桓[13] 龍溪
一洞 已成千古 且前頭罔極 兒孫迷弱 奴無知事者 山莫重焉
而尚不一定 窆莫大焉 而孰使周辦[14] 寂寂山中 情實可憐 願
璞輸〔須〕將此意 使聞於吾姪 璞夢覺 怳然明白 卽寫出其書 走
伻通報于兪李諸君 兪李諸君 共持其書 來拜我先君[15]而示之
以爲權璞僅得識字 不能作一行之文 此書明是我叔之書也 相與

---

8) 생질(甥姪) : 누이의 아들.

9) 유방(兪枋, 1615~1687) : 조선조 숙종 때의 문신. 자는 군직(君直),
   본관은 기계(杞溪), 철증(哲曾)의 아들, 정원석의 생질.

10) 이훤(李薫, 1628~1679) : 조선조 숙종 때의 문신. 자는 낙보(樂甫),
    호는 도촌(道村), 본관은 전주(全州), 상질(尙質)의 아들, 정원석의
    생질. 1665년(현종 6) 정시(廷試) 병과(丙科)로 급제하여 사간(司諫)
    을 지냈음.

11) 권박(權璞, 1644~?) : 조선조 숙종 때의 생원. 자는 경옥(景玉), 본
    관은 안동(安東), 대재(大載)의 아들, 해(瑎)의 아우.

12) 연년(延年) : 연명(延命). 수명을 늘임.

13) 반환(盤桓) : 머뭇거리며 그 자리를 떠나지 않음.

14) 주판(周辦) : 주선하여 마련함.

15) 아선군(我先君) : 《천예록(天倪錄)》 편저자의 선친(先親)인 임의백
    (任義伯, 1605~1667)을 말함. 임의백의 자는 계방(季方), 호는 금시
    당(今是堂), 본관은 풍천(豊川), 연(兗)의 아들. 황해도·경상도·평
    안도·충청도 등의 관찰사를 지냈음.

大驚異 不勝愴然16)感涕 盖鄭公之於我先君爲内〔外〕從兄17)而
親愛不恆故也 兪李三君 皆進迷源 喪次卜山18) 涓吉19)以行葬
禮焉

42. 元令1)見許相2)請簡3)

許相積寄其弟原州牧使秩4)書曰　達夜5)不得交睫6)者已久　今
曉忽夢下人傳言　元參議7)來在門外　邀入寒暄8)之後　問其來由

---

16) 창연(愴然) : 슬퍼 상심하는 모양.

17) 외종형(外從兄) : 외사촌형(外四寸兄).

18) 복산(卜山) : 묏자리를 고름.

19) 연길(涓吉) : 좋은 날을 가림. 택일(擇日).

1) 원령(元令) : 조선 인조 때의 대신인 원두표(元斗杓, 1593~1664)의
맏아들인 원만석(元萬石, 1622~1666)을 가리킴. 원만석의 자는 군
옥(君玉), 호는 고산헌(孤山軒), 본관은 원주(原州). 1649년(인조 27)
정시(廷試) 병과(丙科)에 급제하여 황해도 관찰사를 지냄.

2) 허상(許相) : 조선 숙종 때의 대신인 허적(許積, 1610~1680)을 가리
킴. 허적의 자는 여차(汝車), 호는 묵재(默齋) · 휴옹(休翁), 본관은
양천(陽川), 한(偘)의 아들. 남인(南人)의 거두로 집권하여 벼슬이 영
의정에 이르렀으나, 역모사건에 관련되어 사약을 마시고 죽음.

3) 청간(請簡) : 청탁하는 내용을 담은 편지, 혹은 그런 편지를 써달라고
부탁함.

4) 허질(許秩) : 생몰년 미상. 본관은 양천, 한의 아들, 허적의 아우.

5) 달야(達夜) : 밤을 새움. 밤새.

6) 교첩(交睫) : 눈을 붙임. 잠을 잠.

7) 참의(參議) : 조선시대 육조(六曹)에 딸린 정3품 벼슬 또는 그 자리
에 있던 사람.

8) 한훤(寒暄) : 문안 인사.

則曰 自原州往先山 隨喪摳〔柩〕又來原州 而有切迫欲言之事
云 吾曰 所欲言者何事 元令曰 墓幕9)有未備者 役軍10)亦且不
足 願得下書於原牧 吾答曰 何不直言於原牧 而來請吾乎 元令
曰 舍弟輩本與原牧分疎11) 牛則曾爲海伯12)時 相得甚歡 非不
欲直言 而病重神昏 不能記憶耶 生非今世人 若見原牧 則寧無
驚動之患乎 大監則雖在病中 必不以爲駭 且與先親 同事年久
亦必動念周旋 茲敢來告 吾始覺其捐世已久 執其手而垂涕則曰
一生一死 理之常也 何用悲傷 吾問 遷葬者何故 元令答曰 我
死於意外之故 弟輩不勝驚怪 擧此大事 而曾葬之地 本來不吉
先靈亦所不安處也 今此移葬 豈非幸耶 吾聞 人之死生 稟於有
生之初 豈係於山之吉凶 元令曰 大監本不信術家之說13) 有此
言也 我雖非壽命 至於促死 則山之害也 凡人不可不愼擇也 吾
問 禮葬役軍甚優 緣何有不足之患 元令曰 遠邑飢餒之民 不忍
督役 且多有未到故也 大監曾董國役14)之時 大監畢役 而他掌
未及 故令郎廳15)成公 替構三處之屋 至於六十五間 原牧亦存
此心 則他邑之役 亦宜代行也 吾曰 今將付書於令行乎 抑自此
直通乎 元令曰 我雖得書 不敢見原牧也 如前所言 何由傳致
自此直通則幸也 吾聞〔問〕何以素服 元令曰 遷葬有服禮也 吾

---

9) 묘막(墓幕) : 묘소 가까이 지어 묘지기가 거처하는 작은 집. 병사(丙
舍).
10) 역군(役軍) : 묘소에서 공사를 맡아 하는 인부(人夫).
11) 분소(分疎) : 잘 알지 못하는 사이.
12) 해백(海伯) : 황해도 관찰사. 황해감사.
13) 술가지설(術家之說) : 풍수지리설(風水地理說).
14) 동국역(董國役) : 국가적인 공사를 감독함.
15) 낭청(郎廳) : 조선시대 당하관(堂下官)을 달리 부르던 이름.

曰 令之仲季則宜有服 令公則旣與生人不同 恐不當持服 元令
曰 我亦非不知此禮 令旣遷動先靈 雖在九地之下16) 心有所怵
惕 故不得不變常耳 言畢 逡巡欲起退 更執其手曰 少留吸烟茶
何如 元令曰 吾力不能擧竹 吾戱謂曰 令雖大士 豈不能擧一竹
此所謂不能擧一羽者也 元令曰 人之魂魄 只能吸氣 不能作事
執竹吸烟亦是作事之類 此所以不能也 吾曰 若如令言 則人之
魂神 能侵擾作變者何也 元令曰 此則鬼之所爲 非人之神靈也
吾曰 冥府果有之乎 元令曰 無異於人間 吾曰 令亦有職乎 元
令曰 在世無職者 到彼而得職者有之 在世官卑而到彼得高官者
亦有之 至於在世有職者 無不得其職 我何獨不然 吾曰 然則
大監之尊貴 亦如在世之日乎 元令曰 無異矣 吾欲詳問人鬼之
理 則元令笑曰 大監日後當自知 何用問爲 吾欲問壽限長短之
際 忽然驚覺 其所着則布衣布帶黑布笠也 面貌聲音森然17)在耳
目 吾之夢兆本來不虛 而此則歷歷若此 倘所謂神者果有耶無耶
覺來不勝驚訝 亦不勝悵然 治葬凡事 必無未盡之弊 而猶且如
此者何也 此非泛然之夢 故玆以詳通夢中問答說話 君須探知未
備之事 一一施行 毋負元令來言之意如何 元令旣曰 自原州往
先山 隨喪而來云 元令葬在何地耶 若葬於原州 則尤奇矣 其葬
山回示18)後便如何 此書甚異故 人有騰〔謄〕傳者19) 元令卽元萬
石 元相斗杓20)之子 長登第官在參議 其弟卽萬里21)萬春22)也

---

16) 구지지하(九地之下) : 구천지하(九泉之下). 저승.
17) 삼연(森然) : 장엄(莊嚴)한 모양.
18) 회시(回示) : 회답(回答) 또는 회답하여 알려 줌.
19) 등전자(騰傳者) : 전사자(傳寫者). 이야기를 베껴 써서 전파하는 사
람.

元相初葬於○○ ○○年遷葬於原州 時萬石死已久矣 其葬已在
原州云 評曰 鄭公元令之事信矣非妄也 人之死也 其精魂皆歸
溟漠[23] 渺不復聞見 此理之常 而獨能托人之夢 作書請簡 宛如
在世者 非常理也 何其異哉 禮以窆葬爲重 在生人固然 而今見
神道之重且大 亦復如此 嗚呼可不愼哉

43. 毁裂[1]影幀終見報

權石洲[2]兒時嘗遊白岳山[3] 山頂有一神宇[4] 卽俗所謂貞女夫
人廟也 安影幀于其中 祈禱者屬路[5] 石洲奮然曰 何物女子 乃

---

20) 원두표(元斗杓, 1593~1664) : 조선조 인조반정 때의 공신. 자는 자
  건(子建), 호는 탄수(灘叟). 본관은 원주, 유남(裕男)의 아들. 벼슬이
  좌의정에 이르렀음. 시호는 충익(忠翼).
21) 원만리(元萬里, 1624~1672) : 자는 중거(仲擧), 호는 청재(聽齋), 본
  관은 원주, 두표의 아들.
22) 원만춘(元萬春, 1626~1697) : 자는 군시(君始), 호는 용인재(用因
  齋), 본관은 원주, 두표의 아들.
23) 명막(溟漠) : 명막(冥漠). 까마득하게 멀고 넓음. 저승.
 1) 훼열(毁裂) : 찢어서 망가뜨림.
 2) 석주(石洲) : 조선조 광해군 때의 문인인 권필(權韠, 1569~1612)의
  호. 권필의 자는 여장(汝章), 본관은 안동(安東), 벽(擘)의 아들. 정
  철(鄭澈)의 문인으로 시와 문장이 뛰어나 많은 유생들의 추앙을 받
  음. 벼슬길에는 나아가지 않았으나 광해군 4년(서기 1612) 김직재(金
  直哉)의 무고 사건에 연루되어 죽음.
 3) 백악산(白岳山) : 서울 북방에 있는 북악산(北岳山)의 다른 이름.
 4) 신우(神宇) : 신령을 모셔 놓고 위하는 사당. 사묘(祠廟).
 5) 속로(屬路) : 길에 이어짐. 줄지어 찾아옴.

爾怪誕 天地鬼神 昭布森列 豈容汝女鬼 行胸臆⁶⁾ 作威福於淸
明世乎 仍毁裂其形〔影〕幀而還 是夕得夢 有一婦人 白衣靑裙
含怒而前曰 妾卽天帝女也 嫁帝前國士⁷⁾ 賜號貞〔貞女〕夫人 麗
運旣去 天佑李氏 移影漢陽 帝命國士 降于木覓⁸⁾ 以鎭東土 妾
思念不已 帝怜其意 許降白岳 與木覓對峙 妾居此土 垂三百年
畢竟爲汝童子所凌暴⁹⁾ 吾將上訴于帝 後數十年 當還君其危哉
其後 石洲竟生詩禍 被逮拷掠¹⁰⁾ 遂配北塞夕次城東旅舍 又婦
人立於枕邊 卽疇昔¹¹⁾所入夕也 附石洲耳語曰 君其知我否 我
卽貞女夫人也 今日吾得一報之矣 是夕遂逝 此説吾兒時嘗聞諸
隣翁 翁固非妄言者 嗚呼異哉

44. 議黜院享¹⁾卽被禍

西岳書院在慶州府西岳山²⁾下 祀新羅弘儒侯薛聰³⁾ 開國公金

---

6) 흉억(胸臆) : 가슴속의 생각.
7) 국사(國士) : 온 나라에서 특별히 높이는 재주가 뛰어난 선비.
8) 목멱(木覓) : 서울 중앙에 있는 남산의 고유 명칭.
9) 능포(凌暴) : 포악한 일과 업신여김을 당함.
10) 고략(拷掠) : 고타(拷打). 피의자를 때리며 고문함.
11) 주석(疇昔) : 지난날. 저번. 옛날.
1) 원향(院享) : 서원에서 올리는 제사.
2) 서악산(西岳山) : 경주 서쪽에 있는 산. 일명 선도산(仙桃山) · 서연
    산(西鳶山).
3) 설총(薛聰, 655~?) : 신라 경덕왕 때의 학자. 자는 총지(聰智), 호는
    빙월당(氷月堂), 경주 설씨의 시조. 원효(元曉)대사와 요석궁 공주
    (瑤石宮公主) 사이에 태어남. 1022년(고려 현종 13) 홍유후(弘儒侯)

公庾信⁴⁾ 文昌侯崔致遠⁵⁾ 天啓⁶⁾中 府儒會議請類 有一書生 失其姓名 倡言⁷⁾於院中曰 東方久無經學 賴弘儒侯 以方言訓解九經 東人始知有聖經 是實東方經學之祖 文昌侯以文章 大鳴於中國 後世東國之爲文詞者 莫不以文昌爲師 是則 大有功於斯文者也 自前朝 從祠文廟 崇報之典 其來尚矣 今只以二賢 祀諸鄕社 固無異議 至於金庾信 則乃羅代武將也 雖有功烈之可觀 而固無與於吾儒 不可與二賢竝祀於書院明矣 今先黜祀然後方可上聞 群議未定 是夕 書生假寐於齋舍 忽有呵殿聲⁸⁾ 自遠而至近 則見有一將軍 披甲帶劍 自院門而入 據坐堂上 戈鋋旄纛之屬⁹⁾ 森列於庭之左右 儀形¹⁰⁾甚嚴 少頃 自堂上 若有傳語聲 應者近萬人 有二武士持杖遽至齋舍 捽書生髮 曳置庭中 將軍數之曰 汝生長此土 素聞開國公爲何如人也 汝稱業儒 所貴乎儒者 非忠孝二事乎 吾結髮許¹¹⁾ 國憤敵人侵軼¹²⁾ 宗國將危

에 추봉됨.

4) 김유신(金庾信, 595~673) : 신라 문무왕 때의 명장. 본관은 김해(金海), 가야국 수로왕의 12대손, 서현(舒玄)의 아들. 835년(신라 흥덕왕10) 흥무대왕(興武大王)에 추존.

5) 최치원(崔致遠, 857~?) : 신라 말의 학자. 자는 고운(孤雲) · 해운(海雲), 경주 최씨의 시조 고려 현종 때 문창후(文昌侯)에 추봉됨.

6) 천계(天啓) : 명(明)나라 희종(熹宗)의 연호 서기 1621~1627년.

7) 창언(倡言) : 말을 꺼냄.

8) 가전성(呵殿聲) : 꾸짖는 소리.

9) 과연정독지속(戈鋋旄纛之屬) : 창(槍)과 군기(軍旗) 등의 물건.

10) 의형(儀形) : 몸가짐의 모습.

11) 결발허(結髮許) : 성인(成人)이 될 무렵. 남자가 관례(冠禮)를 치를 때쯤.

12) 침질(侵軼) : 침노함.

親冒矢石 犯死者數卒13) 乃削平14)二寇 轉弱爲强 雖唐天子之
威 不敢加兵於我 而吾不以爲功 如其忠15)也 吾家世有大勳勞
於本朝 吾祗奉先訓 終始不替 克貽16)父母 金名大顯於世 如其
孝也 汝乃目吾以武將 凡用兵 孔子所不免 吾豈樂此而爲之 盖
不如是 則無以救君親之難 此易所謂利用侵伐者也 凡吾所成就
一一皆自忠孝中來 其有補於世敎 豈操毫弄墨掇拾陳言者比哉
韓公17)不言乎 古有鄕先生18) 可祭於社 吾固此鄕之先生也 今
日書院 卽古之鄕社19)也 享吾於書院者 實一鄕之公議 而雖以
退溪之大儒 終無異議 汝何爲者 乃敢作爲狂言 侮辱神靈 略無
顧忌 無道甚焉 吾將斬汝 使世之愚儒若汝等輩 有所懲 畏其無
悔 書生惶懼俯伏 不敢出一辭 將軍顧謂左右曰 此人罪在不赦
可卽屠戮 而但享祀在近 不可於齋所施刑戮 可於明日日中 卽
其家行刑 言訖夢覺 惶汗浹背 若無所措 是夜因感 夜羿〔昇〕還
于家 果於其日日中 嘔血數斗而死云 余嘗客遊東都 路過書院
下 秣馬20)于院門外 有一院僕 能說院之故事如此 余固異之 一
日 偶閱羅史 惠恭王十五年 忽有疾風起自庾信墓 至羅祖味鄒

---

13) 범사자수졸(犯死者數卒) : 죽음을 무릅쓴 몇 사람의 부하.

14) 삭평(削平) : 적을 물리쳐 평정함.

15) 여기충(如其忠) : 충성함과 같음. 충성함에 해당함.

16) 극이(克貽) : 능히 끼침. 능히 돌아가게 함.

17) 한공(韓公) : 당(唐)나라의 문인인 한유(韓愈). 그의 〈송양소윤서(送
楊少尹序)〉에 '古之所謂鄕先生 沒而可祭於社者 其在斯人歟 其在
斯人歟'라 하였음.

18) 향선생(鄕先生) : 그 지방에서 명망이 높은 선비.

19) 향사(鄕社) : 시골 선비들의 모임.

20) 말마(秣馬) : 말에게 먹이를 줌.

王墓 塵霧晦冥 不卞〔辨〕人物 聞其中若有哭泣悲嘆之聲 王聞
之恐懼 遣大臣 就其墓 致祭謝過 金公之靈異 史冊已著 始知
其說 蓋原於此 評曰 在白岳西岳兩段語 卽余同庚親友金文
伯[21]所傳也 文伯見余有記異之錄 自草玆兩段所聞 使入於錄中
一字一語 皆從其草 無所增減焉 文伯且曰 昔狄公[22]秦毀吳楚
淫祠[23]千七百所 所存惟泰伯[24]伍員[25]廟而已 如使鬼神靈異 能
作禍福 若隣翁言 則貞女一神 何獨靈於石洲 而千七百諸神 皆
不靈於狄公耶 是未可知也 且柳州羅池廟[26] 李儀[27]以慢侮卽死
則西岳之廟 妄議黜享者 烏得免神誅 李儀事或誠其誕 而今以
西岳書生見之 亦不可盡歸之虛誕 神道多異 誠可畏也 相與一
笑而罷 又載文伯滑稽之譚 以代余評語

---

21) 문백(文伯) : 임방과 동갑내기 친구인 김진규(金震奎, 1640~?)의
　　자(字). 김진규의 본관은 광산(光山), 세정(世鼎)의 아들, 진명(震明)
　　의 형.
22) 적공(狄公) : 당(唐)나라의 문관인 적인걸(狄仁傑). 그가 예주자사(豫
　　州刺史)로 있을 때 사신(邪神)을 모셔 놓은 1천7백개의 사당을 헐어
　　버렸다고 함.《당서(唐書)》권115 참조.
23) 음사(淫祠) : 사신(邪神)을 모셔놓고 제사를 지내는 사당.
24) 태백(泰伯) : 주(周)나라 태왕(太王)의 맏아들로 춘추시대 오(吳)나라
　　의 시조가 되었음.
25) 오원(伍員) : 춘추시대 초(楚)나라 사람. 자는 자서(子胥). 그의 아버
　　지와 형이 모두 초나라 평왕(平王)에게 죽었으므로 오(吳)나라로 망
　　명하여 오나라를 도와 초나라를 치고 평왕의 무덤을 파헤쳐 시체를
　　3백 번 두들겼다고 함.
26) 나지묘(羅池廟) : 중국 광서성(廣西省) 마평현(馬平縣) 동쪽 연못 위
　　에 있는 사당으로, 당(唐)나라의 문인 유종원(柳宗元)을 모셨음.
27) 이의(李儀) : 명(明)나라의 관리.《명사(明史)》권159 참조.

45. 士人逢湖南死師

京城一士人 往來受學於湖南之人 別其師才〔纔〕數月 復負笈
1)而往 行到一逆旅2) 其師忽來于士人所在處 士人迎拜 上坐其
師 歡若平生 書贈一書曰 無人洞裡無人跡 板屋堅封3)擁原衾4)
咫尺家鄉千里遠 滿山明月送淸陰 仍飄然而去 時當白晝 士人
訝其詩語異常 促駕而行至其家 師死已奄矣

46. 武倅見安家亡父

黃澗1)士人朴晦章2) 卽尤庵3)門人 爲師訟寃 謫配碧潼郡4) 庚
申改紀5)後 蒙赦而歸 與余善 爲余言 在碧潼時 與主倅相親 主

1) 부급(負笈) : 책을 넣은 상자를 짊어짐.
2) 역여(逆旅) : 여관(旅館).
3) 판옥견봉(板屋堅封) : '판자로 만든 집이 견고하게 봉해져 있다'는 뜻
   으로, 시신을 넣은 관(棺) 속을 말함.
4) 옹원금(擁原衾) : '들판을 이불처럼 덮고 있다'는 뜻으로, 땅속에 묻
   힌 시신의 상태를 말함.
1) 황간(黃澗) : 충청북도에 있는 고을.
2) 박회장(朴晦章) : 생몰년 미상. 본관은 충주(忠州), 유근(惟謹)의 아들,
   순장(舜章, 1648~?)의 형.
3) 우암(尤庵) : 노론(老論)의 영수(領袖)인 송시열(宋時烈, 1607~1689)
   의 호
4) 벽동군(碧潼郡) : 평안북도에 있는 고을.
5) 경신개기(庚申改紀) : 조선조 숙종 6년(서기 1680) 서인(西人)들에 의

倅某人某也 余忘其名 一日 對坐閑話 下吏入報 謫人安命老[6]
將到配于此矣 主倅言 此人家極有怪事 人世所無 朴生曰 何事
主倅曰 吾與安家比隣而居 非獨命老相親 亦識其父 而其父棄
世已久矣 與命老恒相往來 一日 往見命老對語 命老適以事入
內 吾獨坐其房外 忽聞自外有曳大介土[7]之聲 到房外 以手開窓
入其面曰 吾兒在此耶 周視房中 無命老 卽還閉其窓 復曳介土
入內而去 吾視其面 卽命老之父也 吾便覺毛骨竦然 自念 無乃
心神有傷而恍惚耶 何以白晝見鬼如此 殆莫能自定 須臾 命老
出來 見余神色驚慌 笑曰 君無乃見吾家大人耶 曰然 是何故耶
命老曰 君勿驚怪 此乃吾家尋常事也 大人於別世後 頻頻下臨
或有逐日[8]至焉 或逐月至焉 其疎數[9]不定 而不以夜 常以晝 言
語動作 宛同平日 家間上下 不以爲異 而他人驟見[10] 則宜以爲
訝云云 朴生謂曰 此語何其近誕[11]耶 主倅正色曰 君以何故向
安家 空然做此妄語 對人說道耶 吾非誕者 君何疑焉 朴生見主
倅甚忠實 此是信傳 非妄矣 評曰 人死之神夜見 固不可況晝見
乎 湖南師之一來逆旅 亦可怪 況安家父之日至其家乎 噫 世降

해 남인(南人)들이 실각한 경신대출척(庚申大黜陟).

6) 안명로(安命老, 1620~?) : 자는 덕수(德叟), 본관은 순흥(順興), 종우
 (宗遇)의 아들. 1650년(효종 1) 증광시(增廣試)에 갑과(甲科)로 급제
 한 후 봉상시정(奉常寺正)으로 있던 중 경신대출척으로 변방에 유배
 를 갔다가 그곳에서 죽음.

7) 개토(介土) : 나막신을 말하는 듯.

8) 축일(逐日) : 날마다.

9) 소삭(疎數) : 뜸하고 잦음.

10) 취견(驟見) : 갑자기 봄.

11) 근탄(近誕) : 황당무계함에 가까움.

俗末 人道多亂 神道亦無亂乎 此非理之常也 古所未聞 請歸之
於變亂焉

47. 背負妖狐惜見放

李禬[1]宰相之子也 登第官位亦顯 其父爲平安監司 禬少年時
侍在營衙[2] 監司無正室 只有一妾在內 時値出巡[3] 營中皆空 營
衙後園墻外有亭舍 號稱山亭 開一小門以通衙內 禬率一通引小
童 獨處于山亭 讀書做業 一日 讀至夜深 小童適出未還 忽有
開門而入者 視之乃一少娥 而衣服鮮明 姿容妍妙 詳其面目 曾
所不見 妓生中無此人矣 便卽生疑 默視其所爲 娥入坐于房中
一隅而無言 試問其何許人 則微笑不對 呼使近前 卽起來坐膝
前 乃握其手撫其背 陽示[4]愛憐之意 娥亦喜而笑 心中明知其妖
邪 非魔則狐 而無可制之道[5] 良久 執捉其身 置諸背上 堅負走
出 從後園門 入衙中廳上 急呼庶母及婢名 時夜已深 人皆熟寐
未卽應對而出 背上之娥 以口噬禬頂後[6]甚猛 始知其爲狐 而項
痛難忍 不得不少緩其手 狐卽脫下于地 仍忽不見 禬每恨其無

---

1) 이회(李禬, 1607~1666) : 조선조 현종 때의 문신. 자는 자방(子方),
   본관은 연안(延安). 관찰사 창정(昌庭)의 아들. 인조 26년(서기 1648)
   강릉부사로 선정을 베풀어 칭송을 받음.
2) 영아(營衙) : 감영(監營)의 관아(官衙).
3) 출순(出巡) : 감사가 예하 고을을 순시하러 나감.
4) 양시(陽示) : 드러나게 보여줌.
5) 가제지도(可制之道) : 제압할 방법.
6) 정후(頂後) : 뒷덜미.

人出接 以致放乎見失焉

48. 手執怪狸1)恨開握

金濟州壽翼2) 家在倉洞3) 少時 冬夜讀書 因肚飢4) 求饌於其
内子 内子曰 家無可食之饌 只有栗子七八箇 吾將煨進 可小療
飢否 金公曰 此正佳耳 是時 婢僕盡宿於外 無可使喚者 其内
子親往于竈 撥火以煨 金公忍飢讀書 以待其來 俄而其内子以
檉器5)盛煨栗 開門入來 金公受而喫之 其内子坐于案頭 金公
才〔纔〕得喫罷 又有開門入來之人 金公擡頭見之6) 又有一内子
以檉器盛煨栗而來 於燈下看 時兩内子恰相似 毫髮不差 兩内
子相驚曰 變出變出 是甚麼事7) 是甚麼事 金公又受其煨栗 一
邊喫 一邊把兩妻之手 右手握初來内子之手 左手握後來内子之
手 使不得拔出 而待朝鷄聲 旣促東方漸高 右手所握之妻忽曰
何必苦相把握耶 速放我手 振搖不已 金公堅握不放 須臾 忽然
倒地 變出本像 卽一大狸也 金公大驚 不覺開其所握 便失所在

---

1) 리(狸) : 삵. 살쾡이.
2) 김수익(金壽翼, 1600~1673) : 조선조 현종 때의 문신. 자는 성로(星
   老), 호는 청악(靑岳), 본관은 안동(安東), 광위(光煒)의 아들. 제주목
   사를 지냄. 시호는 충경(忠景).
3) 창동(倉洞) : 오늘날의 중구 남창동과 북창동 일대.
4) 두기(肚飢) : 위장이 비어 배가 고픔.
5) 정기(檉器) : 반짇고리.
6) 대두견지(擡頭見之) : 머리를 들고 바라봄.
7) 시심마사(是甚麼事) : 백화체(白話體)로 '이것이 무슨 일인가?'의 뜻.

金公恨不縛執 懊悔[8]不已 評曰 狐之幻作女形 迷人惑衆 廣記[9]
及小説諸家多有之 李君之逢 不足深怪 至於狸之變幻 反甚於
狐 曾所未聞 金公之遇 豈非大異哉 狐狸之能爲此者 以何術也
究其理而莫可得 或傳 狐有符書 執此而逞妖 其然乎 豈其然乎

49. 廣寒樓[1]靈巫惑倅

宋公象仁[2]性甚剛正 平生嫉惡巫覡[3]假托神鬼 欺巫民間 稱以
禱祝 長作淫祀 費人財力 不知其幾 而實 則皆虛罔也 每曰 安
得盡除此輩 使世間更無巫也 及爲南原府使 下令曰 吾邑中 若
有以巫爲名者現露 則卽當杖殺 不遺一人 遍告境內 使咸聞知
巫覡等聞令震懼 一時奔避 盡移于他邑 宋公意謂 吾邑更無一
介巫矣 一日 登廣寒樓望見 有一美人 騎馬戴缶[4]而去 明是巫
女行也 卽發使令 捉致官庭 問曰 汝是巫女乎 對曰然 更問 汝

---

8) 오회(懊悔) : 회한(悔恨).

9) 광기(廣記) : 송(宋)나라의 이방(李昉) 등이 엮은 설화 자료집 《태평
   광기(太平廣記)》를 말함. 5백 권.

1) 광한루(廣寒樓) : 전라북도 남원시에 있는 누정. 보물 281호. 조선조
   초 황희(黃喜)가 세워 광통루(廣通樓)라 하였으나, 세종 때 중건하면
   서 정인지(鄭麟趾)가 광한루로 바꾸었음. 원래의 건물은 임진란 당시
   불타고, 현재의 건물은 인조 13년(서기 1635)에 다시 지은 것임.

2) 송상인(宋象仁, 1569~1631) : 조선조 인조 때의 문신. 자는 성구(聖
   求), 호는 서곽(西郭), 본관은 여산(礪山), 복흥(復興)의 아들, 임진왜
   란 때 동래부사로 순절한 상현(象賢)의 아우.

3) 무격(巫覡) : 무당과 박수(남자 무당).

4) 대부(戴缶) : 질장구(흙을 구워 만든 악기의 일종)를 머리에 임.

不聞官家下令乎 曰已聞矣 復問 汝不畏死乎 何以在吾境内乎
巫拜告曰 小人有卞[辨]白之言 願加照察5) 巫有眞假 假巫則雖
殺之可也 眞巫豈可殺之 官家下令嚴禁者 皆爲假巫 非眞巫也
小人是眞巫 知官家不殺 故安居不徙耳 公曰 安知汝果是眞巫
乎 巫曰 願得試之 如不驗則請死 公問 汝能致鬼神乎 曰能 時
公有平生親友死未久矣 公曰 吾有死友 卽京中某官某也 汝能
致其神乎 曰不難 當爲公致之 然必有數器饌一盃酒 乃可致也
公以爲殺人事重且從其言 以驗其眞假而處之 卽命備給 巫曰
願得公之一衣以請神 非此 神不降矣 公命與舊着衣一領 巫設
一席於庭中 以一盤陳其酒肴 身被所與之衣 向空振鈴 多作怪
語以請神來 俄而巫言曰 吾來矣 向空先語其幽明訣別之悲 仍
敍説一生交懽之情 自騎竹遊戲 聯榻做業6) 至科場赴擧 仕宦登
朝 莫不共其行止 同其出處7) 心肝相照8) 膠漆不離之狀9) 歷歷
開陳 皆是實蹟毫髮不差而其中 又有公與是友知之 而他人莫知
之事 亦能吐出 公聞之 不覺淚灑交流 悲不自勝曰 吾友精魂
果來矣 無可疑者 仍命佳肴美酒以享之 良久 告辭相別而去 公
歎曰 吾每以巫覡 盡歸姦僞 乃今始知巫有眞矣 厚賜其巫以賞
之 還收禁巫之令 自是 言議不復深斥巫矣

---

5) 조찰(照察) : 사정이나 형편 따위를 보아 살핌.

6) 연탑주업(聯榻做業) : 책상을 나란히 하여 공부함.

7) 출처(出處) : 나아가 벼슬하고 물러나 집에 있음.

8) 심간상조(心肝相照) : 서로의 속마음을 터놓고 진심으로 사귐. 간담상
조(肝膽相照).

9) 교칠불리지상(膠漆不離之狀) : 아교와 옻처럼 서로 떨어질 수 없는 친
구 사이의 모습.

50. 龍山江[1]神祀[2]感子

昔有一名宰以承旨[3] 曉將赴闕 具衣冠欲出 因其太早 還復倚
枕 假寐夢已 騎馬率導從向闕 行至把子前橋[4] 見其慈親 徒步
獨行而來 宰心驚 卽下馬迎拜曰 母親何不乘轎 而徒步獨行乎
母曰 吾是去時之人[5] 與在世時不同 所以徒步而行矣 宰曰 今
將何往而過此 母曰 龍山江上居家奴某者家 方設神祀 吾爲餐
此而往矣 宰曰 吾家有忌辰祀及四時時享 且有朔望節日等茶禮
母親何至於往餐奴家之神祀乎 母曰 雖有祭祀 神道不以爲重
獨以巫人神祀爲重 若非神祀 魂靈安得一飽乎 仍曰 行忙不得
久留 告別飄然而去 候已不見 宰卽夢覺 怳爾明白 乃招一奴令
曰 汝往龍山江奴某家 分付趂今夕來現 而汝須速急還 必趂吾
未赴闕之前也 坐而待之 須臾奴果急還 東方未明 時當極寒 奴
先入竈間 呼寒照火[6] 其伴奴在竈 問曰 汝能得喫酒盃乎 奴曰
其家方大張神祀 而巫女言 吾家上典大夫人神 降于其身 聞吾

---

1) 용산강(龍山江) : 오늘날의 용산 앞으로 흐르던 한강 줄기. 예전에는
   경기도 고양군(高陽郡)에 딸렸었음.
2) 신사(神祀) : 굿. 푸닥거리.
3) 승지(承旨) : 조선시대 승정원에 딸려 왕명의 출납을 맡아보던 정3품
   당상관.
4) 파자교(把子橋) : 좌포청(左捕廳)이 있던 정선방(貞善坊 : 오늘날의 종
   로3가 단성사 자리) 근처에 있던 다리.
5) 거시지인(去時之人) : 과거의 인물. 이미 죽은 사람.
6) 호한조화(呼寒照火) : 추워서 손을 호호 불며 불을 쬠.

之至 卽曰 吾家使喚之奴也 招使前命 以大盃饋酒 亦賜饌一器
仍敎曰 吾於來路 逢見吾子於把子前橋道上矣 宰在房中 得聞
奴私相傳說之語 不覺失聲痛哭 招奴詳問 必以爲其慈親之往饗
神祀 眞的無疑 乃招巫女 盛設神祀以饗其親 仍於四時 每行神
祀焉 或傳 此乃崔源[7]事 崔公以孝聞於世 李泳[8]挽崔公詩曰 屈
原懷石[砂, 沙][9]過於忠 以孝終身亦不中[10] 雖曰不中人莫敢
思君顧我我顔紅 無乃崔公死於孝耶 評曰 上古有巫 咸在經籍
巫之作其來尙矣 然末世多僞 假名欺世 百技皆然 而巫特甚焉
其中眞者 乃千百之一 而宋公忽能遇眞 豈不異哉 神祀之法 陳
設酒饌 以請神來 則神之來享 理亦宜然 而第崔公之夢遇其親
其親之降言神祀 世所罕有 亦可異也 噫 孝子之心 旣遇此境
則因行神祀 恐不可已 崔公之事 人豈有非之者哉

51. 泰仁[1]路鏑射[2]獐僧

忠淸監營審藥[3]全震慶[4]爲余言 崇禎庚辰年間[5] 行到泰仁 大

---

7) 최원(崔源) : 생몰년 및 자세한 행적 미상.
8) 이영(李泳) : 생몰년 및 자세한 행적 미상.
9) 굴원회사(屈原懷沙) : 전국시대 초(楚)나라의 굴원이 〈회사부(懷沙賦)〉를 읊고 멱라수(汨羅水)에 투신한 일을 말함.
10) 부중(不中) : 꼭 들어맞지 아니함.
1) 태인(泰仁) : 전라북도 정읍시(井邑市)에 딸린 고을.
2) 적사(鏑射) : 활을 쏨. '적(鏑)'은 화살촉.
3) 심약(審藥) : 조선시대 궁중에 바치는 약재를 조사하기 위해 각도에 파견했던 종9품 벼슬.
4) 전진경(全震慶) : 생몰년 및 자세한 행적 미상.

角橋川邊 見士子一行 率奴四五人 被打重傷 枕籍〔藉〕6)於川邊
怪而問之 答道 吾輩中火7)於路傍 有一僧過去 偃蹇8)不拜 一奴
怒叱之 其僧以其柱杖9) 亂打其奴 四五人不敢抵當 皆被打傷
便不能起 仍叱其士人曰 汝奴公然辱人 而汝不知禁 當被吾杖
仍打數人卽委 頓不起云 望見其僧 才〔纔〕行數里許矣 俄有一
美少 年如四十許 容貌瘦弱 似無勇力 騎瘦馬一兒奴 背負一笠
帽 家〔馬〕上抑弓子及矢四五介 行到川邊 問奴主傷臥之故 對
之如右 武人卽奮然曰 此僧恃其勇力 屢傷人物 吾每欲除之
而未得相逢 今幸相遇 可以雪憤矣 仍下馬 更結馬帶 持弓拔出
一矢 木鏑其大如拳 走馬追去 行及其僧背後 僧回顧之際 卽彎
弓發矢 中其胸 沒其鏑 下馬拔刀 穿僧兩掌心 以繩貫之 繫于
馬後 回及士人臥處 授之曰 君可甘心10) 吾則去矣 士人拜謝
問其姓名居住 答曰 家在高敞11) 不言姓名而去 見其僧 形貌壯
碩無比 而破胸貫掌 不能言 士人與奴 扶傷而起 以鎌12)臠而支
解13)之

---

5) 숭정경진년간(崇禎庚辰年間) : 명(明)나라 의종(毅宗) 숭정 13년. 조
   선 인조 18년(서기 1640).
6) 침자(枕藉) : 이리저리 질서없이 누워 있음.
7) 중화(中火) : 중식(中食). 점심(點心).
8) 언건(偃蹇) : 거드름을 피우며 거만함. 언연(偃然).
9) 주장(柱杖) : 주장자(拄杖子). 승려들이 짚고 다니는 지팡이.
10) 감심(甘心) : 마음 내키는 대로 함.
11) 고창(高敞) : 전라북도에 있는 고을.
12) 겸(鎌) : 낫.
13) 연이지해(臠而支解) : 살점을 도려내고 손발을 자름.

52. 露梁津¹⁾鐙打勢奴

黃釗²⁾遠伯言 弱冠時 自江外³⁾歸京 到露梁岸上 有一士人 下馬而立 以手招之曰 盍來觀此 遠伯卽促馬而進 見一駕轎 下在地上 半已破碎 聞其中婦人悲泣 又有十三四歲童子 立轎後而泣 奴馬則不在矣 士人言 此婦人之行到此 有福昌君⁴⁾宮奴⁵⁾十餘人 騎馬獵轎而過 轎子執鞭之奴打之 宮奴仍此發奴十餘人共下馬 先曳下轎子 辱之曰 吾輩當奸此女 打碎其轎子 仍毆打其奴及馬 風靡⁶⁾而走 不知去向 十餘人皆卽上馬而去云 士人仍以手指示曰 此去前輩是也 遠伯聞而駭惋 亦末〔未〕如之何 俄有一武人追到 年可三十餘 不甚壯健 見破轎母子呼泣 聞知其事狀 奮然曰 吾當爲之雪憤 卽下馬 更結其馬之腹帶 解下其一邊鐙子 以鐙皮纏于手腕 而藏鐙袖中 以帶子代結爲鐙子 顧謂轎後童子曰 汝行今不可復進 須招呼奴馬 還歸京城可也 便上馬躞蹀⁷⁾而行 追及宮奴 自後以鐙子擊其肩 翻然墮地 次第擊十二

---

1) 노량진(露梁津) : 노들나루. 한강 남안에 있던 나루터.
2) 황쇠(黃釗, 1647~?) : 조선조 숙종 때의 생원. 자는 원백(遠伯), 본관은 창원(昌原), 준구(儁耉)의 아들. 군수를 지냄.
3) 강외(江外) : 한강 이남 지역.
4) 복창군(福昌君) : 조선조 왕족인 이정(李楨, ?~1680). 선조의 손자이자 인평대군(麟坪大君)의 아들. 경신대출척 때 아우 복선군(福善君)・복평군(福平君)과 함께 역모에 가담했다는 무고로 유배되었다가 사사(賜死)됨.
5) 궁노(宮奴) : 궁궐에 딸린 종.
6) 풍미(風靡) : 위세를 가지고 휩쓸음.

肩　無不應手而墮　有若秋風落葉　旣墮之後　不能復動　狀同僵
屍8)　武人仍下馬數之曰　汝以奴隷　恃其豪勢　凌辱士族婦人　毆
打奴馬　使不得行　汝罪不已重乎　此二十漢　豈皆宮奴　宮奴不過
數人　而餘則他奴附從同惡者也　宮奴首倡9)者　自首明告　則吾當
活之　否則盡殺之　其漢齊聲言曰　宮奴果是四人　而首倡作惡　皆
出官奴云　武人曰　其罪雖重　殺則大過　止於不殺而已　卽又以鐙
子擊四奴腰臂之間各二次曰　汝輩雖不殺　終成病人　可以懲礪矣
仍從容懸鐙　上馬躞蹀而去　其四漢則殆死　餘亦終不能起　婦人
之行奴收呼　還向京城　其武人未得姓名　可恨云　評曰　嗚呼　世
之被辱於暴惡者何限　而孤弱殘疲　徒自憤限〔恨〕涕泣而已　無以
報雪　可勝痛哉　今玆兩武士　以行路之人　乃能毆打　士之獰僧
辱婦之勢奴　眞所謂路遇不平　爲之忘身報仇者也　戰國義俠之風
今世亦有之　令人聳嘆10)

53. 遼澤裡得萬金寶

昔有一象官1)　從朝天使2)赴燕3)　時當炎夏　潦雨才〔纔〕收過

---

7) 섭접(躞蹀) : 저벅저벅 걷는 모양.
8) 강시(僵屍) : 넘어져 있는 시체. 얼어죽은 시체.
9) 수창(首倡) : 우두머리.
10) 용탄(聳嘆) : 절로 감탄이 나오게 함.
1) 상관(象官) : 조선시대 외국어 통역을 맡았던 사역원(司譯院) 관리의
총칭. 역관(譯官).
2) 조천사(朝天使) : 사대(事大) 외교를 하던 조선시대에 중국으로 가는
사신을 일컫던 말.

高平盤山之野 處處雨水 留滀成潭4) 行過一潭 淸淺可愛 象官
思欲滌暑 解衣下浴 旣入水 見水面有孔竅 穿成一穴 視其中
有一骨在潭底 執其骨而出 則水面卽無穴孔 復置骨潭底 則孔
穴依舊 遂出其骨諦視之 骨內有一珠 形圓而色靑 甚可奇霓 除
珠沈骨 則水無孔穴 除骨沈珠 則孔穴復生 卽以其珠 沈于佩囊
而行 旣到燕京 乃訪寶貝之肆5) 試欲賣之 適値外國賣寶之商
一時齊集 珊瑚瑪瑙6)琉璃珠玉 奇珍異寶 雲委山積7) 不知其數
肆中規制以貨寶多少 爲坐次高下 象官不少問議 卽自上坐于第
一倚 諸商以次皆坐 先使象官出其寶貨 卽以囊中之珠 出置于
前 其中南蠻國一商人 見之大驚曰 旣有此寶 坐于首席 理固當
矣 奇乎奇乎 諸商競相把玩 仍問珠價幾何 象官曰 此乃無價之
寶8) 吾不欲言 君輩試定價言之 南蠻商與同伴諸商 出外相議
還言曰 白金二千兩可乎 象官冷笑曰 何大少也 不可不可 復出
議還言 三千兩可乎 又答以不可 漸此加數 至四千五千六千之
後 蠻商乃言曰 買此珠者 是吾一人 而價難獨辦 多貸諸商之貨
白金四千則具備 而其餘二千 則以寶貝定價充數 力已竭矣 君
若不許 則買賣將不成奈何 象官沈思良久 乃示屈意 強從之意
蠻商大喜 卽出白金四千兩 雜寶定價二千兩 仍成賣買文字9)各

---

3) 부연(赴燕) : 청(淸)나라의 수도였던 연경(燕京)에 감.

4) 유축성담(留滀成潭) : 빗물이 괴어 이룸.

5) 보패지사(寶貝之肆) : 보석이나 패물을 사고 파는 가게.

6) 마노(瑪瑙) : 석영(石英)·단백석(蛋白石)·옥수(玉髓)의 혼합 광물. 문석(文石).

7) 운위산적(雲委山積) : 구름처럼 모이고 산처럼 쌓임.

8) 무가지보(無價之寶) : 값을 따질 수 없는 보물.

9) 매매문자(賣買文字) : 매매 계약서.

把一張 復設酒饌 會飲燕樂 象官始曰 吾知此寶之爲寶 而實不
知其名 且不知用於何處 而其價一至於此耶 蠻商曰 此名卽是
痛珠 人有疾病痛處 以珠壓照 則其痛卽止 更不復發 豈非天下
之至寶乎 此在於千年老龍骨內 故絶難得矣 南蠻國王 今方下
命 渴求有能得獻者 賜以萬金 拜爵一品10) 吾今買此而歸 萬金
之賜 一品之爵 富貴極矣 可不自幸自喜乎 滿坐皆歡聲如雷 象
官持白金衆寶而歸國 以衆寶賣于東萊倭館11) 如珊瑚樹瑪瑙琉
璃等寶 品皆奇絶 世所罕有 價以蠻商所定 不翅倍蓰12) 象官終
計 珠直13)亦至萬金焉

54. 海島中拾二斛1)珠

昔有水路朝天 使臣船到海中逢一島 風自島發 吹船周回 波
濤亂湧 船不得行 恐將覆沒 柁工言 船中必有水神欲得之物 投
則可免 否則必危 使臣使投諸物以試之 風猶依舊 柁工又言 此
必有欲得之人而然 使臣復使所率象官褊裨中 試下一人于島中
以觀之 至數十人無驗 則還入于船 至一象官纔下島 風勢卽止
波浪恬然2) 使臣及一行諸人皆曰 此雖矜憐3) 無可奈何 乃多贈

---

10) 배작일품(拜爵一品) : 1품의 으뜸 벼슬을 내려줌.
11) 동래왜관(東萊倭館) : 조선시대 부산(釜山)의 동래에 설치하여 일본
   의 사신을 접대하던 곳.
12) 배사(倍蓰) : 몇 곱절가량.
13) 주치(珠直) : 구슬값.
 1) 이곡(二斛) : 두 섬.
 2) 염연(恬然) : 고요해짐.

粮米 且與粥器刀斧等物 盡出渠所 持衣服行裝以付之 相與訣
別 多有流涕者 使行遂發船而去 島本空島 旣無人 亦無雜獸行
樹木茂盛 象官乃斫取樹枝 依岸造一架家 刈竹盖屋以處焉 夜
臥聞有聲颼颼[4] 自海中向島而來 隱身而窺之 卽一巨蟒 其大如
屋 其長幾數十丈 上島高頂而去 良久 又復自島還入海中 其聲
颼颼甚壯 每夜必來 無日不然 且其往返之路 恰是一處 不少移
易 象官乃取篁竹 削成尖利巨釘數百介 堅揷于其路中上下 密
密相比 待之是夜 颼颼之聲又作 見巨蟒自海從前路而來 旣上
島 只數十丈而止 不復遠去 仍伏而不動 明日往視之 蟒盡力行
過竹劍之上 胸腹皆被破裂而死矣 居數日 爲炎陽所爆 蟒肉盡
腐 臭滿一島 卽以木片造器 盛腐肉盡棄海中 見其下有大小明
珠 不知其數 多至二斛 乃刈蘆竹 爲兩空石[5]以盛之 又取海邊
石子 圓白可愛者 覆置[6]珠上以掩 藏之累日後 使臣船行 回到
此島 見象官無恙留存 衆皆驚喜 招呼迎入 海中來船 象官以其
二石移載 衆問 是何物 象官對以吾絶愛海邊細石 手自拾聚者
也 吾行槖[7]只此 願勿棄許載 衆阨以不死[8]而生爲喜 莫不肯諾
而許之 無人知其爲珠也 象官乃得載 還于家 出其珠 或賣于中
國 或賣于倭館 多是至寶 獲價無算[9] 遂爲中國巨富[10]焉 評曰

---

3) 긍련(矜憐) : 불쌍하게 여김.
4) 수수(颼颼) : 뱀이 지나가며 내는 바람소리.
5) 공석(空石) : 빈 섬.
6) 부치(覆置) : 덮어놓음.
7) 행탁(行槖) : 나그네가 지니고 다니는 보따리.
8) 액이불사(阨以不死) : 위태로운 지경에 놓였으나 죽지 않음.
9) 획가무산(獲價無算) : 벌어들인 값을 계산할 수 없을 만큼 많음.
10) 중국거부(中國巨富) : 나라 안의 큰 부자.

或得一珠而富 或得兩斛珠而富 兩斛之珠富固也 一珠富豈不異
哉 海島之留 明是神助 潦澤之浴 亦必神助 富者五福[11]居二
欲得其福者 積善行仁 自獲神助可也 百計求富 都是妄耳 凡我
庶類[12] 宜鑑于玆

55. 關北[1]倅劍擊臭眚[2]

昔年 咸鏡北邊一邑 有臭眚之怪 邑倅到官十餘日輒死 連至
五六人 人皆厭避除命[3] 雖下百計圖免[4] 無肯赴[5]者 一武人 從
宦勢孤 遂除是邑 素有膽勇 膂力絕人 自意 縱遇鬼魔 人豈有
盡死之理 吾試往觀之 乃卽辭朝赴任 旣到官 獨處東軒 只以一
長劍 隨身不離 自初更 便聞腥腐之臭[6] 隨風微發 逐日漸加 至
五六日後 有若霧氣 浮聚而至 臭從霧氣中來 霧氣日增 臭不堪
忍 過旬後 例有邑倅當死之日 官屬通引及唱等 幷皆出走 無一
侍者 武倅自初 置酒缸於坐側 日日所醉以自耐遣 及是日 益
復泥醉而坐 至夜有一物來 立於東軒大門之外 霧氣凝聚而成形

---

11) 오복(五福) : 장수함[壽]·부유함[富]·편안하고 건강함[康寧]·오
래도록 덕이 많음[攸好德]·명대로 편안히 살다가 죽음[考終命]의
다섯 가지 복.
12) 서류(庶類) : 일반 백성. 평범한 사람.
1) 관북(關北) : 함경도 지방.
2) 취생(臭眚) : 냄새나는 괴물.
3) 제명(除命) : 임명(任命).
4) 백계도면(百計圖免) : (재앙을) 모면하기 위한 온갖 계책.
5) 긍부(肯赴) : 기꺼이 부임함.
6) 성부지취(腥腐之臭) : 비릿하게 썩는 냄새.

其大幾四五把 其長殆數丈 未見有軀軆頭面手足之狀 只見其上
邊有兩眼 炯炯甚明 倅乃奮起下庭 突前大吼 以劒盡力擊之 其
聲轟如霆打 霧氣卽時消散 無一點餘 氛臭[7]亦隨而快收 倅乃擲
劒于地 醉倒而不起 明朝 官屬等 謂其倅已死 將欲收屍而來
見其倒臥門內 皆曰 前日邑倅之喪 皆在軒上 今何以在于庭下
此亦怪事也 數人進前 扶執欲收 則倅乃起坐 張目叱之 擧皆大
驚 退伏震慄 臭靑之患 自是永絶焉

56. 別害鎭[1]拳逐三鬼

武人李萬枝[2] 嶺南人也 爲人精悍强猛 膽氣絶倫 眼睛青碧
常自言 平生無畏懼之心 一日在家 暴雨如注 雷電大作 大塊如
盆[3] 流入家中 遍行房室軒廳竈 庭行廊 出入周流 至於數三巡
燁燁之光[4] 轟轟之聲[5] 震動天地 萬枝危坐臥軒 毫無所懼 自念
吾無死罪 豈被震擊 俄以庭前大槐樹 霆打紛碎 雨收雷止 起見
家中 妻與子女 皆窒塞氣絶 僅得救活 其歲 妻子女皆病沒 仍
卽上京 從宦爲五衛將[6] 得除北道別害僉使 率妾赴鎭 則前僉使

---

7) 분취(氛臭) : 기분 나쁜 냄새. 불길한 냄새.
1) 별해진(別害鎭) : 함경북도 삼수(三水)와 갑산(甲山) 남쪽에 있던 군
　사 요충지.
2) 이만지(李萬枝) : 생몰년 및 자세한 행적 미상.
3) 대괴여분(大塊如盆) : 동이만큼 큰 흙덩이.
4) 엽엽지광(燁燁之光) : 번쩍번쩍 하는 번갯불빛.
5) 굉굉지성(轟轟之聲) : 요란하게 천둥치는 소리.
6) 오위장(五衛將) : 조선시대 병조에 소속된 종2품 벼슬.

累度死亡 盖因鬼魔也 仍廢官舍而出 住閭家已三四等矣 萬枝
獨自恃精神氣魄 使之脩掃廢舍入焉 而到任之日 使妾處于内
萬枝獨處東軒廳上 明燈而坐 二更許 有一物 自房而出 有若木
塊 覆以黑袱者 然不能見其面目 對坐于前 又有二物 相繼出來
其狀一樣 三鬼列坐 與萬技相對 漸漸移坐逼近 萬枝亦漸漸退
坐 至於後壁 更無退坐之地 万枝語之曰 汝輩何樣鬼物 而敢於
佩符尊官[7]到任之日 如是出現耶 汝若有情願 則吾當爲汝成之
汝須直言也 中坐一鬼有聲曰 腹飢 万枝曰 吾已聞汝所願 當盛
設以饋 須速退去 卽誦呪言 彈指作聲 三鬼似有畏懼之形 万枝
以手拳擊其首坐者 其鬼傾身避之 不能中 只擊廳 万枝手拳破
傷 三鬼齊曰 逐客當去矣 遂起下軒 仍忽不見 明日 招巫椎牛
大設神祀 三晝夜乃罷 自此更無鬼魅作祟之患矣 評曰 凡人之
遇鬼而死者 非獨鬼惡 人之畏鬼太過耳 關北之邑 別害之鎮 官
死已多 鬼誠惡矣 或能劒擊而滅之 或能拳打而逐之 苟有畏心
曷若是乎 膽勇絶人 俱不易得 而北倅尤壯矣

57. 送使於宰臣定廟基

宣廟朝壬辰倭亂 天朝[1]大發兵東萊〔來〕 討平之天將 言于宣
廟 以爲討倭勝捷 多賴關王[2]神助之力 得成大功 東國不可無追

---

7) 패부존관(佩符尊官) : 임금으로부터 임명을 받은 높은 관리.
1) 천조(天朝) : 사대(事大) 외교를 하던 조선시대 때 명(明)나라를 높여
    부른 말.
2) 관왕(關王) : 삼국시대 촉한(蜀漢)의 장수인 관우(關羽).

報之典3) 請立廟而祀之 宣廟從之 漢陽城外 遂建東南關王二廟
以祀焉 當其建廟也 南廟未能定基 或遠或近 群議不同 莫能有
定 時白沙4)相公 方主廟議5) 一日在家 有一武士 到門請見 邀
入見之 儀形壯偉 有異常人 請屏左右 對語從頌而辭去 相公一
親客 適在坐 屏避于外 武士去後復入 則相公頗有嗟異之色6)
親客訝而問之 相公不語 良久乃曰 誠有一異事 俄者來見武士
卽關王使者也 以城南廟基 未定之故 親送其幕下一將士余 指
敎一處 使之牢定 毋少移易 余答以敬奉誠敎 不勝惶感 謹當奉
行 何敢有改 使者曰 此非一時暫祀 乃歷世奉祀之廟 而妥靈7)
失地 則神意不安 故親敎如是耳 再三丁寧申囑而去 豈不異哉
客聞之 亦甚驚悚 仍復戒客 切勿傳說 相公隨力主一依8)神敎之
地 建立廟宇 卽今南關王廟是也哉

58. 見夢士人除妖賊

有一士人渡漢江 於船上忽然假寐 夢見一人 蠶眉鳳眼 面如
重棗1) 身長八尺 綠袍長鬚 威風凜然 橫大劍騎赤馬而來 謂士

---

3) 추보지전(追報之典) : 은혜에 보답하는 뜻으로 추모하는 행사.
4) 백사(白沙) : 임진왜란 당시 병조판서를 지낸 이항복(李恒福, 1556~
   1618)의 호. 이항복의 자는 자상(子常), 본관은 경주(慶州), 몽량(夢
   亮)의 아들. 오성부원군(鰲城府院君)에 봉해짐. 시호는 문충(文忠).
5) 방주묘의(方主廟議) : 마침 조정에서 하는 의논을 주관함.
6) 차이지색(嗟異之色) : 기이하게 여기는 얼굴빛.
7) 타령(妥靈) : 섬겨 모시는 신주(神主).
8) 일의(一依) : 한결같이.

人曰 我卽漢壽亭侯關雲長[2]也 有緊急事 來見汝矣 仍使士人
平開其手掌 以墨筆着花押[3] 謂曰 汝渡江勿入京 少留津頭以待
則當有細繩三丁[4] 裹籠滿載七馱[5] 渡江向京者 汝招集其人 示
以手掌花押 其人當有所自處[6] 然後汝留積其籠 愼勿開見 卽告
于朝家 趁速焚之 此乃大事 幸勿違誤也 士人而蘧然悟〔蘧然而
悟〕[7] 寒慄遍身[8] 驚汗洽背[9] 卽視其手花押 宛然在掌 墨痕淋
漓未乾 心甚怪訝 一依夢中所敎 佇待[10]津頭 少頃 果有三丁
裹籠馱七〔七馱〕 自南北渡 一衣冠人 隨其後旣渡 士人呼謂馱
籠人曰 有一可言之事 請暫聚于一處 其人等亦相驚訝 卽自來
聚 士人屛手示之曰 此是何物 請共觀之 花押才〔纔〕觸目 其衣
冠者 先自左手 脫持其冠 急走投江 其從者八九人 亦相繼急急
投江 一瞬竝死 士人呼津丁謂之曰 此籠中之物 乃禍祟[11]也 吾
將入告朝廷處之 汝等固守以待 且戒以勿開 卽馳入城 告于兵
曹[12] 細陳變狀[13] 兵曹卽送一郞 監載而至 從士人言 積柴焚之

---

1) 면여중조(面如重棗) : 얼굴빛이 짙은 대춧빛처럼 검붉음.
2) 관운장(關雲長) : 삼국시대 촉한의 장수인 관우(關羽). '운장'은 그의
   자(字).
3) 화압(花押) : 초서체로 서명한 것. 붓으로 쓴 일종의 사인(sign).
4) 삼정(三丁) : 농삼장. 상자를 넣으려고 삼끈으로 엮어 만든 망태 또는
   보자기.
5) 칠타(七馱) : 일곱 바리.
6) 자처(自處) : 제 목숨을 제 스스로 끊음. 자살.
7) 거연이오(蘧然而悟) : 스스로 깨달음.
8) 한율핍신(寒慄逼身) : 오싹한 두려움이 몸에 엄습해 옴.
9) 경한흡배(驚汗洽背) : 식은땀이 등에 뱀.
10) 저대(佇待) : 서서 기다림.
11) 화수(禍祟) : 화를 불러오는 빌미.

火熾籠坼 木偶兵馬 其長寸許 撑滿[14]十四籠矣 士人及兵官見者 莫不心驚而舌吐[15] 良久盡爲灰燼 始知妖術之士 將以幻法作挐[16]於都城 載運木偶兵馬 而時朝廷 初建關王東南二廟行享祀 故關王之神 爲邦家陰佑也 評曰 關王之忠義 武將之中 千古一人 其精魄至今猶在 遠隨千〔天〕兵 掃平[17]東國之亂 助順討逆[18] 亦從忠義中來耳 且復送使定基 見夢除妖 何其神靈若是 曾聞 宋朝來討宮中鬼祟之說 而疑其誕也 今以這兩事觀之 信不虛矣 天將神助之言 自當有據 我朝之廟享不廢也宜哉

59. 刀代珠扇[1]爲正室

韓明澮[2]乃世祖[3]朝一等功臣也 寵眷極隆 朝臣無出其右[4] 韓自恃勳勢 擅作威福 擧世風靡 雖廟堂[5]臺閣[6] 無敢爲一言於上

---

12) 병조(兵曹) : 조선시대 군사에 관한 일을 맡아보던 부서.
13) 변상(變狀) : 변이 일어난 상황.
14) 탱만(撑滿) : 꽉 참.
15) 설토(舌吐) : 놀라거나 어이가 없어서 혀를 내두름.
16) 작여(作挐) : 싸움을 일으킴.
17) 소평(掃平) : 소탕(掃蕩)하여 평정함.
18) 조순토역(助順討逆) : 도리에 순종하는 자를 돕고 거스르는 자를 침.
1) 주선(珠扇) : 진주선(眞珠扇). 혼례 때 신부의 얼굴을 가리는 데 쓰는 진주로 꾸민 부채.
2) 한명회(韓明澮, 1415~1487) : 조선조 선조~성종 때의 문신. 자는 자준(子濬), 호는 압구정(狎鷗亭), 본관은 청주(淸州), 상질(尙質)의 손자, 기(起)의 아들. 시호는 충성(忠成).
3) 세조(世祖, 1417~1468) : 조선조 제7대 임금.
4) 무출기우(無出其右) : 그를 앞지르지 못함.

也 其出爲關西伯也 恣行不法 少失其意 輒行刑戮 殺人如麻[7]
一道震慄 若逢豺虎[8] 一日 聞宣川座首[9]有處女 姿容絶代 招致
座首于巡營[10] 面敎曰 聞汝有女甚佳 吾欲娶以爲妾 將於巡到
之日 親到汝家娶之 須預知而待之 座首惶悚對曰 賤女醜陋 甚
佳之說 傳者誤耳 然尊命旣下 敢不依敎奉行 仍辭退還家 愁色
滿顏 心甚不樂 其室女問曰 巡使[11]之招 因何事也 父親之面帶
愁色 以何故也 願得知之 其父恐貽女憂 初不肯言 女固問之
乃曰 吾因汝逢此患難 始陳監司娶妾之言 吾若不從 則必見殺
故不得不從 而以士夫之女 爲人之妾 豈不寃痛乎 女聞而笑曰 大
人何其不思之甚也 大丈夫豈可以一女子易其身命[12]乎 比〔此〕不
過棄一女子耳 棄一女而安保 爲一女而就死 事之輕重 昭然明
白 願大人置此女於度外[13] 勿復一毫介意 盡去愁恨 晏然平心
如何如何 女子之遭此 莫非命也 祇當順受自安 少無怨恨之懷
耳 女意如此 大人亦從女意而處之 千萬伏望 父喟然歎曰 今聞
汝言 我心小自釋耳 自是 擧家皆愁嘆 而女獨恬然 無變動之色
言笑自若 處身如常 匪久[14]監司巡到宣川 招座首分付 使以明

---

5) 묘당(廟堂) : 의정부(議政府)의 다른 이름.

6) 대각(臺閣) : 내각(內閣).

7) 살인여마(殺人如麻) : 임금처럼 사람을 마음대로 죽일 수 있음.

8) 시호(豺虎) : 이리나 호랑이.

9) 선천좌수(宣川座首) : 평안도 선천 지방에 두었던 향청(鄕廳 : 수령의
   자문기관)의 우두머리.

10) 순영(巡營) : 감영(監營). 감사(監司)가 집무하는 관청.

11) 순사(巡使) : 감사(監司).

12) 역기신명(易其身命) : 목숨과 바꿈.

13) 도외(度外) : 마음에 두지 아니함.

14) 비구(匪久) : 미구(未久). 오래지 않아.

日 粧飾其女而待之 座首歸家 將治婚具 女子言于父曰 此雖
妾婚 請交拜席同牢床15) 一依妻婚之制而設之也 其父從之
翌日 監司到其家 以驄笠16)平服 入内廳 見其女 出迎而立于
前 以兩手執霜刃刀子17) 代眞珠扇遮面 而姿容則果是絶代 監
司驚問其執刀之由 女使首〔手〕母18)傳言對曰 小女雖鄕寒微 猶
不失兩班之稱 使道雖宰相尊重 今乃以娶妾爲名 不亦寃乎 使
道若以正室 依禮娶之 則當終身事之 若欲以妾娶之 則卽將自
刎而死 所以執刀者此也 女之死生 在於使道之一言 願聞下敎
而決之 監司素不遵禮而恣行非法者 旣見其姿容 大悦傾感 遂
答曰 女〔汝〕意如此 吾當以正室娶之 女曰 若然則幸望出外 具
婚書納采19)奠雁20)等儀制21) 整冠帶入内 行交拜同牢之禮如何
監司卽從之 一依其言 備行婚禮而娶之 非但容色之秀美 其姿
品之賢淑 世所罕有 率歸其家 絶加愛重 初旣有妻及姬妾 而皆
被疎外 只與此女 晝夜同處焉 見夫之所行 非義不正者 則女必
婉辭而諫之 夫皆從之 人亦以此多之稱爲哲夫22)矣 女以正室夫
人自居 而初妻以妾處之23) 一家諸族 亦皆不服其爲正室 世

15) 교배석동뢰상(交拜席同牢床) : 전통 혼례 때 깔아놓는 자리와 차려놓
   는 상.
16) 총립(驄笠) : 말총으로 만든 갓.
17) 상인도자(霜刃刀子) : 서슬이 퍼런 칼.
18) 수모(手母) : 혼례 때 신부의 화장이나 거동을 시중드는 여자.
19) 납채(納采) : 약혼하였을 때 신랑집에서 신부집으로 보내는 붉은 비
   단과 푸른 비단.
20) 전안(奠雁) : 혼례 때 신랑이 기러기를 가지고 신부집에 가서 상 위
   에 놓고 절하는 예.
21) 의제(儀制) : 의식(儀式)에 대해서 정해 놓은 규칙.
22) 철부(哲夫) : 어질고 현명한 남편.

廟²⁴⁾微行²⁵⁾ 數臨韓第 韓輒進酒饌 使其妻出拜 奉盃而獻 卽此
女也 世廟每以嫂呼之²⁶⁾ 一日 世廟又幸臨 進酒歡樂 女下庭伏
之 上訝問 嫂何故如此 女卽細陳其强娶之狀 仍泣訴曰 臣雖外
方寒族 名亦兩班 臣夫旣具婚禮 娶爲正室 則不當歸之於妾 而
第國無有妻娶妻之法 故人皆名之以妾 豈不至寃乎 伏乞 聖
朝²⁷⁾俯燭²⁸⁾而處決焉 累拜陳懇 上聞之笑曰 此乃當然之事 嫂
何至於伏地泣訴乎 予當決斷以訴矣 卽速上來 卽以御筆親題
文字 許令爲正室 其子孫皆許淸宦重爵 勿有所拘 仍着御押 踏
御寶²⁹⁾以賜之 從是遂爲正室 與初妻一體 竝封夫人 人莫敢議
其子亦登第 直通淸顯³⁰⁾ 無少礙焉

60. 腋挾腐肉得完節

燕山¹⁾晚年 荒亂益甚 怪悖之擧 前古所無 使宦侍²⁾禁隷³⁾ 訪

---

23) 이첩처지(以妾處之) : 첩으로 대함.
24) 세묘(世廟) : 세조(世祖)의 묘호(廟號).
25) 미행(微行) : 임금이 평복을 입고 대궐 밖으로 나가 다니는 일.
26) 이수호지(以嫂呼之) : 형수(또는 아주머니)라고 그녀를 부름.
27) 성조(聖朝) : 당대의 조정을 높여 부르는 말.
28) 부촉(俯燭) : 굽어 밝혀서 살핌.
29) 답어보(踏御寶) : 옥새(玉璽)를 찍음.
30) 청현(淸顯) : 청환(淸宦 : 지위나 봉록이 높지 않으나 뒷날 높이 승
　　진할 수 있는, 규장각이나 홍문관 등의 벼슬)과 현직(顯職 : 고귀한
　　벼슬).
1) 연산(燕山, 1476~1506) : 조선조 제10대 임금. 중종반정으로 폐위되
　　어 연산군(燕山君)이 됨. 재위 1494~1506년.

問朝臣之妻 有美色者 勿論宰相顯官之家 皆命招延見⁴⁾ 若入眼
則卽與之交接 雖或拒辭 而威力强劫 必汚乃已 無得脫者 至有
下敎曰 抱腰甘唱⁵⁾ 願留宮中者 老宰相朴純義⁶⁾之妻也 政院⁷⁾
知悉 聽聞所及 莫不駭然 由是 人心尤復離散 乃有中廟反正⁸⁾
之擧焉 伊時 有一少年名士之妻 姿容絶代 一日 亦被召命 諸
家婦女 若見被召 則無不驚惶 泣涕如就死地 而獨此名士妻 聞
召泰然自安 少無驚動之色 依他例粧服⁹⁾ 詣闕入謁 燕山呼使近
前 則穢惡之臭¹⁰⁾爛漫 擁鼻慘不忍嗅 燕山以扇掩鼻 唾地曰 陋
哉此女 果不可近也 卽命退出 毌使少留 遂得完節而歸 盖此婦
之慮有召 預思應變之策 以牛肉二片 極加腐爛而留儲¹¹⁾ 詣闕
之時 兩腋各挾一片 使惡臭播聞 人不忍近故也 其族親及一世
之人 莫不歎服其設策之妙焉 評曰 賢哉 二婦其處地也 倘使古

---

2) 환시(宦侍) : 환관(宦官)과 내시(內侍).
3) 금예(禁隷) : 궁궐에 딸려 있는 종.
4) 연견(延見) : 맞아 봄.
5) 감창(甘唱) : 교접을 할 때 여자가 지르는 소리.
6) 박순의(朴純義, 1596~1675) : 조선조 인조 때의 문신. 자는 의숙(宜叔), 본관은 밀양(密陽), 안현(顏賢)의 아들. 연산군 시대와는 시기가 맞지 않음.
7) 정원(政院) : 승정원(承政院). 은대(銀臺). 조선시대 임금의 명령을 전달하고 하부의 보고나 청원 등을 임금에게 중개하는 일을 맡아보던 관청.
8) 중묘반정(中廟反正) : 중종반정(中宗反正). 연산군 12년(서기 1506) 폭군 연산을 폐하고 진성대군(晉城大君)을 새 임금으로 추대한 사건.
9) 장복(粧服) : 화장을 하고 옷을 갖추어 입음.
10) 예악지취(穢惡之臭) : 더러운 냄새.
11) 유저(留儲) : 간직하여 둠.

之烈女貞婦當之 一死之外 無他道焉 而乃自臨機應變 能出奇
計 刀代扇而名俓保[12] 腋挾肉而志節完[13] 雖良平之智[14] 無以
加此 恨不使劉[15]更生 聞之入於烈女傳也夫

61. 獨守空齋[1]擢上第

世宗[2]朝 泮宮[3]居齋生進諸儒[4] 一日 遇淸明佳節 花柳方盛
乃相率出遊於館北 遠外川邊 辦持酒肴 懽會終夕 遂致齋室盡
空 有一鄕儒 人品疎拙[5] 爲衆所不取 意謂 聖廟[6]守直不可無人
獨自留齋而不赴川遊 世〔英〕廟[7]是日 適命送內隷一人 暫往泮
宮 察見儒生幾人守齋 卽回告 儒生盡出遠外川邊遊樂 獨留一
鄕儒守齋矣 上卽賜命召以巾服[8]入對 上俯問 花時遊會川上 衆

---

12) 명경보(名俓保) : 명색(名色)을 바로 보전함.

13) 지절완(志節完) : 절개를 온전히 지킴.

14) 양평지지(良平之智) : 전한(前漢)의 책략가인 장량(張良)과 진평(陳
平)의 지혜.

15) 유(劉) : 전한(前漢)의 유학자인 유향(劉向)을 말함. 유향은 《열녀전
(烈女傳)》을 지었음.

1) 재(齋) : 재실(齋室). 유생들이 거처하며 공부하는 방.

2) 세종(世宗, 1397~1450) : 조선조 제4대 임금. 재위 1419~1450년.

3) 반궁(泮宮) : 성균관(成均館)의 다른 이름.

4) 생진제유(生進諸儒) : 생원(生員)과 진사(進士) 등 모든 유생.

5) 소졸(疎拙) : 소탈(疏脫)함. 솔직하고 순박함.

6) 성묘(聖廟) : 성균관에 있는 문묘(文廟). 근궁(芹宮). 공자(孔子)를
비롯한 우리나라 역대 선현들의 위패를 모셨음.

7) 영묘(英廟) : 세종(世宗)의 묘호(廟號).

8) 건복(巾服) : 유생의 의관.

所同樂 爾何以獨不赴也 對曰 臣亦非不知樂事 而聖廟不可闕
直 故不得不獨留耳 上曰 爲之嘉獎 仍敎曰 汝能作詩乎 對曰
粗解綴句矣 上曰 予有一句曰 雨後山如泣 汝能作對句乎 卽對
曰 風前草似酣 上大加稱賞 仍命特賜及第 卽賜紅牌9)及戴花10)
依謁聖科例 以幞頭11)靑袍鞍馬天童12)備給 使率倡夫13) 卽賜樂
工 幷令促俱 使之先往于泮儒川邊所會 誇示之 泮儒諸人 遙聞
倡夫嘯聲14)及馬前樂響 共相疑怪 忽見新來 頭戴御賜花 前率
一雙天童而至 乃守齋鄕儒也 問知其卽日召對 特賜及第 莫不
大驚顚倒 相與散走歸齋 盖守僕泮隷齋直童 亦沒數15)盡赴於川
會 只有齋直稚劣16)數童留齋 雖見齋儒 有召命 而不解奔告於
諸儒 旣擢第多蒙恩眷 遂至顯達焉

62. 妄入内苑1)陞顯官

世宗朝 嶺南人禹某忘其名 以明經2)登第分館3) 僅叅成均學

---

9) 홍패(紅牌) : 문과(文科)의 회시(會試)에 급제한 사람에게 내어주던
   증서. 붉은 종이에 성적 등급 및 성명을 먹으로 적었음.
10) 대화(戴花) : 머리에 꽂는 꽃. 어사화(御賜花). 과거에 급제한 자에게
   임금이 내려주는 꽃.
11) 복두(幞頭) : 조선시대 과거의 급제자들이 홍패를 받을 때 쓰던 관의
   일종.
12) 천동(天童) : 말머리에서 호위하는 동자.
13) 창부(倡夫) : 남자 광대.
14) 소성(嘯聲) : 휘파람소리.
15) 몰수(沒數) : 진수(盡數). 모조리. 몽땅.
16) 치열(稚劣) : 어리고 못남.
1) 내원(內苑) : 궁궐의 안뜰.

論4) 例陞典籍5)出六品 而鄉曲寒蹤6) 世無知者 雖累年居洛 終
不得遷轉調用7) 旅寓8)多艱 將謝世永歸故鄉 獨有承旨一人 素
所相親 乃往見告別 且言 吾從宦多年 猶未見政院 當令公入
直9)之日 可得一見乎 承旨曰 晝則同僚齊會 諸官紛集 不可無
端10)入來 吾當於明日直宿 君若乘夕而入 則可以從容周覽 無
省記11)而留宿禁省12) 雖云犯法 一宿何害 仍命一使令13) 以明
日夕 引率入院 禹依其言入院 則承旨適有故不入直 而闕門已
閉 不得出去 回遑罔措14) 承旨所帶該房書吏15) 見而愍之 爲之
周旋 使得止宿於院中一隅空處 入夜月明 宮吏皆睡 禹不得着
睡 起而徘徊 周覽庭宇 時經霖雨 宮墻有頹壞處 未及修築 此

---

2) 명경(明經) : 과거 시험의 한 종류.《상서(尙書)》《주역(周易)》《모
   시(毛詩)》《춘추(春秋)》《예기(禮記)》 등으로 시험을 보였음.

3) 분관(分館) : 조선시대 새로 문과에 급제한 사람들을 승문원(承文
   院)·성균관(成均館)·교서관(校書館)에 나누어 보내 실무를 익히게
   한 일.

4) 성균학유(成均學諭) : 조선시대 성균관의 종9품 벼슬.

5) 전적(典籍) : 조선시대 성균관의 정6품 벼슬.

6) 향곡한종(鄉曲寒蹤) : 시골의 가난한 집안 출신.

7) 천전조용(遷轉調用) : 자리를 옮기며 고루 쓰임.

8) 여우(旅寓) : 객지 생활을 함.

9) 입직(入直) : 숙직하는 일.

10) 무단(無端) : 이유가 없음.

11) 생기(省記) : 조선시대 병조(兵曹)에 숙직하는 낭관(郎官)이 매일 군
    호와 숙직자 명단 등을 적어 승정원을 거쳐서 임금에게 올린 서류.

12) 금성(禁省) : 금성(禁城). 궁궐.

13) 사령(使令) : 각 관아(官衙)에서 심부름하는 사람.

14) 회황망조(回遑罔措) : 방황하며 어찌할 줄을 모름.

15) 서리(書吏) : 서리(胥吏). 아전(衙前).

乃景福宮16)也　禹不知墻內是禁中17)　步踰壞墻而入　轉向深處
園林茂盛　景致絶佳　禹乃心語曰　此是誰家後園　而若是其廣闊
奇勝也　俄見一人　戴沙巾　扶藜杖　一少年陪後閑步而來　盖上偶
然乘月　獨率一宦侍　逍遙於後園　與禹相値　而禹全不知上之下
臨也　上見禹問曰　君是何人而入來于此　禹對曰　吾乃某官某也
仍陳與承旨某相約入來　値其不入直　又逢門閉　進退路窮　寄宿
廳隅　月明無寐　出步院外　見有壞墻　偶爾踰來此　是誰家耶　上
曰　吾乃此家主人也　卽邀與對坐于一盤石之上　從容談話　上聞
知其明經登第　仍問官位何其卑也　禹對曰　遠邑窮儒　家勢衰
替18)　入洛從宦　不曾趨附權門　宰相名士　無一知者　人誰薦拔
所以坎坷19)者此也　今將謝世歸鄕終老爲計耳　上又問　旣以明經
爲業　則能解周易否　對曰　雖不能明其深奧大義　卽粗能通知耳
上命侍者　取周易以來　盖上於是時　方讀周易故也　於月下開卷
拈問其曾所疑晦處20)　則逐段辨釋　洞然21)甚明　上大悅而大奇之
相與講論　夜深始罷　上乃曰　君其如此才識　而棄不收用　豈非可
惜　爲之嗟嘆不已　禹曰　自此家出去還寓　則亦可幸也　上曰　夜
已過半　巡禁22)可畏　且還政院　待曙出去宜矣　禹從上言告辭　復

---

16) 경복궁(景福宮) : 조선시대의 궁궐. 북악산 남쪽 기슭에 위치함. 조선
　　조 태조 3년(서기 1394)에 준공, 임진왜란 때 불탄 것을 고종 4년(서
　　기 1867) 대원군이 재건함.

17) 금중(禁中) : 궁궐 안.

18) 쇠체(衰替) : 쇠퇴하여 보잘것없이 됨.

19) 감가(坎坷) : 감가(坎軻·轗軻). 불우(不遇). 때를 만나지 못하여 뜻
　　을 이루지 못함.

20) 의회처(疑晦處) : 의심이 가고 잘 알 수 없는 곳.

21) 통연(洞然) : 훤히 잘 아는 모양.

自壞垣而歸院　趁門開而出還　其翌月〔日〕以特旨除禹弘文修
撰23)　臺啓24)卽發論　其猥越不合25)淸顯　請遞改26)　卽賜允從27)
其翌日　復除校理28)　臺啓又駁之　亦卽允從　其翌日　復特除應
敎29)　臺啓又發　而卽允又如前　其翌日　復特除副提學30)　臺諫31)
乃相議言　不知上意之所在　若此不已　則將至於太學士32)吏判33)
亦不足矣　姑且勿論而待之　遂停啓　後日筵席大臣諸宰玉堂34)兩
司35)幷入侍　臺臣奏言　禹某之人品地閥36)　俱不合淸顯　而特除
玉堂　累加超擢　物議皆駭　臺啓駿發　有請輒允　而又每陞除　竊
未知　聖明37)何取於斯人　而至於是耶　上不答　顧命內侍取周易

---

22) 순금(巡禁) : 궁궐을 순찰함.
23) 홍문수찬(弘文修撰) : 조선시대 홍문관(弘文館)의 정6품 벼슬.
24) 대계(臺啓) : 조선시대 사헌부(司憲府)나 사간원(司諫院)에서 임금에
　　게 올리는 글.
25) 외월불합(猥越不合) : 분수에 넘치고 적합하지 못함.
26) 체개(遞改) : 사람을 갈아들임.
27) 윤종(允從) : 임금이 신하들의 의견을 좇아 따름.
28) 교리(校理) : 조선시대 홍문관·승문원·교서관 등의 종5품 벼슬.
29) 응교(應敎) : 조선시대 홍문관의 정4품 벼슬.
30) 부제학(副提學) : 조선시대 홍문관의 정3품 당상관 벼슬.
31) 대간(臺諫) : 조선시대 사헌부와 사간원 벼슬의 총칭.
32) 태학사(太學士) : 조선시대 홍문관 대제학(大提學)의 다른 이름. 문
　　형(文衡)이라고도 함. 대제학은 홍문관의 으뜸 벼슬로 정2품.
33) 이판(吏判) : 이조판서(吏曹判書). 조선시대 육조(六曹) 가운데 인사
　　(人事) 등의 일을 맡아보던 이조의 으뜸 벼슬로 정2품. 아전(雅典)
　　이라고도 함.
34) 옥당(玉堂) : 조선시대 홍문관의 다른 이름. 혹은 홍문관의 부제학 이
　　하 홍문관 관원의 총칭.
35) 양사(兩司) : 조선시대 사헌부와 사간원을 함께 부르는 이름.
36) 지벌(地閥) : 지체와 문벌(門閥).

以來 御手親自開卷 拈出疑晦難解處 使諸臣開釋以告 自大臣
至臺侍 無一人能解者 逐段下問四五處而皆然 上曰 予方喜易
讀之 此乃聖經中第一 能明其義者 非等閑才識也 卿等諸人 皆
不知易 而禹獨能洞知 豈不可佳乎 此人經術 正合玉堂 有何不
可 予將益加擢用 勿復憚論38)可也 諸臣皆悚聽 不敢抗言而退
禹遂長在玉堂 入侍經筵39) 常講周易 其後累加恩擢 如銀臺之
長40) 國子之長41) 兩司長42) 官吏兵部亞席43) 清顯之職 靡不踐
歷 終至八座44)之列焉

評曰 人之抱才未達者何限 而能被卿相之知猶難 況復君上之
際遇乎 泮儒館官之得逢世〔英〕廟 天也非人也 獨守空齋 例規
也 而命召嘉獎 妄入內苑 重罪也 而俯邀穩接 恩異矣 詩句一
語之對 便知其文才 而卽賜及第 周易奧義之解 深嘆其經學 而
累擢顯官 非世〔英〕廟明哲之明 何以至此 此誠千古所罕聞者

---

37) 성명(聖明) : '임금의 밝은 덕'이라는 뜻으로, 임금을 높여 일컫는
   말.

38) 탄론(憚論) : 마땅치 않다고 꺼려하는 의견.

39) 경연(經筵) : 임금 앞에서 경서를 강론하는 자리 또는 그 일.

40) 은대지장(銀臺之長) : '승정원의 우두머리'라는 뜻으로, 정3품의 도
   승지(都承旨)를 가리킴.

41) 국자지장(國子之長) : '성균관의 우두머리'라는 뜻으로, 정2품의 지
   성균관사(知成均館事)를 가리킴.

42) 양사장(兩司長) : '사헌부와 사간원의 우두머리'라는 뜻으로, 사헌
   부의 종2품 대사헌(大司憲)과 사간원의 정3품 대사간(大司諫)을
   가리킴.

43) 이병부아석(吏兵部亞席) : '이조(吏曹)와 병조(兵曹)의 제2인자'라
   는 뜻으로, 이조와 병조의 종2품 참판(參判)을 가리킴.

44) 팔좌(八座) : 좌·우의정과 육조의 판서 등 재상.

世皆以兩人遭逢爲奇 而吾獨以聖朝之鑑識爲異 其至治仁德 至
今傳頌以東方之堯舜 固也 於戱盛哉

(필자주)　위 이야기의 우 아무개[禹某]가 차천로(車天輅)의 《오산설림
초고(五山說林草藁)》와　정명기(鄭明基)　소장(所藏) 《동패추록
(東稗追錄)》에는 구종직(丘從直, 1424~1477)으로 밝혀져 있음.
구종직은 조선조 세종~성종조의 문신. 자는 정보(正甫), 본관은
평해(平海), 판서 천우(天雨)의 증손, 양선(揚善)의 아들. 세종
26년(1444) 식년문과에 급제, 성균학유로 벼슬을 시작함. 성종 즉
위 후 지경연사(知經筵事)를 역임, 좌찬성(左贊成)에 이름. 문장
이 뛰어났고, 역학(易學)과 경학(經學)에 밝았다고 함. 시호는 안
장(安長).

63. 浮談天子[1]

鰲城李相公好詼諧 嘗晚赴備局之坐 一相臣以其末至責之 鰲
城曰 吾行到鍾樓街上 適遇僧人與宦者相鬪 僧人執宦者之陽莖
宦者執僧人之頭髮 甚是奇觀 觀此遲留 以致日晩 衆皆發笑 盖
其時事皆尚許僞 故以此諷之 玄谷[2]趙公 年雖差少於公 亦善詼
諧 每與鰲城相酬對 玄谷稱鰲城曰 浮談天子 一日 鰲城受議政
祿俸 分諸妻妾 謂玄谷曰 吾以妻妾皆附祿矣 夫人附之司果[3]

---

1) 부담천자(浮談天子) : 실없는 말을 하는 데는 천자, 곧 으뜸이라는 뜻.
2) 현곡(玄谷) : 조선조 인조 때의 문신인 조위한(趙緯韓, 1567~1649)의
호. 조위한의 자는 지세(持世), 본관은 한양(漢陽), 방언(邦彦)의 증손,
양정(揚庭)의 아들.
3) 사과(司果) : 조선시대 오위(五衛)에 두었던 정 6품의 군직(軍職). 현

妾附之司勇4) 玄谷對曰 然則大監空手而立矣 鰲城大笑 余外
祖考仕隱5) 爲江陵監司時 玄谷爲襄陽府使 外祖巡到 謂玄谷
曰 公見金剛山否 玄谷曰 恨不於莅任初卽往 今已居官數年
不可見也 笑問其故曰 淮陽6)倅居官數年 飽喫珎錯〔饌〕7) 腰腹
彭亨〔膨脖〕8)之後 始入金剛 到險絶處 使及唱背負 而通引前導
其高腹貼于背上 放屁9)數聲 通引謂是及唱之所放 顧叱曰 此犬
子 何敢發此聲 及唱曰 汝若不知 何不閉口而行耶 淮陽旣喫大
辱 而亦不得言己之所放 盖莅任之初 腹低身輕 可以遊山 居官
稍久 則腹高體胖 遊山必遭此辱 故不得生意耳 其言盖是應口
做出 相與大笑而罷 玄谷老後 超拜嘉善10) 客有訪之者 謂曰
庭宇幽淨 公何不養鶴 玄谷熟視曰 嘉善官例不得養鶴 客問其
故 則曰 昔有一嘉善官養鶴者 憑欄而睡 鶴見其腦後金貫子 謂
是蟲也 以長觜〔嘴〕喙之 觜〔嘴〕入于左腦 出于右腦 由是嘉善
者不得養鶴 客初聞而信之 歸而思之 是戲謔也 爲之發笑

직에 있지 않은 문무의 음관(蔭官) 중에서 임명하였으며, 직무는 없고
녹봉만 지급하였음.

4) 사용(司勇) : 조선시대 오위에 두었던 정9품의 군직.
5) 사은(仕隱) : 조선조 인조 때의 문신인 김상(金尙, 1586~?)의 호. 김
   상의 자는 우고(友古), 본관은 상주(尙州), 덕겸(德謙)의 아들. 1625년
   강원도 관찰사로 나감.
6) 회양(淮陽) : 강원도에 있는 고을.
7) 포끽진찬(飽喫珎饌) : 진기한 음식을 배불리 먹음.
8) 요복팽형(腰腹膨脖) : 허리와 배가 불룩함.
9) 방비(放屁) : 방귀를 뀜.
10) 가선(嘉善) : 가선대부(嘉善大夫). 조선시대 문무관의 종2품 품계.

64. 妄發匠人¹⁾

宣祖朝有趙元範²⁾者 善妄發 到處發言 皆是妄發 俗以言語做
錯誤犯忌諱 謂之妄發 時人號之曰 妄發匠人 嘗與客對坐 招呼
婢子而久不應 客曰 君何其無威於婢僕也 趙曰 吾則如此 而吾
大人則甚嚴 每一開口 奴僕等輒流矢滑滑³⁾ 客笑曰 尊大人頻含
奴婢之矢 豈堪其臭穢耶 趙又嘗行女婚⁴⁾ 親切僧人送紙以助 後
僧人來謁 趙謝之曰 吾家開張女婚 不小之物將入 無以充之 汝
之扶助紙⁵⁾ 用之於要光⁶⁾ 極可喜也 盖扶助紙者 俗言腎囊及陽
莖之謂也 要光者 俗言溺器之謂也 聞者絶倒 趙家又嘗要卜者
誦經祈禱 此際友人送書借屛風 趙作答書曰 室人惑於盲人 方
作可笑事 畢後當送 友人見書 捧腹來見趙 問曰 所謂可笑事
何事也 趙答曰 此不過陰陽之事耳 友人益復絶不倒 鰲城飽聞
趙之善妄發 嘗因其來訪 半日打話而終不妄發 鰲城曰 人言君
善妄發 今與君言 一不妄發 無乃傳之者誤耶 趙曰 吾豈嘗妄發
不過儕友以妄發誣做吾身耳 鰲城笑曰 君果名不虛得⁷⁾ 吏曹每

---

1) 망발장인(妄發匠人) : 망발쟁이. 망발을 잘 하는 사람.
2) 조원범(趙元範, 1565~?) : 조선조 선조 때의 문신. 자는 백식(伯式),
   본관은 한양(漢陽), 숙(璹)의 아들. 1616년(광해군 8) 증광시(增廣試)
   에 병과(丙科)로 급제하여 현령을 지냄.
3) 유시활활(流矢滑滑) : 똥을 좔좔 쌈.
4) 여혼(女婚) : 딸자식의 혼인.
5) 부조지(扶助紙) : (혼인 등의) 행사에 부조로 내는 종이.
6) 요광(要光) : 요긴하고 빛이 남.

以趙元範擬望8) 宣廟9)見其名 必發天笑而落點 蓋其妄發亦復
上徹九重10)云

評曰 按前史 淳于髡11)東方朔12) 皆以滑稽詼諧名 而有無實
不根之貶 今鰲城玄谷 俱魁傑偉人 而亦喜此習 抑或玩世遊戲
者耶 然皆豈非滑稽之雄也哉 至若趙元範之妄發 亦可謂天授非
人 以匠得名 誠不偶耳 宜乎談苑之笑 至今不絶

65. 淫婦奸巧

昔有一村女 方與間夫入室 本夫自外歸房 只一門無以躱避1)
時政日寒 女卽以大盆 迎覆其夫之頭面曰 何耐寒苦 何耐寒苦
顧安得大帽 如此盆着汝頭上 移時2)玩戲 其夫謂其妻愛渠而作
此戲 笑而不禁 間夫乘此走逸 又有一村女 亦與間夫入室 本夫
自外而至 女卽迎以兩手提其夫之兩耳 出高擧擺搖3) 推却而行

---

7) 명불허득(名不虛得) : 이름을 공연히 얻은 것이 아님.
8) 의망(擬望) : 조선시대 벼슬아치를 발탁할 때 후보자 가운데 오름.
9) 선묘(宣廟) : 조선조 제14대 임금인 선조의 묘호(廟號).
10) 구중(九重) : 구중궁궐(九重宮闕). 문이 겹겹이 달린 깊은 대궐.
11) 순우곤(淳于髡) : 중국 전국(戰國)시대 제(齊)나라 사람으로 해학과
    말재주로 이름이 났음.
12) 동방삭(東方朔) : 중국 한(漢)나라 무제(武帝) 때 사람으로 해학으로
    이름이 났음. 속설에 서왕모(西王母)의 복숭아를 훔쳐 먹고 장수하여
    '삼천갑자(三千甲子) 동방삭'으로 일컬어졌다고 함.
1) 타피(躱避) : 피함. 피하여 숨음.
2) 이시(移時) : 한참 동안.
3) 파요(擺搖) : 잡아 흔들음.

曰 汝何往乎 汝何往乎 其夫謂其妻獻嬌⁴⁾ 而有此戱 一任其提
弄 左右搖頭 却步退後 且行且答曰 刈灰而往矣 刈灰而往矣
刈草燒田 俗謂之刈灰 若是者良久 至門外數十步 間夫乃得乘
此走逸

66. 蠢夫癡駭

昔有一村夫 與一頑僧相親 到家則輒留連累日 僧因與其妻奸
一日 其夫大醉沉睡 僧乃以剃刀盡髡其髮 因自脫其僧衣巾 着
之渠 卽換着主人之衣笠 持箒掃庭 其夫醉醒起坐 自視而怪之
曰 吾何以忽爲僧耶 僧呵之曰 汝本僧也 何云忽爲僧耶 汝來旣
久 今可還上汝寺 其夫卽答曰然 便起出門向寺 心不能無疑 回
顧問曰 君是我耶 我是君耶 僧倚箒怒叱之曰 汝夢未醒耶 何以
不辨〔辨〕爾我耶 勿復雜談 速還寺 其夫遂向寺而去 又有一士
人 與村婦潛通 携到林藪間 方押之際 其夫負薪自山下來 與之
相値 士人因據其女 以女之裙掩女面 呵叱其夫曰 兩班御女之
處 常漢何不速避 其夫疾走而過 良久女還家 其夫笑謂之曰 吾
於向者見一可笑底事 女問何事 夫曰 隣居某兩班 與何樣女人
押於林間矣 女謂之曰 勿復爲如此之言 常漢妄洩兩班之事 見
過則不可說也 夫曰 此漢豈其遇哉 敢爲如此之言耶

評曰 諺言婦人多姦 一步九謀 今見覆盆提耳之謀 倉卒生姦
機警無比¹⁾ 諺所云 豈不信哉 村夫讓家與僧而自忘其身 樵泯見

---

4) 헌교(獻嬌) : 애교를 부림.
1) 기경무비(機警無比) : 기지(機智)가 있어 비할 데 없이 영리함.

人奸妻而不自覺察 其被奪上寺 見偸欲諱 並是紙〔祇〕癡 聞者
絶倒 而亦莫非其妻之奸也 淫婦之要 有如是夫

인물 색인

(숫자는 등장하는 이야기 순서임)

新譯 天倪錄

新版 初版 印刷 ●2003年	2月	5日
新版 初版 發行 ●2003年	2月	10日

編著者●任　　堕
共譯者●金 東 旭
　　　　崔 相 殷
發行者●金 東 求
發行處●明 文 堂
　　서울특별시 종로구 안국동 17~8
　　대체　010041-31-001194
　　전화　(영) 733-3039, 734-4798
　　　　　(편) 733-4748
　　FAX 734-9209
　　Homepage www.myungmundang.net
　　E-mail mmdbook1@myungmundang.net
　　등록　1977. 11. 19. 제1~148호

값 20,000원
ISBN 89-7270-718-X　03380

中國學 東洋思想文學 代表選集

공자의 생애와 사상　金學主 著 신국판
공자와 맹자의 철학사상　安吉煥 編著 신국판
老子와 道家思想　金學主 著 신국판
自然의 흐름에 거역하지 말라 莊子　安吉煥 編譯 신국판
仁과 中庸이 멀리에만 있는 것이드냐 孔子傳　김전원 編著
백성을 섬기기가 그토록 어렵더냐 孟子傳　安吉煥 編著
영원한 신선들의 이야기 神仙傳　葛洪稚川 著 李民樹 譯
中國現代詩研究　許世旭 著 신국판 양장
白樂天詩研究　金在乘 著 신국판
中國人이 쓴 文學槪論　王夢鷗 著 李章佑 譯
中國詩學　劉若愚 著 李章佑 譯 신국판 양장
中國의 文學理論　劉若愚 著 李章佑 譯
梁啓超　毛以亨 著 宋恒龍 譯 신국판 값 4000원
동양인의 哲學的 思考와 그 삶의 세계　宋恒龍 著
東西洋의 사상과 종교를 찾아서　林語堂 著·金學主 譯
中國의 茶道　金明培 譯著 신국판
老莊의 哲學思想　金星元 編著 신국판
原文對譯 史記列傳精解　司馬遷 著 成元慶 編譯
新譯 史記講讀　司馬遷 著 진기환 譯 신국판
新完譯 淮南子(上,中,下)　劉安 編著 安吉煥 編譯 신국판
論語新講義　金星元 譯著 신국판 양장
人間孔子　李長之 著 김전원 譯

改訂增補版 新完譯 論語　張基槿 譯著 신국판
中國古典漢詩人選❶ 改訂增補版 新譯 李太白　張基槿 譯著
中國古典漢詩人選❷ 改訂增補版 新譯 陶淵明　張基槿 譯著
개정증보판 中國 古代의 歌舞戲　金學主 著 신국판 양장
중국고전희곡선 元雜劇選　(사)한국출판인회의 이달의 책 선정도서(2002.1·2월호)
　　　　金學主 編譯 신국판 양장 값 20,000원
修訂增補 樂府詩選　金學主 著 신국판 양장
修訂新版 漢代의 文人과 詩　金學主 著 신국판 양장
漢代의 文學과 賦　金學主 著 신국판 양장
改訂增補 新譯 陶淵明　金學主 譯 신국판 양장
改訂增補版 新完譯 書經　金學主 譯著 신국판
改訂增補版 新完譯 詩經　金學主 譯著 신국판
修訂增補 墨子, 그 생애·사상과 墨家　金學主 著 신국판 양장
중국의 희곡과 민간연예　金學主 著 신국판 양장
改訂增補版 新完譯 孟子(上·下)　車柱環 譯著 신국판
新完譯 論語-경제학자가 본 알기쉬운 논어-　姜秉昌 譯註 신국판
新完譯 한글판 論語　張基槿 譯著 신국판
국내최초 한글판 완역본 코란(꾸란:이슬람의 聖典)　金容善譯註 신국판
戰國策　김전원 編著 신국판
宋名臣言行錄　鄭鉉祐 編著
基礎漢文讀解法　제34회 문화관광부 추천도서(2001.11.6)
　　　　崔完植·金榮九·李永朱·閔正基 共著
漢文讀解法　崔完植·金榮九·李永朱 共著 신국판
基本生活漢字　제33회 문화관광부 추천도서(2000.11.17)
　　　　최수도 엮음 4·6배판
東洋古典41選　安吉煥 編著 신국판
東洋古典解說　李民樹 著 신국판 양장